디지털 전환 시대의 법이론

위험과 변화 그리고 대응

손형섭 · 나리하라 사토시 · 양천수

박영사

서 문

우리 인류는 오랫동안 실제세계에서 살아가고 생각하며 무엇인가를 만드는 데 익숙해 왔다. 우리가 살아가고 생각하며 만드는 것의 기준은 아날로그 세계였다. 하지만 이러한 기준은 오늘날 중대한 변화의 계기를 맞이한다. 디지털 전환이 그것이다. 세상의 거의 모든 것이 이진법의 코드에 바탕을 둔 디지털로 전환되면서 우리 삶의 방식이나 사고방식이 중대한 변혁의 한복판에 놓인다. 그 가운데서 우리는 이전에는 가능하지 않았던 새로운 것을 창조한다. 이에 따라 우리 삶을 지탱하는 규범적 질서도 새로운 변화를 모색해야 한다.

디지털 전환이 진행되면서 엄청난 양의 데이터가 사회 곳곳에서 형성되기 시작하였다. 이러한 데이터는 마치 석유처럼 새로운 성장 동력이 되고 있다. 어떻게 하면 데이터를 확보하고 관리할 것인지가 중요한 과제가 된다. 데이터를 활용함으로써 우리는 새로운 통찰을 획득하고 미래도 좀 더 확실하게 예측할 수 있게 되었다. 더불어 데이터를 분석함으로써 새로운 가치도 창출한다. 그뿐만 아니라 데이터를 이용하여 우리는 이전에는 이론에서나 가능했던 탈인간적 존재를 비로소 구현할 수 있게 되었다. 인공지능이 그것이다.

2016년 이세돌 9단과 알파고 사이에 펼쳐졌던 세기적인 바둑 대국을 통해 우리는 인간보다 뛰어난 인공지능이 지금 여기에서 현실이 되고 있음을 체험하였다. 음악이나 미술, 글쓰기처럼 그 무엇인가를 새롭게 창작하는 일은 오직 인간만이 할 수 있는 창의적인 일로 여겼지만 이제 인공지능은 우리 인간처럼, 경우에 따라서는 인간보다 뛰어나게 저작물을 창작한다. 그리고 2022년 11월에 출시되어 현재 전 세계적으로 선풍적인 관심을 끄는 ChatGPT는 조만간 인간처럼 소통할 수 있는, 달리 말해 튜링테스트를 통과할 수 있는 인공지능이 멀지 않았음을 시사한다.

디지털 전환은 우리가 삶을 영위하는 세계도 확장하였다. 실제세계뿐만 아니라 실제세계와 연결된 메타버스와 같은 가상세계도 우리가 살아가는 세계일 수 있음을 보여주었다. 이에 따라 디지털 전환은 세계의 질서를 형성하고 유지하는 법규범의 본성에도 중대한 의문을 던진다. 실제세계를 규율하는 법과 가상세계를 규율하는 코드 사이에 과연 본질적인 차이가 있는가의 의문이 그것이다. 이 모든 것이 디지털 전환과 연결된다.

이 책은 이처럼 디지털 전환이 야기하는 변화와 위험 그리고 이에 관한 법적 문제를 다룬다. 디지털 전환에 관심을 가지고 전문적인 연구를 해온 한국과 일본의 학자 세 사람이 만나 고민하고 토론하여 얻은 결과물이 바로 이 책이다. 여러 사정으로 공동 연구가 그것도 국제적인 공동 연구가 쉽지 않은 상황에서 디지털 전환에 관해 이러한 공동 연구의 결과물을 내놓게 된 것을 자랑스럽게 생각한다. 물론 여전히 해명해야 할 여러 문제를 남겨 두고 있지만 이 책을 계기로 현대사회의 변화에 더 많은 법학자가 관심을 가져주기를 그리고 더 많은 한국과 일본의 학자들이 서로 협력할 기회가 마련되었으면 한다.

정말 많은 분의 가르침과 도움으로 이 책을 낼 수 있었다. 그중 몇 분들에게는 특별히 감사 인사를 드리고 싶다. 먼저 바쁜 와중에도 공저 작업에 참여해 주신 나리하라 사토시 교수님에게 감사를 드린다. 나라하라 교수님의 저작을 정독하면서 유익한 통찰과 가르침을 얻을 수 있었다. 나리하라 교수님의 논문 가운데 한 편을 번역해 주신 한국형사·법무정책연구원의 최혜선 박사님에게 감사를 드린다. 이 책의 초고 가운데 일부를 면밀하게 읽고 교정해 주신 영남대학교 법학연구소의 백윤진, 박정인 두 분 연구원에게 감사를 드린다. 어려운 출판 환경에서도 이 책을 낼 수 있도록 배려해 주신 박영사의 장규식 팀장님과 필자들의 초고를 멋진 책으로 만들어주신 박영사의 이승현 차장님께도 진심으로 감사 인사를 드린다. 그리고 이 책을 읽어주실 독자분들에게도 미리 감사 인사를 드리고 싶다.

2023년 겨울의 끝자락에
양천수·손형섭 배상

차 례

제1장 서 론

[양천수·손형섭]

제1부 현대사회의 구조변혁과 법규범의 진화

제2장 현대사회의 구조변혁과 법규범의 대응 방향

제5장 감염병 대책을 위한 규제·넛지·데이터의 활용과 입법 과제

나리하라 사토시(成原慧)·최혜선(옮김)

제2부 디지털 전환의 헌법적 대응

제6장 디지털 전환에 의한 지능정보화 사회의 거버넌스

[손형섭]

제7장 디지털 뉴딜 관련 데이터 법제의 입법 방향에 관한 연구

제8장 디지털 전환에 의한 미디어 변화와 언론관계법 변화

[손형섭]

제3부 인공지능의 유용성과 위험 그리고 대응

제9장 인공지능 창작물과 저작권

[양천수]

제10장 인공지능의 위험과 윤리적 대응

[양천수]

제11장 지능정보기술의 위험과 법적 대응

제12장 인공지능 규제와 영향평가

[양천수]

제13장 인공지능 시대의 정의 구성

제1장

서   론

양천수·손형섭

I. 디지털 전환 시대

　이제는 일반명사로 익숙하게 사용되는 '제4차 산업혁명'이라는 용어가 주는 이미지처럼 현대사회는 급격한 구조변동이 진행되는 사회이다.[1] 사회의 복잡성이 엄청나게 증가하면서 새로운 사회 패러다임이 출현하고 이에 따라 사회구조가 급격하게 변동한다. 이러한 변동을 '디지털 전환'(digital transformation)이라는 관점으로 비춰보기도 한다.

　디지털 전환은 흔히 실제세계에 존재하는 모든 (아날로그적) 데이터와 정보가 이진법을 기초로 한 디지털 데이터와 정보로 전환되는 현상을 뜻한다.[2] 달리 '디지털 트랜스포메이션'으로 지칭하기도 한다.[3] 그러나 디지털 전환은 단순히 이 같은 의미만 담는 것은 아니다. 이를 넘어 디지털 전환은 사회 전체적인 차원에서 이루어지는 구조변혁 역시 포괄한다. 단순히 형식적 개념에 그치는 것

---

1 제4차 산업혁명의 법적 문제에 관해서는 양천수, 『제4차 산업혁명과 법』(박영사, 2017) 참조.
2 디지털 전환에 관한 상세한 내용은 이 책 제2부 제6장 참조.
3 이러한 용어를 사용하는 경우로는 양천수 외, 『디지털 트랜스포메이션과 정보보호』(박영사, 2019) 참조.

이 아니라 질적·내용적 의미를 담는 개념이다.

디지털 전환은 우리 시대의 새로운 사회 패러다임으로 사회구조를 근본적으로 변혁한다. 이와 더불어 사회구조를 지탱하는 우리의 사고방식에 새로운 변화 계기를 마련한다. 예를 들어 디지털 전환이 진행되면 각종 데이터를 수집하고 관리하는 게 용이해진다. 이를 통해 빅데이터가 가능해진다.[4] 그뿐만 아니라 디지털 데이터를 활용함으로써 '머신러닝'과 '딥러닝'에 기반을 둔 인공지능도 구현된다.[5] 이 같은 변화를 거치면서 '메타버스'와 같은 가상세계와 인공지능으로 대변되는 지능정보화 사회가 출현한다. 이에 따라 실제세계 및 인간중심적 사고에 바탕을 둔 우리의 사고방식 역시 변화의 계기를 맞는다. 이와 더불어 디지털 세계에서 코드나 알고리즘과 같은 아키텍처가 전통적인 규범처럼 강력한 '포함/배제'의 기능을 수행하면서 법개념과 같은 규범적 사고방식에도 변화 가능성을 제공한다. 이에 따라 전통적인 법개념 또는 규범개념을 대체하는 새로운 법개념의 가능성이 마련된다. 그뿐만 아니라 디지털 전환은 우리 시대, 우리 사회에 새로운 위험을 야기한다. 이러한 예로 데이터 및 인공지능이 유발하는 위험을 언급할 수 있다.

Ⅱ. 디지털 전환 시대의 법이론

이 책은 "디지털 전환 시대의 법이론"을 대주제로 하여 오늘날 진행되는 디지털 전환이 우리가 몸담는 사회를 어떻게 바꾸고 있는지, 우리의 사고방식을 어떻게 변화시키고 있는지, 이로 인해 법개념과 같은 규범개념이 어떤 변화를 맞는지를 이야기한다. 나아가 데이터와 인공지능을 예로 하여 디지털 전환이 오늘날 우리에게 어떤 위험을 야기하는지, 이에 우리 법체계는 어떻게 대응해야 하는지를 제시한다.

---

4 이에 관해서는 양천수, 『빅데이터와 인권: 빅데이터와 인권의 실제적 조화를 위한 법정책적 방안』 (영남대학교출판부, 2016) 참조.
5 이에 관해서는 양천수, 『인공지능 혁명과 법』(박영사, 2021) 참조.

1. 전체 구조

이 책은 모두 3개의 부와 13개의 장으로 구성된다.

제1부는 "현대사회의 구조변혁과 법규범의 진화"를 다룬다. 제2장 "현대사회의 구조변혁과 법규범의 대응 방향", 제3장 "법규범의 새로운 이해 가능성", 제4장 "아키텍처 설계 및 자유 재구성", 제5장 "감염병 대책을 위한 규제·넛지·데이터의 활용과 입법 과제"가 제1부를 구성한다.

제2부는 "디지털 전환의 헌법적 대응"을 다룬다. 제2부는 제6장 "디지털 전환에 의한 지능정보화 사회의 거버넌스", 제7장 "디지털 뉴딜 관련 데이터 법제의 입법 방향에 관한 연구", 제8장 "디지털 전환에 의한 미디어 변화와 언론관계법 변화"로 구성된다.

제3부는 "인공지능의 유용성과 위험 그리고 대응"을 다룬다. 제9장 "인공지능 창작물과 저작권", 제10장 "인공지능의 위험과 윤리적 대응", 제11장 "지능정보기술의 위험과 법적 대응", 제12장 "인공지능 규제와 영향평가", 제13장 "인공지능 시대의 정의 구상"이 제3부를 구성한다.

2. 각 장의 주요 내용

(1) 서론

제1장 서론은 이 책의 도입글에 해당한다. 서론에서는 디지털 전환이란 무엇인지, 디지털 전환이 우리 사회, 사고방식, 법개념 등을 어떻게 바꾸는지 개관한다. 더불어 이 책의 전체 구조 및 각 장의 내용을 개관한다.

(2) 현대사회의 구조변혁과 법규범의 대응 방향

제2장은 현대사회가 어떤 구조변혁을 겪는지, 이에 법규범은 어떻게 대응해야 하는지 다룬다.[6] 현대사회는 변혁의 시대로 부를 수 있을 만큼 급격한 변화가 진행된다. 이에 따라 사회를 지탱하는 구조뿐만 아니라 우리의 사고방식도 변화를 맞는다. 이는 법체계에 큰 도전이 된다. 법을 포함하는 규범은 인간

---

6 제2장은 양천수, "현대사회의 구조변혁과 법규범의 대응 방향", 『인간연구』 제46호(2022), 37~75면을 수정 및 보완한 것이다.

의 행위와 소통을 규율 대상으로 삼기 때문이다. 인간의 행위와 소통은 특정한 사회 공간 및 사회구조를 전제로 한다. 사회구조가 어떻게 형성되는가에 따라 인간의 행위 또는 소통 방식은 달라지고 이로 인해 범죄와 같은 사회적 일탈행위의 형식도 달라진다. 현재 우리가 가진 법규범은 주로 근대사회에 형성된 것이다. 따라서 우리의 법규범은 근대사회가 지향했던 사회구조 및 공간 그리고 인간상을 전제로 한다. 그렇지만 과학기술이 급속하게 발전하고 코로나 사태가 불거지면서 우리가 살아가는 사회는 급격한 변화를 맞고 있다. 이로 인해 법규범이 전제로 했던 사회구조나 사고모델, 인간상 역시 혁명적인 변화와 도전을 맞는다. 그 예로 탈인간중심적 사고와 메타버스와 같은 새로운 사회공간의 출현 및 안착, 행위에서 소통 중심으로 상호작용 방식의 변화, 진짜와 가짜의 경계가 허물어지는 딥페이크 상황 등을 언급할 수 있다. 이에 제2장은 이 같은 변화 과정에 법규범이 어떻게 대응해야 하는지 다룬다. 주체, 객체, 행위, 세계라는 측면에서 법적 사고가 어떻게 변화하는지 살펴보고 이에 법규범이 어떻게 대응해야 하는지 검토한다. 이때 법규범의 새로운 사고모델, 생명 영역, 정신 영역, 국가모델에 초점을 맞춘다.

(3) 법규범의 새로운 이해 가능성

제3장은 디지털 전환이 이루어지는 오늘날의 사회 공간에서 법개념, 달리 말해 법규범을 어떻게 달리 이해할 수 있는지 모색한다.[7] 법은 오랫동안 '언어'로 구성된 당위규범으로 인식되었다. 법은 필연적으로 언어적 명제를 포함한다는 것이다. 그러나 최근 들어 법은 곧 언어적 당위규범이라는 주장에 도전하는 다양한 현상이 출현한다. 이는 ICT 혁명으로 촉발된 '디지털 전환'과 무관하지 않다. 메타버스가 상징적으로 보여주듯이 오늘날 현실세계 못지않게 가상세계가 우리에게 실제적인 영향을 미친다. 이로 인해 가상세계를 구성하고 규율하는 기술적 코드가 우리의 행위와 소통을 규제하는 기능을 수행한다. 코드가 수행하는 기능은 여기에 한정되지 않는다. 코드는 알고리즘이라는 형태로 인공지

---

7 제3장은 양천수·우세나, "민사집행과 아키텍처 규제: 아키텍처 규제의 성격과 관련하여", 『민사집행법연구』 제16권(2020), 47~75면을 일부 활용하여 이 책을 위해 새로 집필한 것이다.

능 작동을 구성하고 규제하는 기능도 수행한다. 이러한 기능은 인공지능이라는 체계를 이용하여 사회 전체적으로 확산된다. 이러한 상황에서 기술적 코드를 새로운 규범으로 주장하는 견해가 제기된다. 이러한 견해를 주장하는 대표자로 미국의 정보법학자인 레식(Lawrence Lessig)을 언급할 수 있다. 레식에게 코드는 곧 법이다. 그러나 제3장은 이에 더해 법 자체가 사회를 구성하는 코드라는 구상을 시도한다. 코드는 법일 뿐만 아니라 이를 넘어 법 그 자체가 코드라는 것이다. 이를 통해 법규범을 새롭게 이해할 가능성을 살펴본다.

(4) 아키텍처 설계 및 자유 재구성

제4장은 새로운 법규범 논의에서 핵심이 되는 아키텍처에 관한 문제를 정면에서 치밀하게 다룬다.[8] 나리하라 사토시(成原慧) 교수의 학문적 수준을 보여주는 제4장은 아키텍처에 관해 일본 학계에서 어떤 논의가 이루어지는지, 이러한 상황에서 아키텍처 개념을 어떻게 새롭게 구성할 수 있는지를 설득력 있게 보여준다. 제4장에서 나리하라 교수는 아키텍처 개념이 서로 대립하는 두 가지 의미를 담고 있음을 간파한다. 통제와 자유가 그것이다. 이는 달리 '개입/자유'라는 이분법으로 바꾸어 말할 수 있을 것이다. 기존 일본 학계에서는 통제라는 관점에서 아키텍처를 이해하였다. 이에 나리하라 교수는 아키텍처가 자유라는 의미도 가질 수 있음을 보여준다. 이를 위해 아키텍처의 서로 다른 의미를 대변하는 레식의 코드와 선스틴(Cass Sunstein)의 넛지 논의를 끌어온다. 이 두 구상을 서로 비교함으로써 각 구상의 한계를 밝히고 이를 발판으로 삼아 자유를 위한 아키텍처를 어떻게 구성할 수 있는지 논증한다. 이때 나리하라 교수는 '설계의 설계'와 '탈구축에 대한 권리'를 강조한다.

(5) 감염병 대책을 위한 규제·넛지·데이터의 활용과 입법 과제

제5장은 통제와 자유라는 이중적 의미를 가진 아키텍처를 깊이 있게 다룬 나리하라 사토시 교수가 코로나 19 감염병 상황에서 아키텍처 또는 넛지를 어떻게 현명하게 사용할 수 있는지를 설득력 있게 보여준다.[9] 나리하라 교수는 코

---

8 제4장은 成原慧, "アーキテクチャの自由の再構築", 松尾陽 (編), 『アーキテクチャと法』(弘文堂, 2016), 33~63면을 공동저자 손형섭 교수가 우리말로 옮긴 것이다.

로나 상황에서 아키텍처가 한편으로는 자유를 통제하는 아키텍처로, 다른 한편으로는 자유를 보장하는 넛지로 사용된다고 지적한다. 아키텍처가 강제와 자율성 사이에 처해 있다는 것이다. 이 같은 딜레마적 상황에서 나리하라 교수는 수범자에 관한 데이터를 적절하게 수집 및 분석함으로써 정책결정자는 수범자의 자유를 보장하는 넛지를 구현할 수 있다고 본다. 이때 중요한 것은 데이터를 수집 및 활용하는 과정에서 투명성을 확보하는 것이라고 말한다.

(6) 디지털 전환에 의한 지능정보화 사회의 거버넌스

제6장은 코로나로 가속화된 디지털 트랜스포테이션(Digital Transformation)에 의한 지식정보사회의 거버넌스 변화에 대하여 논한다.[10] 디지털 전환은 공적영역에서 정부와 국회를 중심으로 변화를 유도하고, 사적영역에서는 산업구조의 변화와 비즈니스의 변화를 견인하고 있다.

국내에서는 공공영역에서 디지털 전환(Digital Transformation)에 따라 전자정부의 행정서비스, 청와대 국민청원제도, 국회의 전자청원제도와 입법 DB, 그리고 법원의 판결문에 대한 DB 공개 등이 국민 소통과 정책 현실화에 기여하고 있다. 이러한 시스템은 보텀업 방식으로 국민의 의사를 수렴하는 기능을 한다. 대통령과 각 기관장은 각 분야마다 디지털을 활용한 정책 아젠다를 톱다운 방식의 거버넌스를 효과적으로 실시할 수 있다. 나아가 보텀업과 톱다운 방식으로 제기된 아젠다는 국회나 각 기관의 의사결정기관에서 모두 모아 빅데이터 분석과 AI를 통한 결과를 가지고, 민의로 최종적 조율을 거쳐 결정하는 거버넌스를 만들어야 한다. 합리적인 거버넌스는 불필요한 규제를 배제하고 데이터에 근거한 합리적인 법체계가 필요하다. 사적영역에서 기업의 경영진들(C-suite)은 디지털 혁신 의제를 이끄는 원동력이 되어야 하고, 디지털을 활용하여 재구성된 비즈니스 모델에 도전하는 자세를 가져야 한다. 포스트 코로나에는 디지털 전환은 더욱 가속되어 1차, 2차 산업이 각기 스마트 팜, 스마트 팩토리로 전환

---

9 제5장은 成原慧, "感染症対策のための規制, ナッジ, データそして民主主義", 『シノドス』(2020年 4月 28日)을 기본으로 하여 그 후의 상황변화를 반영하여 수정한 글을 우리말로 옮긴 것이다. 제5장은 감사하게도 한국형사·법무정책연구원의 최혜선 박사가 번역해 주었다.

10 제6장은 손형섭, "디지털 전환(Digital Transformation)에 의한 지능정보화 사회의 거버넌스 연구", 『공법연구』 제49집 제3호(2021)를 본서에 맞게 수정한 것이다.

되고, 3차 산업 전체가 디지털로 전환될 것이다.

따라서 제6장에서는 ① 기업과 정부는 의사결정의 절차와 방식에서 다양한 아젠다를 각각의 디지털 타워에 모아서 AI를 통해 분석하고, ② 그러한 예측·추천 등의 결과를 의사결정권자와 해당 분야 전문가들이 모여 결정하는 디지털·인공지능 거버넌스 체계를 구상했다. 종래 헌법에 따른 민주주의 거버넌스, 법치주의 거버넌스에 더하여 데이터를 기반으로 한 디지털·AI 거버넌스의 활용을 제안한 것이다. 나아가 기술과 입법적 검토를 통하여 정부조직과 민간의 기업 등의 의사절차와 산업구조의 선진화 및 합리화가 도모될 수 있어야 한다. 이를 위해서 정보보안과 개인정보 보호의 원칙과 구현도 필수적으로 수반되어야 한다.

(7) 디지털 뉴딜 관련 데이터 법제의 입법 방향에 관한 연구

제7장에서는 대한민국 정부가 2020년 7월 14일에 코로나 19사태 이후 경기회복을 위한 국가 프로젝트로서 2025년까지 디지털 뉴딜, 그린 뉴딜, 안전망 강화의 세 개 분야별 투자 및 일자리 창출계획과 시민단체들의 우려를 둘러싼 논의에 대한 연구를 제시한다.[11]

대한민국 정부의 '디지털 뉴딜' 대표과제인 '데이터 댐' 사업에는 민간기업을 중심으로 관계부처와 공공기관이 참가한다. 이 기획은 AI 학습용 데이터 구축, AI 바우처와 AI 데이터 가공바우처 사업, AI 융합 프로젝트(AI+X), 클라우드 플래그십 프로젝트, 클라우드 이용바우처 사업, 빅데이터 플랫폼 및 센터 구축 등이 포함되어 일자리 창출과 경기부양 효과는 물론 미래를 위한 투자와 각 분야의 혁신을 동시에 추진하기 위한 것이다. 한편, 세계는 디지털 전환으로 산업과 경제의 새로운 혁신을 진행하고 있다. 코로나 19로 인한 사회·경제적 대변혁과 함께 정부는 전 국민의 '생산적' 정보 활용역량 제고와 분야별 디지털 혁신을 위한 맞춤형 대응방안을 마련해야 한다. 이런 점에서 디지털 뉴딜의 방향성은 디지털 전환이라는 세계의 변화와 일치하는 것으로 그 방향성과 시기에

---

11 제7장은 손형섭, "디지털 뉴딜 관련 데이터 법제의 입법 방향에 관한 연구", 『헌법학연구』 제27권 제1호(2021)를 본서에 맞게 수정한 것이다.

적합한 것으로 보인다.

디지털 전환의 시대에서 디지털 뉴딜 계획은 데이터 활용과 개인정보의 보호가 함께 도모되어야 한다. 그러기 위해서는 현재 데이터 법제의 입법 현황을 정확히 파악해야 한다. 그리고 「개인정보 보호법」은 대한민국의 개인정보를 보호하고 합리적인 활용이 가능할 수 있는 데이터 관련 기본법의 위치를 정립해야 하며, 이를 기본으로 디지털 뉴딜과 데이터 법제의 변화를 추진해야 한다. 이를 위해서 「개인정보 보호법」의 개념들은 더욱 명확하게 규정되어야 하고, 형벌규정보다는 다양하고 효과적인 규제방식을 합리적으로 사용해야 한다. 그리고 「신용정보법」과 「데이터 기본법안」 등 다른 법률도 정보보호와 데이터의 합법적 활용이 가능하도록 입법되어야 한다. 나아가 개인정보보호위원회에 의한 개인정보 보호에 관한 일관적인 규범 통제가 가능하도록 하는 법 개정이 계속되어야 한다. 이와 같은 개인정보 보호의 합리적인 틀 안에서 각 조직의 디지털 전환과 정부의 디지털 뉴딜 사업, 그리고 데이터 댐 사업이 AI 등과 결합한 실효적인 사업이 되도록, 법제도의 검토와 합리적인 입법 추진이 계속되어야 할 것이다. 이때 데이터 법제 전체를 고려한 입법이 필요하며, 정부는 부처 이기주의에 따른 법안의 입법을 경계해야 한다.

(8) 디지털 전환에 의한 미디어 변화와 언론관계법 변화

제8장에서는 언론매체가 21세기, 소위 4차 산업혁명을 통한 지능정보화 사회의 도래로 신문·방송·출판과 같은 종래 언론매체에 더하여 다양한 뉴미디어가 출현하여 융합·변화하고 있는 모습과 디지털 트랜스포메이션에 의해 가속화된 언론의 변화에 대한 대응 방향에 대하여 논한다.[12] 디지털 전환의 영향으로 종래 미디어보다 트위터, 페이스북, 인스타그램 등의 뉴미디어가 영향력을 높이고 있다. 구글은 알고리즘을 통해 각 언론정보를 배열하여 제공하고 있다. 인터넷이 핵심 미디어로 부상하여 인터넷 TV가 성장하며 기존의 미디어인 TV, 신문, 라디오, 잡지에 비해 그 영향력이 증가하고 있다. 종래 방송이 그 접근과

---

12 제8장은 손형섭, "디지털 전환(Digital Transformation)에 의한 미디어 변화와 언론관계법 연구", 『헌법학연구』 제27권 제3호(2021)를 본서에 맞게 수정한 것이다.

활용 면에서 일반 대중의 것이라고 할 수 없었던 측면이 있었는데, 최근 인터넷 방송은 기회가 되면 누구나 자신의 표현을 하고 방송을 제작할 수 있는 환경을 제공하고 있다. 공영방송의 위기론이 제기되는 반면, 유튜브, 네이버 TV 정보가 신뢰도 높게 평가되기도 한다. 앞으로는 기사도 디지털화되어 과거 기사의 분석이 가능하여 기사와 편집자의 편집 성향에 대한 분석으로 종래 편집 기준을 귀납적으로 평가할 수 있게 된다. 나아가 인터넷 신문에서 어느 정도 알고리즘을 통해 기사의 배열과 순위를 조작 또는 컨트롤할 수 있는가가 논쟁이 되었다. 이것은 알고리즘의 의사결정(Algorithmic Decision Making)에 관한 근본적인 논의와 연관된다.

제8장에서는 ① 알고리즘에 대한 설명을 요구하거나 거부하는 권리에 의해 현실적으로 정보주체의 권리를 인정할 방법을 구체화 하면서도, ② 4V에 따라 AI에 투입되는 정보의 왜곡 문제를 검토하고 알고리즘을 통하여 나온 결과를 평가하는, AI 알고리즘을 거치는 입구와 결과를 총체적으로 검토한 평가 시스템을 두는 것을 제안한다. 즉, 미디어에서 알고리즘을 통하여 순위를 추천하는 등의 경우 관련 알고리즘에 대하여 검토하는 과정에서 해당 절차에 투입되는 정보와 알고리즘을 통해 분석 배치되는 정보를 시청자위원회(「방송법」 제87조) 등에서 전문가들과 함께 검토하고 공론화하는 절차를 제시한다. 언론법령들은 앞으로도 4V에 따라 정보의 양, 다양성, 정보의 속도, 정보의 정확성을 확보하고, 액세스권의 보장, 개인 미디어의 윤리성, 미디어의 책무, 나아가 미디어 리터러시를 강화하는 방식으로 논의가 계속 진행되어야 한다.

(9) 인공지능 창작물과 저작권

제9장은 인공지능 창작물과 저작권 문제를 다룬다.[13] 오늘날 인공지능 기술이 급속하게 발전하면서 창작물 영역에도 인공지능이 침투한다. 이에 인공지능 저작물에 관해 다양한 문제가 제기된다. 제9장은 이러한 문제를 어떻게 다루는 게 적절한지 검토한다. 이를 위해 제9장은 다음과 같이 논의를 전개한다.

---

13 제9장은 양천수, "인공지능 창작물과 저작권", 『인권이론과 실천』(영남대) 제30호(2021), 37~130면을 수정 및 보완한 것이다.

먼저 인공지능과 저작물이란 무엇인지 살펴본다(Ⅱ). 다음으로 저작물에 대한 인공지능 기술은 무엇인지, 현재 기술적·예술적·경제적으로 어느 수준에 와있는지를 조감한다(Ⅲ). 이어서 현재 인공지능이 어떤 저작물을 창작할 수 있는지 그 현황을 분석한다(Ⅳ). 마지막으로 인공지능이 산출한 저작물에 침해가 이루어지는 경우 이에 어떻게 대응할 수 있는지를 살펴본다. 특히 법적 대응 방안을 중심으로 논의를 전개한다(Ⅴ).

(10) 인공지능의 위험과 윤리적 대응

제10장은 인공지능 윤리를 중심으로 하여 인공지능이 유발하는 사회적·법적 문제를 해결하는 방안에 초점을 맞춘다.[14] 그중에서도 윤리라는 규범으로 인공지능 문제를 해결하고자 하는 시도를 검토한다. 오늘날 인공지능이 유발하는 가장 어려운 규범적 문제 중 하나로 '알고리즘의 편향성' 문제를 들 수 있다. 편향성 문제는 차별금지 원칙을 위반한다는 점에서 중대한 문제에 해당한다. 그렇지만 제10장은 현재 상황에서 인공지능 편향성 문제를 법으로 규제하는 것이 적절한지 의문을 제기한다. 제10장은 현재로서는 인공지능이 유발하는 규범적 문제를 윤리로 규제하는 것이 더욱 바람직하다고 주장한다. 이러한 문제 상황에서 제10장은 인공지능이 유발하는 규범적 문제를 윤리로 대응하고자 하는 논의를 살펴본다.

(11) 지능정보기술의 위험과 법적 대응

제11장은 오늘날 인공지능 기술을 대표로 하는 지능정보기술이 어떤 위험을 야기하는지, 이에 법은 어떻게 대응하는 게 바람직한지 다룬다.[15] 제4차 산업혁명이 진행되면서 이전에는 경험하지 못했던 새로운 사회 패러다임이 출현한다. 지능정보사회도 그 가운데 하나에 해당한다. 인공지능으로 대표되는 지능정보기술이 중심적인 역할을 하는 지능정보사회가 등장하면서 새로운 사회적 공리가 창출된다. 그러나 동시에 새로운 위험 역시 엄습한다. 이에 지능정보기

---

14 제10장은 양천수, "인공지능 윤리의 현황과 과제", 『인권이론과 실천』(영남대) 제29호(2021), 67~101면을 수정 및 보완한 것이다.

15 제11장은 양천수, "지능정보기술의 위험과 법적 대응 방안: 알고리즘에 대한 대응을 중심으로 하여", 『법학연구』(충북대) 제32권 제1호(2021), 351~384면을 수정 및 보완한 것이다.

술이 야기하는 위험에 어떻게 대응해야 하는지가 법체계의 새로운 과제로 제기된다. 제11장은 이러한 문제 상황에서 지능정보기술이 어떤 위험을 야기하는지, 이에 법은 어떻게 대응하는 것이 바람직한지 다룬다. 이를 위해 법이론적 방법을 원용하여 지능정보기술의 위험을 분석하고 법적 대응 방안을 모색한다. 제11장은 지능정보기술의 위험을 개인정보, 알고리즘, 지능정보기술의 사회적 사용을 기준으로 하여 분석한다. 개인정보의 수집 및 이용에 관한 위험, 알고리즘의 오작동 및 편향성에 관한 위험, 지능정보기술의 사회적 이용에 따른 위험을 규명한다. 더불어 현행 법제도가 이러한 위험에 대응하는 데 충분한 역량을 갖추고 있는지 분석한다. 이를 토대로 하여 제11장은 지능정보기술의 위험에 대해 다음과 같은 규제원칙을 제시한다. 지능정보기술의 이용과 통제의 실제적 조화, 자율적 통제 우선, 행위 중심적 통제 우선, 사전적·현재적 통제 우선, 반성적 통제 우선이 그것이다. 제11장은 이를 바탕으로 하여 다음과 같은 규제 방안을 제시한다. 윤리, 지능정보기술인증, 사전영향평가, 설명 및 이의에 대한 권리, 지능정보기술 개선의무가 그것이다.

(12) 인공지능 규제와 영향평가

제12장은 인공지능 규제와 영향평가 문제를 다룬다.[16] 오늘날 인공지능은 사회적 관심과 이슈의 초점이 된다. 어떻게 하면 인공지능 기술을 발전시킬 수 있는지, 인공지능 산업을 육성할 수 있는지에 많은 논의가 이루어진다. 더불어 인공지능이 야기하는 위험에 어떻게 대응하는 게 적절한지, 어떤 규제원칙과 수단을 설계해야 하는지에 논의가 진행된다. 그러나 인공지능을 규제하는 것은 쉽지 않다. '지원'과 '규제'라는 서로 대립하는 두 축을 적절하게 조화시키면서 규제원칙과 수단을 선택해야 하기 때문이다. 이로 인해 전통적인 규제방식을 인공지능에 적용하기는 어렵다. 혁신의 시대에 걸맞게 인공지능 규제원칙과 수단도 혁신적이어야 하기 때문이다. 이러한 상황에서 영향평가는 인공지능의 위험을 적절하게 규제하는 방안으로 자주 언급된다. 여기서 다음과 같은 의문을

---

16 제12장은 양천수, "인공지능 규제와 영향평가", 『4차산업혁명 법과 정책』(2022)을 수정 및 보완한 것이다.

던질 수 있다. 왜 영향평가가 인공지능의 위험을 규율하는 방안으로 선호될까? 만약 그렇다면 영향평가는 규제이론의 견지에서 볼 때 어떤 의미가 있는 것일까? 제12장은 이러한 문제의식에서 인공지능 영향평가가 규제이론의 측면에서 볼 때 어떤 의미가 있는지 살펴본다. 더불어 인공지능 영향평가에는 어떤 실체적 기준을 담아야 하는지 검토한다. 제12장은 영향평가가 인공지능 위험에 대한 규제원칙을 가장 충실하게 구현하는 규제방안이라고 주장한다. 제12장에 따르면 영향평가는 인공지능이 가진 복잡성을 적절하게 고려하면서 인공지능의 위험을 통제하는 규제방안이 될 수 있다. 다만 인공지능 영향평가의 실체적 기준을 어떻게 구체화해야 할 것인지는 더욱 논의해야 한다.

(13) 인공지능 시대의 정의 구상

이 책의 마지막인 제13장은 인공지능 시대에 필요한 정의란 무엇인지 개관한다.[17] 디지털 전환이 이루어지는 오늘날 그 무엇보다 인공지능이 관심의 초점이 된다. 이러한 관심의 배후에는 공리주의와 고객주의가 자리 잡는다. 그러나 공리주의와 고객주의가 가진 한계를 고려할 때 이러한 정의 기준에만 바탕을 두어 인공지능에 접근하는 데는 문제가 없지 않다. 이러한 근거에서 제13장은 인공지능 시대에 필요한 정의란 무엇인지를 묻고 간략하게나마 이에 답하고자 노력한다. 제13장은 인공지능 시대에 적합한 정의를 구상할 때는 일원적 정의론이 한계를 가진다는 점, 정의론을 구상할 때는 현대사회와 정의론 자체가 지닌 특성을 고려해야 함을 강조한다. 이에 바탕을 두어 제13장은 인공지능 시대의 정의 구상으로 다음을 제안한다. 적절한 복잡성으로서 정의, 다원화된 정의, 절차주의적 정의, 포용적 정의가 그것이다. 더불어 이러한 정의 구상을 구현하는 국가의 모습으로 절차주의적 포용국가를 제시한다.

---

17 제13장은 이 책을 위해 새로 집필한 것이다.

제1부

현대사회의 구조변혁과
법규범의 진화

제2장

현대사회의 구조변혁과
법규범의 대응 방향

양천수

I. 들어가며

우리가 살아가는 현대사회는 변혁의 사회다. 물론 변화는 오랫동안 인류와 함께 해왔다. 따라서 지금 시대만을 변혁의 시대로 지칭하는 것은 타당하지 않다. 농업혁명이나 산업혁명 등이 예시하는 것처럼 지난 시대나 사회에서도 근본적인 변혁을 언급할 수 있다.[1] 그러나 지금 우리가 마주하는 변혁은 차원을 달리한다. 이른바 제4차 산업혁명이 촉발한 빅데이터, 디지털 전환, 인공지능, 블록체인, 메타버스 등이 주도하는 사회 변혁은 이전에 우리 인류가 경험하였던 변혁과는 여러 면에서 근본적인 차이를 보인다. 그에 대한 예로 크게 두 가지를 언급할 수 있다. 인공지능 혁명으로 탈인간중심적 사고가 본격적으로 펼쳐지고 있다는 점, 메타버스 등으로 우리가 살아가는 세계가 실제세계를 넘어 가상세계까지 확장되고 있다는 점이 그것이다.

현대사회에서 진행되는 근본적인 변혁은 사회를 살아가는 우리의 사고방식이 근본적으로 변화되어야 함을 요청한다. 오랜 시간 실제세계(real world)에

---

1 이러한 과정을 인상 깊게 서술하는 경우로 유발 하라리, 조현욱 (옮김), 『사피엔스』(김영사, 2015).

적합하게 구조화된 우리의 사고방식으로는 오늘날 발생하는 다양한 현상들을 적절하게 포착하기 어렵다. 오랫동안 유지되었던 우리의 사고방식을 근본적으로 바꾸어야 하는 도전과 과제가 우리 인간 존재에 부과된다.

이러한 과제는 우리 인간 존재에만 한정되지 않는다. 사회를 규율하는 규범적 매체의 중심을 이루는 법 역시 이러한 과제에서 자유로울 수 없다. 법은 인간 존재와 무관하지 않기 때문이다. 법은 사회를 규율한다. 이러한 사회는 체계와 같은 사회구조뿐만 아니라 인간 존재의 행위 및 소통으로 구성된다. 따라서 새로운 사회구조 및 이에 부응하는 인간 존재의 사고, 행위 및 소통 방식을 감안하지 않으면 법은 사회에 적절하게 응답하는 규범체계가 될 수 없다.[2] 현재 진행되는 사회변혁이 야기한 새로운 구조, 사고방식, 행위 및 소통 방식을 법이 규제체계를 설계할 때 적절하게 수용해야 한다. 이러한 문제의식에서 이 글은 현대사회의 구조변혁에 적절하게 대응하려면 법이 어떻게 변화되어야 하는지 살펴본다. 특히 법이 어떤 사고 모델과 구조를 갖추어야 하는지, 현대사회의 변혁이 야기하는 문제에 대응하려면 법이 무엇에 관심을 가져야 하는지 검토한다.

II. 근대법체계의 사고 모델

1. 주체/객체/행위 모델

먼저 현재 우리가 갖춘 법제도의 근간을 이루는 근대법체계가 어떤 사고 모델을 가지고 있는지 살펴본다.[3] 이에는 우선적으로 '주체/객체/행위 모델'을 언급할 수 있다. '주체/객체/행위' 모델은 주체와 객체를 구별하면서 이러한 주체와 객체 또는 주체와 주체를 연결하는 수단이나 매체로 행위를 전제하는 모델을 뜻한다. 이에 의하면 특정한 주체는 자신이 원하는 객체를 획득하거나 다

---

2 사회에 응답하는 법을 강조하는 예로는 P. Nonet/P. Selznick, *Law & Society in Transition: Toward Responsive Law*, second printing (New Brunswick/London, 2005).

3 근대법체계에 관해서는 양천수, "법의 근대성과 탈근대성: 하버마스와 투렌의 기획을 중심으로 하여", 『법학연구』(부산대) 제50권 제1호(2009), 161~191면.

른 주체와 법적 관계를 맺을 때 행위를 이용한다. 이렇게 주체와 객체 및 행위를 구별하는 주체/객체/행위 모델은 근대법의 근간을 이루는 법 곳곳에서 발견할 수 있다. 대표적인 예로 민법을 들 수 있다. 민법, 그중에서도 총칙은 주체/객체/행위 및 이에 더하여 시간을 중심으로 하여 구성된다. 예를 들어 주체로서 자연인과 법인을, 객체로서 동산과 부동산을 중심으로 하는 물건을, 행위로서 민법 전반에 걸쳐 가장 중요한 비중을 차지하는 법률행위를 규정한다. 더불어 시간으로서 조건과 소멸시효를 제도화한다.[4] 이외에도 주체/객체/행위 모델은 다른 법영역, 가령 형법이나 행정법, 소송법에서도 확인할 수 있다. 이를테면 형법에서 주체/객체/행위 모델은 범죄주체, 범죄대상, 범죄행위로 구체화된다. 행정법에서는 행정청, 사인, 행정행위로 변모한다. 나아가 소송법에서는 소송주체, 소송물, 소송행위로 등장한다.

2. 인간중심주의

근대법의 기본 모델이 되는 주체/객체/행위 모델에서는 다음과 같은 사고 방식을 발견할 수 있다. 우선 주체는 권리주체 또는 행위주체라는 의미를 가진다. 특정한 주체는 권리를 보유하는 주체가 되거나 특정한 행위, 가령 법률행위나 범죄행위를 하는 주체가 된다. 이때 주체는 기본적으로 인간 존재가 된다. 예를 들어 사람은 생존하는 동안 권리와 의무의 주체가 된다(민법 제3조). 이를 반대로 추론하면 인간이 아닌 존재, 예컨대 동물이나 인공지능 등은 특별한 예외가 없는 한 권리주체가 될 수 없다.[5] 이처럼 주체/객체/행위 모델은 기본적으로 인간만을 주체로 설정한다. 그 점에서 이 모델은 인간중심주의에 바탕을 둔다고 말할 수 있다. 한편 주체/객체/행위 모델이 주체로 설정하는 인간은 개별적으로 행위하는 존재이자 자유로운 존재이기에 여기에서는 공동체주의에 대응하는 자유주의 이념도 발견할 수 있다.

---

4 민법총칙의 철학적 기초에 관해서는 신유철, "21세기 한국민사법학의 과제", 『안암법학』 제13호 (2001), 207~220면.
5 이 문제에 관해서는 양천수, "현대 지능정보사회와 인격성의 확장", 『동북아법연구』 제12권 제1호 (2018), 1~26면.

3. 유체물중심주의

주체/객체/행위 모델은 주체와 객체를 구별하면서 대비시킨다. 인간은 주체로 설정하면서 비인간적 존재는 객체로 설정한다. 우리 민법은 이러한 객체로 물건을 규정한다. 이때 물건은 민법에 따르면 유체물을 기본으로 하면서 관리할 수 있는 자연력이 추가된다(민법 제98조). 객체란 물건을 뜻하는데 이러한 물건은 유체물을 기본으로 하는 것이다. 여기서 주체/객체/행위 모델이 유체물중심주의를 바탕으로 삼고 있음을 발견한다. 민법은 유체물의 대표적인 형태로 동산과 부동산을 염두에 둔다. 물론 권리나 지식재산권과 같은 비유체물도 객체로 취급하지만 이는 예외로 인정된다. 이에 따라 최근 새로운 성장 동력으로 관심의 초점이 되는 데이터는 물건에서 제외된다.

4. 실제세계 중심주의

주체/객체/행위 모델에서는 실제세계 중심주의도 발견할 수 있다. 법이 규율하는 세계로 '실제세계'(real world)를 전제하는 것이다. 이는 '행위' 개념에서 찾아볼 수 있다. 형법학에서 진행되는 행위에 관한 논의가 보여주듯이, 특히 인과적 행위론이 시사하듯이 행위는 주체가 실제세계에서 외부로 발하는 작용을 뜻한다.[6] 이는 특정한 주체가 어떻게 법적 행위를 하는지를 관찰하면 분명해진다.

'입력(input)/출력(output) 모델'을 원용해서 보면 주체는 다음과 같은 과정을 거쳐 법적 행위를 한다. 우선 주체는 입력과 출력의 기준점이 된다. 주체는 입력으로 외부 세계에서 데이터와 정보를 받아들인다. 이를 바탕으로 하여 주체는 내부에서 자신이 원하는 바를 의사결정으로 판단한다. 이러한 의사결정은 의사표시 또는 행위를 매체로 하여 외부로 출력된다. 그중에서 행위는 주체가 가진 몸이 외부로 작용하는 것을 지칭한다. 여기서 두 가지 특징을 발견할 수 있다. 첫째, 행위는 주체의 몸, 즉 육체를 필요로 한다는 것이다. 둘째, 행위는

---

6 Claus Roxin, *Strafrecht Allgemeiner Teil, Band I: Grundlagen · Der Aufbau der Verbrechenslehre*, 4. Aufl. (München, 2006), S. 236 ff.

주체의 육체가 외부 세계에 작용하는 것을 필요로 한다는 것이다. 바로 이 점에서 행위는 실제세계, 즉 물리적인 시간과 공간으로 구성되는 물리적 세계를 전제로 한다.

실제세계 중심주의는 다음과 같은 점에서도 발견할 수 있다. 주체/객체/행위 모델을 받아들인 근대법은 형식성, 중립성과 더불어 외부성을 특징으로 가진다는 점이다.[7] 이는 외부적 자유를 강조하는 태도로 구체화된다. 위에서 살펴본 것처럼 특정한 행위가 이루어지려면 크게 세 가지 요소가 필요하다. 주체, 주체의 몸, 주체의 몸으로 이루어지는 외부적 작용이 그것이다. 이에 더하여 근대법은 주체의 몸에 의한 외부적 작용이 자유롭게 이루어질 것을 요청한다. 왜냐하면 이러한 작용은 대부분 주체가 원하는 목적을 달성하기 위한 수단으로서 이루어지기 때문이다. 이로 인해 근대법은 외부적 자유, 달리 말해 행위의 자유가 주체에게 귀속될 것을 강조한다. 그런데 행위의 자유야말로 실제세계를 전제로 한다. 근대법이 강조하는 외부적 자유는 몸이 작용하는 행위의 자유이기 때문이다.

객체에서 발견되는 유체물중심주의도 실제세계 중심주의를 대변한다. 물건을 대변하는 유체물은 물리적 세계를 전제로 하는 물리적 개념이기 때문이다. 이러한 맥락에서 가령 우리 판례는 전자문서는 형법이 보호하는 문서 개념에 포섭하지 않는다.[8] 증명적 기능, 보장적 기능과 더불어 문서 개념을 구성하는 계속적 기능이 시사하듯이 형법이 보호하는 문서 개념은 유체물인 문서, 즉 실제세계에서 유체물로 존속하는 물리적 개념을 지칭하기 때문이다.

Ⅲ. 현대사회의 구조변혁

1. 변혁의 시대로서 현대

오늘날은 거대한 구조변혁의 시대라 말할 수 있다. 물론 사회 변혁이 오늘

---

7 이에 관해서는 K. Günther, 김나경 (역), "형법의 대화윤리적 근거지음의 가능성", 이상돈 (엮음), 『대화이론과 법』(법문사, 2002), 152~154면.
8 대법원 2007. 11. 29. 선고 2007도7480 판결.

날만의 고유한 현상인 것은 아니다. 인류 역사에서 그동안 세 차례의 산업혁명
이 전개되었다는 점, 그 이전에 농업혁명과 같은 거대한 구조변동이 있었다는
점 등을 감안하면 현대만을 변혁의 시대로 규정하는 것은 정확하지 않다. 그렇
지만 유독 오늘날 변혁이 피부로 와 닿는 이유는 시간적 측면에서 볼 때 매우
단기간에 변혁의 강도가 매우 강한 구조변혁이 전 세계에 걸쳐 진행되기 때문
일 것이다. 요컨대 변혁이 시간적 측면, 강도 측면, 지역적 측면에서 결합되어
진행되기에 그 어느 때보다 변혁이 우리에게 강하게 각인된다. 이로 인해 급변
하는 사회 환경에 적응해야 하는 과제가 우리 인간 존재를 압박한다. 그러나 우
리가 적응하기에 충분한 시간이 주어지지 않는다. 적응하기도 전에 사회구조는
다시 바꿔어 버린다. 여기서 진화의 요청과 부적응으로 인한 문제가 발생한다.

2. 제4차 산업혁명과 사회의 구조변혁

우리가 살아가는 현대사회가 변혁의 시대라는 점은 지난 2016년부터 담론
으로 제시된 제4차 산업혁명이 잘 예증한다.[9] 그 이후 발생한 코로나 사태로 인
해 이제는 식상한 느낌을 주는 담론이지만 제4차 산업혁명은 현대사회가 어떤
점에서 구조변혁을 경험하는지 잘 보여준다. 물론 제4차 산업혁명이 과연 존재
하는지에 의문을 표하는 경우도 없지 않다. 제4차 산업혁명으로 지칭되는 현상
들은 제3차 산업혁명의 연장선상에 지나지 않다고 보기 때문이다. 그러나 제3
차 산업혁명과 제4차 산업혁명 사이에는 몇 가지 질적 차이가 존재한다. 이러
한 질적 차이는 현대사회가 어떤 방향으로 급변하는지를 보여준다. 이는 주체
의 차원, 객체의 차원, 행위의 차원, 세계의 차원으로 나누어 살펴볼 수 있다.

(1) 주체의 확장

제4차 산업혁명이 야기한 가장 우선적인 구조변혁을 언급하면 주체가 확
장되고 있다는 점이다. 달리 말해 권리주체의 확장이 활발하게 논의된다. 이를
대표하는 예가 인공지능이다. 인공지능 기술이 비약적으로 발전하면서 이제 인

---

9 클라우스 슈밥, 송경진 (옮김), 『클라우스 슈밥의 제4차 산업혁명』(새로운현재, 2017). 제4차 산업
  혁명이 야기하는 법적 문제에 관해서는 양천수, 『제4차 산업혁명과 법』(박영사, 2017).

공지능이 단순한 객체에서 자율적인 주체로 격상되어야 하는지 논의된다. 사실 인공지능은 생각보다 오랜 역사를 가진다. 이미 1950년대에 인공지능에 대한 기본 구상 및 기술적 기초가 마련되었다. 하지만 그동안 여러 제약으로 자율성을 갖춘 인공지능을 구현하는 게 힘들었다. 그러나 2010년을 전후로 하여 심층신경망 학습에 바탕을 둔 딥러닝(deep learning)이 실현되면서 인공지능은 질적 도약을 하고 있다. 인간처럼 완전하지는 않지만 각 전문 영역에서는 고도로 전문화된 판단을 자율적으로 할 수 있는 인공지능이 출현한다. 현재 인공지능이 어느 정도로 자율성을 갖추었는가는 음악, 미술과 같은 저작물 영역에서 인공지능이 어떤 산출을 하고 있는지로 예증할 수 있다.[10]

저작물은 창의성을 핵심 요소로 하기에 인간 존재만이 저작물을 창작할 수 있다는 관념이 지금까지 지배적이었다. 그렇지만 딥러닝이 구현되면서 인공지능은 저작물, 즉 음악이나 미술, 시, 소설 등과 같은 특정한 매체로써 창의성을 갖춘 콘텐츠를 생산할 수 있게 되었다. 새로운 대중음악이나 클래식 음악을 작곡하기도 하고 렘브란트의 화풍을 흉내 낸 새로운 그림을 그리기도 한다. 시나 소설을 쓰기도 하고 메타버스에서 새로운 아바타 캐릭터를 창조하기도 한다.

인공지능이 저작물을 창작하려면 다음과 같은 요건을 갖추어야 한다. 우선 인공지능이 어느 정도 자율성과 창의성을 발휘할 수 있어야 한다. 다음으로 인간의 음성이나 음악 소리, 그림이나 영상과 같은 이미지, 언어를 모사할 수 있는 기술이 구비되어야 한다. 그런데 오늘날에는 이 두 가지 측면에서 비약적인 발전이 이루어진다. 기술적인 측면에서 볼 때 이는 무엇보다 딥페이크(deepfake)와 GAN에 힘을 입었다.

딥러닝(deep learning)과 페이크(fake)를 합성한 개념인 딥페이크는 인공지능이 저작물을 창작하는 데 기초가 되는 기술이다.[11] 딥페이크는 흔히 가짜 동영상을 만드는 데 사용되는 기술로 알려져 있다. 예를 들어 가짜 동영상과 실제 인물을 합성하여 마치 실제 인물이 특정한 행위를 하는 것처럼 보이게 한다. 그

---

10 양천수, "인공지능 창작물과 저작권",『인권이론과 실천』제30호(2021), 37~130면 및 이 책 제9장 참조.

11 전유진, "인공지능의 두 얼굴, 딥페이크 기술: 딥페이크 사례로 알아보는 인공지능의 현주소", 『국내기사 Secu N』제144권(2021), 104~105면.

때문에 딥페이크는 범죄적 일탈행위의 수단으로 사용되는 경우가 많다.[12] 그렇지만 딥페이크가 부정적인 의미만 가지는 것은 아니다. 딥페이크는 인공지능이 음악이나 미술, 아바타 캐릭터와 같은 창작물을 만드는 데 기여한다. 딥페이크는 크게 두 가지 기술로 구현된다. '비전 AI'와 '컴퓨터 그래픽스'가 그것이다. 이를 '입력/출력 모델'에 대응시켜 말하면 데이터 입력과 관계된 기술이 비전 AI, 이미지 출력과 관계된 기술이 그래픽스이다.

그러나 초기 딥페이크 기술만으로는 인공지능이 새로운 음악이나 미술 작품처럼 정교하고 창의성이 요구되는 저작물을 만들기 쉽지 않았다. 이러한 상황은 GAN이 개발되면서 급반전한다. 흥미롭게도 GAN은 법적 사고모델과 밀접한 관련을 맺는다. GAN은 생성적 적대 신경망(Generative Adversarial Network) 기술로 2014년 이안 굿펠로우(Ian Goodfellow)와 그의 동료들이 제시한 새로운 기계학습 프레임워크다.[13] GAN은 두 개의 인공 신경망을 전제로 한다. 생성 모델(generator)과 식별 모델(discriminator)이 그것이다. 두 개의 신경망 모델은 서로 대립하면서 공존한다. 마치 당사자주의 소송구조(adversarial procedure)에서 각 당사자가 대립하는 과정에서 법관이 소송의 진실을 찾아가는 것처럼 GAN에서도 생성 모델과 식별 모델이 대립하는 당사자로 서로 적대하면서 진짜와 구별되지 않는 가짜를 생성하는 것이다. 굿펠로우는 이를 위조지폐범과 경찰로 비유하였다. 위조지폐범이 위조지폐를 생성하면 경찰은 이를 가짜로 식별한다. 그러면 위조지폐범은 이보다 더 나은 위조지폐를 만들고 경찰은 다시 이를 식별한다. 이러한 환류 과정을 거치면서 위조지폐는 진짜와 거의 구별할 수 없을 정

---

12 홍태석, "딥페이크 이용 아동성착취물 제작자의 형사책임: 일본의 판례 및 논의 검토를 통하여", 『디지털 포렌식 연구』 제14권 제2호(2020), 139~151면; 장우정·김주찬, "딥페이크 합성물에 대한 국내외 입법동향과 형사법적 수용문제: 딥페이크 포르노(Deepfake Pornography)를 중심으로", 『소년보호연구』 제33권 제2호(2020), 273~306면; 이경렬·김재원, "허위영상물 제작·반포 범죄에 관한 기술적·형사법적 연구", 『4차산업혁명 법과 정책』 제2호(2020), 131~169면.

13 Ian Goodfellow/Jean Pouget−Abadie/Mehdi Mirza/Bing Xu/David Warde−Farley/Sherjil Ozair/ Aaron Courville/Yoshua Bengio, "Generative Adversarial Nets", *Proceedings of the International Conference on Neural Information Processing Systems* (NIPS, 2014), pp.2672~2680. 이 발표문은 https://proceedings.neurips.cc/paper/2014/file/5ca3e9b122f61f8f06494c97b1afccf3−Paper.pdf에서 확인할 수 있다. GAN에 대한 간단한 설명은 이경렬·김재원, "허위영상물 제작·반포 범죄에 관한 기술적·형사법적 연구", 『4차산업혁명 법과 정책』 제2호(2020), 139~140면.

도로 개선된다.

이처럼 이제 인공지능은 인간만의 전유 영역으로 취급되었던 저작물 영역에서도 인간과 거의 동등한 수준으로, 경우에 따라서는 인간을 능가하는 활약을 한다. 이로 인해 인공지능 저작물을 어떻게 취급해야 하는지, 인공지능을 저작권의 주체로 보아야 하는지 문제된다.[14]

(2) 객체의 확장

주체가 목표로 하는 객체 역시 확장된다. 앞에서 언급한 것처럼 근대법은 유체물을 중심으로 하여 객체를 파악한다. 물론 과학기술이 발전하면서 근대법은 유체물뿐만 아니라 관리할 수 있는 자연력, 즉 전기까지 객체에 포섭하였다. 그렇지만 여전히 객체는 물리적 존재를 뜻하였다. 그러나 인터넷이 구현되고 초연결사회 출현으로 디지털 전환(digital transformation)이 가속화되면서 데이터가 새로운 자원이나 객체로 떠오른다. 이때 말하는 데이터는 특히 디지털화된, 즉 이진법의 코드(code)로 전환되어 저장 및 관리가 용이해진 데이터를 지칭한다. 데이터가 얼마나 유용한 자원인가 하는 점은 데이터만으로 엄청난 매출을 올리는 플랫폼 기업들이 잘 보여준다.[15] 뿐만 아니라 데이터, 그중에서도 빅데이터는 우리에게 새로운 정보나 통찰을 선사한다. 이는 그 어느 기업보다 선구적으로 빅데이터를 활용하는 구글의 예가 잘 보여준다. 예를 들어 구글의 과학자들은 2009년 신종플루가 유행하기 몇 주 전에 검색어만으로 언제 어느 지역에서 독감이 유행할 것인지를 예측하는 내용의 논문을 『네이처』(Nature)에 게재하였다.[16] 빅데이터 전문가인 쇤베르거(Viktor Mayer − Schönberger)와 쿠키어(Kenneth Neil Cukier)는 이를 다음과 같이 인상 깊게 예증한다.[17]

---

[14] 이에 관해서는 신창환, "인공지능 결과물과 저작권", 『Law & technology』 제12권 제6호(2016), 3~15면; 김도경, "인공지능 시대에 저작권 보호와 공정한 이용의 재고찰", 『경영법률』 제31집 제3호(2021), 221~266면.

[15] 마셜 W. 밴 앨스타인·상지트 폴 초더리·제프리 G. 파커, 이현경 (옮김), 『플랫폼 레볼루션: 4차 산업혁명 시대를 지배할 플랫폼 비즈니스의 모든 것』(부키, 2017).

[16] Jeremy Ginsburg et al., "Detecting Influenza Epidemics Using Search Engine Query Data", *Nature* 457 (2009), pp.1012~1014. 이 자료는 〈http://www.nature.com/nature/journal/v457/n7232/full/nature07634.html〉에서 확인할 수 있다.

[17] 빅토르 마이어 쇤베르거·케네스 쿠키어, 이지연 (옮김), 『빅데이터가 만드는 세상』(21세기북스,

　　"공교롭게도 H1N1 바이러스가 신문의 1면을 장식하기 몇 주 전, 거대 인터넷 기업 구글google의 엔지니어들이 주목할 만한 논문 한 편을 과학저널 《네이처》에 게재했다. 이 논문은 보건 담당 관리들과 컴퓨터 과학자들 사이에서는 화제가 되었지만, 그 외에는 큰 주목을 받지 못했다. 논문의 내용은 구글이 겨울철 미국에서 독감의 확산을 '예측'할 수 있다는 것이었다. 전국적 규모로만 예측하는 것이 아니라 특정 지역 또는 어느 주에서 유행할지까지 예측할 수 있다고 했다. 이를 위해 구글이 사용한 방법은 사람들이 인터넷에서 검색한 내용을 살피는 것이었다. 매일 전 세계적으로 구글에 보내는 검색 질문은 30억 개 이상이었으므로 이용 가능한 데이터는 충분했다. 또 구글이 수신하는 검색 내용들을 수년간 보관한다는 점 역시 분석에 도움이 됐다."

　　이처럼 데이터가 새로운 성장동력으로 취급되면서 데이터 소유, 즉 '데이터 오너십'(data ownership)에 관한 논의가 활발하게 진행된다.[18] 더불어 데이터를 민법이 규정하는 객체인 물건에 포함시키려는 논의가 전개된다. 데이터 오너십이 제대로 작동하려면 데이터를 물건과 같은 확고한 객체로 인정할 필요가 있다고 보기 때문이다. 물론 이는 명확하게 해결되지 않았다. 그렇지만 데이터 거래 시장이 점점 활성화되는 상황을 고려하면 법이 규율하는 객체가 데이터까지 확장되고 있음은 부정할 수 없을 것이다.

(3) 매체 및 세계의 확장

　　이외에도 주체가 객체를 획득하기 위해 사용하는 매체 및 주체가 활동하는 세계가 확장된다는 점을 언급할 수 있다. 예를 들어 행위보다 소통이 점점 더 비중을 확대하거나 메타버스와 같은 새로운 세계가 출현하는 것을 들 수 있다. 이러한 경향은 제4차 산업혁명이 심화시키기도 하였지만 특히 여전히 진행 중인 코로나 사회에서 더욱 뚜렷한 현상으로 대두한다. 따라서 이는 코로나 사회가 야기한 사회구조의 변혁에서 살펴본다.

　2013), 10면.
18 고학수·임용 (편), 『데이터오너십: 내 정보는 누구의 것인가?』(박영사, 2019).

3. 코로나 사회와 사회구조의 변혁

2019년에 촉발되어 2020년 초부터 본격화되기 시작한 코로나 사태는 우리의 일상을 혁명적으로 바꾸었다. 이를테면 메타버스와 같은 새로운 세계의 가능성을 펼쳐보였다. 언택트(untact) 또는 온택트(ontact)와 같은 새로운 소통방식이 본격화되었다. 동시에 여러 문제를 야기하였다.

(1) 사회적 거리두기

코로나 사회의 특징을 규정하는 가장 핵심 개념으로 사회적 거리두기 (social distancing)를 들 수 있다. 그런데 이는 흥미로운 개념이다. 왜냐하면 사회적 거리두기는 두 가지 의미를 가질 수 있기 때문이다.[19]

첫째, 사회적 거리두기는 사회 안에서 행위나 소통 등을 통해 형성되는 관계에 거리를 두라는 의미를 가질 수 있다. 직관적으로 이해하면 사회적 거리두기는 이 같은 의미를 가지는 것으로 보인다. 그러나 이러한 이해방식에는 다음과 같은 의문을 던질 수 있다. 무엇보다도 디지털 또는 언택트 소통이 가능한 현대사회에서 볼 때 사회 안에서 형성되는 관계에 거리를 두는 것이 과연 가능한지의 의문이 그것이다. 특히 인터넷과 같은 온라인 소통매체가 일상화된 오늘날에는 언택트 또는 온택트라는 방식으로 사회적 관계를 형성할 수 있기에 사회적 관계에 거리를 둔다는 것은 상상하기 어렵다.

둘째, 사회적 거리두기는 사회 전체의 차원에서 물리적 거리를 두라는 의미로 이해될 수 있다. 달리 말해 전체 사회의 측면에서 행위를 통한 대면접촉을 줄이라는 것이다. 이는 현재 정부가 공식적으로 채택하는 사회적 거리두기의 의미이다. 사회적 거리두기가 이 같은 의미를 가진다는 점은 사회적 거리두기 정책 초기에 우리 정부가 거리두기를 '사회적 거리두기'와 '생활 속 거리두기'로 구별한 점에서 확인할 수 있다.[20] 정부는 사회적 거리두기를 사회적 차원에서

---

[19] 이에 관해서는 양천수, "포스트 코로나 시대에서 본 사회구조의 변화와 사회적·인권적·법적 문제", 『인권이론과 실천』 제27호(2020), 1~30면.

[20] '거리두기'를 '사회적 거리두기'와 '생활 속 거리두기'로 구별하는 태도에서 독일의 사회철학자 하버마스(Jürgen Habermas)가 제시한 '이원적 사회이론'을 떠올릴 수 있다. 이원적 사회이론에 따르면 전체 사회는 '사회적 하부체계'와 '생활세계'로 구별된다. 이러한 구별에 의하면 생활세계는 사회의 부분영역에 해당한다. 이를 보여주는 Jürgen Habermas, *Theorie des kommunikativen*

실시하는 물리적 거리두기로 파악하지, 사회적 관계 자체에 대한 거리두기로 파악하는 것은 아니라는 것이다.[21]

(2) 행위에서 소통으로

코로나 상황에서 사회적 거리두기가 강력하게 요청되면서 우리의 활동방식도 변화를 맞았다. 실제세계를 전제로 하는 '행위'(action)에서 사회적 거리두기 상황에서도 가능한 '소통'(communication)으로 무게중심이 옮겨간 것이다. 과학기술의 발달로 다양한 온라인 소통매체가 등장하면서 우리는 굳이 행위를 통한 대면접촉을 하지 않고도 타인과 소통을 할 수 있게 되었다. 그런데 이러한 변화가 최소한 필자에게 흥미로운 것은 다음과 같은 의문과 관련을 맺기 때문이다. 사회를 근원적으로 구성하는 것은 무엇인가 하는 의문이 그것이다. 사회를 구성하는 것은 인간인가, 인간에 의해 이루어지는 물리적인 '행위'인가, 그게 아니면 인간과 인간 사이에서 진행되는 '소통'인가와 같은 의문이 떠오른다. 이는 사회에 관한 두 패러다임과 관련을 맺는다. 예컨대 베버(Max Weber)로 거슬러가는 행위 모델은 사회가 인간에 귀속되는 행위로 구성된다고 보는 반면 뒤르켐(Emile Durkheim)으로 대표되는 구조 모델은 행위를 넘어서는 구조에서 사회의 근원을 찾는다. 그중 후자의 패러다임은 파슨스(Talcott Parsons)를 거쳐 루만(Niklas Luhmann)에 의해 정교한 체계이론으로 발전한다. 체계이론은 사회가 인간이나 행위가 아닌 소통으로 구성된다고 본다.[22] 이러한 이론적 상황에서 사회가 물리적 행위나 대면접촉을 전제하지 않고도 작동할 수 있음을 보여준 코로나 사회는 행위와 소통 가운데 무엇이 더 근원적인 것인지 의문을 던진다.

(3) 메타버스의 출현

코로나 사회에서 물리적 대면접촉이 제한되면서 새로운 세계가 뚜렷하게 각인된다. 메타버스(metaverse)가 그것이다.[23] 더불어 새로운 사회의 관심사로

Handelns, Bd. Ⅱ (Frankfurt/M., 1982). 다만 현재는 사회적 거리두기 정책을 세분화하면서 '생활 속 거리두기/사회적 거리두기'라는 이분법을 포기하였다.

21 이러한 맥락에서 세계보건기구(WHO)는 '사회적 거리두기' 대신 '물리적 거리두기'라는 용어를 권고한다. 강민경, "WHO '사회적 거리두기가 아니라 물리적 거리두기'", 『뉴스1』(2020. 3. 21).

22 니클라스 루만, 윤재왕 (옮김), 『체계이론 입문』(새물결, 2014).

23 메타버스는 엔비디아의 CEO 젠슨 황이 2020년 10월 5일 GTC 2020(NVIDIA GPU Technology

떠오른다. 제4차 산업혁명, 인공지능, 블록체인, 데이터에 대한 전 사회적 관심
이 이제는 메타버스로 집중된다. 이러한 메타버스는 제4차 산업혁명을 견인하
는 여러 핵심 기술과 밀접한 관련을 맺는다. 그중 가장 중요한 역할을 하는 것
이 인공지능 기술이다. 비전 AI와 같은 인공지능 기술을 통해 현실세계와 가상
세계를 구조적으로 연결하는 메타버스가 구현된다. 메타버스에서 참여자들은
자신의 캐릭터를 대변하는 아바타(부캐)를 인공지능 기술의 도움으로 창작할 수
있다. 현실세계를 인공지능 기술로 강화한 증강현실세계나 현실세계를 그대로
모사한 거울세계를 메타버스 공간에서 체험할 수 있다.

그러면 메타버스란 무엇인가? 메타버스는 상위 또는 초월을 뜻하는 'meta'
와 세계를 뜻하는 'universe' 가운데 'verse'를 합성한 말이다.[24] 따라서 말 그대
로 풀이하면 '초월세계'로 정의할 수 있다. 일반적으로는 실제세계(real world)와
구별되는 가상세계를 뜻하는 경우로 사용된다. 어떻게 보면 인터넷으로 구현된
사이버세계(cyberworld)의 최신 버전이라 할 수 있다.

사실 메타버스는 최근에 비로소 등장한 용어는 아니다. 메타버스는 미국
작가 닐 스티븐슨(Neal Stephenson)이 1992년에 출판한 소설 『Snow Crash』에서
이미 사용한 용어이기 때문이다.[25] 인터넷이 대중화되기 이전에 이미 메타버스
가 소설 속에서 등장하였던 것이다. 그런 메타머스가 최근 화두가 된 것은 제4
차 산업혁명 시대를 이끄는 CEO들이 공개적으로 이를 언급하였기 때문이다.
특히 미국의 반도체 기업인 엔비디아(NVIDIA)의 CEO 젠슨 황(Jensen Huang, 黃
仁勳)이 "메타버스가 오고 있다."(The Metaverse is coming)고 언급하면서 현 시대
를 대변하는 키워드가 되고 있다.

메타버스는 생각보다 개념의 외연이 넓다. 그래서 메타버스가 정확하게 무
엇을 뜻하는지 정의하는 것은 쉽지 않다. 기술연구단체인 ASF(Acceleration Studies
Foundation)는 메타버스를 크게 네 가지 영역으로 구별한다.[26] 증강현실 세계,

Conference 2020) 기조연설에서 "메타버스가 오고 있다."(The Metaverse is coming)고 언급하면서
전 세계적인 관심을 받게 되었다. 이원영, "GTC 2020 'AI 시대가 시작됐다'", 『Tech Recipe』(2020.
10. 6)(https://techrecipe.co.kr/posts/21582).

24 메타버스에 관해서는 김상균, 『메타버스』(플랜비디자인, 2021).
25 Neal Stephenson, *Snow Crash* (Bantam Books, 1992).

거울세계, 라이프로깅(lifelogging) 세계, 가상세계가 그것이다. 이는 실제세계와 가상세계의 관계를 어떻게 설정할 것인지, 양자 사이에서 어디에 비중을 둘 것인지에 따른 구별이다.

일단 주목해야 할 점은 메타버스에서는 실제세계와 가상세계가 단절되어 있지 않다고 본다는 것이다. 양자는 별개의 세계가 아니고 서로 밀접하게 연결된다. 그중 실제세계에 비중을 두는 메타버스가 증강현실 세계와 라이프로깅 세계이다. 증강현실 세계는 실제세계에 기반을 두면서 ICT나 인공지능 기술에 힘입어 여기에 증강현실을 덧붙인 세계이다. 라이프로깅 세계는 실제세계에서 이루어지는 내 삶을 가상세계에 그대로 복제하여 생성되는 세계이다. 다만 세계의 중심은 여전히 실제세계가 된다. 실제세계의 삶을 적정하게 편집하여 가상세계에 디지털 전환으로 기록하는 세계가 라이프로깅 세계인 것이다.

이에 반해 거울세계와 가상세계는 가상공간이 중심이 된다. 거울세계는 실제세계를 가상공간에 복제하여 만들어낸 세계이다. 그러나 환경 자체만이 실제세계에 바탕을 둘 뿐 참여자들이 소통하고 활동하는 주된 공간은 가상공간인 거울세계가 된다. 마지막으로 가상세계는 실제세계에 대한 연결고리가 가장 약한 세계이다. 가상세계 그 자체 안에서 새로운 소통, 새로운 활동, 새로운 작품, 새로운 세계가 창조된다. 그런 의미에서 가장 진정한 의미의 메타버스에 해당한다. 물론 그렇다고 해서 실제세계에 대한 접점이 사라지는 것은 아니다. 가상세계에 참여하는 이들은 분명 실제세계에서 살아가는 사람들이기 때문이다.

(4) 진짜와 가짜의 경계 해체

메타버스의 출현으로 실제세계와 가상세계의 연결이 촉진되면서, 디지털 공간이 더 이상 낯선 세계가 아니게 되면서 진짜와 가짜, 원본과 복사본의 경계도 희미해진다. 여기에는 인공지능 저작물 기술이 한 몫을 한다. 고도로 발전한 딥페이크 및 GAN으로 무장하면서 인공지능은 원본과 차이가 없는 복사본, 더 나아가 원본을 초월하는 페이크를 만들어낸다. 이를 통해 이제는 사진만으로 인터뷰 영상을 만들거나 고인이 된 사람을 마치 생존한 사람처럼 소환한다.[27]

---

26 김상균, 앞의 책, 23면.
27 예를 들어 삼성전자 모스크바 AI연구센터가 러시아 스콜코보 과학기술 연구소와 공동으로 개발한

무엇이 원본이고 복사본인지, 무엇이 진짜고 가짜인지를 구별하기 어려운 시대가 도래한 것이다.

Ⅳ. 사회 구조변혁의 부작용

혁명, 혁신, 변혁은 기존의 구조나 틀, 사고방식, 문화를 창조적으로 파괴한다.[28] 그런데 세상의 모든 일이 그렇듯 이는 양면적인 결과를 야기한다. 긍정적인 결과와 부정적인 결과가 그것이다. 이는 달리 내부적 결과와 외부적 결과 또는 순기능과 역기능으로 부를 수 있을 것이다. 현재 급속한 속도로 진행되는 변혁은 우리에게 새로운 공리도 안겨주었지만 동시에 여러 부작용도 초래한다. 이는 무엇보다도 코로나 사태와 결합되어 우리에게 여러 고통을 안겨준다. 아래에서는 제4차 산업혁명과 더불어 특히 코로나 상황이 야기한 문제를 중심으로 하여 현대사회에서 진행되는 구조변혁이 어떤 부작용을 산출하는지 살펴본다.

1. 기본권 제한

먼저 법학자의 관점에서 볼 때 가장 눈에 띄는 것부터 언급한다. 법적 부작용은 무엇인가 하는 점이다. 이에 우선적으로 기본권 제한을 언급할 수 있다. 강력한 사회적 거리두기가 진행되면서 우리 인간의 고유한 욕망인 행위의 자유가 제한되었다. 외출을 자제해야 할 뿐만 아니라 외출할 때는 마스크를 의무적으로 착용해야 한다. 친밀함을 형성 및 유지하는 데 필요한 사적 모임이 제한될 뿐만 아니라 공적 업무를 수행하는 데 필요한 대면 행사 참여도 제한된다. 타인

Few-Shot Adversarial Learning은 얼굴 이미지 사진만으로 말하는 얼굴 동영상을 구현한다. Egor Zakharov/Aliaksandra Shysheya/Egor Burkov/Victor Lempitsky, "Few-Shot Adversarial Learning of Realistic Neural Talking Head Models", Proceedings of the IEEE/CVF International Conference on Computer Vision (ICCV) (2019), pp.9459~9468. 이 발표문은 https://openaccess.thecvf.com/content_ICCV_2019/papers/Zakharov_Few-Shot_Adversarial_Learning_of_Realistic_Neural_Talking_Head_Models_ICCV_2019_paper.pdf에서 확인할 수 있다.

28 이러한 점에서 창조적 파괴를 강조하는 경우로는 리처드 포스터·사라 캐플런, 정성묵 (옮김), 『창조적 파괴: 미래를 지배하는 기업 성장의 조건』(21세기북스, 2010).

과 실제세계에서 대면 접촉을 하기에 적합하게 진화를 거듭해온 우리 인간 존
재에게 이 같은 행위 제한은 크나큰 고통이자 기본권 제한이 된다. 이외에도 다
양한 기본권이, 예를 들어 직업행사의 자유나 영업의 자유와 같은 기본권이 사
회적 거리두기로 제한되었다. 뿐만 아니라 우리의 경우에는 개인정보의 자유도
제한되었다.[29] 이는 방역정책으로 시행되는 3T, 그중 '추적'(Trace)과 관련을 맺
는다.[30] 이를 통해 코로나 확산 초기에 우리의 K-방역은 성공을 거둘 수 있었
다. 그러나 이는 대가를 필요로 하였다. 개인정보 자기결정권에 대한 중대한 제
한 및 이로 인해 야기된 강력한 '포함/배제'가 그것이다.

2. '포함/배제' 이분법

코로나 상황은 사회적 차원에서 다양한 모습의 이분법 문제를 야기하였다.
안전과 행위 자유의 이분법, 안전과 개인정보 자유의 이분법, 경제적 양극화 및
'포함/배제'의 이분법 등이 그것이다. 그 가운데 가장 눈여겨보아야 할 문제로
포함/배제의 이분법을 언급할 필요가 있다. 코로나 상황에서 사회적 거리두기
가 정보공개와 결합되어 시행되면서 코로나 확진을 경계로 하여 강력한 포함과
배제가 진행되었기 때문이다. 코로나 비확진자는 안전한 존재로 사회에 포함되
는 반면 확진자는 위험한 존재로 배제 대상으로 취급되었다. 다행히 백신 접종
이 본격적으로 진행되고 정보공개 문제가 지속적으로 보완되면서 포함/배제 문
제는 코로나 확산 초기보다 완화되었다. 그러나 특별한 사정으로 사회 전체가
안전을 지향하는 사회로 변모하면 강력한 포함/배제 문제가 언제든지 다시 발
생할 수 있음을 코로나 사태가 여실히 증명해 주었다.

---

29 이에 대한 비판으로는 권건보·김현경, "코로나 확진자 개인정보 공개는 신중을 기해야. 확진자정
보의 신속한 공유·처리는 중요하나, 일반 국민에 대한 공개는 신중해야", 『법연』 제67권(2020),
64~72면.

30 3T란 검사(Test), 추적(Trace), 치료(Treat)를 말한다. 이동진, "코로나 19 방역과 프라이버시", 양
천수 (편), 『코로나 시대의 법과 철학』(박영사, 2021), 94~95면.

3. 사회적 소통에 관한 문제

코로나 상황은 사회적 소통에 관해서도 다양한 문제를 야기하였다. 이러한 문제로 소통 왜곡 문제, 소통매체 문제, 소통의 수직적·차별적 구조 강화 등을 언급할 수 있다.

(1) 소통의 왜곡 문제

우선 소통 왜곡 문제를 언급할 수 있다. 소통 왜곡 문제는 아래에서 살펴볼 소통매체 문제와 결부되어 나타난다. 예를 들어 진리라는 소통매체의 힘이 약해지고 그 자리를 믿음이나 정치적 논리, 자본이 대신하면서 소통의 왜곡 역시 심화되기 때문이다. 소통의 왜곡 문제로는 크게 세 가지를 언급할 수 있다. 가짜뉴스와 혐오표현 및 이미지 왜곡이 그것이다. 그중 이미지 왜곡은 현대 과학기술, 특히 인공지능 기술이 급속하게 발전하면서 심각한 문제로 떠오른다. '딥페이크'가 이를 예증한다.

(2) 소통매체 문제

다음으로 소통매체 문제가 제기된다. 말하자면 오늘날의 상황에서는 새로운 소통매체가 필요한 것이 아닌가의 문제가 등장한다. 이때 '소통매체'(Kommunikationsmedium)란 사회에서 소통이 지속적으로 연결되도록 하는 매체를 말한다.[31] 소통매체 개념은 루만이 제시한 '매체/형식' 구별에 바탕을 둔다. 루만에 따르면 '매체'(Medium)란 "느슨하게 결합된 요소들"을, '형식'(Form)은 "엄격하게 결합된 요소들"을 뜻한다.[32] 이러한 소통매체로서 의미(Sinn), 언어, 친밀성, 권력, 자본, 진리, 믿음 등을 들 수 있다. 의미는 생각과 소통을 가능하게 하는 기본적인 매체이다. 의미라는 매체가 없으면 우리는 생각도 소통도 할 수 없다.[33] 언어는 소통이 사회적으로 확장되는 데 이바지한다. 또한 언어를 통해 의

---

[31] 소통매체에 관해서는 니클라스 루만, 윤재왕 (옮김), 『체계이론 입문』(새물결, 2014), 293면 아래.

[32] 니클라스 루만, 장춘익 (옮김), 『사회의 사회』(새물결, 2014), 236면. 이를 소개하는 정성훈, "루만의 사회이론에서 체계이론의 상대화", 『철학연구』 제127집(2019), 220면.

[33] 이에 관해서는 Niklas Luhmann, "Sinn als Grundbegriff der Soziologie", in: J. Habermas/N. Luhmann, *Theorie der Gesellschaft oder Sozialtechnologie: was leistet die Systemforschung?* (Frankfurt/Main, 1972), S. 25~100.

미는 더욱 복잡하고 섬세하게 구별될 수 있다. 나아가 친밀성, 권력, 자본, 진리, 믿음이라는 소통매체에 힘입어 가족이나 정치, 경제, 학문, 종교와 같은 사회적 체계가 형성되고 작동한다.[34]

그런데 코로나 사태에 대응하기 위해 사회적 거리두기를 실행하면서 소통매체에 변화가 나타난다. 무엇보다도 '친밀성'이라는 인간적인 소통매체가 위기를 맞는다.[35] 친밀성은 사회적 거리두기 상황에서 진행되는 비대면 소통만으로는 형성되기 어렵기 때문이다. 많은 경우 친밀성은 물리적 접촉을 수반하는 대면 소통을 통해 비로소 만들어질 수 있다. '진리'라는 소통매체의 기능 역시 약해진다. 코로나 상황에서 소통이 주로 온라인으로 이루어지는 한편 소통량이 비약적으로 증가하고 빨라지면서 소통으로 전달되는 정보가 과연 진실인지 여부를 체크할 수 있는 시간적 여유나 관심이 현저하게 줄어들기 때문이다. 이에 대한 반작용으로 '가짜뉴스'가 사회 전체적으로 증가할 뿐만 아니라 손쉽게 수용된다. 이처럼 따뜻하고 건강한 사회를 만드는 데 중요한 친밀성과 진리가 약해지면서 이를 대신할 수 있는 새로운 소통매체가 필요해진다. 다만 무엇이 이러한 기능을 수행할 수 있는지에는 아직 명확한 해법을 찾기 어렵다.

(3) 소통의 수직적·차별적 구조 강화

나아가 소통의 수직적·차별적 구조가 강화되는 문제도 언급할 필요가 있다. 온라인 소통이 일상화되면서 소통방식 역시 민주화, 즉 '탈권위화'될 것이라는 기대가 많았다. 그러나 역설적으로 온라인 소통은 소통의 수직적·차별적 구조를 강화하는 문제를 야기한다. 다양한 소통플랫폼을 이용한 온라인 회의가 이를 잘 보여준다.[36]

---

34 매체를 '확산매체'와 '성공매체'로 구별하는 경우로는 정성훈, "디지털 시대, 확산매체와 성공매체 사이의 긴장", 『인문학연구』(조선대) 제51집(2016), 9~44면.

35 사랑 또는 친밀성을 소통매체로 파악하는 경우로는 N. Luhmann, *Liebe: Eine Übung* (Frankfurt/M., 2008); 니클라스 루만, 정성훈 외 (옮김), 『열정으로서의 사랑: 친밀성의 코드화』(새물결, 2009).

36 이를 흥미롭게 보여주는 마틴 린드스트롬, 박세연 (옮김), 『고장 난 회사들』(어크로스, 2021), 163면 아래.

(4) 친밀성의 위기와 생활세계의 변화

위에서 살펴본 것처럼 사회적 거리두기가 지속되면서 물리적 대면접촉을 필요로 하는 친밀성이 위기에 직면한다. 이로 인해 친밀성에 기반을 두는 윤리적 감정이나 연대의식 역시 위기에 처한다. 친밀성을 바탕으로 하는 각종 공동체 역시 문제에 직면한다. 무엇보다도 연인관계나 가족관계가 문제에 봉착한다. 사랑은 친밀성을 필요로 한다. 친밀성이 없으면 사랑도 성립할 수 없고 연인관계도 형성될 수 없다. 연인관계가 전제되지 않으면 가족관계 역시 형성될 수 없다. 그리고 가족이 없으면 사회가 존속하는 데 필수적인 기반이 되는 '생물학적 재생산'도 이루어질 수 없다.

물론 사회적 거리두기가 모든 친밀성을 위기로 몰아넣는 것은 아니다. 사회적 거리두기는 친밀성에도 '빈익빈 부익부'를 야기하였다. 사회적 거리두기가 진행되면서 이미 친밀성을 획득한 가족들의 경우에는 친밀성이 더욱 강화되는 순기능이 나타났다. 반대로 친밀한 관계를 확보하지 못한 이들은 사회적 거리두기 상황에서 친밀성을 획득할 수 있는 가능성을 상실하였다.

4. 사회의 구조변혁과 인간 존재의 부적응

마지막으로 그러나 가장 근원적인 문제로 사회의 구조변혁에 대한 우리 인간 존재의 부적응을 꼽을 수 있다. 진화론을 수용하면 우리 인류는 오랜 진화를 거쳐 지금에 이르렀다. 진화는 특정한 개체가 환경에 '변이⇒적응⇒선택⇒안정화'라는 과정을 거치면서 이루어진다. 우리가 현재 가진 정신적·육체적 상황은 이러한 진화 과정을 거쳐 획득한 것이다. 그런데 진화는 오랜 시간을 필요로 한다. 변이와 적응의 과정을 거쳐야 하기 때문이다. 문제는 오늘날에는 환경의 변화 속도가 인간의 진화 속도보다 엄청나게 빠르다는 것이다. 과학기술과 소통 매체의 엄청난 발달이 야기하는 새로운 진화 계기와 인간 존재의 진화 속도 사이에 현격한 갭이 발생하는 것이다. 이를테면 사회 환경은 탈인간중심적인 메타버스 환경으로 접어들었는데 우리 인간 존재는 여전히 실제세계에 적응한 진화 상태에 머물러 있다. 이로 인해 새로운 사회 패러다임과 원시적인 인간 욕망이 충돌하는 문제가 발생한다. 동시에 인간이 가진 마음과 육체가 새롭게 진화될 전환점을 맞는다.

인간 존재의 영역을 생명 영역, 심리 영역, 사회 영역으로 구별하면 다음과 같은 점에서 부적응 문제가 발생한다. 우선 생명에 대해 역설적인 경향이 발견된다. 한편으로 코로나 상황에서 생명을 안전하게 보호하고픈 욕망이 강화된다. 이로 인해 안전을 향한 요청이 사회와 국가에 강력하게 제기된다. 안전사회 및 안전국가 패러다임이 힘을 얻는다. 안전을 위한 강력한 포함 및 배제에 대한 요청도 심화된다. 반대로 사회적 고립과 우울증으로 스스로 생명을 포기하는 경향도 점증한다. 이는 심리 영역과 사회 영역의 부작용과 무관하지 않다.

우리의 심리 영역은 오랜 진화의 영향으로 친밀성을 필요로 한다. 나를 이해하고 공감하는 타자를 필요로 한다. 이는 사회 영역에서 소통 욕구로 발현된다. 이때 소통 욕구는 대면접촉 또는 대면소통의 방식으로 구현되길 원한다. 더불어 자기중심의 소통관계가 형성되기를 원한다. 나를 이해해주고 공감해주며 인정해주는 타자 및 사회를 원하는 것이다.[37]

그러나 코로나 상황으로 대면접촉이 제한되면서 친밀성과 인정에 대한 욕망은 좌절된다. 물론 각종 SNS 서비스나 메타버스를 통해 인정투쟁은 계속 진행되지만 친밀성을 획득하기는 어려워진다. 친밀성은 많은 경우 대면접촉과 소통으로 형성되기 때문이다. 이는 극단적으로는 생명에 대한 포기로 이어진다.

V. 법규범의 대응 방향

지금까지 살펴본 것처럼 오늘날 급속하게 발달하는 과학기술 및 팬데믹 상황은 서로 결합되어 우리가 살아가는 현대사회를 변혁한다. 이로 인해 주체, 객체, 행위 및 소통방식, 세계가 확장된다. 탈인간중심주의, 탈유체물중심주의, 탈행위중심주의, 탈실제세계중심주의와 같은 새로운 사고방식이 출현한다. 동시

---

[37] 이 점에서 인간 존재는 칸트가 언급한 것처럼 '비사교적인 사교성'을 가진다. 한편으로 인간 존재는 다른 인간 존재를 경쟁자로 적대시하면서도 다른 한편으로 자신을 위해 타자를 필요로 하는 것이다. 비사교적인 사교성에 관해서는 베르너 마이호퍼, 윤재왕 (역), 『인간질서의 의미에 관하여』(지산, 2003).

에 무엇보다도 코로나 팬데믹으로 우리 인간의 생명, 심리, 사회 영역에서 여러 부작용이 등장한다. 이 같은 변혁의 시대에 우리 법체계는 무엇을 해야 하는가? 어떤 방향으로 어떻게 대응해야 하는가? 이를 아래에서 개관한다.

1. 법적 사고모델의 변화 필요성

우리 법체계가 바탕으로 삼는 사고모델을 바꿀 필요가 있다. 급변하는 환경에 적응할 수 있도록 법의 사고모델을 변화시킬 필요가 있다. 이 점에서 법체계는 탈인간중심주의, 탈유체물중심주의, 탈행위중심주의를 수용할 준비를 해야 한다.

먼저 법체계는 탈인간중심적 사고모델을 구축할 필요가 있다.[38] 다만 이때 주의해야 할 점은 탈인간중심주의는 두 가지 의미를 가진다는 점이다. 분석적 의미와 규범적 의미가 그것이다. 첫째, 탈인간중심주의는 법적 현상을 포괄하는 사회 현상이 인간이 아닌 탈인간적 존재, 가령 사회적 체계를 중심으로 진행된다는 의미를 가진다. 인간이 사회를 구성하고 움직인다는 주장은 더 이상 현대사회를 관찰하는 데 적합하지 않다는 것이다. 루만의 체계이론이 이를 잘 예증한다. 이에 의하면 우리는 인간적 사회와 작별해야만 우리가 살아가는 사회를 더욱 잘 관찰할 수 있다.[39] 둘째, 탈인간중심주의는 인간만을 중시해서는 안 된다는 규범적 의미를 가진다. 이를테면 규범적 중시 대상에 인간뿐만 아니라 동물, 더 나아가 인공지능 로봇까지 포섭해야 한다는 것이다. 동물에 권리를 부여해야 한다는 주장이 이를 예증한다. 이를 통해 인간 존재와 탈인간 존재 사이의 공존을 모색한다.[40]

필자는 두 가지 의미 가운데 첫 번째는 전면적으로 수용할 필요가 있다고 본다. 사회를 구성하고 작동시키는 것은 인간이 아닌 그 무엇이라는 점을 인정

---

[38] 이에 관해서는 양천수, "탈인간중심적 법학의 가능성: 과학기술의 도전에 대한 행정법학의 대응", 『행정법연구』 제46호(2016), 1~24면.

[39] 이에 관한 상세한 분석은 정성훈, "인간적 사회와의 작별: 니클라스 루만의 사회관을 통한 새로운 사회 비판의 출발점 모색", 『시대와 철학』 제18권 제2호(2007), 81~116면.

[40] 이 문제를 다루는 흥미로운 책으로는 이감문해력연구소 (기획), 김환석 외 21인 (지음), 『21세기 사상의 최전선: 전 지구적 공존을 위한 사유의 대전환』(이성과감성, 2020).

할 필요가 있다. 그렇게 해야만 우리는 현대사회를 더욱 정확하게 관찰하고 이에 대응할 수 있다. 그러나 두 번째 의미를 전면 수용하는 데는 아직 유보적인 태도를 취한다. 물론 경우에 따라서는 동물도, 인공지능 로봇도 보호 대상으로 인정해야 한다. 이들에게 일정 부분 권리 또는 이와 유사한 규범적 이익을 부여하는 것도 고려할 수 있다. 그러나 이들을 인간과 전적으로 동등한 규범적 존재로 설정하는 것은 좀 더 고민해야 한다고 생각한다.

다음으로 법체계는 탈유체물중심적 사고모델을 구축해야 한다. 이를테면 오늘날 중요하게 취급되는 데이터가 법적 관계의 객체가 될 수 있도록 법체계의 구조를 바꿀 필요가 있다. 다만 물건 개념을 확장하여 데이터를 물건에 포섭하는 방안은 적절하지 않다.[41]

나아가 탈행위중심적 사고모델을 수용해야 한다. 이에 따라 소통, 특히 메타버스 등과 같은 비실제 공간에서 중심 매체가 되는 소통이 야기하는 문제를 해결하는 데 관심을 쏟아야 한다. 소통 왜곡이나 소통매체 문제를 해소해야 한다.

그러나 탈원본주의 사고모델을 받아들여야 하는지에는 의문이 없지 않다. 놀라운 딥페이크 기술로 진짜와 가짜의 경계가 해체되고 있다 하더라도 원본에 대한 규범적 가치를 포기해서는 안 될 것이다. 왜냐하면 개별 인간 존재, 독일의 법철학자 마이호퍼(Werner Maihofer) 식으로 말하면 현존재는 원본의 원천이 되는 포기할 수 없는 규범적 존재이기 때문이다.

2. 생명과 안전에 대한 관심과 이해

생명과 안전에 대한 관심과 이해를 가져야 한다. 이는 새로운 것은 아니지만 이미 지적한 것처럼, 오늘날 생명에 역설적인 경향이 존재하기에 이를 다시 강조할 필요가 있다. 더불어 디지털 전환이 강조되는 지금 시점이야말로 생명이 모든 것의 원천이자 출발점이라는 점을 다시 한번 환기시킬 필요가 있다.[42]

---

41 이에 관해서는 양천수, "물건 개념 재검토: 민법의 개정 방향과 관련하여", 『법조』 제70권 제2호 (2021), 50~79면.
42 이를 시사하는 이어령, 『생명이 자본이다: 생명자본주의·생각의 시작』(마로니에북스, 2014).

이외에 안전이 강조되면서 안전에 대한 규범적 이해도 바뀌었다는 점을 언급할 필요가 있다. 종래 안전은 이익, 그중에서도 공익으로 인정되었다. 이로 인해 안전은 많은 경우 권리에 대립하는 이익으로 취급되는 경우가 많다. 개인의 이익과 집단의 이익이 권리와 안전 또는 자유와 안전으로 대변되었다. 그렇지만 안전에 대한 관심이 높아지면서 안전의 규범적 지위도 변모하였다. 안전은 더 이상 공익으로만 머무는 것이 아니라 개인에게 귀속되는 것으로, 더 나아가 독자적인 기본권으로 자리매김하였다. 이는 기본권 보호의무와 결합되어 새로운 국가의 임무로 설정되었다.[43]

3. 정신 영역에 대한 관심과 이해

정신 영역에도 관심과 이해를 가져야 한다. 이는 부적응이 야기한 부작용과 무관하지 않다. 현대사회의 급변하는 환경에 손쉽게 적응하는 경우도 있지만 반대로 이에 부적응하는 경우도 많다. 메타버스를 새로운 가능성의 공간으로 환호하는 이들도 많지만 여전히 실제세계를, 대면접촉을 갈구하는 이들도 많다. 특히 후자의 경우 적응의 부작용으로 힘들어하고 이는 정신 영역의 문제로, 더 나아가 자기 생명에 대한 포기로 이어진다.

사실 정신 영역은 오랫동안 자기존재만의 고유한 영역으로 취급되었다. 인간 존재는 자율적인 존재로 전제되기 때문이다. 따라서 국가나 법이 정신 영역에 섣불리 개입하는 것은 바람직하지 않다. 그러나 각 개인들이 자율적으로 자신의 정신 영역을 통제할 수 있는 역량을 키울 수 있도록 도와줄 필요는 있을 것이다. 이러한 역량이 없다면 인간 존재의 자율성은 허상에 불과할 것이기 때문이다. 이러한 배경에서 볼 때 2020년 3월 31일에 제정되고 2021년 4월 1일부터 시행된 「고독사 예방 및 관리에 관한 법률」(고독사예방법)은 의미가 없지 않다. 물론 고독사예방법은 현재 상징적인 수준의 법에 머물러 있기에 부족한 점이 많다. 그렇지만 점점 사회 문제로 떠오르는 고독사에 국가 및 법이 관심을 가진다는 데 의미가 있다.[44] 고독사는 몸의 생존 조건과 더불어 정신 영역과도

---

43 그러나 이 경우에도 자유와 안전의 긴장관계는 여전히 유지된다.
44 고독사예방법은 "고독사 예방 및 관리에 필요한 사항을 규정함으로써 고독사로 인한 개인적·사

무관하지 않기에 앞으로 고독사예방법 등과 같은 법으로 국가가 시민들의 정신 영역에 간접적으로 개입하는 방안을 모색할 필요가 있다.

4. 국가의 패러다임으로서 절차주의적 포용국가

마지막으로 국가가 지향해야 하는 패러다임으로 절차주의적 포용국가 (procedural inclusive state)를 언급하고자 한다.[45] 이는 절차주의와 포용국가를 결합한 것이다. 포용국가는 문재인 정부가 강조한 국가 목표이다. 문재인 정부는 '혁신적 포용국가'(innovative inclusive state)를 국가 목표로 설정하였다. 이를 통해 한편으로는 혁신성장을, 다른 한편으로는 포용국가를 지향하였다. 다만 문재인 정부에서 강조한 포용국가는 내용 면에서 볼 때 기존의 복지국가와 큰 차이가 없어 보인다. 사회에서 배제되는 사회적 약자를 배려하는 복지국가의 목표와 비슷하게 포용국가를 이해한다.[46]

그러나 포용국가를 기존의 복지국가와 비슷하게 파악하는 것은 적절하지 않다. 왜냐하면 포용국가는 2010년을 전후로 인문학 영역에서 등장했던 호모 사케르, 환대, 포용과 배제 등과 같은 맥락에서 제안된 새로운 국가 패러다임이기 때문이다.[47] 이를 고려하면 우리나라의 상황을 감안할 때 포용국가는 다음과 같이 이해하는 게 타당하다. '절차주의적 포용'(procedural inclusion) 개념과 역량이론을 결합하여 절차주의적 포용국가로 이해하는 것이다.[48] 이에 따르면 포용국가는 기능적으로 분화된 오늘날의 사회 각 영역에 사회 구성원들이 자유롭고 평등하게 포함되는 것을 보장하는 국가로 이해된다. 이를 위해 포용국가는 포함/배제 기준을 객관적·다원적·잠정적으로 설정해야 한다. 나아가 포용국가는 시민들이 각 영역에 참여하는 데 필요한 '역량'을 개발하는 것에 집중해야 한다.

회적 피해를 방지하고 국민의 복지 증진에 기여함을 목적으로 한다."(제1조)

45 이는 '포함국가'로도 번역될 수 있지만 여기에서는 널리 알려진 '포용국가'를 사용한다.

46 성경륭 외, 『(새로운 대한민국의 구상) 포용국가』(21세기북스, 2017).

47 조르조 아감벤, 박진우 (옮김), 『호모 사케르: 주권 권력과 벌거벗은 생명』(새물결출판사, 2008); 자크 데리다, 남수인 (옮김), 『환대에 대하여』(동문선, 2004).

48 역량이론에 관해서는 마사 누스바움, 한상연 (옮김), 『역량의 창조: 인간다운 삶에는 무엇이 필요한가?』(돌베개, 2015); 이서형, 『자유주의의 실질화를 위한 자율적 구성 모델』(이화여자대학교 법학박사 학위논문, 2018).

최근 관심을 받는 '디지털 포용'(digital inclusion)도 이러한 맥락에서 이해할 수 있다.[49]

Ⅵ. 맺으며

지금까지 급변하는 현대사회가 법체계의 기반이 되는 사고모델을 어떻게 바꾸는지, 이러한 변화가 어떤 문제를 야기하는지, 이에 법규범이 어떻게 대응해야 하는지 살펴보았다. 그러나 지면의 제약으로 현대사회의 구조변혁이 제기하는 문제 및 대응 방안을 섬세하게 다루지는 못하였다. 절차주의적 포용국가를 어떻게 제도화할 것인지가 한 예가 된다. 이외에도 제대로 접근하지 못한 많은 문제들이 남아 있다. 이러한 문제들을 다루는 것은 추후의 과제로 넘기고자 한다.

---

49 디지털 포용에 관해서는 강기봉, "디지털 포용에 관한 연구", 『한양법학』 제32권 제2호(2021), 149~179면.

제3장

법규범의
새로운 이해 가능성

양천수

I. 들어가며

법은 당위규범이다. 당위규범은 당위를 핵심 요소로 한다. 이때 당위는 존재와 구별된다. 존재와 달리 '반사실적'이라는 특징을 가진다. 이러한 법은 오랫동안 '언어'로 구성된 당위규범으로 인식되었다. 이는 법실증주의 시대에 더욱 분명해졌다. 왜냐하면 법실증주의, 특히 켈젠(Hans Kelsen)이 정초한 순수법학은 실정법만을 법으로 인정하는데 이때 말하는 실정법은 언어로 구성되기 때문이다. 달리 말해 법은 필연적으로 언어적 명제를 포함한다.

법이 언어로 구성된다는 점에는 크게 두 가지 의미가 담겨 있다. 첫째, 법은 언어를 사용하는 인간 존재에 의해 만들어지고 준수된다는 것이다. 법은 인간을 제정자인 동시에 수범자로 본다. 그 점에서 법은 인간중심적 사고를 반영한다. 둘째, 법은 언어라는 매체를 사용함으로써 효력의 '일반화'(Generalisierung)를 구현할 수 있다는 것이다. 물론 법이론 영역에서는 법과 언어의 불가분성이 비교적 뒤늦게 주목되었다. 그렇지만 오랫동안 우리는 법이 언어로 되어있다는 관념에 자연스럽게 익숙해져 있었다.

그러나 최근 들어 법은 곧 언어적 당위규범이라는 주장에 도전하는 다양한 현상이 출현한다. 이는 ICT 혁명으로 촉발된 '디지털 전환'과 무관하지 않다. 메타버스가 상징적으로 보여주듯이 오늘날 현실세계 못지않게 가상세계가 우리에게 실제적인 영향을 미친다. 이로 인해 가상세계를 구성하고 규율하는 기술적 코드(code)가 우리의 행위와 소통을 규제하는 기능을 수행한다. 코드가 수행하는 기능은 여기에 한정되지 않는다. 코드는 알고리즘이라는 형태로 인공지능 작동을 구성하고 규제하는 기능도 수행한다. 이러한 기능은 인공지능이라는 체계를 이용하여 사회 전체적으로 확산된다.

이러한 상황에서 기술적 코드를 새로운 규범으로 주장하는 견해가 제기된다. 이러한 견해를 주장하는 대표자로 미국의 정보법학자인 레식(Lawrence Lessig)을 꼽을 수 있다.[1] 레식에게 코드는 곧 법이다. 그러나 이 글은 이에 더해 법 자체가 사회를 구성하는 코드라는 구상을 시도하고자 한다. 코드는 법일 뿐만 아니라 이를 넘어 법 그 자체가 코드라는 것이다. 이를 통해 법규범을 새롭게 이해할 가능성을 모색하고자 한다. 물론 이는 아직 구상에 불과하다. 아래에서는 이러한 구상이 어떻게 가능할 수 있는지 개관한다.

Ⅱ. 법으로서 코드

1. 코드의 의의

오늘날 코드는 흔히 컴퓨터에 적용되는 소프트웨어로 이해된다. 따라서 코드를 법으로 본다는 것은 컴퓨터 소프트웨어와 법을 같은 것으로 본다는 것을 뜻한다. 하지만 코드의 어원을 살펴보면 코드는 라틴어 '코덱스'(codex)에서 기원하기에 법이라는 의미 역시 담고 있다. 이를 고려하면 코드가 곧 법이라는 주장은 색다른 것이 없다. 하지만 시간이 진행되며 코드의 의미론이 확장 및 분화됨에 따라 디지털 혁명이 이루어지는 오늘날에 코드는 주로 소프트웨어를 뜻하는 의미로 자리매김하였다. 이 같은 맥락을 고려하면 코드는 곧 법이라는 주장

---

1 Lawrence Lessig, *Code: And Other Laws of Cyberspace*, Version 2.0 (Basic Books, 2006).

은 컴퓨터 소프트웨어와 법을 동일하게 파악하는 견해로 상당히 급진적이라 말
할 수 있다.

2. 아키텍처 규제

이러한 주장은 '아키텍처 규제'(architectural regulation)를 제시하는 이론적
진영에서 찾아볼 수 있다. 아키텍처 규제는 정보법학 또는 IT법학에서 등장한
개념이다. 이미 지난 2000년을 기점으로 하여 특히 미국의 정보법학자 로렌스
레식에 의해 '코드'(code)라는 이름 아래 제시되었지만, 우리 법학에서는 여전
히 낯선 개념이다. 그만큼 우리 법학은 몇몇 예외를 제외하면 여전히 이에 학
문적 관심을 보이지 않는다. 이에 반해 아키텍처 규제는 실제로 ICT 영역에서
는 상당히 광범위하게 사용되고 있다. 예를 들어 정보통신망을 규율하는 가장
기본적인 규제법인 「정보통신망 이용촉진 및 정보보호 등에 관한 법률」(이하
「정보통신망법」으로 약칭한다)은 이를 '기술적·물리적 조치'라는 이름으로 사용
한다.[2] 이러한 맥락에서 아키텍처 규제를 '기술적·물리적 규제'로 지칭하는 경
우도 있다.[3]

(1) 아키텍처

흔히 '아키텍처'(architecture)는 건축 또는 건축양식을 뜻한다. 따라서 아키
텍처 규제를 말 그대로 풀이하면 '건축규제'를 의미한다고 볼 수도 있다. 그러나
최근 논의되는 아키텍처 규제에서 말하는 아키텍처는 건축법이나 건축규제에서
사용하는 건축을 뜻하지는 않는다. 여기서 말하는 아키텍처는 ICT 영역에서 사
용되는 개념이다. ICT 영역에서 아키텍처는 '하드웨어'(hardware)와 '소프트웨
어'(software), '플랫폼'(platform) 등을 모두 포괄하는 개념으로 컴퓨터를 비롯한
정보통신 시스템 전체에 대한 설계 또는 설계방식을 뜻한다.[4] 이 점에서 전통적
인 아키텍처와 ICT에서 논의되는 아키텍처 개념 간에는 차이가 있다. 가령 전

---

2 예를 들어 정보통신망법 제45조 제3항 참고.
3 이를테면 양천수, 『빅데이터와 인권』(영남대학교출판부, 2016) 참고.
4 심우민, "이행기 IT법학의 구조와 쟁점: 가상현실과 인공지능의 영향을 중심으로", 『언론과 법』 제
  15권 제1호(2016), 192면.

통적인 아키텍처는 물리적 공간을 필요로 하는 반면, 새로운 아키텍처는 컴퓨터 소프트웨어나 인터넷 플랫폼이 예증하는 것처럼 물리적 공간을 반드시 필요로 하지는 않는다. 전통적인 아키텍처가 '아날로그적인 개념'이라면 새로운 아키텍처는 이진법에 기반을 둔 '디지털적인 개념'인 것이다.

물론 그렇다고 해서 양자가 전적으로 별개인 것은 아니다. 좀 더 넓은 시각에서, 달리 말해 넓은 의미의 아키텍처 개념에서 보면 전통적인 개념과 새로운 개념 사이에 본질적인 차이는 없다는 점을 알 수 있다. 두 가지 근거를 언급할 수 있다. 첫째, 전통적인 아키텍처와 새로운 아키텍처는 모두 인간의 이성적·인위적 활동으로 특정한 구조를 만들어가는 과정이라는 점에서 공통점을 가진다.[5] 요컨대 두 아키텍처는 모두 인위적인 구조를 형성하는 것을 목표로 하는 개념이다. 이러한 맥락에서 아키텍처 규제를 '구조규제'라고 일컫기도 한다. 둘째, 독일의 사회학자 루만(Niklas Luhmann)이 정립한 '체계이론'(Systemtheorie)의 견지에서 더욱 근원적으로 이 개념을 보면, 두 아키텍처 모두 '구별'(Unterscheidung)을 활용한다는 점이다.[6] 예를 들어 전통적인 아키텍처는 '물리적인 벽'을 이용하여 물리적인 공간을 구별하고 이를 통해 물리적인 건축물, 즉 물리적인 구조물을 만들어낸다. 마찬가지로 새로운 아키텍처 역시 이진법을 이용한 논리적인 구별을 사용하여 사이버 공간에서 특정한 (논리적인) 구조물을 산출한다. 양자 모두 '구별'을 아주 중요한 도구로 활용하는 것이다. 동시에 이러한 구별을 사용하여 구조물 안으로 '포함'(inclusion)되는 것과 구조물 밖으로 '배제'(exclusion)되는 것을 다시 구별한다. 구별을 통해 새로운 구별을 생산한다(구별을 통한 구별 생산). 이렇게 전통적인 아키텍처와 새로운 아키텍처는 모두 특정한 구별을 사용하고 이러한 구별을 이용하여 새로운 구별을 생산하는 구조물 또는 체계라는 점에서 본질적으로 유사하다.

---

5 심우민, 위의 논문, 193면.
6 루만의 체계이론에서 볼 때 구별은 아주 중요한 지위를 차지한다. 체계는 바로 구별과 이에 따른 차이를 기초로 하여 형성되기 때문이다. 이를 보여주는 니클라스 루만, 윤재왕 (역), 『체계이론 입문』(새물결, 2014) 참고.

(2) 아키텍처 규제

아키텍처 규제란 무엇일까? 이 개념에는 두 가지 상반되는 의미가 담겨 있다. 첫째는 '아키텍처에 대한 규제'를 뜻한다. 흔히 사용되는 건축규제처럼 아키텍처가 각종 법적 기준에 맞게 올바르게 형성될 수 있도록 이를 규제하는 것을 의미할 수 있다. 둘째는 아키텍처 자체가 규제수단이 되는 것을 뜻한다(규제수단으로서 아키텍처). 전통적인 물리적 아키텍처나 새로운 논리적 아키텍처는 모두 구별을 활용하여 특정한 사람들을 포함하거나 배제하는데, 이렇게 아키텍처가 수행하는 '포함/배제'를 규제로 파악하는 것이다. ICT 영역에서 사용되는 아키텍처 규제는 이 중에서 바로 후자를 지칭한다. 물리적 공간에서 법규범이 대표적인 규제수단으로 투입되는 것처럼, ICT로 구현되는 사이버 공간에서는 아키텍처가 인터넷 참여자들의 포함과 배제를 통제하는 규제수단으로 자리매김하고 있다는 것이다. 이러한 맥락에서 레식과 같은 정보법학자들은 아키텍처 규제를 전통적인 법적 규제와는 구별되는 독자적인 지위의 규제로 파악한다. 이의 연장선상에서 전통적인 법학과 IT법학의 정체성을 구별하기도 한다. 전통적인 법학이 법적 규제를 다룬다면 IT법학은 이러한 새로운 아키텍처 규제를 다룬다는 것이다.

일단 ICT 영역에서 활용되는 아키텍처는 구별을 통한 '포함/배제'를 활용함으로써 인터넷과 같은 사이버 공간에 참여하는 주체들의 행위 및 소통방식을 특정한 방향으로 통제한다는 점에서 (넓은 의미의) 규제수단이자 형식이라고 말할 수 있을 것이다.[7] 이러한 아키텍처 규제는 현대사회의 사회적 체계와 정보통신기술이라는 소통매체가 구조적으로 연결되고 상호진화를 함으로써 출현한 규제적 진화의 산물에 해당한다. 인간의 행위나 사회적 구조 또는 체계를 규율대상으로 삼는 전통적인 법적 규제와는 달리, 아키텍처 규제는 컴퓨터 프로그램이나 플랫폼, 인터넷 소통방식을 기술적·논리적 방식으로 규제한다. 이러한 아키텍처 규제는 규제의 실효성이라는 측면에서 보면 전통적인 법적 규제보다 더

---

[7] 이를 새로운 규제형식으로 파악하는 경우로는 양천수, "제4차 산업혁명과 규제형식의 진화", 『경제규제와 법』 제12권 제2호(2019), 154면 아래 참고.

욱 강력한 힘을 발휘한다. 이를테면 해킹을 금지하는 법적 규제보다 해킹을 방지할 수 있는 아키텍처를 구축하는 것이 해킹을 방지하는 데 더욱 실효성 있는 규제방식이 될 수 있다.

(3) 법적 규제와 아키텍처 규제의 차이

아키텍처 규제는 전통적인 법적 규제와 비교할 때 다음과 같은 차이가 있다.[8] 첫째, 규제 준수에 대한 선택의 자유라는 측면에서 차이가 있다. 법적 규제의 경우에는 수범자가 이를 준수할 것인가 말 것인가에 대한 선택의 자유가 있지만, 아키텍처 규제의 경우에는 수범자에게 이러한 선택의 자유가 없다. 수범자는 아키텍처 규제를 있는 그대로 받아들일 수밖에 없다. 예를 들어 특정한 웹사이트가 아키텍처 규제를 활용하여 미성년자의 참여를 배제하고 있다면, 미성년자는 해킹하지 않는 한 이를 따를 수밖에 없다.

둘째, 시간적인 측면에서 차이가 있다. 법적 규제, 특히 형법적 규제는 주로 과거에 발생한 행위를 문제 삼는 데 반해, 아키텍처 규제는 현재의 행위나 미래의 행위만을 규제대상으로 삼는다. 법적 규제가 '과거'라는 지평을 규제 영역으로 포함하고 있다면 아키텍처 규제는 과거라는 지평을 배제한다.

셋째, 규범적 정당화의 측면에서 차이가 있다. 민주주의나 법치주의와 같은 현대 국가의 원리가 시사하는 것처럼 법적 규제는 언제나 규범적 정당화를 필요로 하는 반면, 아키텍처 규제는 법치주의가 적용되지 않는 것이기에 규범적 정당화를 반드시 필요로 하지는 않는다는 것이다.[9]

3. 아키텍처 규제 논의 및 현황

아키텍처 규제는 2000년을 전후로 하여 정보법학에서, 특히 라이덴버그(Joel Reidenberg)와 레식(Lawrence Lessig) 등에 의해 제창되었다.[10] 이후 해외 법

---

8 이에 관해서는 양천수, 『빅데이터와 인권』(영남대학교출판부, 2016); 심우민, "정보통신법제의 최근 동향: 정부의 규제 개선방안과 제19대 국회 전반기 법률안 중심으로", 『언론과 법』 제13권 제1호(2014), 90면 등 참고.
9 아키텍처 규제의 독자성을 주장하는 정보법학자들이 이러한 주장을 한다.
10 Joel Reidenberg, "Lex Informatics: The Formulation of Information Policy Rules through Technology", *Texas Law Review* 76 (1998); Lawrence Lessig, *Code: And Other Laws of Cyberspace*,

학계에서는 이에 관한 학문적 논의가 지속적으로 이루어졌다.[11] 최근에는 일본 법학에서도 이를 정면에서 다룬 연구서가 출판되기도 하였다.[12] 이와 달리 우리 법학에서는 몇몇 학자를 제외하고는 아키텍처 규제를 본격적으로 다루고 있지 않다. 아키텍처 규제가 오늘날 ICT 영역에서 이미 광범위하게 활용되고 있는 점을 고려할 때 이는 아쉬운 부분이다. 그렇지만 우리 법학에서도 몇몇 선구적인 학자들에 의해 아키텍처 규제가 논의된다. 뿐만 아니라 간접적인 차원에서 아키텍처 규제 또는 이와 유사한 규제에 관한 논의가 진행된다.

(1) 직접적 논의

국내에서 아키텍처 규제를 가장 선구적으로 소개한 학자로는 기초법학자이자 정보법 전문가인 심우민 교수를 들 수 있다. 심우민 교수는 일련의 논문을 통해 라이덴버그와 레식에 의해 제창된 아키텍처 규제를 열정적으로 국내 법학에 소개하였다.[13] 일련의 연구에서 아키텍처 규제를 새로운 규제형식으로 소개하면서 이러한 아키텍처 규제가 전통적인 법적 규제와 어떻게 구별되는지 논증하였다. 그뿐만 아니라 단순히 이론적인 차원에서만 아키텍처 규제를 소개하는 데 그치지 않고, ICT 영역에서 아키텍처 규제가 어떻게 활용되는지도 치밀하게 분석하였다.[14] 아키텍처 규제를 통해 IT법학의 학문적 고유성을 논증하기도 하였다. 그리고 최근에는 아키텍처 규제가 진화한 형식으로서 '알고리즘 규제'라는 개념을 제시하기도 하였다.[15] 이러한 심우민 교수의 연구는 아키텍처 규제의 이론적 차원뿐만 아니라 실제적 차원 그리고 최근 인공지능 영역에서 문제가

Version 2.0 (Basic Books, 2006) 등 참고.

11 예를 들어 Lee Tein, "Architectural Regulation and the Evolution of Social Norms", *Yale Journal of Law and Technology* 7 (1) (2005); James Grimmelmann, "Regulation by Software", *The Yale Law Journal* 114 (2005) 등 참고.

12 예컨대 松尾陽 (編), 『アーキテクャと法』(弘文堂, 2016) 참고.

13 이에 관해서는 심우민, "사업장 전자감시 규제입법의 성격", 『인권법평론』 제12호(2014); 심우민, "정보통신법제의 최근 동향: 정부의 규제 개선방안과 제19대 국회 전반기 법률안 중심으로", 『언론과 법』 제13권 제1호(2014), 88면 아래; 심우민, "이행기 IT법학의 구조와 쟁점: 가상현실과 인공지능의 영향을 중심으로", 『언론과 법』 제15권 제1호(2016), 183면 아래 등 참고.

14 심우민, "인터넷 본인확인의 쟁점과 대응방향: 본인확인 방식과 수단에 대한 아키텍처 규제론적 분석", 『법과 사회』 제47호(2014) 참고.

15 심우민, "인공지능의 발전과 알고리즘의 규제적 속성", 『법과 사회』 제53호(2016), 41~70면 참고.

되는 알고리즘의 규제적 기능까지 포괄하고 있다는 점에서 주목할 만하다.

　심우민 교수의 연구는 국내 법학에서 몇몇 반향을 일으켰는데 그 한 예로 필자의 연구를 들 수 있다. 필자는 심우민 교수의 연구에 자극을 받아 아키텍처 규제에 지속적인 관심을 보이고 있다. 이를테면 아키텍처 규제를 새로운 빅데이터 인권의 차원에서 조명하기도 하고, 제4차 산업혁명이 촉발한 규제형식 진화의 산물, 즉 새로운 규제형식으로 파악하기도 하였다.[16] 이뿐만 아니라 「정보통신망법」을 분석하면서 현행 「정보통신망법」이 아키텍처 규제를 어떻게 활용하고 있는지도 조명하였다.[17]

(2) 간접적 논의

　아키텍처 규제는 국내에서 소수의 학자에 의해 소개 및 조명되고 있지만 여전히 본격적인 관심을 받고 있지는 않다. 그렇다고 해서 아키텍처 규제 또는 아키텍처 규제가 추구하는 방향이 전적으로 무시되고 있는 것은 아니다. 왜냐하면 간접적인 논의의 측면에서 보면 아키텍처 규제가 추구하는 방향은 이미 여러 분야에서 활발하게 논의 및 수용되고 있기 때문이다. 이에 관한 몇 가지 예를 소개한다.

1) 넛지 규제

　우선 '넛지'(nudge) 규제를 언급할 수 있다. 노벨경제학상을 수상한 행동경제학자 세일러(Richard H. Thaler)와 정치철학자인 선스틴(Cass Sunstein)이 공동으로 집필한 저서 『넛지』로 유명해진 넛지 규제는 규제 준수 여부를 전적으로 수범자의 자유의지에 맡기지 않는다.[18] 그 대신 수범자가 규제를 준수할 수밖에 없도록 규제 환경을 조성할 것을 강조한다.

　언뜻 보면 이러한 넛지 규제는 아키텍처 규제와 무관한 것으로 생각될 수

---

16 양천수, 『빅데이터와 인권』(영남대학교출판부, 2016); 양천수·우세나, "현대 빅데이터 사회와 새로운 인권 구상", 『안암법학』 제57호(2018), 1~33면; 양천수, "제4차 산업혁명과 규제형식의 진화", 『경제규제와 법』 제12권 제2호(2019), 154면 아래 등 참고.

17 양천수, "정보통신망법 해석에 관한 몇 가지 쟁점", 『과학기술과 법』(충북대) 제8권 제1호(2017), 1~33면 참고.

18 리처드 탈러·캐스 선스틴, 안진환 (옮김), 『넛지: 똑똑한 선택을 이끄는 힘』(리더스북, 2018) 참고. 캐스 선스틴은 국내에서 '캐스 선스타인'으로도 소개되지만 실제로는 '캐스 선스틴'으로 불리기에 이 책에서는 캐스 선스틴으로 통일하여 소개한다.

있다. 그렇지만 아키텍처 규제와 넛지 규제는 규제 준수에 관해 수범자의 자유의지에 초점을 맞추기보다는 규제 환경에 주목한다는 점에서 공통점을 가진다. 규제 방향이라는 측면에서 볼 때 두 규제 방식은 공약수를 가진 것이다.

2) 설계주의

다음으로 '설계주의'(regulation by design)를 거론할 수 있다.[19] 설계주의는 특히 사이버 보안이나 개인정보보호에서 찾아볼 수 있다. 가장 대표적인 예로 '프라이버시 친화적 설계'(privacy by design)나 '정보보안 친화적 설계'(설계를 통한 정보보안)(information security by design)를 들 수 있다. 이 중에서 국내에서 좀 더 소개된 프라이버시 친화적 설계를 살펴본다. 프라이버시 친화적 설계는 '프라이버시 바이 디자인'(privacy by design)이라고도 하는데, 정보주체의 프라이버시를 보호할 수 있도록 '논리적 레이어의 차원'에서 정보통신시스템을 설계하는 것을 말한다.[20] 아키텍처 규제를 활용함으로써 아예 설계 차원에서 프라이버시를 보호할 수 있도록 하는 것이다. 이를테면 정보통신시스템에 객관적 정보만료일을 설정하여 설계 차원에서 이른바 '잊힐 권리'를 구현하는 것을 들 수 있다. 이러한 프라이버시 친화적 설계에 관해 캐나다 온타리오(Ontario) 주의 '정보와 프라이버시 위원'(Information & Privacy Commissioner)인 앤 커보우키안(Ann Cavoukian)은 일곱 가지 원칙을 제시한 바 있다.[21]

3) 알고리즘 규제

최근 인공지능과 더불어 논의되는 '알고리즘 규제' 역시 아키텍처 규제의 흐름에서 이해할 수 있다. 아키텍처 규제처럼 알고리즘 규제 역시 상반되는 두 가지 의미를 지닌다. 첫째는 알고리즘 자체가 규제수단이 되는 것을 말한다. 이를테면 알고리즘으로 특정한 사람들을 포함하거나 배제하는 것을 들 수 있다.

---

19 이에 관해서는 成原慧, "アーキテクチャの自由の再構築", 松尾陽 (編), 『アーキテクチャと法』(弘文堂, 2016), 33면 아래 및 이 책 제4장 참조.

20 '논리적 레이어의 차원'에 관해서는 심우민, "정보통신법제의 최근 입법동향: 정부의 규제 개선방안과 제19대 국회 전반기 법률안 중심으로", 『언론과 법』 제13권 제1호(2014), 91면 아래 참고.

21 Ann Cavoukian, "Privacy by Design: 7 Foundational Principles." 이 자료는 https://www.ipc.on.ca/wp−content/uploads/Resources/pbd−implement−7found−principles.pdf에서 확인할 수 있다. 이를 소개하는 국내문헌으로는 차상육, "빅데이터(Big Data) 환경과 프라이버시의 보호", 『IT와 법연구』 제8집(2014), 233~234면 참고.

알고리즘으로 선별적인 기능을 수행하는 것이다. 둘째는 알고리즘 자체에 대한 규제를 뜻한다. 알고리즘 자체가 차별적인 기능을 수행하지 못하도록 이를 법적으로 규제하는 것을 들 수 있다.[22] 최근 인공지능에 관해 논의되는 알고리즘 규제는 이러한 두 가지 의미를 모두 포함한다. 인공지능에 사용되는 알고리즘이 특정한 사회적 집단을 차별하는 것, 즉 알고리즘에 의한 편향적인 규제가 문제되면서 알고리즘 투명성이 새로운 사회적·규범적 문제로 대두하기 때문이다. 알고리즘에 의한 규제가 문제가 되면서 알고리즘에 대한 규제가 새로운 규범적 과제로 떠오르는 것이다. 이러한 일환으로 '설명 가능한 인공지능'이 해법으로 제시되기도 한다.

그런데 여기서 주목해야 할 점은 알고리즘 자체가 규제수단이 된다는 것은 아키텍처 규제의 연장선상에서 이해할 수 있다는 것이다. 알고리즘 자체가 넓은 의미의 아키텍처에 해당하기 때문이다. 다만 세부적인 면에서 볼 때는 차이가 있다. 기본적으로 설계자에 의해 고정된 아키텍처와는 달리 딥러닝(deep learning) 기술이 적용된 알고리즘은 설계자와는 무관하게 스스로 변경될 수 있기 때문이다.[23]

4) 안전사회의 통제기술

현대 안전사회에서 언급되는 통제기술 역시 아키텍처 규제의 맥락에서 파악할 수 있다.[24] 안전사회를 비판적으로 진단하는 진영은 안전사회는 수범자가 알아차릴 수 있는 직접적인 규제수단을 사용하기보다는 간접적이면서 은밀한 규제수단을 선호한다고 말한다. 이를 위해 안전사회는 감시와 통제, 배제기술과 같은 규제수단을 사용한다. 이들 규제수단이 목표로 하는 것은 크게 두 가지이

---

22 이에 관해서는 선지원, "인공지능 알고리즘 규율에 대한 소고: 독일의 경험을 중심으로", 『경제규제와 법』 제12권 제1호(2019), 26~43면 참고.

23 이 점을 지적하는 심우민, "이행기 IT법학의 구조와 쟁점: 가상현실과 인공지능의 영향을 중심으로", 『언론과 법』 제15권 제1호(2016), 196면 아래 참고.

24 안전사회에 관해서는 우선 Peter−Alexis Albrecht, *Der Weg in die Sicherheitsgesellschaft: Auf der Suche nach staatskritischen Absolutheitsregeln* (Berlin, 2010); T. Singelnstein/P. Stolle, *Die Sicherheitsgesellschaft: Soziale Kontrolle im 21. Jahrhundert*, 3., vollständig überarbeitete Aufl. (Wiesbaden, 2012); 양천수, "현대 안전사회와 법적 통제: 형사법을 예로 하여", 『안암법학』 제49호(2016), 81~127면 참고.

다. 첫째는 수범자가 규제를 준수할 수밖에 없도록 규제 환경을 조성하는 것이다. 둘째는 포함과 배제이다. 안전사회의 규제를 준수하는 수범자는 '시민'으로 규정하여 이를 사회 안으로 포함시키고, 그렇지 않은 수범자는 '적'으로 규정하여 이를 사회 밖으로 배제하는 것이다. 이 과정에서 아키텍처와 같은 규제수단이 즐겨 사용된다. 이러한 시각에서 보면 넛지 규제는 바람직한 규제수단이라기보다는 안전사회를 강화하는 비판적인 규제수단이 될 수 있다. 여하간 이러한 안전사회 논의에서도 비록 비판적인 의미를 담고 있기는 하지만 아키텍처 규제에 관한 논의를 찾아볼 수 있다.

Ⅲ. 코드로서 법

지금까지 아키텍처 규제 논의를 중심으로 하여 코드 자체를 법 또는 규제로 파악하는 주장을 소개하였다. 아래에서는 이를 넘어 법 자체를 코드로 파악할 수 있는지 살펴본다.

1. 법의 개념 요소

법 자체를 코드로 파악하고자 하는 시도는 법이란 무엇인가, 라는 법의 본질 문제와 관련을 맺는다. 이는 법학, 특히 법철학에서 매우 근본적인 문제이기에 이에 관한 문제를 상세하게 다루기는 어렵다. 따라서 아래에서는 이를 둘러싼 상세한 논의는 생략하고 필자의 구상을 간략하게 개진하는 데 그치겠다.

법이란 무엇인가의 문제는 법을 구성하는 개념 요소가 무엇인지를 살펴봄으로써 접근할 수 있다. 기존의 이해방식, 특히 법실증주의적 이해방식에 따르면 법이 개념적으로 성립하려면 다음 요건을 충족해야 한다. 당위, 국가, 강제력, 언어가 그것이다. 이는 '내용/주체/수단/매체'라는 구별에 상응한다.

(1) 당위

법은 규범의 일종이다. 법이 규범의 일종이라는 것은 법이 당위로 구성된다는 것을 뜻한다. 당위는 법을 법이 되도록 하는 데 필수적인 요소이다. 따라서 법은 당위를 포함해야 한다. 존재만으로 구성되는 법은 성립할 수 없다. 법은 이러한 당위로 법을 지켜야 하는 수범자가 무엇을 해야 하는지를 명령한다.[25] 또는 당위는 수범자가 가진 행위기대를 안정화하는 기능을 수행한다.

(2) 국가

법은 국가가 헌법에 따라 마련된 입법 절차를 거쳐 제정한 규범이다. 이 점에서 법은 국가법이다(국가법주의). 또한 국가법은 제정 절차를 거쳐 관보 등을 통해 공표된다는 점에서 현실에서 실증할 수 있는 실정법이다(법실증주의). 물론 국가가 제정한 실정법만을 법으로 보아야 하는지는 논란이 없지 않다. 대표적으로 자연법론은 국가법인 실정법을 초월하는 법이 존재한다고 주장한다. 그렇지만 일반적으로 법은 국가법으로 이해된다.

(3) 강제력

법은 많은 경우 국가가 제정하기에 국가 권력과 결합된다. 이에 따라 법은 강제력을 갖춘다. 국가 권력을 원용하여 법이 규율하는 효과를 관철할 수 있는 강제 수단을 확보한다. 물론 직접적으로 강제력을 갖추지 않은 법도 존재한다. 국제법이 대표적인 예이다. 그 점에서 강제력이 법의 필수적인 요소인지에 논란이 없지 않다. 다만 국내법에 한정해 보면 강제력을 갖추지 않은 법을 생각하기는 어렵다.

(4) 언어

법은 언어를 매체로 한다. 모든 법은 언어로 구성된 법명제를 내용으로 포함한다. 그 이유는 법은 인간 존재를 입법자이자 수범자로 하기 때문이다. 법이 담는 당위 명제를 인간 존재가 이해하고 승인하고 수용해야만 비로소 법은 제정되고 효력을 발휘할 수 있다. 그 점에서 언어를 둘러싼 여러 문제가 법에서 발생한다. 예를 들어 어떻게 하면 법의 언어를 명확하게 할 수 있는지, 법이 담는 언어적 명제를 어떻게 법적 분쟁에 적용할 수 있는지가 논의된다.[26]

---

25 이 점에서 당위는 명령으로 이해되기도 한다.
26 후자의 문제가 바로 법학방법론의 문제가 된다. 이에 관해서는 양천수, 『삼단논법과 법학방법』
    (박영사, 2021) 참고.

2. 법개념의 확장 가능성

이처럼 기존의 지배적인 견해는 법이 법으로 인정되려면 당위, 국가, 강제력, 언어라는 개념 요소가 필요하다고 보았다. 그러나 앞에서 시사한 것처럼 이같은 개념 요소만으로 법을 파악할 수 있는 것은 아니다. 이를 넘어 법을 파악하려는 시도가 제시된다.

(1) 법다원주의

먼저 법다원주의를 언급할 수 있다. 독일의 법사회학자 에를리히(Eugen Ehrlich)에서 촉발된 법다원주의는 국가법 중심주의를 넘어서고자 한다. 국가가 제정한 국가법만을 법으로 보려 하지 않고 국가가 제정하지 않은, 사회 속에서 '살아 있는 법'(lebendes Recht)도 법으로 파악한다. 그 점에서 법다원주의는 법의 제정 주체를 확장한다.

(2) 규칙으로서 법

다음으로 법을 규칙(rule)으로 파악하는 견해를 들 수 있다. 영국의 법철학자 하트(Herbert Lionel Adolphus Hart)에서 연원하는 이 견해는 법의 개념 요소인 당위를 규칙으로 파악한다. 법은 규칙의 총체인 것이다. 이때 주목해야 할 점은 하트는 규칙을 두 가지로 구별한다는 점이다. '일차규칙'과 '이차규칙'이 그것이다. 일차규칙이 인간 존재의 행위를 직접 규율하는 행위규범에 속한다면, 이차규칙은 이러한 일차규칙을 승인하거나 변경하는 규칙을 말한다. '일차규칙의 규칙'이 바로 이차규칙인 것이다. 이 가운데 본질적인 지위를 차지하는 것은 이차규칙이다. 규칙 가운데 일차규칙뿐만 아니라 이차규칙을 가져야만 비로소 법으로 인정될 수 있기 때문이다.

(3) 코드로서 법

이에 더하여 필자는 법 자체를 코드로 파악할 수 있다고 생각한다.[27] 이때 코드는 규칙 개념을 더욱 확장한 것이다. 전통적인 규칙이 언어로 구성된다면

---

27 법을 코드로 파악하는 견해로는 앤드류 로, 강대권 (역), 『금융시장으로 간 진화론』(부크온, 2020) 참고.

코드는 '0/1'을 토대로 하는 비언어적인 이진법으로 구성된다. 요컨대 비언어적 규칙이 코드인 것이다. 따라서 법을 코드로 본다는 것은 법개념이 언어라는 개념 요소에서 벗어남을 뜻한다.

물론 이는 시론에 지나지 않는다. 이를 정교하게 가다듬고 논증하는 작업은 앞으로 필자가 수행해야 할 과제이다. 다만 이에 대한 두 가지 이론적 착안점을 언급하고자 한다. 첫째는 앞에서 언급한 것처럼 코드를 법으로 파악하는 이해방식이다. 둘째는 루만이 제시한 체계이론이다.

루만에 따르면 사회는 '사회적 체계/환경'이라는 구별로 구성된다. 사회는 그 자체가 사회적 체계일뿐더러 내적 분화 과정을 거쳐 다양한 기능체계로 분화된다. 이때 사회의 기능체계가 작동하기 위해서는 독자적인 코드와 프로그램이 필요하다.[28] 기능체계는 '코드'(Code)를 이용하여 기능체계 안에서 진행되는 소통에 체계 자신의 값을 할당한다. 이때 코드는 언제나 이진법적 코드, 즉 이항코드로 작동한다. 이항코드에 따라 기능체계는 체계 안에서 이루어지는 소통을 판단한다. 그러나 기능체계는 코드만으로는 작동할 수 없다. 코드는 이진법에 기초한 형식적인 값만 제공하기 때문이다. 이러한 코드만으로는 기능체계는 환경과 구조적으로 연결될 수 없다. 이 때문에 기능체계는 소통의 내용적인 부분을 판단하는 프로그램(Programm)을 필요로 한다. 기능체계는 프로그램에 힘입어 체계와는 구별되는 환경의 소통을 체계 안으로 포섭할 수 있다. 이 점에서 "프로그램은 코드화를 보충한다. 즉, 프로그램화는 코드화의 내용을 채운다."[29]

사회의 기능체계에 속하는 법체계 역시 체계의 작동을 위해 코드와 프로그램을 사용한다. 이때 법체계는 '합법과 불법'으로 구별되는 이항코드 및 '조건과 효과'로 구별되는 조건 프로그램(Konditionalprogramm)을 사용한다. 루만에 의하면 "법체계의 프로그램은 언제나 조건 프로그램"일 뿐이다.[30]

여기서 일반화의 오류를 감수하고 말하면 법체계가 사용하는 '프로그램/코드'의 관계는 '내용/형식'의 관계로 환원할 수 있다. 그러나 이는 다음과 같이

---

[28] 이에 관한 상세한 분석은 윤재왕, "법체계의 자율성: 체계이론적 관점에서 본 법과 정치의 관계", 『강원법학』 제50권(2017), 259~317면 참고.
[29] 니클라스 루만, 윤재왕 (옮김), 『사회의 법』(새물결, 2014), 278면.
[30] 니클라스 루만, 위의 책, 266면.

이해할 수도 있다. '선택가능성/연결가능성'이라는 구별을 원용해 보면 코드는 연결가능성, 프로그램은 선택가능성에 대응한다. 우선 '합법/불법'으로 구성되는 이항코드는 법적 소통들이 서로 연결되게 한다. 법체계는 코드를 이용하여 환경과는 구별되는 법적 소통을 이어갈 수 있다. 그 점에서 코드는 법적 소통의 연결가능성을 보장한다. 이에 대해 '요건/효과'로 구성되는 프로그램은 법체계가 환경에서 이루어지는 소통 가운데 무엇을 선택하여 법체계 안으로 포섭할지를 판단한다. 이 점에서 프로그램은 법적 소통의 선택가능성을 보장한다.

이처럼 루만의 체계이론적 법이론에서는 프로그램과 체계라는 컴퓨터 공학의 개념이, 달리 말해 비언어적 개념이 중요한 지위를 차지한다. 다소 과장해서 말하면 법개념에서 코드가 전면에 나선다. 이러한 루만의 이론을 참고하면 법과 언어적 매체 사이의 필연적 관계를 느슨하게 할 수 있다. 더 나아가, 물론 논리의 비약이 있지만, 법 자체가 코드라는 주장도 이끌어낼 수 있다.

(4) 법과 코드의 유사점과 차이점

물론 그렇다고 해서 법과 코드가 완전히 같은 것은 아니다. 양자 사이에는 유사점도 차이점도 존재한다. 법과 코드는 모두 세계를 구성하는 데 이바지한다. 법은 현실세계를, 코드는 사이버 세계를 구성한다. 말하자면 법과 코드는 세계를 구성하는 데 필요한 소프트웨어로 기능을 수행한다. 이때 법적 소통을 담당하는 인간 존재는 법과 구별되는 환경으로서 마치 하드웨어와 같은 역할을 한다. 마치 컴퓨터가 물리적 서버로서 기능을 수행하는 것처럼, 인간 존재는 법적 소통을 가능하게 하는 생물학적 서버로서 기능을 수행한다.

그러나 차이점도 있다. 코드는 오류가 발생한 경우 개발자에 의해 즉각적으로 수정 및 보완될 수 있다. 그렇지만 법은 입법자에 의해 개정될 수는 있지만, 정치적 논증 과정과 헌법이 정한 절차를 따라야 한다는 점 때문에 시간이 걸린다. 요컨대 코드에 비해 법은 수정 및 보완하는 게 쉽지 않다.

제4장

아키텍처 설계 및
자유 재구성

나리하라 사토시(成原慧)

손형섭(옮김)

I. 들어가며

2000년대 일본에서 미국의 두 사람의 법학자인 로렌스 레식과 캐스 선스틴의 논의는 법학을 넘어 현대사상이나 사회학을 중심으로 인문·사회과학에서 공학에 이르기까지 여러 영역에서 널리 언급되어 정보사회에서의 자유와 민주주의의 본연의 방식을 논의하는 데 있어서 독특한 자장(磁場)을 형성해 왔다. 그중에서도 레식의 '코드'(원제: Code and other Laws of Cyberspace)는 정보사회에서 아키텍처라는 새로운 규제 수단으로 개인의 자유가 불투명하게 제약될 가능성에 경종을 울려, 논쟁을 일으켰다.[1] 한편 선스틴은 '인터넷은 민주주의의 적인가'(원제: Republic.com)에서 정보사회에서 민주주의가 직면하는 과제와 시정(是正)책을 제시하여 큰 반향을 일으켰다.[2] 또한 2000년대 후반 이의 선스틴은

---

[1] Lawrence Lessig, Code and other Laws of Cyberspace (1999)[ローレンス・レッシグ(山形浩生=柏木亮二訳)『CODE』(翔泳社、2001年)]。

[2] Cass Sunstein, Republic.com (2001)[キャス・サンスティーン(石川幸憲訳)『インターネットは民主主義の敵か』(毎日新聞社、2003年)]。

행동경제학의 지견(知見)을 활용하여 후술하는 '선택 아키텍처'와 '넛지'라는 개념을 제시하고 아키텍처에 의해 개인 선택의 자유를 유지하면서 복리를 개선하는 방법을 탐구하고 있어, 일본에서도 주목받고 있다.[3]

　　본 논문에서는 레식과 선스틴의 논의와 일본에서의 수용을 비판적으로 검토함으로써 아키텍처가 개인의 자유를 규제하고 구성하는 기능을 가지고 있음을 나타내며, 아키텍처에 의해 자유의 환경을 구성하는 것이 개인의 자율이나 민주주의와의 관계에서 가지고 있는 문제를 밝힌 다음, 아키텍처의 설계를 통제하고 자유의 개방된 재구축을 가능하게 하는 방법을 탐구한다.

Ⅱ. 일본에서의 아키텍처론의 수용과 전회(転回)

　　정치학자 요시다 토오루(吉田徹)에 의하면, "레식의 문제 제기는, 일본에서 법학자보다 사회학자의 사이, 특히 「제로 연대」라고 불리는 2000년대의 정보사회론자에게 널리 수용되어, 독자적인 발전을 이루고 있다." "일본의 정보사회론과 연결된 아키텍처론은 레식의 아키텍처에 대한 경계심을 반전시켜 독자적인 맥락에 두었다"고 말했다. 요시다에 의하면, 일본의 아키텍처론은, 인간의 자율성이나 지성에 의한 합리적인 변혁 능력과 세계상의 체계 그 자체가 성립되지 않게 된 것을 전제로 민주정(民主政)의 재정의를 시도하고 있다.[4]

　　레식이 제시한 아키텍처론은 당초 인간을 무의식적으로 조작하는 새로운 권력에 대해 경계하는 말로 받아들여졌다. 예를 들어 비평가 아즈마 히로키(東浩紀)는 2002년부터 『중앙공론』에 연재된 "정보 자유론"에서 레식의 아키텍처 개념을 미셸 푸코와 질 들뢰즈(Gilles Deleuze)의 권력론에 맞추어 "환경 관리형 권력"으로 재구성한 후 다음과 같이 논했다.

---

3 Richard Thaler, & Cass Sunstein, Nudge: Improving Decisions about Health, Wealth, and Happiness (2009)[リチャード・セイラー＝キャス・サンスティーン(遠藤真美訳)『実践行動経済学』(日経BP社、2009年)]。

4 吉田徹「ステイツ・オブ・デモクラシー ―ポピュリズム・熟議民主主義・アーキテクチャ」憲法理論研究会(編)『憲法理論叢書21 変動する社会と憲法』(敬文堂、2013)9〜13頁参照。

"……환경 관리형 권력은 내면이 필요하지 않다. 그것은 아키텍처의 디자인을 통해 물리적으로 기능하기 때문에, 대상의 인간이 무엇을 생각하고 있든 상관없다. 가치관과 질서유지의 단절은 이 결과이지만, 다시 말해 우리 사회가 본질적인 의미에서 인간을 인간으로 (생각하는 존재로) 다루지 않는, 사람들의 의식적인 판단 이전 부분을 이용하고 질서 유지를 도모하려고 하는 교활(狡猾)한 사회임을 의미한다."[5]

한편, 2000년대 후반 이후의 일본에서는 아키텍처를 적극적으로 활용하여 새로운 통치와 사회질서를 구축하려는 설명이 유력해진다. 예를 들어 정보사회 학자인 하마노 토모시(濱野智史)는 2008년 저서 '아키텍처 생태계'에서 니코니코 동영상[6]을 비롯한 인터넷상의 커뮤니케이션 가능성을 개척하는 아키텍처를 소재로 아키텍처를 적극적으로 활용한 사회 질서의 설계 가능성을 논하고 있다.

본서에서 필자는, "환경 관리형 권력에 저항한다."라는 도식으로 논의를 진행하지는 않습니다. 역시, 레식이 "저작권 관리 강화"의 동향에 저항한 것처럼, 뭔가 "저항의 논전(論戰)"을 펼치지는 않습니다. 오히려 저자는 "아키텍처=환경 관리형 권력"이 가지는 "하나하나의 가치관이나 룰을 내면화할 필요가 없습니다.", "사람을 무의식으로 조작할 수 있다"고 하는 특징을, 보다 긍정적으로 파악해, 오히려 적극적으로 활용해 갈 수도 있는 것이 아닐까, 라고 생각하고 있습니다. 그것이 레식이 말했듯이, 법률이나 시장과 같은 "사회질서"를 만드는 방법 중 하나라면, 우리는 아키텍처를 이용한 사회 설계 방법에 대해 지금까지 없었던 다양한 방법을 실현할 가능성이 있다는 것입니다.[7]

이러한 아키텍처론의 방향성의 전환은 법철학자의 논의에서도 발견될 수

---

5 東浩紀「情報自由論4－イデオロギーなしのセキュリティの暴走」中央公論2002年10月号176頁。
6 니코니코 동영상은 일본의 IT 기업에 의해 운영되는 일본 최대급의 동영상 전달 서비스이다. 니코니코 생방송과 같이 니코니코의 이름을 딴 동영상 공유 서비스의 틀을 넘은 많은 파생 서비스가 제공되고 있다.
7 浜野智史『アーキテクチャの生態系－』(NTT出版、2008)21頁参照。

있다. 예를 들어, 오야 타케히로(大屋雄裕)는 2004년의 논문에서 아키텍처의 침투에 의해 개인의 행위 가능성이 사전에 보이지 않고 박탈됨으로써 개인의 주체성이 침식될 위험성에 경종을 울렸다.[8] 한편, 안도 카오루(安藤馨)는 2007년 저서에서 공리주의의 입장에서 아키텍처 등 새로운 통치기술의 발달에 의해 피치자에 의한 예상을 전제로 하는 위협적 제재가 불필요해질 뿐만 아니라, 예상 담당자가 되는 자율적인 개인도 무용이 될 것이라는 전망을 바탕으로 "인격 사망 후의 리버럴리즘"을 구상했다.[9] 그리고 그 이후의 안도가 아키텍처에 의한 "인간동물"의 경향성을 직접 조작하는 통치 기법을 논할 때 레식의 아키텍처론과 함께 참조하고 있는 것이 선스틴의 아키텍처론이다.[10]

이상하게도 선스틴은 하마노(濱野)와 안도(安藤)가 아키텍처를 적극적으로 활용한 새로운 통치·사회질서의 설계 가능성을 제시한 것과 거의 같은 시기에 개인의 선택을 개선하는 아키텍처인 '넛지(Nudge)'를 주제로 하는 저서를 출판하고 아키텍처를 적극 활용한 사회설계의 방법을 제시했다.[11] 일본과 미국에서 거의 같은 시기에 '아키텍처론의 전회'라고도 할 논의의 방향성 변화가 현재화된 것은 주목할 만하다. 무엇보다, 아키텍처를 탈이성적＝탈인간적/동물적 통치의 수단으로 이해하는 경향이 강한 일본의 아키텍처론과는 달리, 이하에서 보는 바와 같이, 레식은 물론 선스틴도, 헌법학자로서, 아키텍처에 의한 통치가 개인의 자율과 그것에 기초한 민주적 토의를 저해하지 않고, 촉진하도록 통제하는 것을 중시하고 있다.

이하에서는 일본의 아키텍처론과의 거리를 의식하면서 레식과 선스틴의 아키텍처론을 비교 검토함으로써 자유를 구성하면서 동시에 제약하게 되어 있는 아키텍처의 입헌적·민주적 통제의 모습을 밝히는 것을 시도하고 싶다.

---

8 大屋雄裕「情報化社会における自由の命運」思想965号(2004)212頁以下参照.
9 安藤馨『統治と功利』(勁草書房、2007)269~280頁参照。
10 경향성 조작에 의한 통치 기법의 예로서, 선스틴의 자유지상주의적 개입주의(리버타리안·패터널리즘)를 드는 것으로는 安藤馨「功利主義と人権」井上達夫(編)『講座人権論の再定位 第5巻』(法律文化社、2010)129頁、同「制度とその規範的正当性」新世代法政策学研究8巻(2010)299~302頁 참조.
11 Thaler & Sunstein, supra note (3).

Ⅲ. 아키텍처에 의한 규제

1. 아키텍처의 개념

　레식은 아키텍처를 "일정한 사회 공간에서 무엇이 가능할 것인가를 규정" 하는 것으로 파악하거나 "우리가 접하는 물리적 세계"로 정의하거나 "세계의 본연" 또는 "구축된 환경"으로 자리 매김하고 개인의 행동을 제약하는 것으로 파악하기도 한다. 또한 사이버 공간에서의 "아키텍처"에 해당하는 개념으로 자리매김하는 "코드"를 "사이버 공간의 본연의 방법을 규정하는 소프트웨어와 하드웨어" 또는 "사이버 공간에서 개인의 행동 가능성에 대한 제약을 구성하는 것"이라는 형태로 정의하고 있다.[12] 이러한 레식에 의한 개념 규정을 근거로 필자는 다른 책에서 아키텍처를 "어떤 주체의 행위를 제약하거나 가능하게 하는 물리적·기술적 구조"라고 정의했다.[13]

　　물론 아키텍처를 물리적·기술적 구조로 제한하지 않고 철저히 둘러싸는 법적, 사회적 구조 등을 포함하여 더 넓게 정의 할 수 있다. 레식도 "아키텍처" 의 개념을 거버넌스의 구조나 사회적 관행을 포함한 의미로 사용할 수도 있다[14]고 했다. 또한 나중에 볼 수 있듯이 선스틴 등은 "선택 아키텍처"의 개념을 물리적, 기술적 선택의 구조뿐만 아니라 법적, 사회적 선택의 구조도 포함한 의미로 사용한다. 이와 같이 아키텍처를 넓게 정의하는 경우에는 물리적·기술적 구조와 그것을 둘러싼 법적·사회적 구조를 통합적으로 파악하는 것이 가능하게 되는 반면[15]에 "제도"개념을 비롯하여 종래부터 법학에서 이용되어 온 전통적인 개념과의 구별이 모호해지고, 새롭게 아키텍처 개념을 도입하는 것의 독자적인 의의가 상대화되어 버리는 측면이 있는 것처럼 보인다. 본 논문에서는 현재 물리적·기술적 구조로서의 아키텍처에 초점을 맞추면서, 필요에 따라 그

---

[12] Lessig, supra note (1) at 236等を参照。
[13] 成原慧『表現の自由とアーキテクチャ』(勁草書房、2016)12頁参照。
[14] Lawrence Lessig & Paul Resnick, "Zoning Speech on the Internet", Michigan Law Review, Vol.98 (1999), p.397.
[15] 물리적·기술적인 아키텍쳐의 설계와의 유추를 의식하면서, 헌법의 제도설계에 대해서 논하는 것으로, 橫大道聡「憲法のアーキテクチャ─憲法を制度設計する」松尾陽(編)『アーキテクチャと法』(弘文堂、2017年) 참조.

것을 둘러싼 법적·사회적 구조에 대해서도 검토해 나가기로 하고 싶다.

2. 아키텍처에 의한 자유의 제약과 구성

레식은 유해정보 필터링과 같이 인터넷상의 아키텍처가 개인의 자유를 보이지 않는 채로 사전에 제약받는다는 것을 문제시했다.[16] 특히 국가가 아키텍처 및 그것을 설계 관리하는 매개자를 통해 표현의 자유를 간접적으로 규제하는 것은 표현의 자유를 사전에 불투명한 형태로 광범위하게 제약하고 검열 (censorship) 내지 사전억제(prior restraint)에 해당하는 강도의 표현 규제로 작용할 위험이 있다.[17]

3. 아키텍처에 의한 자유의 구성

하지만 아키텍처에는 자유를 제약할 뿐만 아니라 구성하는 측면도 있다. 예를 들어 "룰"이라고 말했을 때, 식사에 관한 에티켓에 관한 규칙과 같이 규칙과 독립적으로 존재하는 행위를 규제하는 "규제적 룰"(regulative rule)[18]뿐만 아니라 거기에는 체스나 축구 룰과 같이 자유를 구성하는 아키텍처를 가지고 있다.[19] 예를 들면, 우리는 자동차가 없으면 도로에서 운전할 수 없으며, 전화나 통신 설비가 없으면 원격지에 있는 타인과 통화할 수 없다. 이와 같이 아키텍처에 의한 자유의 구성을 중시하는 관점에서는 「표현의 자유의 시스템」을 지지하는 정보통신 인프라의 정비 등을 촉구하는 입법·정책이 자유의 전제조건으로서 평가할지도 모른다.[20] 그러나 인프라에 의존하는 자유는 해당 인프라를 통해

---

16 Lessig, supra note (1).
17 Jack M. Balkin, "Old—School/New—School Speech Regulation", Harvard Law Review, Vol. 127(2014), pp.2296, 2315~2324.
18 J.R. サール(坂本百大＝土屋俊訳)『言語行為』(勁草書房、1986)58~74頁参照。
19 Hildebrand는 John Rogers Searle의 "규제적 룰"과 "구성적 룰"의 구별을 바탕으로 기술에도 규제적(regulative) 요소와 구성적(constitutive) 요소의 양면이 있다고 논한다(Mireille Hildebrandt, A Vision of Ambient Law, in Regulating Technologies 177 (Roger Brownsword & Karen Yeung ed., 2008)).
20 See, e.g., Jack Balkin, "Digital Speech and Democratic Culture" New York University Law Review, Vol.79 (2004), p.l.

규제되는 위험도 포함한다는 점에 유의할 필요가 있다.[21]

또한 아키텍처는 개인의 권리를 보호할 수 있다. 예를 들어, 아키텍처에 의한 프라이버시 보호의 구조로서 "프라이버시 바이 디자인"을 들 수 있다. "Privacy by design"은 다양한 기술의 설계 사양에 프라이버시의 사고방식을 집어넣자는 생각과 그 실현 수법이며, 기술·비즈니스 관행·물리설계(物理設計)의 3영역에 적용된다.[22] 그러나 기술적 수단에 의한 저작물의 보호가 표현의 자유를 제약할 수 있는 것 같이, 아키텍처에 의한 권리 보호는 타자의 자유와의 관계에서 자유에 대한 규제로서 기능할 수도 있다.[23]

4. 규제수단으로서의 아키텍처

레식도 아키텍처에 대해 개인의 자유를 규제하는 검(劍)의 측면을 중심으로 논하면서도 암호화 기술 등을 예로 하여 아키텍처에 개인의 권리·자유를 보호하는 방패(盾)의 측면이 있는 것에도 유의했다.[24]

하지만 레식은 기본적으로 아키텍처를 법이나 사회규범과 나란히 하는 규제의 한 유형으로서 파악하는 관점에서 아키텍처에 의한 자유의 제약에 주목하여 아키텍처론을 전개해 왔다. 레식이 아키텍처에 의한 규제를 경계하는 것은, 그것이 법적 규제와는 달리, 규제를 받는 개인이 규칙에 따르는지 어떤지를 선택하는 기회도, "시민적 불복종"의 여지도 부여하지 않기 때문에 더 완전한 규제를 기대할 수 있는 한편, 자유에 대한 지금까지 없었던 위협이 될 수 있다는 것이다. 아키텍처가 법적 규제와는 달리 민주적 정통성이 부족하다는 점도 그가 아키텍처에 의한 규제를 경계하는 이유가 되었다.[25]

---

21 Balkin, supra note (17) at, 2303~2305.
22 堀部政男＝一般財団法人日本情報経済社会推進協会(JIPDEC)(編)『プライバシー · バイ · デザイン』(日経BP社、2012)96頁 [アン · カブキアン執筆] 参照。
23 독일법에 따라 기술적 수단에 의한 저작물의 보호와 표현의 자유를 포함한 이용자의 자유의 조정 방식에 대해 논한 것으로, 栗田昌裕「アーキテクチャによる法の私物化と権利の限界」松尾陽(編) 『アーキテクチャと法』(弘文堂、2017年) 참조.
24 Lessig, supra note (1), pp.164~167.
25 Lessig, Lawrence, "The Zones of Cyberspace", Stanford Law Review, vol. 48(1996), p.1408; Lawrence Lessig, "Constitution and Code", Cumberland Law Review, Vol.27(1997), pp.14~15.
25 Thaler & Sunstein, supra note (3), pp.1~14[12~31頁].

Ⅳ. 선택 아키텍처와 넛지

1. 선택 아키텍처/넛지 개념의 제기

선스틴은 행동경제학자 리처드 세일러(Richard H. Thaler) 등과의 공동연구를 바탕으로 개인 선택의 자유를 존중하면서 개인이 더 나은 선택을 할 수 있도록 개입하는 "자유지상주의적 개입주의(Libertarian Paternalism)"이라 불리는 정치 철학적 입장을 제시하고, 그러한 입장에서 개인 선택의 환경을 구성하는 '선택 아키텍처'의 설계를 제창했다.

선스틴은 특정 선택을 제거하거나 인센티브를 크게 바꾸지 않고 개인의 선택에 영향을 미치는 '선택 아키텍처'를 '넛지'로 정의하고 정부와 기업에 의한 넛지의 활용 가능성을 검토했다. 즉, 넛지는 선택 아키텍처의 부분 집합이라고 할 수 있다. 예를 들어, 대학은 학생들이 영양 균형 잡힌 요리를 선택하기 쉽도록 카페테리아 요리를 배열할 수 있다. 또한 휴대전화 사업자는 이용자의 편익을 배려한 형태로 디폴트를 정할 수 있다. 넛지는 개인에게 큰 비용 없이 옵트아웃(기본 선택에서 벗어나는 것)을 할 자유를 인정하고 있다는 점에서 개인 선택의 자유를 존중하는 패턴으로 "자유지상주의적 개입주의(Libertarian Paternalism)"를 실현하고 있다고 한다.[26] 넛지의 남용을 방지하기 위해, 선스틴은 넛지에 대한 옵트 아웃의 자유와 투명성 확보를 요구하고 있다.[27]

선스틴은 물론 넛지론을 제시한 세일러에 따르면, 그들은 인지과학자 도널드 노먼(Donald Arthur Norman)이 제시한 인간 중심의 디자인론에 시사를 받으면서 당시 세상에 나타나기 시작했던 아이폰에 따라 유저 친화적인 정책을 디자인하고, 이용자 중심의 선택환경을 구축하려고 시도했다. 이러한 문제의식에 따라 세일러와 선스틴은 이용자의 선택환경을 구성하는 아키텍처로서 "선택 아키텍처"와 "넛지"의 개념을 제시한 것이다.[28]

선스틴 등이 다양한 넛지 중에서도 중시하는 것이 디폴트의 제시이다. 개

---

26 Thaler & Sunstein, supra note (3), pp.1~14[12~31頁].
27 Sunstein, infra note (37), pp.143~154.
28 リチャード・セイラー(遠藤真美訳)『行動経済学の逆襲』(早川書房、2016)450頁参照。

인에게는 옵트 아웃을 실시해, 디폴트와 다른 선택을 실시하는 자유는 남겨지지만, 일반적으로 일부러 디폴트와 다른 선택을 행하려고 하는 사람들은 많지 않다.[29] 예를 들어, 스마트 폰의 프라이버시 설정에서 디폴트로 위치 정보를 제공하지 않는다고 설정되어 있다면, 많은 사용자가 위치 정보를 제공하지 않는다는 선택을 따를 것이다. 그러나 임의 법규에서 볼 수 있듯이 기본 규칙 설정은 법학에서 전통적으로 익숙한 기술이다. 임대료의 지불기간 규정을 비롯한 계약법의 임의법규는 디폴트를 설정함으로써 사람들에게 행위의 기준을 제시하고 개인의 자율을 지원함과 동시에 후생을 증대시키는 기능 등을 담당해 왔다.[30] 선택 아키텍처/넛지론의 디폴트 위치 지정의 새로운 점은 행동경제학 및 인지과학의 지식을 참조하면서 법적 기본 규칙뿐만 아니라 물리적 및 기술적 구조로서 아키텍처의 디폴트 설정기능에 주목한 것에 있다.

2. 선택 아키텍처/넛지론의 정책에 응용

선스틴 등이 제시한 선택 아키텍처와 넛지의 개념은 곧 각국의 정책에 채용되었다. 다름이 아니라 선스틴 자신이 2009년부터 2012년에 걸쳐 오바마 정권 하에서 백악관 행정관리예산국의 정보·규제문제실(The Office of Information and Regulatory Affairs)의 실장을 맡아 행동경제학의 식견을 활용하면서 미국 정부의 규제와 정보 제공 정책의 개혁에 임했다. 선스틴은 정보·규제 문제 실장으로서 사람들의 선택을 용이하게 하기 위해 넛지 등을 활용하여 복잡하고 이해하기 어려운 경향이 있는 정부의 규제와 정보 제공을 알기 쉽게 단순화한 (simplify) 정책을 추진했다. 예를 들어, 선스틴 등은 식품, 환경보호, 복지, 교육 등의 분야 등에 따라 기존 정부에 의한 규제와 정보제공 방식을 심플하게 재설계하는 등으로 적지 않은 정책효과를 올렸다.[31] 또한 영국 정부도 2010년 세일

---

29 디폴트가 사람의 행동에 미치는 영향에 대해, Cass Sunstein, Choosing not to Choose: Understanding the Value of Choice (2015), pp.25~52.

30 행동경제학 등의 식견을 참조하면서, 계약법에 있어서의 임의 법규의 의의·기능을 검토하는 것으로서, 松田貴文「契約法における任意法規の構造」神戸法学雑誌63巻1号(2013)171頁以下 참조. See also, Cass R. Sunstein, The Ethics of Influence(Cambridge University Press 2016), pp.23~24.

31 Cass R. Sunstein, Simpler (Simon & Schuster, 2013).

러 등의 참여를 얻어 '행동통찰팀'(BIT: The Behavioral Insight Team), 통칭 '넛지 유닛'(nudge unit)을 설치해 넛지를 활용한 정책을 적극적으로 추진해 세금 징수, 장기이식 기증자 모집, 재취업 지원 등에서 현저한 효과를 보였다.[32]

넛지는 일정한 행동을 직접 명령하거나 금지하는 것이 아니라 간접적인 방법에 의해 해당 행동을 촉진 또는 억제하는 점에서 종래부터 행정법학에서 논의되어 온 유도(誘導)와도 공통되는 측면이 있지만, 행동경제학에 기초하여 인간의 합리성의 한계에 주목한 점이나, 아키텍처의 설계라고 하는 물리적인 일행에 의한 유도를 주제화한 점에서, 행정에 새로운 정책 수법을 제시했다고 말할 수 있다.[33]

넛지는 프라이버시·개인정보보호의 영역에서도 적극적으로 활용되도록 했다. 연구자나 인터넷기업에 의해 인터페이스 디자인 등을 통해 스마트폰이나 소셜미디어에서 이용자의 개인정보 제공 등에 관한 실효적인 선택을 지원하는 넛지로서 "프라이버시 넛지"라는 개념도 제시되고 있다.[34] 특히 선스틴이 백악관에서 규제개혁에 임해 이후 미국 정부에서는 넛지적인 기법을 프라이버시 정책에 도입하게 되었다. 2012년 백악관은 소비자 프라이버시 보호를 위한 새로운 틀을 제시했으며, 그중 '소비자 프라이버시 권리 장전'을 발표했다. 권리 장전에서는 개인의 통제, 투명성, (소비자가 데이터를 제공하는) 맥락(Context)의 존중 등의 원칙을 내걸었다.[35] 또한 연방거래위원회(FTC)는 소비자 프라이버시 보고서를 발표하고 운영자에게 소비자 프라이버시를 보호하기 위한 프레임 워크로서 "프라이버시 바이 디자인" 구현, 소비자 선택의 단순화(Simplified Consumer Choice), 투명성의 향상 등을 권고했다.[36] 이러한 지침에서는 프라이버시를 디폴트 설정으로 함과 동시에 소비자의 제어권을 확대하고 투명성을 향상할 것을

---

32 David Halpern, Inside the Nudge Unit (WH Allen, 2015). セイラー · 前掲注(28)455~472頁도 참조.
33 선스틴의 넛지론과 행정법학의 유도론을 비교 검토한 것으로, 正木宏長「情報を用いた誘導への一視座」立命館法学362号(2015)1056頁以下 참조.
34 See e.g., Rebecca Balebako et al., "Nudging Users towards Privacy on Mobile Devices", Workshop on Persuasion, Influence, Nudge and Coercion through Mobile Devices (PINC at CHI−11). 인터넷상 개인정보보호에 있어서의 넛지적 수법의 활용과 그 과제에 대하여, 山本竜彦「インターネット時代の個人情報保護：」慶応法学33号(2015)185~191頁 참조.
35 White House, Consumer Data Privacy in a Networked World(2012).
36 FTC, Protecting Consumer Privacy in an Era of Rapid Change(2012).

요구하는 등 선스틴의 넛지론과 통하는 지향을 볼 수 있다. 특히, 사업자에게 컨텍스트에 맞춰 소비자에게 적절한 선택의 기회를 제공하는 등, 소비자의 선택을 단순화할 것을 요구하고 있는 점은, 문맥에 맞게 개인에 제시된 선택의 단순화를 설명하는 선스틴의 논쟁의 궤도를 하나로 하고 있다.

3. 선택 아키텍처/넛지와 개인의 자율·자기통치

선스틴의 선택 아키텍처/넛지론에 관해서는 오야 타케히로(大屋雄裕)가 말했듯이 "레식이 그 위험성을 주장한 아키텍처의 권력은 여기서 오히려 사람들의 자유를 지키기 위한 도구로 재검토되고 있다"라고 평가할 수 있겠다.[37]

하지만 한편, 선택 아키텍처/넛지론에는, 이하와 같은 의문이나 문제점을 제시할 수 있다. 우선 넛지는 개인에게 큰 비용 없이 옵트아웃을 하는 자유를 인정하고 있다는 점에서 개인의 선택의 자유를 존중하는 개입주의(패터널리즘), 즉 자유지상주의적 개입주의(Libertarian Paternalism)를 구현하고 있다고 하는데, 옵트아웃 비용의 정도 등에 따라 실질적으로 선택의 자유가 박탈될 우려도 있다. 넛지에 부과되는 '인센티브를 크게 바꾸지 않는다'는 요건도 모호하고 자의적인 판단을 면하기 어려워 보인다. 또, 선스틴은 선택의 자유의 전제로서 넛지의 투명성·가시성을 요구하고 있지만, 선택의 배열이나 표시 방법 등에 의해 디폴트 이외의 선택지를 눈여겨보는 것이 곤란한 경우에는, 선택의 자유가 확보되었다고 말하기 어려울 것이다.[38]

다음으로 넛지를 활용한 정책은 한 주체에게는 선택의 자유가 확보되지만 다른 주체에게는 강제로 작용할 수 있다. 예를 들어, 정부가 사업자에게 소비자에게 넛지의 제공을 의무화한 경우, 넛지가 제공되는 소비자에게는 선택의 자유가 확보되지만, 넛지의 제공이 의무화된 사업자에게는 선택의 자유는 확보되지 않는다.[39] 특히, 특정 행동으로 이용자를 유도하는 고지를 사업자에게 의무

---

37 滝川裕英＝宇佐美誠＝大屋雄裕『法哲学』(有斐閣、2014年)86頁[大屋雄裕執筆]参照。
38 선스틴은 또한 넛지에서 선택을 하는 개인의 주의나 숙고를 환기하지 않는 것이나, 실제로는 옵트아웃이 쉽지 않은 것이 포함될 수 있음을 인정하고 있다. Cass R. Sunstein, Why Nudge?: (Yale University Press, 2014), pp.144~154.
39 Sunstein, supra note (29), p.27.

화하는 것은 표현의 자유와의 관계로 문제가 될 수 있다.[40]

또한, 넛지는 이용자의 선택의 자유를 존중하면서 후생을 개선한다는 목적에 의한 제한이 있지만, 유사한 방법은 이용자의 의사나 이익에 반하는 형태로 악용·남용될 가능성도 충분하다. 예를 들어 인터넷 기업 등에 의한 선택 아키텍처 설계를 통해 "디지털 게리맨더링"이 이루어지고 국민의 정치적 선택이 조작될 우려도 지적되고 있다.[41]

선스틴은 최근 저서에서, 위와 같은 비판을 염두에 두고, 복리·자율·존엄·자기통치라는 네 가지 가치에 맞추어 정부에 의한 넛지의 활용을 정당화함과 동시에 한계화하려 하고 있다.[42] 선스틴에 의하면, 정부에 의한 넛지의 활용 여부는 복리·자율·존엄·자기통치라는 가치를 촉진할지 아니면 저해하는지에 의해 판단된다. 그 결과 대부분의 넛지는 허용될 뿐만 아니라 요청되지만 공직자가 자신의 권력의 유지를 노리는 등 부당한 이유에 근거하여 넛지를 이용하는 경우 등에는 넛지는 금지되게 된다. 그러므로 정부는 넛지를 이용할 때 그것을 정당화할 뿐만 아니라 책임을 다함으로써 투명성을 확보해야 한다.[43] 선스틴이 제시하는 넛지의 여부를 판단하는 기준이 타당한지 아닌지는 논란의 여지가 있다. 하지만 선스틴이 행동과학적인 발상에 의거하면서도 정부에 정당화의 책임을 지게 하는 등으로 넛지를 인간을 단순한 개체로 조작하는 수단이 아니라 개인의 자율이나 민주적 자기 통치와 양립 가능한 통치수법으로 구상하고 있는 것은 주목할 만하다.

---

40 인터넷 사업자에 대해서 정보주체를 특정의 행동에 유도하는 고지를 강제하는 것이 소극적 표현의 자유와의 관계로 문제될 가능성을 지적하는 것으로서, 山本 · 前揭注(33)194~195頁 참조.

41 인터넷상의 플랫폼 사업자 등에 의한 디지털 게리맨더링의 위험성에 대해 논한 것으로, Jonathan Zittrain, "Engineering an Election", Harvard Law Forum, Vol.127 (2014), p.335. See also, Jonathan Zittrain, "Facebook Could Decide an Election Without Anyone Ever Finding Out", New Republic (June 2, 2014).

42 Sunstein, supra note (29), pp.3~4.

43 Id. pp.11~15.

V. 두 가지 아키텍처

지금까지 밝혀 온 레식과 선스틴에 의한 아키텍처 개념의 파악 방법의 차이를 근거로, 본장에서는 양자의 아키텍처론의 배경인 자유관＝민주주의상의 차이와 같음을 명확히 밝히고 싶다.

1. 아키텍처 개념의 제기와 그 수용

일본의 아키텍처론은 정보사회에서 아키텍처에 의해 인간이 동물로서 공학적(工學的)으로 통치될 가능성을 그려왔다. 예를 들어, 아즈마 히로키(東浩紀)는 "인간은 주체이기 전에 동물이며, 그 동물성이 지금도 도시 디자인을 포함한 사회시스템을 직접 결정하고 있다"는 시대 인식을 배경으로 현대사회의 인간공학의 역할 증가와 그에 대한 탈구축의 어려움을 강조하고 있다.[44] 이에 대해 사회학자인 키타다 아기히로(北田曉大)는 사회가 의미를 매개로 한 커뮤니케이션에 의해 이루어지고 있다는 인식에 기초하여, 인간공학(人間工學)이 사회 본연의 방식을 직접 규정한다는 견해에 의문을 제기하고 인간공학을 둘러싼 의미와 설명에 주목하여 이것으로부터 탈구축하는 시도를 했다.[45]

여기에서 주목해야 할 것은, 아즈마(東)와 같은 사회상을 그리는 아키텍처론에는 그 자체가 언어나 의미에 매개된 인간의 사회적 실천 내지 이데올로기[46]로서의 측면이 있다는 것이다. 동물은 "아키텍처"에 대해 말하지 않는다. 우리는 로고스(logos: 언어＝이성)를 가진 인간이기 때문에 아키텍처에 관해 말하는 것이다. 특히 레식의 문제 제기를 수용한 일본의 정보사회론에서는 '복제방지 CD'에서 패스트 푸드점 의자에 이르기까지 모든 영역에서 아키텍처의 권력

---

44 東浩紀＝北田曉大『東京から考える』(NHK出版・2007)263〜264頁 참조.
45 東＝北田前揭注(43)278頁, 289〜290頁.
46 고마무라 케이고(駒村圭吾)도 아즈마(東)의 논의를 바탕으로, 법이나 규율, 훈련 대신 아키텍처 등을 이용한 제어적 합리성이 지배하는 환경 관리형 사회의 도래로 국가 권력과 자율적 개인이 함께 증발할 가능성을 하나의 가능한 미래상으로서 비판적으로 검토하면서도, 제어적 합리성에 뒷받침된 시큐리티와 「안전·안심」의 독립성이나 완전성을 과잉으로 신화화하지 않고, 우리의 정치적 운영에 의해 되돌아볼 수 있는 '이데올로기'의 신분에 그치는 것이 중요하다고 지적하고 있다(駒村圭吾「警察と市民」公法研究69号(2017)120〜121頁).

을 찾아내려는 아키텍처론의 범람이 보였다.

하지만, "보이지 않는 규제"일 수밖에 없는 아키텍처에 대해 말하는 아키텍처론은 수행(遂行)적 모순을 범하고 있는 것처럼 보인다. 그렇게 아키텍처론은 단적으로 모순된 난센스와 같은 개념일까? 그렇지 않다. 아키텍처 개념의 제시를 계보학적으로 이해하면 일정한 의의를 인정할 수 있다. 이렇게 생각하게 된 힌트는, 아키텍처 개념을 제기한 레식의 학문적 계보 속에서 발견할 수 있다. 레식은 1990년대 후반에 인터넷상의 아키텍처에 의한 규제 연구에 임하기 전에 90년대 초반부터 중반에 걸쳐 사회적 의미나 언설(言說)과 법의 관계에 주목하여 언어적 설명의 변용이 법 실천에 미치는 영향을 분석했다.[47] 예를 들어, 레식은 캐서린 맥키논(Catharine MacKinnon)을 비롯해 페미니스트들이 "섹슈얼 허리스먼트"라는 개념을 제시하고 논쟁과 법정 투쟁에 도전함으로써 그동안 숨겨져 있던 문제를 현재화하고 그 허용성·합법성을 논쟁적인 것으로 함으로써, 미국의 고용차별법의 해석·운용이 변화한 프로세스에 주목해, 이러한 역할을 완수한 페미니스트들을 동시대의 가장 중요한 "논쟁 엔터프레너(entrepreneur)"로서 평가했다.[48] 이러한 레식의 학문적 계보를 근거로 하면 레식이 아키텍처 개념을 제기한 배경에도 새로운 개념을 제시함으로써 물리적·기술적 구조에 의한 자유의 제약이라는 문제를 보이게 함으로써 그것을 비판하고, 그 정당성·합헌성을 묻는 것을 가능하게 하는 "논쟁 엔터프레너"로서의 역할을 완수하려고 하는, 실천적인 문제의식을 찾아낼 수 있는 것 같다. 그리고 이러한 문제의식을 가진 레식에 의한 아키텍처 개념의 제기를 받아 일본에서도 사이버 스페이스에서 현실 공간에 이르기까지 다양한 장면에서 아키텍처의 권력을 발견하는 설명이 가능하게 되었다. 아키텍처 개념의 제기와 수용을 둘러싼 위와 같은 경위는 아키텍처의 설계를 적절히 통제하기 위해서도 인간의 로고스에 의한 사회질서의 (탈)구축은 가능하고 또한 필요하다는 것을 보여주고 있다고 생각한다.

---

47 成原・前揭注(13)44~49頁 참조.
48 Lawrence Lessig, Fidelity and Constraint, Fordham Law Review. Vol.65 (1997), p.1396.

2. 두 개의 아키텍처론과 자유론

위에서 볼 수 있듯이 아키텍처는 우리의 인식과 독립적으로 객관적으로 존재하지 않고, 개념과 함께 불쑥 나타난다. 아키텍처가 개념·설명에 의해 파악된다면, 개념·설명의 본연의 방식에 따라 아키텍처는 다른 방식으로 파악될 가능성이 있다. 비트겐슈타인(Wittgenstein)이 견해에 의해 오리와 토끼가 함께 보이는 "오리 토끼"의 그림에 비유하여 보여준 것처럼, 세계의 존재는 국면(aspect)에 따라 변화한다.[49] 마찬가지로, 동일한 아키텍처가 사용되는 개념에 따라 자유를 제한하는 "아키텍처"로 인식되거나 자유를 확장하는 "선택 아키텍처", "넛지"로 인식 될 수 있다.

선스틴은 "선택 아키텍처는 가능하고 촉진하는 동시에 구속하고 제약한다"[50]고 이해하면서도 "선택 아키텍처"와 그 하위 개념인 "넛지"를 연결하여 사용함으로써 아키텍처로 구성된 선택의 하에 선택의 자유에 초점을 맞추고 논의를 전개한다. 한편, 레식은 '규제'와 그 하위 개념으로 여겨지는 '아키텍처'의 개념을 세트로 이용함으로써 아키텍처에 의한 규제에 주목하여 논의를 전개해 왔다. 두 아키텍처 개념에는 각각 사물을 보이게 하는 측면과 숨겨진 측면이 있다. 예를 들어, "선택 아키텍처"는 옵션 A와 옵션 B(또는 선택지인 X를 할 것인가 하지 않을 것인가)를 구성한다고 할 수 있다. 하지만, 그때 놓치고 있는 것은, 미리 선택사항으로부터 배제되고 있는 선택사항 C의 존재이다. 비록 선택 아키텍처가 구성하는 선택 집합에 선택 C가 추가되더라도 다른 선택 D가 제거될 가능성은 사라지지 않는다. 즉, 아키텍처는 항상 특정 범위의 옵션을 구성하는 반면에 다른 옵션을 제거한다. 그러나 "선택 아키텍처"와 "넛지"의 개념은 특정 옵션의 내부 구조에 초점을 맞추고 있는 한편, 배제된 선택지에는 눈을 돌리지 못한다. 선스틴이 예로 든 책장을 들어 말하면, 선택 아키텍처/넛지론은, 책장 안에서 어느 책이 손에 잡기 쉬운 위치에 놓여 있는지에 주목하는 한편, 책장으로부터 어떠한 서적이 배제되는지에는 관심을 가지지 않는다. 그래서 다시 중

---

49 ルードヴィッヒ・ウィトゲンシュタイン(藤本隆志訳)『ウィトゲンシュタイン全集8　哲学探究』(大修館書店、1976) 第二部 xi参照。

50 Sunstein, supra note (29), p.5.

요한 역할을 담당하는 것이 레식이 제시한 '아키텍처'(에 의한 규제)의 개념이다. 그것은 우리 앞에서 일정한 선택이 미리 보이지 않는 형태로 제거되었을 가능성을 제시하고 우리가 아키텍처에 의한 자유의 박탈 가능성을 인식하게 하는 것이다.

그렇다고 하면, 아키텍처에 대해 말하는 언설의 선택, 즉, 아키텍처론의 선택이라고 하는 메타 레벨의 선택이 묻히게 될 것이다. 따라서 아키텍처에 대한 개념을 사용하면 어떤 문제가 발견되는지, 반면에 어떤 문제가 은폐되는지 고려해야 한다.

아키텍처를 파악하는 방법의 차이는 자유관의 차이를 반영할 가능성도 있다. 우리는 자유를 "선택의 자유"로 이해하기 쉽다. 자유를 "선택의 자유"로 포착하는 관점에서 자유는 시장에 제공되는 복수의 상품·서비스 중에서 소비자가 자신의 선호에 근거하여 선택을 하는 자유로서 이해된다.[51] 그리고 이러한 자유관은 경제시장 이외의 정치나 언론시장의 세계에도 반입되게 된다. 예를 들어, 선거에서 A당, B당, C당의 어느 후보자에게 투표할 것인가? 케이블 TV에서 제공되는 프로그램 중 A, B, C 중 어느 것을 시청할지 등과 같다.

하지만 자유는 일정한 주어진 선택지 중에서 선택하는 자유로 환원할 수는 없다. 자유의 핵심은 오히려 새로운 선택지를 창조하거나 기존의 선택에 이의신청을 하는 등 기존의 선택의 틀에 도전하는 것에 있는 것은 아닐까? 선스틴의 선택 아키텍처/넛지 이론의 자유는 특정 아키텍처 하에서 주어진 선택의 범위 내에서 "선택의 자유"의 자유로 되돌릴 위험이 있어 보인다. 그러나 적어도 이러한 자유관은 자유의 개념이 내포하는 다양한 측면을 완전히 포섭하지 못한다.[52] 선택 아키텍처에 관한 논의는, 역설적으로도, 자유가 주어진 일정한 선택지를 전제로 한 선택의 자유로 되돌아가지 않는 것, 자유롭게 선택지를 포함한

---

51 시카고학파의 자유지상주의가 소비자의 선택의 자유를 존중하는 "소비자 주권"에 입각하고 있는 것을 지적하는 것으로 セイラー・前揭注(27)373頁 참조.
52 선스틴 자신은 오히려 자유를 기존의 선호에 근거하는 개인의 선택의 자유인 「선택의 자유」로 환원하는 입장을 비판하고, 다양한 정보와 선택지가 주어진 환경에서 선호를 형성할 수 있다는 의미에서의 자유인 「선호형성의 자유」의 의의를 설명하고 있었다(Sunstein, supra note (2), pp.49~50, [和訳107~113頁]).

환경의 설계의 존재를 재검토해, 다른 형태로 재구성하는 절차에 관여하는 자유라는 차원이 포함되어 있음을 명확히 하는 것으로 생각한다. 이하에서 볼 수 있듯이 해커적 방법론에 접근하고 있는 최근 레식은 이러한 자유관과 결속한 것처럼 보인다.

3. 아키텍처 관점과 적극적 행동주의(hacktivism) 관점

레식과 선스틴은 모두 비판법학, 공화주의 헌법이론, 시카고학파의 법과 경제학의 영향을 받으면서 사회과학의 식견을 참조하면서 새로운 헌법해석 방법론을 형성하며, 소련 붕괴 후의 동유럽에서 입헌주의 체제로의 이행(移行)을 위한 법정비 지원에 종사해 온 점 등, 많은 공통점을 가지고 있지만, 양자 간에 아직, 적지 않은 시점의 거리를 인정할 수 있다.

선스틴은 일관되게 '아키텍트'의 관점에서 제도와 아키텍처를 설계(design)하는 것을 중시해 왔다. 초기의 선스틴은 헌법의 역할을 시민의 숙의를 촉진하고 민주주의를 기능시키기 위한 전제조건을 구축하는데 요구하고, 헌법이나 입법에 의한 숙의민주주의의 설계 방식을 모색해 왔다.[53] 이러한 자세의 연장선상에 현재의 그는 설계의 대상을 법제도뿐만 아니라 아키텍처에도 확장하고 있다.

이러한 선스틴의 설계에 지향적인 배경에는 그가 일관되게 전개해 온 현상 중립성에 대한 비판이 있다. 그에 의하면, 현상(status quo)은 재산이나 계약에 대해 정하는 커먼로(판례법)등의 법 제도에 의해 구축되고 있는 자연스럽고 중립적인 것이 아니라, 정치적인 선택의 산물이다. 이러한 인식을 바탕으로 그는 1930년대 미국 뉴딜 정책의 재평가를 시도했다. 즉, 정부는 항상 이미 시장을 규제하고 있으며, 문제는 시장을 규제하는 방법이다. 뉴딜은 그때까지 규제를 받지 못했던 자유시장에 대한 개입이 아니라 규제의 재구축이다.[54] 선스틴이 선택 아키텍처/넛지라는 개념을 제시한 것도 어떠한 주체(선택 아키텍트)에 의해 선택의 설계가 항상 이미 행해지고 있는 것을 주제화한다는 문제의식이 배경에

53 Cass R. Sunstein, "Beyond the Republication Revival", Yale Law Journal, Vol.7(1988), p.1539; Cass R. Sunstein, Designing Democracy (Oxford University Press, 2003).
54 Cass R. Sunstein, "Lochner's Legacy", Columbia Law Review, Vol.87(1987), p.873.

있었다고 생각해도 된다. 선스틴에 따르면 "우리가 인식하는지 여부에 관계없이 넛지는 편재(遍在)하고 있다"고 말했다. 서점 책장과 마찬가지로, "선택 아키텍처는 우리가 선택을 수행하는 전제가 되는 사회적 환경이다. 우리는 사회적 환경 없이 선택할 수 없기 때문에 선택 아키텍처는 우리의 삶의 (종종 보이지는 않지만) 피할 수 없는 구성 요소이다."[55] 이와 같은 그의 주장의 근본에는, 현재의 선택 아키텍처는 중립적인 자연이 아니며, 기존의 법규제와 그 아래의 사회적 상호작용의 소산이며, 공공적인 논의와 의사결정에 의해 변경 가능하다는 인식을 찾을 수 있다.[56]

한편, 레식은 제도·아키텍처를 설계하는 설계자(architect)의 시점(視点)을 이해하면서도 그것을 상대화하고 비판하고 도전하는 '법학자, 활동가(Activist), 시민'[57]의 입장에서 이론을 구축해 왔다. 레식은 예일대 로스쿨에서 로베르토 웅거 등의 비판법학이나 브루스 아커만 등의 헌법 이론의 영향을 받으면서 법학을 수학한 후 연방대법원에서 안토닌 스칼리아(Antonin Gregory Scalia) 대법관 밑에서 로클럭으로 근무했다. 1990년대 레식은 스칼리아와 포즈너라는 동시대의 미국을 대표하는 보수파 판사의 방법론(원의주의(原意主義), 시카고학파의 법과경제학)을 계승하면서도 이들을 내재적으로 비판적으로, 이른바 탈 구축하고, "번역"이라고 불리는 헌법해석 방법론과, "신시카고 학파"라고 불리는 학제적인 규제연구를 제시한 다음, 그 방법론을 기반으로 헌법이론의 발전과 사이버법의 구축에 몰두했다.[58]

1990년대에 구축한 아키텍처 개념을 핵으로 하는 사이버법이론을 바탕으로, 2000년대의 레식은 해커적인 수법에 의해 액티비즘(activism)을 견인하는 적극적 행동주의(hacktivism)로서의 실천에 기울여 왔다.[59] 우선 저작권 보호 강화

---

55 Sunstein, supra note (30), pp.9.
56 川浜昇「行動経済学の規範的意義」平野仁彦＝亀本洋＝川浜昇(編)『現代法の変容』(有斐閣、2013) 420~421頁 참조.
57 레식의 Twitter 프로필(https://twitter.com/lessig)도 참조(2016년 11월 26일 최종 엑세스).
58 레식의 초기 헌법이론에 관해 成原·前揭注(13)제1장 참조.
59 레식이 적극 행동가적인 방법론에 접근하는 데에는, 프로그래머나 행동가로 활약하면서 학술 데이터베이스에의 부정 액세스에 대해 컴퓨터 사기 등의 죄로 소추된 후 자살한 아론 스와츠로부터 받은 영향이 크다. See, "Lessig on 'Aaron's Laws – Law and Justice in a Digital Age" (Feb. 19, 2013), http://today.law.harvard.edu/lessig−on−aarons−laws−law−and−justice−in−a−digital−

에 저항하여 저작자의 의사에 근거하여 저작물의 유연한 이용을 가능하게 하는
라이센스를 책정·보급하는 비영리 단체「크리에이티브 커먼즈」를 창설하는 등,
저작권 제도의 해킹과 변혁에 힘을 썼다.[60] 그 후 그는 미국의 정치 프로세스가
공화주의의 이념에서 벗어나 부패에 빠져 있어 올바른 입법을 가능하게 하기
위해 우선 민주정치의 프로세스의 일부 정치자금제공자의 영향력으로부터 되찾
아, 시민의 평등한 정치참가를 실현할 필요가 있다고 하는 문제의식으로부터,
선거 제도 개혁에 몰입한다.[61] 그 일환으로 대통령 선거의 '시스템을 해킹'하여
선거제도 개혁을 위한 국민투표를 제안한 후 사직하는 대통령(referendum pres-
ident)이 되는 것을 목표로 2016년 대통령 선거에 입후보할 것을 목표로 했고
곧 좌절하였지만, 그의 정치 개혁에 대한 의욕은 무너지지 않았다.[62] 이와 같이,
오늘의 레식의 문제의식은, 제도나 아키텍처를 해킹해, 변혁에 연결해 나가는
것에 있다.

　　이상과 같은 방향성의 차이를 감안하면, 선스틴이 주로 제도·아키텍처를
설계하는 아키텍트의 시점에 서서 논의를 전개하는 것에 대해, 레식은 제도·아
키텍처를 비판해, 재조합하려 하는 적극적 행동가의 시점에 서서 논의를 전개
해 왔다고 정리해도 될 것 같다.[63] 물론, 아키텍처의 시점과 적극적 행동가의
시점은 양자 택일적인 것이 아니고, 경우에 따라, 양자의 시점을 구분하면서도,
생산적인 피드백의 회로를 구축해 나가는 것이 요구될 것이다.

---

　　age-video/ (2016년 11월 28일 최종 엑세스). 적극적 행동주의에 관해서는 塚越健司『ハクティビズ
　　ムとは何か』(ソフトバンククリエイティブ、2012)도 참조.

60 ローレンス・レッシグ(山形浩生訳)『FREE CULTURE』(翔泳社、2004) 등 참조.

61 Lawrence Lessig, Republic. lost (Twelve, 2012).

62 레식의 대통령 선거 사이트(https://lessig2016.us/참조. 2016년 11월 28일 최종 액세스). 여기에서
　　"해킹"은 아키텍처 해킹이 아니라 그것과의 유추하여 시스템 해킹을 의미하는 데 사용된다.

63 이러한 양자 논의의 대비는, 일본의 헌법학에 있어서의「제도의 헌법학」과「저항의 헌법학」의
　　어프로치 대비를 상기시킬 수 있다. 물론, 이 대개념을 추출한 논자도 지적하고 있듯이, 제도의
　　저항과 제도의 관점은 2자 대안이 아니며, 양자의 시점 상호 불단의 피드백이 요구된다(高橋和
　　之『戦後憲法学』雑感」同『現代立憲主義の制度構想』(有斐閣、2006) 참조).

Ⅵ. 자유를 위한 아키텍처를 어떻게 구축할까?

레식과 같이 아키텍처를, 자유를 불투명하게 제약하는 것으로 경계하더라도 문제는 어떠한 아키텍처에도 제약되지 않는 순수한 자유라는 것을 관념하기 어려운 점에 있다. 즉, 우리의 행위는 자연환경을 포함한 아키텍처로 구성되는 동시에 제약받고 있으며 아키텍처에 앞서 자유를 관념하는 것은 어렵다. 특히, 처음부터 인공적으로 구성된 인터넷의 아키텍처를 전제로 하는 인터넷상의 자유에 대해서, 아키텍처에 앞서는 자유를 관념할 수 없다. 중립적인 베이스라인의 자명성을 비판하는 선스틴에 따라, 아키텍처에 앞서 존재하는 보다 앞선 것으로부터의 자유의 베이스라인(baseline)을 찾아 구할 수 없다. 그래서 마지막으로 아키텍처에 앞서 자유를 관념할 수 없는 환경에서 우리의 자유를 구성하고 제약하는 아키텍처를 어떻게 통제할 것인가라는 난제에 대한 해답의 방향성을 보여주고 싶다.

1. 설계의 설계

아키텍처의 설계에 의해 개인의 권리·자유가 침해될 위험이 있다고 해도, 이용자나 소비자 등 일반인에게 있어서 아키텍처의 설계는 불투명하고 구조적이므로, 개인이 권리를 행사하거나 소송을 통해 사후에 구제를 요구하는 것은, 법적으로도 현실적으로도 곤란한 경우가 적지 않다.[64] 그러므로 아키텍처 설계의 방식을 통제하기 위해서는 권리론만을 통한 통제는 일정한 한계가 있으며, 객관법에 의한 구조적인 통제, 즉 "설계의 설계"[65]가 요구된다. 이러한 접근법은 특히 최근 프라이버시에 대한 논의에서 두드러진다. 야마모토 타쯔히코(山本龍彦)가 지적한 바와 같이, 아키텍처 설계에 의한 프라이버시 침해의 위험은, 특히 프라이버시권의 주위부에서 사법에 의한 개인의 권리 구제에 초점을 맞추어 온 종래의 권리론의 한계를 두드러지게 하고, 입법에 의한 룰 형성을 포함한 제

---

64 山本·前揭注(34)211頁 등도 참조.
65 설계의 방법이나 프로세스에 대해서 정하는 「설계의 설계」에 관해 건축가들이 논한 것으로서, 가라사와 유스케(柄沢祐輔) 외 『設計の設計』(INAX出版·2011) 참조.

도·아키텍처의 통제의 본연의 자세에 주목할 필요성을 제시하면서, 국가가 민간 기업이 주체로서 형성되는 인터넷의 아키텍처의 설계 내지 질서 형성에 어떻게 관여할 것인가라는 질문을 던지고 있다.[66] 이러한 접근법에서는 "통치"의 시점이 전면에 나오고, "누구"(who)가 제도·아키텍처를 어떠한 프로세스에 의해 설계해야 할지가 주제가 될 것이다.

이러한 문제의식은 선스틴이 주제화한 아키텍처의 설계자, 즉 "아키텍트"의 관점과 통하는 점이 있다. 아키텍트의 관점에서 어떻게 아키텍처를 설계하는지, 아키텍처에 어떠한 가치를 구현하는지, 게다가 누구에게 아키텍처의 설계를 맡길 것인가 하는 선택, 즉 아키텍처의 설계의 설계가 문제된다. 권리·자유의 기반이 되는 아키텍처를 설계하려고 하는 아키텍트의 관점에서는, 예를 들어 미국의 망(네트워크) 중립성에 관한 논의 등을 참조하면서, 일본에 있어서 "의도하지 않는「기본 설계」"로서 익명 표현의 자유를 보장하는 것 등에 의해[67] "인터넷의 자유"를 확보해 왔다고 하는 일본국헌법 제21조 제2항과 전기통신사업법 등에 의한 통신의 비밀의 보장에 대해서, 인터넷상의 아키텍처의 설계에 관한 구조적인 통제의 룰로서 어떻게 재평가하거나 어떻게 재설계해야 하는지를 묻게 된다. 또 향후의 과제로서 인공지능(AI)의 고도화와 네트워크화를 추구하고, AI의 개발을 어떻게 통제하고, AI에 어떠한 가치를 구현해야 하는가도 문제가 될 것이다.[68]

2. 탈구축에 관한 권리

설계 관점은 아키텍처를 통제하는 데 필수적이지만 거기에 고유한 한계가

---

[66] 山本·前揭注(34)212~219頁 등도 참조.

[67] 宍戸常寿「通信の秘密に関する覚書」高橋和之先生古稀記念『現代立憲主義の諸相(下)』(有斐閣、2013) 519頁。

[68] 총무성정보통신정책연구소「AI 네트워크화 검토 회의」의 보고서는, AI의 개발 원칙의 초안으로서, AI의 개발자에게, 제어 가능성·투명성의 확보와 함께, 넛지 등을 이용하여, AI에 의해 이용자를 지원하고, 선택의 기회를 적절히 제공하는 것, 바이·디자인에 의해 프라이버시나 보안등을 보호하는 등을 요구하고 있다(AI 네트워크화 검토 회의「중간 보고서」(2016), 동 보고서 2016 참조). 또한 미국 백악관 보고서도 AI 개발자 등에게 AI에 대해 제어 가능성과 투명성을 확보하는 것, 사람들과 효과적으로 기능할 수 있도록 하는 것, 인간의 가치·욕망과 계속 합치하도록 하는 등을 요구하고 있다. See, White house, Preparing for the Future of Artificial Intelligence (2016).

있다. 아키텍처의 설계(의 설계)에 누구나가 참여하는 것은 아니기 때문에, "아
키텍트의 전제(專制)"가 생기게 될 우려도 있고, 아키텍처의 설계(의 설계)에의
다양한 이해관계자의 관여가 제도화되어 모든 이해 관계자 프로세스에 모든 주
체가 대등하게 참여할 수 있는 것은 아니며 프로세스의 공정성을 보장하기 위
한 법적 틀도 확립되지 않았다.[69]

　원래 제도·아키텍처는 계산할 수 있는 장치로서 설계되지만, 예기치 않은
타인과의 조우에 의해 계산 가능성의 한계가 노출되어, 그 재구축을 강요받을
가능성이 있다.[70] 이러한 끊임없는 재구축을 가능하게 하는 열린 구조를 창출하
기 위해 요구되는 것이 "탈구축에 대한 권리"라 말할 수 있다.[71] 따라서 다시
주목해야 할 것은 권리론에서 논의된 권리의 구조적 기능이다. 정신적 자유를
비롯한 인권의 핵심은 제도·아키텍처를 타인으로부터 이의신청하게 하여 그
탈구축을 가능하게 하는 점에 있다고 생각된다.[72] 아키텍처에 의한 규제를 경계
하고 거기에 도전하는 레식의 적극행동주의(hacktivism)적 관점은 이러한 장면에
서 다시 참조해야 할 가치를 가진다.

　우선 재평가될 필요가 있는 것이 표현의 자유의 움직임인 것 같다. 먼저
레식에 의한 아키텍처 개념 제기와 그 수용 과정을 단서로 개념·설명이 아키텍
처를 비롯한 규제를 "보이게" 하는 기능이 있음을 밝혔다. 그렇다면 표현의 자
유로는 개념·설명의 제기나 변용을 촉구함으로써 아키텍처를 비롯한 "보이지
않는 제약"을 보이게 하여 논쟁을 촉구하고 제도·아키텍처의 탈구축을 가능하
게 하는 기능을 찾을 수 있을 것이다.

　또한 통치자인 설계자와 피치자 간의 정보의 비대칭성을 해소하기 위해서

---

69 멀티스테이크홀더 프로세스의 과제에 대해서는 Milton Mueller, Networks and States (MIT Press,
　　2010), pp.264~266. ローラ・デナルディス(岡部晋太郎訳)『インターネットガバナンス』(河出書房新社、
　　2015)313~316頁 등 참조.
70 법의 탈구축가능성에 관해 ジャック・デリダ(堅田研一訳)『法の力』(法政大学出版局、1999) 참조.
71 「탈구축에 대한 권리」는 레식에게 영향을 준 웅거의 구상이다. 「구조부정적 구조」를 담당하는
　　「탈안정화권」과 근저에서는 통하는 측면이 있다. See, Roberto Unger, False Necessity (Cambridge
　　University Press, 1987), pp.530~535.
72 원리로서의 인권은, 실정법 제도에 육박하면서 거리를 취해, 타자와의 만남을 환기함으로써, 실
　　정법 제도에 경계 획정의 재실행을 명령한다고 설명하는 것으로, 駒村圭吾「人権は何でないか」井
　　上達夫(編)『人権論の再構築』(法律文化社、2010)23~25頁 참조.

는 표현의 자유와 알권리가 필수적이다. 미국 정부의 인터넷상의 통신 차단에 관한 국가 기밀의 노출을 받은 미디어에 의한 보도나 인터넷상의 논의는, 통신 차단 및 프라이버시에 관한 국내외의 논쟁을 촉구해, 미국 정부에 인터넷상의 통신 차단의 제도 개혁을 압박하게 되었다.[73] 이처럼 아키텍처를 비롯한 불투명한 규제가 침투하는 정보사회에서도 표현의 자유는 다른 권리·자유를 지지하는 구조적 기능을 담당할 수 있다.

보다 미세한 수준에서는 프라이버시권에도 "탈구축에 대한 권리"로서의 측면이 있다.[74] 프라이버시권의 핵심은 제도·아키텍처가 형성하는 개인상에 대하여 당해 개인이 이의제기할 수 있도록 하는 권리이며, 이를 통해 개인상의 탈구축이 가능할 뿐만 아니라 그것을 형성해 온 제도·아키텍처의 탈구축도 촉구된다. AI를 이용한 프로파일링 등에 의해 개인상(個人像)이 자동으로 앞서 형성되려고 하는 이후 사회에서, 프라이버시권에 근거하는 이의신청의 필요성은 한층 높아질 것이다.[75]

아키텍처의 기술적 탈구축을 가능하게 하고 그 "생성력"[76]을 확보하고자 하는 관점에서는 "해킹할 권리"[77]의 보장도 요구될 수 있다. 확실히 해킹은 일종의 자력구제로서 기능함으로써 권리행사의 실효성을 기술적 능력에 의존시켜 법질서의 불안정화나 기술적 능력의 유무에 의한 불평등을 초래할 우려가 있고,[78] 해킹 중에 부정 액세스 등의 크래킹이 포함되면 정보 보안이 침해될 뿐만 아니라 관련 타인의 권리 이익이 침해될 우려도 있기 때문에 "해킹할 권리"를

---

73 成原·前揭注(13)제7장 참조.

74 정보기술이나 유전자기술의 발전에 의한 정정 가능한 잉여의 감축에 대항하여 프라이버시권의 핵심을 「탈구축의 권리」, 즉 자기의 이미지의 정정가능성에 관한 권리에 요구하는 논의로서 山本竜彦『遺伝時情報の憲法理論』(尚学社·2008)349~350頁、352頁 注9 참조.

75 AI 등을 이용한 프로파일링에 의한 잉여의 축소에 수반하는 정정의 어려움을 지적한 후, EU 데이터 보호 규칙에서 인정된 프로파일링에 대한 이의제기의 권리 등에 대해 검토 한 것으로, 山本竜彦「ビッグデータ時代とプロファイリング」論究ジュリスト18号(2016)34頁以下 참조.

76 생성력(generativity)은 사용자에 의해 유발되는 자유로운 창발적 변화를 가능하게 하는 기술의 잠재 능력이다. See, Jonathan Zittrain, "The Generative Internet", Harvard Law Review, Vol. 119 (2006), p.1974.

77 See, e.g., Julie Cohen, "Copyright and the Jurisprudence of Self—Help", Berkeley Technology Law Journal, Vol.13(1998), p.1089.

78 저작물의 기술적 보호 수단에 대한 해킹을 인정하는 것에 수반하는 문제에 대해서는, 栗田·前揭注(23)157~160頁 참조.

헌법·실정법상의 권리로서 전면적으로 보장하는 것은 인정받기 어려울 것이다. 그러나 아키텍처에 의한 정보의 둘러싸기 등에 의해 해킹이 표현의 자유나 알 권리 등의 행사의 전제로써 필요한 장면이 증대하고 있다는 점을 감안[79]하여 대항 이익과의 조정에 유의하면서 "해킹할 권리"가 일정한 한도로 존중될 가능성에 대해 검토해 갈 것이 요구되는 것은 아닌가?

VII. 맺으며

본고에서 밝혀 온 것처럼 최근에는 넛지를 비롯해 아키텍처를 적극 활용한 새로운 통치·사회질서의 설계가 다양한 장면에서 시도되고 있다. IoT나 AI 등에 의해 현실 세계와 사이버스페이스가 융합되고 있는 오늘, 아키텍처는 모든 장면에서 우리의 권리·자유의 기반을 구축하게 되어 있다고 해도 과언이 아닐 것이다. 그러나 이것은 아키텍처의 규제를 경계할 필요가 없다는 것을 의미하지는 않는다. 아키텍처를 활용한 통치·사회질서의 설계가 퍼져, 그것이 우리의 권리·자유의 기반을 구축하게 될수록 그 반대편에는 아키텍처가 불투명하게 우리의 권리·자유를 제약할 가능성을 경계하고 그것에 도전하는 설명의 필요성은 더욱 높아지기 때문이다. 레식과 선스틴의 아키텍처론은 아키텍처와 자유의 관계를 생각하는 데 있어서 상호 보완하는 대조적인 관점을 제시하고 있다는 점에서 앞으로도 반복적으로 고민되고 비판적으로 음미할 가치가 있다. 우리에게 던져지는 것은 아키텍처에 대해 말하는 설명, 즉 여러 아키텍처론을 문맥에 맞게 어떻게 선택하고, 아키텍처의 새로운 포착 방법을 어떻게 제시하고 아키텍처론을 어떻게 풍요롭게 하고 가는가라는 과제이다.

---

[79] 표현의 자유와 저작권의 조정이라는 관점에서 저작권의 기술적 보호수단에 대한 회피(해킹)의 의의와 한계에 대해 논한 것으로서, 成原·前揭注(13) 제6장 참조. 관련된 재판례로는 see, e.g., Universal City Studios v. Corley, 273 F.3d 429 (2d Cir. 2001).

제5장

감염병 대책을 위한 규제·넛지·데이터의 활용과 입법 과제

나리하라 사토시(成原慧)

최혜선*(옮김)

Ⅰ. 들어가며

신종 코로나바이러스의 감염 확대와 추가적인 확산을 방지하기 위하여 행동 제한이나 행동의 변화가 요구되었다. 법은 어디까지 사람들의 행동을 규제하여야 하는가. 또한 "넛지"라고 불리는 어떤 면에서는 유연한 개입수단은 어디까지 사람들의 행동 변화를 가져올까? 이 글에서는 일본 내외에서의 신종 코로나바이러스 대책 사례를 통해 규제와 넛지의 역할 분담과 거리, 둘 사이의 조정을 하기 위한 지침이 되는 데이터의 수집·이용, 위기시의 민주적인 정책결정 프로세스의 모습에 대해서 고찰해보고자 한다.[1]

Ⅱ. 행동 제한을 과하는 규제

사람들의 행동을 제한하는 데에 중심적인 역할을 하는 것은 역시 법률에

---

* 한국형사·법무정책연구원 조사연구원(법학박사)

1 본고는 成原慧「感染症対策のための規制、ナッジ、データそして民主主義」シノドス(2020年4月28日)을 기본으로 그 후의 상황변화를 반영하여 수정한 것이다.

의한 규제일 것이다. 하지만, 일본의 현행법상 감염병의 확산 방지라는 목적으로 사람들의 행동을 제한하기 위해 취할 수 있는 조치는 한정되어 있다. 예를 들면, 2020년 3월에 「신형인플루엔자 등 대책 특별조치법(특조법)」이 개정되어 잠정적 조치로 신종 코로나바이러스에 대해서도 긴급사태선언을 하고 긴급사태 조치를 시행할 수 있게 되었다. 무엇보다도 동법에 근거한 긴급사태선언이 이루어진 경우에도 도도부현 지사가 취할 수 있는 조치는 일반 주민이나 기업 등과의 관계에서는 기본적으로 강제력을 가지지 않으며, 주민에게 외출자제를 요청하거나(동법 제45조 제1항) 기업 등에 시설 사용이나 행사 제한을 요청하는(동조 제2항) 등이 가능할 뿐이다. 지사(知事)는 요청에 따르지 않은 기업 등에 대해 시설의 사용정지 등의 조치를 할 수 있었지만(동조 제3항), 지시에 따르지 않는 경우 벌칙을 부과할 수는 없었다. 한편, 지사는 기업 등에 대해서 요청 또는 지시한 때에는 그 취지를 공표하여야 한다(동조 제4항). 시설명 등의 공표는 주민이 대상시설에 가지 않도록 하기 위한 고지의 취지로 하게 되는데,[2] 그 공표로 사람들이 대상시설에 가지 않겠다는 반응을 하게 된다면 이는 시설경영의 어려움도 예상되기 때문에 공표는 사실상 억제 효과도 있다고 생각된다. 이 법이 이러한 억제적 구조를 취하고 있는 것은 "국민의 자유와 권리에 제한이 가해지는 때에도, 그 제한은 ⋯ 필요최소한 이어야 한다."(동법 제5조)라는 법적 원리를 중시하고 있기 때문일 것이다. 무엇보다도 특조법에 근거한 대응에 대해서는 자숙경찰(自肅警察)[3]의 행동과 같이 사회에 과잉반응을 불러오는 한편 요청·지시에 응하지 않고 사회적 압력에도 움직이지 않는 사업자에 대한 집행력이 부족한 점 등 그 문제나 한계가 지적되었다.[4] 이러한 문제를 근거로 2021년 2월에 특조법이 다시 개정되어 확산방지 등 중점조치를 시행함과 동시에 긴급사태선

---

2 신종인플루엔자 등 대책연구회(편) 『조문해설 신형인플루엔자등 대책특별조치법』 161면(중앙법규출판, 2013년), 내각관방 신형 코로나바이러스 감염증대책추진실장 「제45조에 근거한 요청, 지시 및 공표에 대하여」(2020년 4월 23일) 참조.

3 감염병의 확산 등에 따른 국가의 방침에 따르지 않는 시민에게 사적으로 단속 또는 공격을 하는 행위를 가리키는 신조어(역자주).

4 특조법의 문제점에 대해서는 井上達夫「危機管理能力なき無法国家」法律時報92巻9号62頁(2020年)、江藤祥平「匿名の権力」法律時報92巻9号70頁(2020年)、磯部哲「『自肅』や『要請』の意味」法学教室486号10頁(2021年) 등 참조.

언 및 확산방지 등 중점조치에 응하지 않은 사업자에 대한 명령을 하고(동법 제
45조 제3항, 제31조의6 제3항), 명령에 위반한 사업자에 대한 과료의 부과(동법 제
79조, 제80조 제1항)가 규정되었다.

　　한편 구미 외국에서는 감염병 대책을 위해 벌금 등 벌칙부과에 의해 담보
되는 강제력을 수반하는 형태로 기업에 영업정지 명령을 하거나, 시민의 외출
을 금지하고 있는 국가도 적지 않다. 국가에 따라서는 감염병이 확산된 도시나
지역 전체를 봉쇄하거나 다른 지역으로의 확산을 방지하기 위해 강경한 조치를
취하는 국가도 있다.[5] 일본에서도 감염병법에 근거하여 지사에게 감염병의 확
산방지를 위해 필요최소한도로 건물의 출입제한·금지나 교통의 제한·차단을
할 수 있는 권한이 인정되고 있는데(동법 제32조·제33조), 오염된(의심이 있는) 건
물이나 장소를 대상으로 한 규정이며, 서구의 여러 나라에서 시행되고 있는 것
과 같은 도시나 지역 전체의 봉쇄를 전제한 것은 아니다.

　　그렇다고 해도, 강제력을 가진 영업정지나 외출금지, 봉쇄를 실시하는 국
가에서도 정부가 사람들의 행동을 의도하는 대로 제한해서 감염병을 봉쇄할 수
있는가라는 것은 주지하는 바와 같이 반드시 그러한 것은 아니다. 불안해진 사
람들은 비록 법을 위반하더라도 봉쇄된 도시에서 탈출하려고 할지도 모르고,
어떠한 사정으로 집에 머무르기가 곤란한 사람들은 법을 어기더라도 외출하려
고 할지도 모른다. 그러한 사람들에게 벌칙에 의한 억제 효과가 얼마나 있을지
확실하지 않다.

　　대신에 아키텍처라고 불리는 물리적 수단[6]으로 사람들의 행동을 사전에 억
제하고 외출이나 이동을 불가능하게 하는 선택지도 있다. 예를 들면, 도시와 도
시를 연결하는 철도를 멈추거나 고속도로나 간선도로를 봉쇄하는 등, 도시를
물리적으로 봉쇄하여 감염이 확대되는 지역에서 사람들이 이동할 수 없도록 하

---

5 일본경제신문전자판 「구미는 사적권리를 제한하여 외출금지에 벌칙도 부과, 일본과 강제력이 다
　르다」(2020년 4월 7일) 참조. *See also*, Tom Ginsburg and Mila Versteeg, *States of Emergencies: Part
　I*, Harvard Law Review Blog(Apr. 17, 2020).
6 정부는 법만이 아니라 아키텍처, 사회규범, 경제적 인센티브 등을 이용하여 개인의 행동을 규제할
　수 있다는 지적과 그 문제점에 대해서 논하고 있는 것으로는 Lawrence Lessig, *The New Chicago
　School*, 27 J. L. S. 661 (1998).

면 보다 강력하게 감염의 확산을 방지할 수 있을 것이다. 또한 최근에는 감시기
술을 통해 사람들의 행동이나 위치를 실시간으로 파악하고, 감염 의심자가 이
동하려고 하면 경찰에 자동통보가 되어 경찰이 출동해 이를 제지하거나 안면인
식으로 역의 개찰구나 건물입구를 통과할 수 없도록 하는 것도 기술적으로는
가능할 것이다. 물론 그러한 물리적인 억제조차 돌파하려는 사람들도 있겠지만,
이동의 자유는 사실상 크게 억제되게 된다. 그러나 이러한 자유에 대한 강도 높
은 제약은 적어도 그 주체가 공권력인 경우에 일본에서는 쉽게 정당화되지 않
을 것이며 그러한 조치를 취하는 것도 사실상 곤란할 것이다.

Ⅲ. 행동의 변화를 불러오는 넛지

　　사람들의 행동변화의 촉진을 위해 기대되는 것이,「넛지(nudge)」라고 불리
는 유연한 개입수단이다. 넛지란 특정한 선택지를 배제하거나 인센티브를 크
게 바꾸지 않고 개인의 선택에 개입하는 수단이다. 예를 들면, 대학은 학생식
당에서의 음식의 배열을 달리하여 학생들이 균형잡힌 영양식을 할 수 있도록
유도할 수 있다. 또한, 어플리케이션의 개발자는 이용자의 위치정보가 쉽게 수
집되지 않도록 하는 프라이버시 설정을 기본값으로 정할 수 있다. 넛지는 개인
에게 큰 비용 없이 옵트아웃을 하는 자유를 인정하고 있다는 점에서 개인 선
택의 자유를 존중하는 자유지상주의적 개입주의(libertarian·paternalism)를 실현
하는 것이다.[7] 신종 코로나바이러스 대책에서도 무의식적으로 눈이나 입을 만
지는 것을 방지하기 위해 선글라스나 마스크 착용을 추천하거나, 화장실에서
의 행동요령을 그린 일러스트로 게시하거나, 감염방지를 위해 집에서 대기 중
인 사람들에게 어드바이스 메시지를 정기적으로 보내는 등 영국을 중심으로
하여 국제적으로 넛지를 활용한 대처가 시도되고 있다.[8] 일본에서도 북해도청
의 경우는 사람들 사이에 사회적 거리(social distance)를 두게 하기 위해 픽토그

---

7 Richard H. Thaler ＝ Cass R. Sunstein (遠藤真美訳)『実践行動経済学－健康、富、幸福への聡明な選
　択』(日経BP社、2009年) 참조.
8 The Behavioural Insights Team, *Protected: COVID-19*, https://www.bi.team/our-work/covid-19/(2022
　年2月27日最終閲覧).

램(pictogram)을 게시하거나 바닥에 풋 프린트(foot print)를 붙이거나, 좌석 배치에서도 거리를 두고 배치를 하는 등의 대책을 추진하였다.[9] 환경성에서도 공공시설의 입구 바닥에 황색 테이프를 붙여서 방문자를 소독액이 놓여있는 곳으로 유도하는 등의 지방자치단체의 대응을 소개하면서 감염병 대책에서의 넛지 활용을 시도하였다.[10]

일본 정부가 도입한 접촉확인 앱 COCOA도 사람들에게 검사나 격리 등 일정한 선택을 강제하지 않고 이용자에게 행동변화를 촉진하거나 접촉자에게 검사를 유도하는 기능을 가지고 있다는 점에서 감염병 대책을 위한 넛지의 사례가 될 수 있다.[11]

그렇지만, 넛지도 만능은 아니다. 넛지는 많은 사람들의 행동 변화를 불러올 수 있지만, 강제력을 수반하지 않으므로 어쩔 수 없이 일정한 사람들의 행동변화를 기대하기 어려운 점도 있다.

그런데, 감염병의 경우 일부 사람들의 행동에서라도 허점이 있으면 그 부분을 통해 감염이 확대될 우려가 있다. 따라서, 넛지만으로 감염병 대책에 어느 정도의 효과가 있을지는 확실하지 않다.[12] 또한, 넛지는 경제적 인센티브에 의존하지 않고 개인의 심리와 인지에 따라 작용하기 때문에 개인의 행동변화를 불러오는 것은 어느 정도 기대할 수 있지만, 경제적 합리성에 따라 행동하는 경우가 많은 기업의 행동변화에는 그 영향이 한정적일 것이다. 사회적 평판에 민감한 기업이라면 사회규범을 이용한 업무가 효과적으로 발휘될지도 모르지만, 사회적 평판을 의식하지 않는 기업의 경우는 정부가 시설명 등을 공표하고 그 시설의 이용금지를 요청하더라도 그 실효성을 기대하기는 어려울 것이다.[13] 기

---

9 북해도 「신종코로나바이러스 감염병확대방지운동 "북해도 사회적 거리두기"에 대해서」(2020년 4월), https://www.pref.hokkaido.lg.jp/covid-19/socialdistance.html.

10 환경성 「신종코로나바이러스 감염병 대책에서의 시민의 자발적인 행동변화를 위한 대책(넛지 등)의 모집에 대해서 (결과)」(2020년 8월 21일) 참조.

11 COCOA에 대한 법적·기술적 과제에 대하여는 曾我部真裕 「『接触確認アプリ』の導入問題から見える課題」法律時報92巻9号1頁以下(2020年)、中川裕志 「接触通知アプリの捻じれ」情報処理学会研究報告(2020年)、成原慧 「情報法—コロナ後の世界をスマートに生きるために」法学教室487号別冊付録「法学科目のススメ」2~3頁(2021年) 참조.

12 依田高典 교수의 트윗(https://twitter.com/takanoriida/status/1242672720669630464?s=20) 参照。

13 공표와 넛지와의 연결성을 지적한 것으로 大屋雄裕 「行政手法としての公表—権力の新たな形態か」

업이 휴업이나 행사 개최 자제에 협력하도록 하기 위해서는 넛지보다 오히려 협력금이나 보상을 하는 등 경제적 인센티브를 주는 것이 더 효과적일지 모른다.

이론적으로도 최근에는 넛지의 기초가 된 행동경제학에 대해서 재현성의 부족과 실제 개입효과의 약점이 지적되고 있으며, 「행동경제학의 죽음」이라는 말도 나오고 있다.[14] 감염병 대책에서도 이러한 비판을 받아들여 한계를 인식하면서 넛지를 활용하여 필요에 따라서는 법적 규제 등 다른 방법과의 적절한 역할 분담을 해나가는 것이 요구된다. 실제로 일본이나 영국에서는 코로나 대책에 있어서 당초 넛지를 포함한 유연한 구조의 접근을 하는 경우가 많았지만, 넛지 등 유연한 방법에만 의존하여 감염병 대책을 지속하는 것은 한계가 있음이 인식되어 점차적으로 법적 의무·제재를 수반하는 강경한 접근이 도입되게 되었다.[15]

Ⅳ. 강제와 자율성의 사이

지금까지 살펴본 바와 같이 법률에 근거한 벌칙을 수반하는 규제가 시행되었다고 해도 반드시 사람들의 행동을 제한할 수 있는 것은 아니다. 한편으로 정부가 자제를 요청하는 것만으로도 자제를 요구하는 사회규범이 강력하다면 사람들은 행동변화를 강요받을 수도 있다. 또한, 강제력을 수반하는 규제도 충분히 기능하기 위해서는 사람들의 자율적인 준수가 필요하다. 일반적으로는 다수 사람들이 벌칙이 부과되는 것을 기다리지 않고 스스로 준법적 행동을 하는 것을 기대할 수 있으며, 그렇지 않으면 법의 집행은 곤란해질 것이다.[16] 벌칙을 수반하는 법률이라고 해도 벌칙의 억제 효과보다도 오히려 그 법률이 사람들에

都市問題2021年2月号46~47頁 참조.

14 Jason Hreha, The death of behavioral economics, https://www.thebehavioralscientist.com/articles/the-death-of-behavioral-economics (2022년 2월 27일 최종검색).

15 The Alan Turing Institute & RIKEN, *PATH-AI Workshop: AI governance in the UK and Japan in the COVID-19 era* (June 2, 2021)에서의 영국 연구자들과의 논의에 따름.

16 법의 자기적용에 대해서, Jeremy Waldron, Dignity, Rank and Rights (Oxford University Press, 2012), pp.52~53.

게 주는 메시지(예를 들면, "감염병 예방에 협력하는 것을 모두가 바라고 있다" 등)를 주는 방법이 사람들의 행동에 큰 역할을 하고 있다.[17]

넛지에서도 강제와 자율성 사이의 줄다리기를 인정할 수 있다. 예를 들면, 시청이나 은행의 대기실에서 거리를 충분히 두도록 의자를 배치하는 것은 넛지를 감염병 대책을 위해 활용한 좋은 사례라고 할 것이다. 그러나, 예를 들어 그러한 아이디어를 응용하여 가령 감염자가 많은 지역(빈곤층이나 소수자 거주지역과 겹치는 것도 많을 것이다)에서 사람들이 다른 지역으로 이동하기 어려워지도록 도시 공간의 배치를 조정하여 일정 지역 사람들의 이동의 자유를 어렵게 했다면 그것은 아키텍처에 의한 규제에 가깝다고 할 것이다. 또한, 보이지 않는 넛지를 이용하여 개인의 의사결정 과정이 조작될 우려도 있다.

이처럼 강제와 자율성은 명확하게 나눌 수 있는 것은 아니며 둘 사이는 이어져 있는 면도 있다. 넛지에서 강제로 가는 길은 의외로 가까울지도 모른다. 그렇다면 정책결정자는 강제와 자율성 사이에서 신중한 검토를 하면서 적절한 개입수단을 모색해야 할 필요가 있다. 또한, 개인의 자유라는 관점에서 보면 넛지 같은 유연한 자율성을 중시하는 것처럼 보이는 개입이라고 하더라도 사실상은 강제로 기능할 우려도 있다는 것을 인식하고,[18] 다양한 개입에 대한 경계를 게을리하지 않도록 해야 할 것이다.[19]

V. 정책결정자의 지침이 되는 데이터의 수집·분석

강제력을 수반하는 규제를 시행할 것인가 넛지를 이용할 것인가에 관계없이 정책결정자가 감염병 확대방지를 위해 어떠한 수단을 취하는 것이 필요하고 합리적인가를 판단하기 위한 전제로서 감염병이나 사람들의 행동에 대한 데이

---

17 Cass Sunstein, *On the Expressive Function of Law*, 144 U. Pa. L. Rev. 2021 (1996).

18 헌법학에서 사람들이 향유하는 실질적인 자유를 주제화할 필요를 설명한 것으로, 山羽祥貴「密への権利—コロナ禍の政治的言説状況に関する若干の問題提起(上)(下)」法律時報 93巻5号84~91頁、法律時報 93巻7号60~67頁(2021年) 참조.

19 넛지에서의 강제와 자유의 연속성에 대해서 논한 것으로 成原慧「それでもアーキテクチャは自由への脅威なのか？」那須耕介＝橋本努(編)『ナッジ!?—自由でおせっかいなリバタリアン・パターナリズム』(勁草書房、2020年) 참조.

터의 수집·분석이 필요하다. 예를 들어 이용자의 위치정보나 검색 이력을 분석하고 지역별 감염상황이나 인파의 흐름을 추정하는 것은 정책결정자가 효과적인 감염병 대책을 추진하는 데에 도움이 될 것이다. 벌칙을 수반하는 외출금지를 시행하고 있는 국가와 외출자제 요청에 머무르고 있는 국가의 데이터를 비교하여 감염병의 확대나 인파에 얼마나 차이가 있는지를 분석할 수 있으면 감염병 대책을 위해 효과적인 정책을 논의하고 결정하는 데에 참고가 될 것이다. 또한, 구매이력 등 각종 개인정보를 활용하면 각각의 개인의 기호나 성향에 맞춘 개인화된 넛지를 제공하는 것도 가능하게 된다.[20] 하지만, 정책결정자는 많은 경우에는 그러한 데이터를 스스로 보유하지 않으며 직접 접근하는 것도 불가능하다.

그래서 이러한 데이터를 풍부하게 가지고 있는 민간기업에 대한 기대가 높아지게 된다. 구미를 중심으로 한 각국에서 플랫폼 사업자에 의한 감염자의 접촉 추적 앱의 개발이나 정보에 대한 정부 제공 등이 시행되고 있는 한편, 프라이버시 등의 보호에 대해서도 검토가 진행되고 있다.[21] 일본에서도 정부가 휴대폰 사업자나 플랫폼 사업자에 대하여 감염확대방지에 필요한 통계 데이터 등의 제공을 요청하고,[22] 이에 따라 Yahoo나 NTT, 도코모 등이 이용자의 프라이버시 등을 배려하면서 통계 데이터 등을 제공하였다.

정부가 관련 데이터를 분석하고 효과적인 감염병 대책을 하기 위해 이용하는 것이 바람직하지만, 한편으로는 정부가 민감정보도 포함된 데이터를 이용할 수 있게 되면 프라이버시의 보호에 위협이 되거나 부당한 차별에 이용될 우려도 부정하기 어렵다. 현재 일본 정부의 요청에 의해 제공이 예상되는 것은 개인정보에는 해당하지 않는 통계정보 등 데이터이지만, 그럼에도 데이터의 성질이

---

20 Cass Sunstein, (伊達尚美訳)『選択しないという選択—ビッグデータで変わる「自由」のかたち』6章(勁草書房、2017年) 참고.

21 *See, e.g.*, OECD, *Tracking and tracing COVID: Protecting privacy and data while using apps and biometrics* (Apr. 16, 2020). 寺田麻佑＝板倉陽一郎「COVID−19(新型コロナウィルス感染症) に対応するためのビッグデータの利活用と個人情報保護—諸外国の状況を中心に—」情報処理学会EIP研究会報告予稿88巻17号1頁(2020年)참조.

22 내각관방 IT종합전략실 외「신종코로나바이러스감염증의 감염확산방지에 필요한 통계데이터 드으이 제공에 대해서(요청)」(2020년 3월 31일) 참조.

나 이용법에 따라서는 프라이버시나 차별에 관한 문제가 발생할 우려를 완전히 부정할 수는 없을 것이다. 따라서 프라이버시 보호 등을 배려하여 데이터의 가공이나 데이터 이용목적의 한정, 데이터 보존기간의 제한, 데이터 이용방법에 대한 투명성·설명책임의 확보 등이 과제이다.[23]

넛지를 지속적으로 활용함에 있어, "실패하는 넛지의 활용"도 중요하다.[24] 감염병 대책을 지속적으로 추진하기 위해서도 성공사례만이 아니라 COCOA와 같이 충분하게 효과를 발휘해왔다고 말하기 어려운 실패사례도 포함하여[25] 넛지에 의한 행동변화의 효과나 한계를 피드백하여 향후 정책에 활용해 가는 것이 요구된다. 이를 위해서도 정부 등의 공중위생과 관계된 주체가 넛지 등 방법의 활용 경위, 근거, 효과 등을 기록·보존하여 사후적으로 검증할 수 있도록 할 필요가 있다.

Ⅵ. 신뢰할 수 있는 정책결정자의 조건 - 스스로 정책결정을 하고 있다고 신뢰하기 위하여

특히 중요한 것이 데이터를 이용하는 정부에 대한 국민의 신뢰와 이를 뒷받침하는 정부의 투명성이나 설명책임일 것이다. 이를 위해서도 정부가 정보공개를 적극적으로 하고 공문서의 관리를 적절하게 하는 등 정책결정 과정의 투명성을 확보하고, 설명책임을 다하는 것으로 국민으로부터 신뢰를 얻을 수 있도록 하는 것이 중요할 것이다.

또한, 데이터를 제공하는 기업도 이용자로부터 신뢰를 얻을 수 있도록 데이터의 이용이나 제공 방법에 대해서 프라이버시나 투명성 보고서 등을 통해 알기 쉬운 설명을 하거나, 전문가들이 참여하는 제3자 기관에 의해 검토를 받는 대책을 수립하는 것이 필요할 것이다.[26] 또한, 이러한 대응이 적정하게 진행

---

23 宍戸常寿「パンデミック下における情報の流れの法的規律」論究ジュリスト35号63頁以下(2020年) 참조.

24 成原慧×那須耕介「サンスティーンという固有名を超える！──めんどうな自由、お仕着せの幸福第6回(最終回)」(2021年1月25日) 参照、https://synodos.jp/opinion/info/24045/.

25 COCOA의 실패로부터 교훈을 도출하려고 하는 연구에는, 楠正憲「接触確認アプリCOCOA からの教訓」情報処理62巻8号384頁以下(2021年) 참조.

26 이 점에서 정부에 대한 데이터 제공에 있어서 외부 전문가로부터 조언을 받아 이용목적의 한정,

되기 위해서는 시민으로부터의 비판이나 감시의 눈도 빼놓을 수 없다. 여기에서 민주정치의 과정에 참여하기 위해 필수적 인권으로서 헌법으로 보장된 표현의 자유의 가치를 시험하게 된다고 할 수 있다. 감염병이 확대되어 개인의 행동을 제한할 수밖에 없는 긴급상황이기 때문에 이에 대한 비판을 면하는 것이 아니라 정확한 비판을 할 필요가 있다. 현실 공간의 집회나 시위가 어려운 상황에서는 특히 소셜미디어 등 인터넷상의 언론이 중요한 역할을 하게 될 것이다.

긴급시에는 모두의 이익을 지키기 위해서 개인의 자유를 평소보다 제한하지 않으면 안 되는 경우도 있을 수 있지만, 그렇기 때문에 개인의 자유를 제한할 수 있는 다양한 정책에 대해서 근거와 전문지식을 존중하면서 투명하고 열린 프로세스에 의해 민주적으로 결정이 이루어진다는 것은 더욱 의미가 있는 것이다.

이 글에서 살펴본 코로나 상황에서의 교훈과 지식을 바탕으로 팬데믹과 같은 긴급 시에 개인의 권리·자유를 존중하면서 다양한 규제 수단, 넛지, 데이터를 효과적으로 활용하기 위한 입법 방안에 대한 논의가 요구될 것이다.

일정 기간내 데이터 삭제, 성과공표 등을 내용으로 한 협정을 정부와 체결한 야후의 대처가 주목할 만하다. 야후주식회사 「신종 코로나감염병의 집단감염 대책을 위한 정보제공에 관한 협정을 후생노동성과 체결」(2020년 4월 13일) 참조.

제2부

디지털 전환의
헌법적 대응

제6장

디지털 전환에 의한
지능정보화 사회의 거버넌스

손형섭

I. 들어가며

21세기에 진행되는 디지털 혁신은 우리는 4차 산업혁명이라는 이름으로 정보사회에서 정보통신 기술의 융합을 통한 변화와 성장으로 다가왔다. 과거의 산업혁명은 증기 엔진, 전기, 컴퓨터, 인터넷과 같은 혁신적인 기술이 대규모로 채택되어 생태계 전체에 확산됐다. 지금은 클라우드 컴퓨팅, 빅 데이터, Iot 및 AI가 통합되어 네트워크 효과를 유도하고 기하급수적인 변화를 일으키는 전환점에 이르고 있다.[1] 국외에서는 4차 산업혁명이라는 용어보다는 데이터 사이언스를 기반으로 하는 산업의 변화를 디지털 전환(Digital Transformation)이라고 한다. 2017년부터 미국, EU(디지털 단일시장), 독일(인더스트리 4.0), 일본(ICT성장전략), 중국(인터넷 플러스전략)에서 구현되던 다양한 형태의 디지털 트렌스포메이션[2]은 팬데믹과 국내에서 4차산업혁명 개념과 결합하여 비대면 근무, 비대면

---

[1] Thomas M. Siebel, *Digital Transformation: Survive and Thrive in an Era of Mass Extinction*, RosettaBools, 2019, at 18.

[2] KSA한국표준화협회, "디지털 전환의 가속화를 위한 시스템 표준화 대응방향과 추진전략", Policy Study 027, 『Issue 페이퍼』 2018−1호(2018. 11), 9면.

교육, 비대면 의료의 형태로 가속화되고 있다.[3]

2004년 스웨덴의 에릭 스톨더만(Erik Stolterman) 교수는 디지털 트렌스포메이션을 통해 정보기술은 혼합되고 결합한다고 했다. "고안된 디바이스는 시스템 및 네트워크의 일부가 되며 다른 모든 부분 및 개체와 지속해서 통신할 수 있고[4], 종래 우리의 경험보다 정보기술과 디지털 변혁에 의한 디바이스의 신기술이 새로운 패러다임을 이끌 것이다.[5] 따라서 우리는 정보기술이 사람의 세계와 삶을 변화시키는 방식을 파악해야 한다."고 강조했다. 그리고 이러한 IT에 의해 인간의 생활에 좋은 삶의 가능성에 대한 전체 조건 변화에 대한 연구가 필요하다.[6] 디지털 테크놀로지가 사람의 생활을 풍요롭게 하고 기업은 테크놀로지를 이용하여 사업의 업적과 대상 범위를 근본부터 변화시킬 것이다.

이 글에서는 디지털 전환(Digital Transformation)으로 정부와 민간의 합리적인 거버넌스를 연구한다. 디지털 기술의 활용이 정부와 기업의 모든 것을 혁신하는 프레임 활용의 양상과 이에 따른 국가의 거버넌스(governance)의 변화 방향을 연구하는 것이다. 거버넌스는 "모든 영역에서의 국가 문제를 관리하기 위한 경제적, 정치적, 행정적 기관의 권한행사로 볼 수 있다." 이 거버넌스는 시민과 집단이 그들의 이익을 표현하고, 그들의 권리를 행사하며, 그들의 의무를 이행하고, 그들의 분쟁을 조정하는 기구와 과정 및 제도를 포함한다.[7]

이 글에서는 디지털 트랜스포메이션의 개념과 핵심 내용을 설명하고, 공공영역에서 디지털 전환의 모습과 거버넌스 변화를 논하고, 사적영역에서 디지털 전환에 의한 변화와 대응 방법을 논하며, 디지털 전환에 따라 종래 민주주의, 법치주의 거버넌스에 디지털 타워와 AI 추천시스템을 활용한 디지털·인공지능 거버넌스를 제시한다. 여기서 헌법상 국가가 ① 기본적 인권을 보장하고, ② 국가 내에 다양한 의견과 갈등을 조정(coordination)하고 해결하며, ③ 경찰, 소방,

---

3 4차산업위원회, https://images.app.goo.gl/hdNr8nuMNcrx6GMBA.

4 Erik Stolterman, Anna Croon Fora, "Information Technology and the Good Life, Information Systems Research", Springer Boston, 2004, pp.687~692, at 689.

5 *Id*, at 690.

6 *Id*, at 691.

7 김중권, 『EU행정법연구』(법문사, 2018), 15면.

환경보전과 같은 공공재 서비스를 제공하고 그 비용은 공평하고 강제적으로 징수하는[8] 주요한 세 가지 역할이 디지털 전환을 통하여 공공영역과 사적영역에서 거버넌스가 합리적으로 구현될 수 있게 될지에 관련된 법제를 검토한다. 이것은 데이터를 기반으로 한 디지털·AI 거버넌스의 활용을 제안하는 것이 된다.

Ⅱ. 디지털 트렌스포메이션

1. 개념

디지털 전환(Digital Transformation)은 DX라고도 하며, 인간의 삶에 디지털기술을 침투시키는 것으로 인간 생활을 보다 좋게 개혁하는 것이며, 기존 가치관과 구조를 밑바닥부터 뒤집으려는 혁신적인 이노베이션을 초래하고 있다. 유사한 용어로는 Digitization과 Digitalization이 있다. 국내 일부에서는 디지털 트랜스폼(digital transform)이 우리 현실을 데이터로 바꾸는 것이며, 이로 형성된 가상세계를 다시 현실화하는 아날로그 트랜스폼(analog transform)이 순환하여 현실을 최적화하는 스마트 트랜스폼(smart transform)의 논의까지 제시했다.[9]

디지털 혁신이란 클라우드 컴퓨팅, 빅 데이터, IoT 및 AI의 교차점에서 발생한다. 일부에서는 이를 조직의 모든 측면에 적용되는 디지털 기술의 힘으로 설명한다. 일부에서 이를 경제적 가치, 민첩성 및 속도를 위해 디지털 기술과 고급 분석을 사용한다.[10] 디지털 전환에는 아날로그 정보를 디지털화하는 국소적인 Digitization을 행하는 것도 있다. 그리고 프로세스 전체를 디지털화하는 전역적인 Digitalization으로 새로운 가치를 창조하는 것이 있다. 결국 사회적 변화를 만들어내는 것이 Digital Transformation이다.[11] 디지털 전환(Digital Transformation)의 네 가지 기술적 힘으로 AI, big data, cloud computing 그리고 사물인터넷을 들고 있다. 이러한 기술에 따라 아마존, 구글, 넷플릭스

---

8 長谷部恭男, 『憲法』, 新世社, 2014, 8, 9頁.

9 서울경제, 2018. 4. 18. [이민화의 4차 산업혁명]스마트트랜스폼 3종기술이 핵심, https://www.sedaily.com/NewsVIew/1RYB0IG8HW.

10 Thomas M. Siebel, *supra note 1*, at. 11.

11 *Id*, at. 18.

등의 기업이 크게 활약하고 있다. 각국에서는 공사 영역에서 디지털 전환
(Digital Transformation)을 가속화하고 있다.

2. 내용

디지털 전환에서 외부 환경의 현재 상태는 개별적으로, 집단적으로, 조직적
으로 VUCA 및 4V라는 용어로 설명한다. VUCA는 불확실성(Uncertainty), 복잡성
(Complexity), 변동성(Volatility), 그리고 모호성(Ambiguity)을 의미한다. VUCA
의 상태는 지속해서 가속화되고 있으며 주로 소비자 디지털 기술의 활용이 증
가함에 따라 발생했다.[12] VUCA는 조직이 자신의 내부 환경을 더욱 확실하고 단
순하며 모호하지 않게 만들어 대응해야 하는 환경을 표시한다. 즉, 조직은 예측
가능성, 정확성, 안정성 및 단순성의 내부 특성을 사용한다. VUCA 세계에 대한
가장 가능성 있는 반응에는 디지털 기술이 포함된다. 디지털 차이는 기술을 통
해 조직의 비즈니스 모델 및 구조의 모든 측면에 도입될 수 있는 새로운 기회
를 정의한다.[13] 오늘날의 디지털 혁신과 관련하여 빅 데이터에서 가장 다른 점
은 소스·형식·빈도 또는 구조화 여부에 관계없이 생성하는 모든 데이터를 이
제 저장하고 분석 할 수 있다는 사실이다. 또한 빅 데이터 기능을 통해 전체 데
이터 세트를 결합하여 정교한 AI 알고리즘에 공급할 수 있는 대규모 데이터 슈
퍼 세트를 생성할 수 있다.[14]

4Vs는 속도(Velocity), 용량(Volume), 다양성(Variety) 그리고 진실성(Veracity)
을 의미하며, 변동의 상황(VUCA)에 데이터의 측면에서 핵심요소를 설명한다.
이것은 4V에 집중하여 점점 더 데이터 포인트 및 데이터 문제로 세상을 이해
하고 정의하게 한다.[15] 이 데이터 지향 관점은 실제 조직의 운용에서 유용하게
적용될 수 있다. 예를 들어, 4V의 일부 또는 전체에 대한 고려 부족은 최근 소
매 업체의 실패를 설명한다. ㈜토이스 알 어스(Toys R Us)는 오랫동안 전통적

---

12 Alex Fenton, Gordon Fletcher, Marie Griffiths, *Why do srategic digital transformation? in Strategic Digital Transformation A Results—Driven Approach*, Routledge, 2020, at 6.
13 *Id*, at 18.
14 Thomas M. Siebel, *supra note 1*, at. 65.
15 Alex Fenton, Gordon Fletcher, Marie Griffiths, *supra note 12*, at 6.

인 슈퍼마켓을 기반으로 한 비즈니스 모델을 유지했다. 이러한 상황은 소비자의 소셜 미디어 사용 증가로 인해 발생하는 장난감 트렌드의 속도 증가에 적응하지 못한 경우이다.[16] 결국 토이스 알 어스는 2017년 9월 18일 파산 보호를 신청했다.[17]

3. 핵심기술과 비즈니스 모델

디지털 전환의 4가지 기술적 힘인 cloud computing, big data, AI 그리고 사물인터넷은 산업과 시장에 생명력을 제공하며[18] 이러한 기술에 따라 아마존, 구글, 네플릭스와 같은 기업들이 크게 활약하고, 새로운 산업과 비즈니스 모델을 제공한다. 2000년 이후 Fortune 500대 기업 중 52%가 인수되었고, 합병되었거나 파산을 선언했다. IT는 현재 존재하는 기업의 40%가 향후 10년 내에 운영을 중단할 것으로 추정한다. 이를 진화론이라 하며, 세계는 21세기 초반에 기업의 대량 멸종을 목격하고 있다. 이러한 멸종의 여파로 Lyft, Google, Zelle, Square, Airbnb, Amazon, Twilio, Shopify, Zappos 및 Axios와 같은 완전히 새로운 DNA를 가진 혁신적인 기업체의 대활약을 목격하게 됐다.[19]

전기가 100년 동안 세계를 변화시킨 만큼 AI도 모든 산업을 변경시킬 것이다. AI 알고리즘은 기존의 논리 기반 알고리즘과는 다른 접근 방식을 취한다. 많은 AI 알고리즘은 작업을 수행하기 위해 컴퓨터 프로그램을 코딩하는 대신 데이터를 AI가 직접 작용할 수 있는 프로그램을 설계한다. AI는 데이터를 통해 반복적 학습과 발견을 자동화한다. 인공지능은 "인간이 할 일을 시키자"에서 "인간보다 기계가 더 잘 할 수 있는 일을 시키자"로 모토가 바뀌었다. 1980년 머신러닝의 논의에서 2010년부터 딥러닝(Deep Learning)을 중심으로 논의가 진행되었다. AI와 머신러닝의 하위 체계로 다층의 인공신경망을 사용하여 과업에 정확성을 높인다. 알파고보다 더 나은 AI를 위하여 거대한 분량의 데이터와 고

16 *Id*, at 6.
17 *Id*, at 8.
18 Thomas M. Siebel, *supra note 1*, at. 11.
19 *Id*, at 9.

성능의 GPU 등의 컴퓨터 파워(computing power) 보유가 필요하게 되었다. 최근에는 뉴로모픽 컴퓨팅(Neuromorphic comuputing), 즉 인간의 뇌와 같이 기능하는 인공지능을 지향하고 있다. 처음 답변이 부정확한 경우에도 역 전파(back propagation)에 의한 훈련과 데이터 추가를 통해 이를 정확하게 적응하는 인공지능 기법을 사용한다.[20]

세계경제포럼이 2016년 디지털 전환에 대한 영향력 있는 백서에서는 "로봇공학과 인공지능 시스템은 인간의 작업을 대체할 뿐만 아니라 기술을 강화하는데도 사용될 것이다. 또한 직원들이 새로운 기술로 효과적으로 일할 수 있도록 재교육이 필요한 기업에 도전을 제공할 것이다. 재교육은 생산성을 높이고 자동화로 인한 일자리 손실을 완화함으로써 기술 증강의 잠재력을 최대한 실현하는 데 중요하다"[21]고 했다.

성공적인 변혁을 이루는 조직의 사람들은 VUCA의 문제를 해결하기 위해 이러한 기술을 적용하고 활용한다. 디지털 혁신에 대한 지배적인 관점은 조직의 효율성을 높이는 것이지만, 성공적인 혁신은 조직 내부와 외부 모두에게 혜택을 주어야 한다는 것이다.[22]

Ⅲ. 공공영역의 디지털 전환

1. 정부의 디지털 전환

여러 국가는 디지털 전환에 따라 진화하고 경쟁력을 유지해야 할 필요성에 초점을 맞추고 있다. 국가들은 오랫동안 숙련된 노동자, 일자리, 경쟁, 신기술, 그리고 궁극적으로 경제 성장을 위해 경쟁해 왔다. 이 경쟁은 특히 공공 영역의 원동력으로 도시화가 성장함에 따라 더욱 심화되었다.[23] 더 많은 사람들이 도시로 이동함에 따라 공공 인프라와 자원, 특히 물과 에너지가 필요했다. 디지털

---

20 *Id*, at. 95.
21 *Id*, at. 29
22 Alex Fenton, Gordon Fletcher, Marie Griffiths, *supra note 12*, at 11.
23 Thomas M. Siebel, *supra note 1*, at. 29.

혁신은 보다 효율적인 서비스 제공과 교통, 에너지, 유지 보수, 공공 안전 서비스 및 교육과 같은 서비스를 다루는 인프라를 중심으로 디지털 도시의 생성을 통해 이러한 급격한 변화에 대처하기 위한 정부의 노력에 필수적이다.[24] 여기에는 e−transport, e−health care 및 e−government와 같은 행정이 진행되었다. 공공 부문에도 혁신이 진행되었고, 미국 국방성은 실리콘 밸리 및 상업 기술 부문과의 관계를 구축하기 위해 버락 오바마 대통령 아래 설립된 조직인 방위혁신위(DIU: Defense Innovation Unit)에 수천만 달러를 투자했다. DIU는 독점 기술로 혁신적인 신생 기업에 자금을 지원하기 위해 설정되었다. AI를 사용하여 코드 취약성을 식별하고 수정하는 자가치유 소프트웨어를 개발하고, AI 기반 시뮬레이션으로 항공기 테스트에 AI를 사용하고, 재고 및 공급망 관리에 AI를 적용하여 군용 항공기의 예측 유지 보수를 수행하여 문제가 발생하기 전에 식별한다.[25]

　대한민국 정부도 지능형 정부를 구축하기 위해 노력해 왔다.[26] 이미 2007년 「전자정부법」에서는 정보화 추진 환경에 대응하기 위해 행정정보를 공동활용할 수 있는 대상을 행정기관 외에 공공기관 등으로 확대하고, 행정정보에 대한 보안 기능을 강화하였다.[27] 2013년 「전자정부법」에서 전자정부사업관리를 위탁할 수 있는 근거를 두어 민간 전문가들의 참여가 가능하게 되었다(동법 제64조의2).[28] 「전자정부법」 제18조에서는 행정기관 등의 장이 첨단 정보통신기술을 활용하여 국민·기업 등이 언제 어디서나 활용할 수 있는 행정·교통·복지·환경·재난안전 등의 서비스를 제공할 수 있도록 하여 "유비쿼터스 기반의 전자

24 *Id*, at. 29.
25 *Id*, at. 19.
26 선지원, 『한국판 뉴딜 추진을 위한 'AI 지능형 정부' 관련 입법과제』, 디지털 뉴딜 이슈브리프 Vol. 2(2020), 2면.
27 「전자정부법」(법률 제8171호, 2007. 1. 3.) 제22조의2 공공기관 등의 행정정보 공동이용, 제27조에 제3항 "행정기관의 장은 정보통신망을 이용하여 전자문서를 보관·유통함에 있어서 위조·변조·훼손 또는 유출을 방지하기 위하여 국가정보원장이 안전성을 확인한 보안조치를 하여야 하고, 국가정보원장은 그 이행 여부를 확인할 수 있다.", 제4항 "제3항의 규정을 적용함에 있어서 국회·법원·헌법재판소·중앙선거관리위원회의 행정사무를 처리하는 기관의 경우에는 당해 기관의 장이 필요하다고 인정하는 경우에 한한다. 다만, 필요하지 아니하다고 인정하는 경우에는 당해 기관의 장은 제3항의 규정에 준하는 보안조치를 강구하여야 한다."
28 「전자정부법」(2013. 4. 5. 법률 제11735호).

정부서비스"를 활용할 수 있도록 했다. 이러한 공동활용은 정보보안의 확립과 개인정보 보호가 전제되어야 한다.

　　2017년 행정안전부가 발표한 '지능형 정부 기본계획'에서는 "① 디지털을 활용한 행정서비스 접근성 확대, 사용자 환경에 대한 인식을 바탕으로 한 서비스 전달, ② 인공지능 기반의 선제적 정책 수요 발굴 및 개선안 제시, 클라우드를 활용한 현장 행정 체계 구현, ③ 국민 주도의 정책결정 및 공공서비스를 위한 플랫폼 기반의 디지털 파트너십, ④ 복합적 사회 위험 및 신기술의 역기능과 위험요소를 사전에 대응하는 능동적인 보안체계 구축"을 제시했다.[29]

　　2020년 6월 9일 제정된 「데이터기반행정 활성화에 관한 법률」[30]은 데이터 소관 공공기관의 장에게 데이터 제공을 요청할 수 있도록 그 절차 및 방법을 정하며, 공공기관의 데이터를 효율적으로 제공·연계 및 공동활용하기 위하여 데이터통합관리 플랫폼을 구축하는 등 데이터기반행정을 활성화하기 위한 사항을 규정했다. 이 법에 따라 공공기관의 장은 데이터기반행정과 관련하여 공동활용할 필요가 있는 데이터를 데이터통합관리 플랫폼에 등록할 수 있고, 등록되지 아니한 데이터의 제공을 요청하는 경우 데이터의 이용 목적, 분석 방법 등을 명시한 문서로 데이터 소관 공공기관에 요청(제8조 및 제10조)할 수 있도록 했다.[31]

2. 보텀업 방식의 청와대·국회의 전자청원제도

　　국내에서는 공공영역에서 전자정부의 행정서비스, 청와대 국민청원제도, 국회의 전자청원제도와 입법 DB, 그리고 법원의 판결문에 대한 DB 공개 등의 새로운 디지털 전환(Digital Transformation)의 현실화에 힘쓰고 있다.[32] 디지털 기

---

29 선지원, 앞의 보고서, 3면.
30 「데이터기반행정 활성화에 관한 법률」(2020. 6. 9., 법률 제17370호, 이하 데이터기반행정법이라 함).
31 EU에서는 이러한 내용을 데이터 거버넌스에 관한 유럽 의회 및 협의회 규정(Data Governance Act)에서 취급한다(2020년 11월 25일 제안).
32 대한민국의 사법부도 이미 재판의 자료를 DB화하고 있고, 민사소송에서 전자소송을 활성화하고 있고 다른 소송에까지 그 확산이 진행 중이다. 이에 명예훼손의 전파가능성이 높아진다거나, 모바일 등 디지털에 대한 압수수색이 일상생활을 침해할 수 있다는 문제점은 발생하는 부작용에

술은 디지털 정치참여를 가능하게 하여, 참여의 범위, 내용, 형태가 변화하고 종래 미디어에 추가하여 새로운 디지털 정치참여가 대의민주주의의 부족한 결핍을 채우고 실질적인 직접민주제의 실현, 즉 국민의 다수의사가 효과적으로 제기되고, 수집되며, 여론의 합의가 형성되거나 분극화되고, 그 의사가 결집하거나 갈등을 보이기도 한다.[33] IT기술을 접목한 e-청원 시스템은 2000년 스코틀랜드 의회에서 시작되어 2002년 호주의 퀸즈랜드 의회가 도입했다.[34] 2017년 8월 19일 문재인 정부가 국민과의 소통을 위하여 청와대 홈페이지를 개편하면서 국민 청원 페이지가 개설되었다. 백악관의 청원사이트인 위더피플(We The People)은 벤치마킹해 국민 소통 공간을 만들었다.[35] 앞으로도 청와대 국민청원은 국가적인 정책의제가 발굴되고 이에 대한 토론과 답변이 제기되는 장이 되기 위한 노력이 필요하다.[36·37] 디지털 청원시대를 맞이하여 오직 국민의 분노와 동원이 난무하는 청와대 국민청원제도가 아니라, 국민들이 삶 속에서 겪는 어려움이 정부에 전달되고 정부로부터 책임 있는 답변과 조치가 진행되는데 기여하는 국민청원이 되어야 한다.[38]

   2019년에 국회 각 위원회에서 법안소위가 2회 남짓만이 개최되어 거의 논의되지 못하고 통과된 법안이 많았다. 디지털 플랫폼에 이것이 공개되고 중간에 입법을 촉구할 수 있는 정당한 플랫폼과 토의의 장을 만들어 두는 것이 좋

해당한다. 판결에 관한 디지털 전환으로 판사, 변호사, 검사의 성향 분석과 AI 분석, 개인별 성향 분석도 가능하게 되는 것이 이슈가 되기도 한다. 최근에는 인공지능 변호사의 도입에 관한 쟁점이 검토되고 있다.

33 손형섭, "디지털 플랫폼과 AI에 의한 국회 전자청원시스템 활성화 연구", 『유럽헌법연구』 제31호 (2019. 12), 441면.

34 2005년에는 독일 의회가 스코틀랜드와 유사한 시스템을 도입했고, 2006년에는 영국 정부가, 2011년에는 미국 오바마 정부가 위더피플(We The People)이라는 e-청원 서비스를 개시했다. 김병록, "청와대 국민청원의 개선방안에 관한 연구", 『법학논총』 vol.26, no.2(2019), 139~170, 141면.

35 김찬우, "국민 청원 데이터를 통해 본 주요 개혁 이슈", 『예술인문사회융합멀티미디어논문지』, 9권 2호(통권 52호)(2019).

36 손형섭, 앞의 논문, 456면.

37 인구 3억이 넘는 미국의 백악관 청원사이트(We the People)의 답변기준은 10만 회인 것을 고려하면, 인구가 5천만 명인 한국에서 20만 회의 추천수가 기준인 것은 높은 편이어서 합리적인 아젠다의 제기와 동의보다는, 전 국민의 분노나 특정한 정치집단이 동원된 집단의 의사가 반영되기 쉬운 구조이기 때문에 이에 대한 개선이 필요하다.

38 국민청원제도와 관련된 디지털 플랫폼과 AI 시스템에 관한 논의는 손형섭, 위의 논문, 448면 이하 참조.

다. 국회의 입법을 위해 여론을 사용하거나 각 국회의원에 방문 등 전형·비전형의 다양한 입법로비가 행해지지만, 그 실효성에 대하여는 의문이다. 디지털 플랫폼을 이용하여 이러한 입법청원과 입법을 구체적으로 실현할 수 있도록 하는 제도의 구현이 필요하다. 근거로 개정 국회법[39] 제123조의2에서 전자청원시스템이 구축·활용[40]되고 있다. 이런 점에서 청와대와 국회의 전자청원제도로 국민들의 다양한 민의와 집단지성을 활용한 하의상달 방식, 즉 보텀업 방식의 의견 수용이 가능하게 되었다. 전술한 2017년 행정안전부의 '지능형 정부 기본계획'에서는 "국민 주도의 정책결정 및 공공서비스를 위한 플랫폼 기반의 디지털 파트너십"과 상응하여 이러한 보텀업의 청원을 통한 국가정책 아젠다의 집적과 디지털에 의한 분석은 새로운 데이터 기반 디지털 거버넌스의 기반이 될 수 있다.

3. 톱다운 방식의 거버넌스

반면, 디지털 전환에서는 정치, 사회, 문화, 경제의 각 영역에서의 변화에 따른 정책의 수립과 집행을 통해 각 영역의 제도 구축이 필요하다. 특히 톱다운 방식의 정책 아젠다의 수립과 융합적인 쟁점과 인력의 활용이 필요하다. Tom Siebel[41]은 성공적인 디지털 혁신을 위해서는 조직의 최고 경영진의 권한과 리더십을 강조한다.[42] 디지털 전환에서 민간기업이 최고 경영진의 의사결정의 중요성을 강조하는 것처럼, 데이터를 기반으로 한 대통령을 중심으로 한 청와대의 아젠다의 주도 능력과 문제 해결 능력이 필요하다. 따라서 빅데이터를 기반으로 대통령의 판단과 합리적인 거버넌스가 필요하다. 하향식 의제 설정, 즉 톱다운 방식의 아젠다 설정은 의사결정자의 의사에 따른 아젠다 설정은 물론, 조

---

39 국회법(법률 제17756호, 2020. 12. 22.).
40 손형섭, 위의 논문, 474~475면.
41 Tom Siebel은 Thomas M. Siebel을 의미하며 그는 1952년 일리노이주 시카고에서 태어나 소프트웨어 개발자 및 사업가로 활동하였고 Siebel Systems의 창립자였으며 인공지능 소프트웨어 플랫폼 및 어플리케이션 회사인 C3.ai의 창립자이다. 그의 네 번째 책인 2019년 Digital Transformation 이 베스트셀러가 되었고 이 책에서 탄력적 클라우드 컴퓨팅, 빅 데이터, 인공 지능 및 사물 인터넷이 비즈니스와 정부 및 사회에 어떻게 영향을 미치는지에 대하여 설명하였다.
42 Thomas M. Siebel, *supra note 1*, at ⅹⅴ.

직의 주요 아젠다를 최고경영진(C-suite)이 개혁 방향에 따라 정리하고 결정하는 총론·총괄적인 의사결정 방식을 의미한다. 이에 따라 하급기관에서는 상급기관이 정한 아젠다를 포함한 자체의 총론적인 의사결정 방식을 정하게 된다.

관련하여 정부는 2020년 국가정보화 기본법을 지능정보화 기본법으로 전면개정하여 바꾸어 데이터·인공지능 등 핵심기술 기반과 산업생태계를 강화하는 한편, 정보통신에 대한 접근성 품질인증 등을 실시하여 4차 산업혁명 과정에서 발생할 수 있는 부작용에 대한 사회적 안전망을 마련하려 했다.[43] 이 법 제6조에서 과학기술정보통신부장관이 지식정보사회 종합계획을 수립하도록 하고 정보통신 전략위원회의 심의를 거쳐 수립·확정하도록 했다. 제8조에서 중앙행정기관의 장과 지방자치단체의 장은 해당 기관의 지능정보화 시책의 수립·시행 업무를 총괄하는 지능정보화책임관을 임명하도록 하고, 지능정보화책임관 협의회를 두도록 했다(동법 제9조). 초연결지능정보통신기반 시책 마련, 국가지능망 관리, 초연결지능연구개발망의 구축·관리, 초연결지능정보통신망의 상호연동, 데이터센터의 구축 및 운영 활성화, 인터넷주소자원의 이용, 데이터의 유통·활용 등 지능정보화 기반 구축에 관한 내용(제34조부터 제43조까지)을 규정했다.

유관 기관인 4차산업혁명위원회는 첫째, 데이터 경제 기반 조성, 둘째, 의료·교육 등 코로나 사태로 부각된 디지털혁신 취약분야 규제 개선, 셋째, 인포데믹·프라이버시 침해 등 디지털 전환의 역기능 대응을 주요 방향으로 적극적으로 정책을 권고·자문했다. 2020년 6월 대한민국 정부는 디지털 전환으로 세계선도 국가로 도약한다는 목표를 내걸고, '포스트 코로나 시대의 디지털 정부혁신 발전계획'을 발표하였다. 주요내용은 첫째, 비대면 서비스 확대, 둘째, 맞춤형 서비스 혁신, 셋째, 데이터 활용과 민·관 협력, 넷째, 디지털 인프라 확충이다. 디지털 인프라의 역점사업 중 하나는 인공지능기반 사이버보안 강화이다.[44]

이러한 관점에서 문재인 정부는 2020년 7월 14일에 코로나19사태 이후 경

---

43 지능정보화 기본법(법률 제17344호, 2020. 6. 9.) 전부개정 이유.
44 4차위, 코로나19가 불러온 디지털 경제 대전환 방안 모색, 2020. 4. 28.

기 회복을 위한 국가 프로젝트로서 2025년까지 디지털 뉴딜, 그린 뉴딜, 안전망 강화의 세 개 축으로 분야별 투자 및 일자리 창출을 제시했다. 이는 2020년 4월 문재인 대통령이 5차 비상경제회의에서 경기 회복을 위해 주문되어 5월 7일에 3대 프로젝트와 이에 맞춘 10대 중점 추진과제가 발표되었다.[45] 디지털 뉴딜은 D.N.A(데이터, 네트워크, 인공지능) 생태계 강화, 교육인프라 디지털 전환, 비대면 산업 육성, 사회간접자본(SOC) 디지털화 등 4대 분야에 걸쳐 12개 추진과제로 구성됐다. 이것은 톱다운 방식의 정책 추진이라 할 수 있다.

Ⅳ. 사적영역에서의 전환

1. 의사결정의 디지털 전환

디지털 혁신은 다양한 방식으로 전체 경제에 영향을 미치고 있다. 새로운 비즈니스 모델이 등장하고 기업은 혁신 프로세스에 참여하는 방식을 수정하며 기업 활동의 핵심 기능이 빠르게 변화하고 있다.[46] 디지털 전환의 의제를 구현한다는 것은 조직이 인적 자원 및 고객 관계에서 재무 프로세스, 생산 설계, 유지 관리, 공급망 운영 방식에 그대로 적용된다. 따라서 이러한 기술을 확실하게 이해하는 것은 고위 리더의 의무[47]로 본다. 기업가 정신을 촉진하고 새로운 회사의 설립을 장려하기 위해 규제와 공공 정책도 이에 따라야 한다.[48] 이미 미국에서는 관련 숙련된 기술이민을 장려하고 있다.

전략적 디지털 변환은 조직의 구조를 변경하고 사용하는 비즈니스 모델에도 상당한 영향을 미친다.[49] 이러한 혁신은 종래 기업이 성공했던 경험에 대하

---

45 한국판 뉴딜, s.naver.com/entry.nhn?cid=43667&docId=5950937&categoryId=43667.

46 The innovation policy platform, "The impacts digital transformation on innovation across sectors", 2017. 9. https://www.innovationpolicyplatform.org/www.innovationpolicyplatform.org/workshop−impacts−digital−transformation−innovation−across−sectors/index.html.

47 Thomas M. Siebel, *supra note 1*, at 32.

48 *Id*, at. 29

49 비즈니스 모델은 구체적으로 정의된 소비자 및 고객에게 새로운 가치를 제공하기 위한 자원과 비전의 동적 조합이다. 모든 조직은 실제로 문서화되거나 표현되는 방식과 관계없이 하나 이상의 비즈니스 모델을 가지고 있다. 조직 전체의 비전이나 비즈니스 모델을 이해하지 못하면 디지털 혁신 프로젝트에 대한 위험이 증가한다. Alex Fenton, Gordon Fletcher, Marie Griffiths, *supra*

여 이것이 우연적이거나 현시대에 맞지 않는 경험인지를 디지털 정보에 근거하여 분석한다. 기업에서도 디지털 분석 팀이 의사 결정에 중요한 도움을 주어야 한다. 여기에 기업의 종래 잘못된 관행 또는 시대에 뒤처지는 경영행태의 문제점 분석과 개선이 뒤따라야 한다.

　디지털 차이를 이해하고 넷플릭스(Netflix)의 성공을 VUCA와 4V 개념으로 설명할 수 있다. 앞에서 디지털 환경을 VUCA와 4Vs로 설명했다. 전술한 VUCA는 Volatility(변동성), Uncertainty(불확실성), Complexity(복잡성) 그리고 Ambiguity(모호성)이다. 4Vs는 Velocity(속도), Volume(용량), Variety(다양성) 그리고 Veracity(진실성)이다. 이것은 데이터의 측면에서 VUCA가 가속에 따라 4Vs도 증가하는 것을 의미한다.[50] 조직 구조 내에서 비즈니스 모델의 기반이 되는 VUCA 관리 방법의 차이에는 데이터가 있다. 4V는 조직에서 전략적으로 관리해야 하는 VUCA 과제를 구성하고, 비즈니스 모델과 조직의 기본 구조에서 디지털 차이를 설명하는 일관되고 체계적인 방법을 제공한다.[51] 넷플릭스의 주문형 및 AI 기반 추천 시스템은 소비자가 방송 미디어의 VUCA를 관리 할 수 있는 비즈니스 모델의 일부이다. 많은 제작자와 스트리밍 제공 업체는 전통적인 연속 주간 에피소드 재생을 통하지 않고 한 번에 TV 시리즈를 출시함으로써 새로운 행동 패턴을 인정한다.[52]

　이제 디지털 혁신을 주도하는 기술은 강력하고 성숙하며 널리 사용할 수 있게 됐다. 디지털 리더는 산업 전반에 걸쳐 AI와 Iot를 활용하여 비즈니스 프로세스의 단계적 기능 향상을 달성하고 느린 경쟁자와 경쟁한다.[53] McKinsey, PwC, BCG 등 디지털 혁신의 잠재적인 경제적 영향을 연구하는, 세계경제포럼을 리드하는 연구조직은 AI 및 Iot를 통해 수조 달러의 가치를 창출할 수 있음을 제시했다.[54 · 55]

---

note 12, at 13.

50 Thomas M. Siebel, *supra note 1*, at 7.

51 Alex Fenton, Gordon Fletcher and Marie Griffiths, *supra note 12*, at 17.

52 *Id*, at 18.

53 *Id*, at 187.

54 *Id*, at 188.

55 디지털 전환 컨설팅 시장만 해도 약 4,230억의 가치가 있다. McKinesy, BCG 및 bain은 모두 새로

디지털 혁신은 장기적인 관점을 가져야 한다. 다음 분기의 재무성과 측정에 그치지 않고 미래에 대한 더 넓고 더 큰 그림을 생각하고 기업이 그 안에서 어떻게 할 것인지 생각해야 한다.[56] 경영진들(C-Suite) 전체가 디지털 혁신 의제를 이끄는 원동력이 되어야 하지만, 디지털 혁신 결과에 초점을 맞춘 헌신적인 고위 경영진이 필요하다. 최고디지털경영진(CDO, Chief digital officer)은 무언가를 만들 권한과 예산을 부여받으며, 이 모델은 매우 효과적으로 작동하는 것을 볼 수 있다.[57] 디지털 전환 전략은 경제적 가치를 포착하고 창출하는 데 중점을 두어야 한다. 입증된 접근 방식은 업계의 전체 가치를 매핑한 다음 디지털화되었거나 디지털화될 것으로 예상되는 가치의 단계를 식별한다.[58] 또한, 디지털 혁신의 비전을 달성하려면 올바른 파트너를 선택하는 것이 중요하다. 이는 CDO(Chief digital officer)와 CEO가 설정해야 하는 파트너십의 전체 에코 시스템으로 소프트웨어 파트너, 클라우드 파트너, 기타 다양한 파트너십과 동맹이 있다. 디지털 혁신 세계에서 파트너는 과거보다 더 큰 역할을 한다. 파트너는 상당한 가치를 추가할 수 있는 전략, 기술, 서비스 및 변경 관리라는 AI 기반 혁신의 네 가지 핵심 영역에 관련한다.[59]

디지털 전환을 시작하기 위해 기존 비즈니스 모델에 대한 조직 검토는 내부 프로세스를 개선하기 위해 기존 기술의 새로운 적용을 인식할 수 있다. 최소한 검토를 통해 역량과 역량의 격차가 있을 수 있는 부분이 표시된다. 효율성을 가져오는 것 외에도 새로운 제품과 서비스로 이어질 수 있다. 협업 모델은 기존 고객과 소비자의 손에 있는 결합된 컴퓨팅 리소스를 활용할 수 있다. 새로운 비즈니스는 이미 소비자 디지털 기술의 광범위한 가용성으로 존재할 수 없었던 시장을 활용하고 있다.[60]

운 디지털 컨설팅 부서를 구축했으며 많은 기업이 디지털을 인수하고 있으며 디자인 회사는 전적으로 디지털 전환에 집중하고 있다. *Id*, at 25.

56 Thomas M. Siebel, *supra note 1*, at at 190~191.
57 *Id*, at 191.
58 *Id*, at 193.
59 *Id*, at 199.
60 Alex Fenton, Gordon Fletcher and Marie Griffiths, *supra note 12*, at 7.

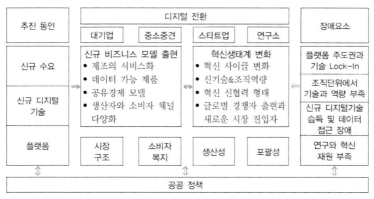

[대규모 글로벌 기업의 디지털 전환 로드맵][61·62]

　여기에서 인공지능(AI)과 디지털 센터(Digital Center of Excellence) 설계는 혁신을 위한 조직 구조 설정을 지원하고 비즈니스에 적합한 프로세스 및 인센티브 계획을 수립하는 데 도움을 줄 수 있다.[63] 이러한 디지털 전환은 앞 그림에서와 같이 공공영역과 사적영역에 함께 영향을 주어, 종래 헌법에서 수용한 민주주의 거버넌스, 법치주의 거버넌스에 새로이 데이터를 기반으로 한 디지털·인공지능 거버넌스가 보충적으로 고려될 수 있다. 또한 필자는 민간기관의 디지털 혁신에서도 보텀업의 의사 수렴을 통한 혁신도 톱다운 방식과 함께 병행되어야 한다고 생각한다. 왜냐하면 사멸한 기업 중에도 기업을 존속시키려는 CEO가 없었던 것이 아니며 다만 디지털 전환에 필요한 기업의 변화를 추진하는 의사와 동력이 집결되지 못해 사멸한 것이다. 즉, 보텀업과 탑다운의 아젠다가 자유롭게 개진되고 이를 디지털, 나아가 AI로 분석하고 대응하는 개혁이 필요하다.

---

61 The innovation policy platform, "The impacts digital transformation on innovation across sectors", 2017. 9.

62 KSA한국표준화협회. "디지털 전환의 가속화를 위한 시스템 표준화 대응방향과 추진전략", Policy Study 027, 『Issue 페이퍼』 2018−1호(2018. 11), 6면.

63 *Id*, at 199.

2. 팬데믹과 결합한 변화

코로나19로 디지털, 언컨택트 시장은 급성장하고, 실물 자영업자들의 경제는 급냉했다. 결국 실물 자영업자, 예를 들어 레스토랑이 배달 앱을 통해 새로운 판로를 찾게 되는 현상이 계속된다. 전통 옷 가게의 점포가 줄 폐업을 한다면 이러한 정보를 수집하여 분석해야 한다. 서울에서 이러한 곳이 전세물량의 부족을 고려한 재건축으로 변화할 필요가 있다. 코로나의 영향으로 국내 항공업과 호텔 관광업이 어려운 상황이다. 그렇다면 디지털을 활용한 이런 곳의 새로운 전환은 무엇일지 생각해보는 것이 좋다. 따라서 디지털 분석을 통하여 종래 업종에서 최대 유지 규모를 예측하고 나머지 분야에 대해서는 디지털, 비대면 비즈니스로 변화하고, 정부도 이를 고려한 정책을 쓰는 것이 타당할 수 있다. 즉, 현재 업종을 일순간의 재정지원금을 통하여 유지시키는 것은 단기적으로는 경기 후퇴를 막기 위해 필요하지만 장기적으로 볼 때 언 발에 오줌 누기식 대책일 수 있다. 이제 우리는 데이터 분석을 통해 포스트 코로나19에서 산업구조 변화를 모색해야 한다. 비대면 접촉을 수용하고, 생활에 정보기술을 통해 편이성이 높아진 상황에서, 이제는 생존을 위해 사회적 격리를 하다 비대면 접촉을 일반적으로 받아들여야 하는 상황이다. 이럴 때일수록 기본권 침해적 DX가 진행되는 우려도 대비한 검토가 필요하다.

3. 클라우드 서비스의 기여

클라우드 컴퓨팅은 디지털 혁신을 주도하는 네 가지 기술 중 첫 번째 기술이다. 클라우드 컴퓨팅 없이는 디지털 전환이 불가능하다. 클라우드 컴퓨팅은 구성 가능한 하드웨어 및 소프트웨어 리소스(컴퓨터 네트워크, 서버, 데이터 스토리지, 애플리케이션 및 기타 서비스)의 공유 풀에 액세스하는 모델로, 일반적으로 인터넷을 통해 최소한의 관리 노력으로 쉽고 빠르게 제공된다. 클라우드 시스템은 인프라를 독점적으로 사용하기 위해 조직이 개인적으로 소유하는 방식에서 모든 사람이 사용량에 따라 지불하도록 할 수 있다.[64] 온디맨드 컴퓨팅 대여

---

64 Thomas M. Siebel, *supra note 1*, at 33.

서비스를 시작으로 Amazon Web Services 유닛을 통해 Amazon에 의해 개척되었다.[65 · 66]

오늘날 클라우드 컴퓨팅은 디지털 혁신을 뒷받침하고 추진하는 데 매우 도움이 된다. 오늘날 디지털 네이티브 기업의 대량 출현은 탄력적인 퍼블릭 클라우드를 통해 확장 가능한 컴퓨팅 리소스에 유효한 액세스가 가능하다. 기존 조직은 클라우드가 제공하는 유리한 경제성과 더 큰 민첩성을 통해 자체 디지털 전환 노력을 지원하고 있으며 점점 늘어나는 클라우드 컴퓨팅 기능을 활용하고 있다.[67 · 68]

외국에서는 아마존웹서비스(Amazon Web Services, AWS)가 클라우드 기술을 대중화하는 데 기여했다. AWS는 2012년 한국지사를 설립하여 활동하고 있다. 2020년부터 시작된 MS의 클라우드 컴퓨팅 플랫폼인 MS 애저(Microsoft Azure)가 퍼블릭 클라우드 서비스를 제공하고 오라클, IBM, VM웨어 등 인프라 솔루션 제공업체는 모든 사내 인프라를 퍼블릭 클라우드로 옮길 수 없는 대기업 고객을 상대로 퍼브릭 클라우드의 UX를 사내 환경으로 확장하는 하이브리드 클라우드 접근법을 사용한다. 퍼블릭 클라우드에서 사용할 수 있는 기능의 범위는 수년에 걸쳐 증가했다.[69]

---

65 *Id*, at 33.
66 CIO(chief information officer)는 하나의 공급자에 대한 의존도를 줄이고 퍼블릭 클라우드 공급자 서비스의 차별화를 활용하기 위해 여러 클라우드 공급 업체에서 운영하는 것의 중요성을 인식하고 있다. 멀티 클라우드는 단일 이기종 아키텍처에서 여러 클라우드 컴퓨팅 서비스를 사용하는 것을 의미한다. 클라우드 컴퓨팅은 계속해서 진화하고 있으며 새로운 특성, 배포 모델 및 서비스 모델로 재구성되고 있다. 2006년 Google의 CEO Eric Schmidt가 인터넷을 통해 서비스를 제공하는 비즈니스 모델을 설명하기 위해 클라우드라는 용어를 대중화했을 때 클라우드에 대한 다양한 정의가 혼란, 회의론, 시장 과대광고를 불러일으켰다. *Id*, at 55.
67 *Id*, at 55.
68 탄력적 클라우드(elastic cloud)는 컴퓨팅 및 스토리지 리소스 요구 사항을 충족하기 위해 빠르고 동적으로 확장 및 축소 할 수 있는 능력에서 그 이름을 얻었다. 이러한 탄력성은 소프트웨어 배포 모델, IT 비용 및 자본 할당 방식을 변화시켰다. 클라우드 컴퓨팅은 전체 산업을 변화시켰고 새로운 산업이 등장할 수 있도록 했다. 예를 들어 음악은 오늘날 CD가 아닌 Spotify 및 Apple Music과 같은 클라우드 기반 서비스를 통해 전적으로 전달되고 액세스 된다. Netflix 및 Amazon Prime Video와 같은 클라우드 기반 스트리밍 미디어 서비스가 빠르게 성장하여 시청자를 기존 케이블 TV에서 멀어지게 했다. 그리고 영화관 그리고 Uber 및 Lyft와 같은 차량 공유 서비스는 클라우드가 없이는 존재하지 않는다. *Id*, at 51.
69 예를 들어 AWS는 콘텐츠 전송 네트워크인 cloudFront, Virtual Private Cloud, Relational Database

네이버에서 네이버 클라우드는 N드라이브라는 이름으로 2009년 7월 30일에 오픈, 2015년 11월에 네이버 클라우드로 명칭을 바꾸어 사용되고 있다. IT 인프라 구축에 필요한 서비스들을 제공한다. 리전이라는 자체 데이터 센터를 춘천에 구축하고, 세종시에도 네이버 클라우드 데이터센터를 준공한다.[70]

'클라우드컴퓨팅 발전 및 이용자 보호에 관한 법률'[71]에서 정보통신 자원을 정보통신망을 통해 신축적으로 이용할 수 있도록 하는 클라우드컴퓨팅을 충분히 활용할 수 있도록 하기 위해 클라우드컴퓨팅의 각종 시책의 추진 근거를 마련했다. 또한 이용자 보호를 위한 방안을 마련하여 이용자가 클라우드컴퓨팅 서비스를 안전하게 이용할 수 있는 환경을 조성하려 했다. 클라우드 서비스를 제공하는 아웃소싱 IT업무에서 서비스의 중단, 데이터의 분실·훼손의 책임이 정비되고 클라우드 서비스를 위한 데이터의 국외이전, 클라우드 사용의 동의가 자신의 개인정보의 가공활용에 동의한 것으로 취급될 때 이로 인해 발생하는 법적 쟁점의 해결이 필요하다.[72] 이제 클라우드는 사회의 보텀업 아젠다와 톱다운 아젠다를 모으고 정리하여 이를 AI를 통해 자동으로 정보를 분석할 수 있는 데이터 타워 혹은 데이터 댐 시스템에 기반이 될 수 있다. 이 클라우드 컴퓨팅법은 과학기술정보통신부장관이 전문인력을 양성하도록 하고(동법 제14조), 산업단지의 조성(동법 제17조), 침해사고 등의 통지(동법 제25조), 클라우드컴퓨팅 서비스 제공자에게 이용자 정보가 저장되는 국가의 명칭을 알려주고, 이용자

Service 및 서버리스 제품인 Lambda를 비롯한 주요 고급 기능을 도입했다. AWS와 다른 기업의 이러한 모든 발전은 클라우드에서 기업이 탄생, 구축 및 운영될 수 있는 환경을 만들었다. 클라우드 기반 기업은 필요에 따라 빠르게 이동하고 확장하거나 축소 할 수 있다. *Id*, at 54.

70 네이버 클라우드 플랫폼(NBP)은 IBK 기업은행과 같은 대형기업에서 활용되며, 최근 코로나앱 지도 API(application programming interface)와 같은 스타트업 회사를 지원하기도 하며, 서버와 같은 기본적인 가상화된 인프라 환경 서비스를 제공하는 Iaas(Infrastructure as a Services)부터 가상화된 하드웨어와 소프트웨어의 표준화된 플랫폼을 제공하는 Paas(Platform as a Service), 그리고 워크플레이스같이 업무 협업 플랫폼으로 필요할 때에만 소프트웨어를 온라인으로 이용하는 서비스인 Saas(Software as a service)까지 두루두루 갖추고 있다. 네이버 클라우드 플랫폼, 2020. 9. 25. https://ko.wikipedia.org/wiki/%EB%84%A4%EC%9D%B4%EB%B2%84%ED%81%B4%EB%9D%BC%EC%9A%B0%EB%93%9C%ED%94%8C%EB%9E%AB%ED%8F%BC.

71 '클라우드컴퓨팅 발전 및 이용자 보호에 관한 법률'(2017. 7. 26., 법률 제14839호).

72 클라우트컴퓨팅법 제27조 이용자 정보의 보호, 제29조 손해배상의 책임, 정연덕, "클라우드 서비스와 개인 정보 보호의 문제점", 『정보법학』 제15권 제3호(2011) 참조.

정보를 제3자에 제공할 때 이를 통지하고 동의를 받도록 규정(동법 제26조~27조)하고 있다.

4. 디지털 산업사회의 변화

　자연으로부터 자원을 직접 채취하거나 생산 활동 과정이 자연환경과 직접 연관된 1차 산업인 농업, 축산업, 어업, 임업, 수산업의 성과가 유통 경로를 뛰어넘어 디지털화되어 바로 소비자와 연결될 가능성과 필요성이 높아졌다. 특히 ICT를 활용한 스마트 팜이 데이터를 기반한 동식물의 생육환경을 조성하고 노동력과 에너지의 투입을 효율적으로 하고 그 생산성을 제고하게 된다.[73] 2차 산업인 광업, 건설업, 전력업, 가스업, 수도업, 제조법, 수리업, 보수업과 같이 생산물과 천연자원을 가공하여 인간에게 필요한 재화나 에너지를 생산하는 산업은 공장 내 설비과 기계에 센서(Iot)를 설치하여 데이터를 활용하여 공장을 제어하는 스마트 팩토리를 통해, 자동화와 함께 디지털에 의해 컨트롤되는 2차 산업의 디지털화를 더욱 가속할 것이다.[74]

　금융업, 보험업, 유통업, 도매업, 소매업과 같이 1차, 2차 산업이 생산한 재화의 이동, 소비, 축적과 관련된 3차 산업, 즉 서비스업은 디지털화로 많은 중간 과정을 건너뛰고 소비자에게 직접 연결된다. 이것은 시장의 디지털화로 연결된다. 나아가 미국에서 탈 아마존을 선언하며 소비자 직거래(D2C) 전략을 펼친 나이키가 코로나19 상황에도 소비자 트렌드에 빠르게 대응하며 영업이익률을 높이고 있다.[75]

　이에 비하여 인적 제약 산업 즉 사람의 직접 노동이 중심이 되는 산업이 상대적으로 줄어들 우려가 있다. 3차 산업인 서비스 산업은 상당히 붕괴하여 디지털 기술이 대체된다. 키오스크, 로봇에 의한 인간 노동력의 대체가 그것이다. 또한 생물을 기반으로 한 식품자원의 불안으로 농업, 수산업의 1차 산업의

---

[73] 스마트 팜 https://www.smartfarmkorea.net/contents/view.do?menuId=M01010102 참조.

[74] 스마트 팩토리(Smart Factory) https://smartfuture-poscoict.co.kr/306 참조.

[75] 한국경제, 2020. 9. 23, D2C '신의 한수' 둔 나이키의 질주, https://www.hankyung.com/finance/article/2020092333421.

가치가 높아진다. 따라서 산업과 인력의 구조는 3차 서비스 산업의 디지털화 혹은 1차 산업으로의 이동이 불가피하다. 1차 농업, 어업 생산물은 도매상, 식당에서 판매하는 판로는 끊어지게 되기 때문에, 디지털 플랫폼을 이용해 직접 소매자와의 판매 통로를 만들어야 한다. 이것이 새로운 디지털과 1차 산업을 잇는 중요한 통로가 될 수 있다. 식당들은 폐업 위기에서 앱을 활용한 배달업으로 매출 방식이 바뀌고 있다. 따라서 종래 영업을 유지하게 하는 버티기식 지원은 효과가 없기 때문에 산업 전반의 변화를 고려해야 한다.

5. 디지털에 의한 교육과 인권 강화

2020년 코로나 상황에서 비대면 동영상, 실시간 강의가 활성화되자 의사 등의 전문 직종에서 무료 혹은 유료 강좌가 활성화되고 참여율도 급증하고 있다. 다양한 정보지식의 콘텐츠와 교육의 기회도 늘어나고 있다. 평소 재교육의 기회가 부족했던 의료분야에서도 의사들이 최신 의료기술에 대한 교육을 인터넷을 통하여 가르치고 배우는 붐을 이루고 있다. 다만, 직접 대면 교육에서만 얻을 수 있는 기술과 정보교육에는 한계가 있을 수 있다. 특히 디지털에 의한 교육으로 학습효과를 높이기 힘든 저학력층에 대한 교육 격차의 문제가 계속 제기될 것으로 보인다.

이미 지능정보화 기본법은 정보격차 해소 시책을 마련하고, 장애인·고령자 등의 지능정보서비스 접근 및 이용 보장, 장애인·고령자 등의 정보통신접근성 품질인증, 정보격차 해소 관련 기술개발 및 지능정보제품 보급지원, 지능정보서비스 과의존의 예방 및 해소, 지능정보서비스 등의 사회적 영향평가 등 지능정보사회 역기능 해소 및 예방에 관한 내용을 정했다(제44조부터 제56조까지). 정보보호 시책을 마련하고, 정보보호시스템에 관한 기준 고시, 안전성 보호조치, 사생활 보호 설계, 지능정보사회윤리, 이용자의 권익보호 등 지능정보기술 및 지능정보서비스 이용의 안전성 및 신뢰성 보장에 관한 내용을 정했다(제57조부터 제63조까지). 지식정보 사회를 대비하면서도 관련 기본적 인권을 보장하려는 입법을 시행했다.

나아가 인권문제의 해결을 위하여 정부가 디지털 교육수단을 활용한 대응
도 기대된다. 예를 들어, 아동학대 문제를 대비하기 위하여 아이의 출생신고와
함께 친권자에게 자녀교육과 아동학대 문제에 대한 디지털 교육을 받도록 하고
1년 이내 기간 동안 해당 교육 콘텐츠를 이수하지 않는 경우 과태료를 부과하
여 아동교육에 국가적인 기본 수준의 교육을 제공하는 것이 좋겠다. 외국인 노
동자의 인권을 보장하기 위하여 외국인 노동자를 고용하는 고용주와 관리직원
에 대하여 디지털로 외국인 고용자의 인권과 관련 법규를 교육하는 것도 종래
외국인노동자에 대한 인권침해를 줄이는데 기여할 것으로 생각된다.

V. 거버넌스의 전환

1. 신거버넌스의 필요성

향후 1차산업은 스마트 팜으로 2차 산업은 스마트 팩토리로 전환되고, 3차
산업 전체가 디지털로 전환되는 것을 고려하여 정부는 인력과 재화의 효율적인
분배를 위한 노력을 계속해야 한다. 코로나로 가속화된 디지털 트랜스포메이션
에 의해 지식정보사회의 거버넌스도 변화되어야 한다. 디지털 전환은 공적영역
에서 정부와 국회를 중심으로 변화를 유도하고, 사적영역에서는 산업구조의 변
화와 비즈니스의 변화를 견인하고 있다. 대한민국에서 공사 영역의 디지털 전
환에 따른 지식정보화 사회의 혁신과 변화에 적합한 효율적인 거버넌스의 체계
가 필요하다. 필자는 2020년 연구와 발표를 통해 스마트 도시 구상처럼 정부에
서도 정보를 집적하고 스마트 정부의 의사결정 시스템을 돕기 위한 데이터베이
스, 빅데이터와 AI를 이용한 아젠다 분석 시스템을 구상하고 이를 구현하는 디
지털 타워를 제안했다. 이것은 헌법에 따라 민주주의·법치주의 거버넌스에 데
이터를 기반으로 한 디지털·인공지능 거버넌스의 일부 활용을 구상하는 것이
기도 하다.

대한민국 정부는 2020년 7월 14일에 코로나 19사태 이후 경기 회복을 위한
국가 프로젝트로서 2025년까지 디지털 뉴딜, 그린 뉴딜, 안전망 강화를 발표하

였고 디지털 뉴딜 사업은 '데이터'의 활용을 고려한 데이터 댐 사업을 중심으로 하여, 이는 디지털 타워와 유사한 개념으로 보인다. 반면 정부의 구상은 데이터의 공개와 활용에 관심을 높여 그 데이터에 포함된 '개인정보'가 부당하게 활용될 우려가 있어 이에 대한 법적 대비도 필요하다. 또한 코로나19로 비대면 활동이 확대되어 국민 사이에는 정보격차(digital divide)가 생겨서 선거와 교육에서 특히 그 영향이 나타날 것으로 예상된다. 반면 디지털화된 회의, 홍보 그리고 교육을 통해 중앙과 지방의 정보격차가 줄어드는 면도 있다.

디지털에 근거한 의사결정과 정부의 거버넌스는 기존에 데이터가 있는 분야에서 효율적이지만, 새로운 상황에서는 부족한 데이터에 의존하는 것보다 관련 분야 전문가의 의견을 수렴하는 것이 바람직하다. 코로나 19 감염병 발병으로 부족한 데이터에 의존한 판단보다 감염병 전문가들의 조언이 더 효과적이었고, 그나마 K-방역의 성공의 배경에는 2015년 메르스 바이러스의 사태의 경험과 이때 개정되었던 「감염병 예방법」[76]이 방역과 역학조사에 도움이 되었다.[77]

성공적인 디지털 혁신은 빅데이터에서 가치를 추출하는 조직의 능력에 결정적으로 달려있다. 빅데이터의 관리 요구 사항은 복잡하지만, 차세대 기술의 가용성은 조직이 문제를 해결하는 데 필요한 도구를 제공한다.[78] 그리고 디지털 시대의 정부의 거버넌스에서는 디지털 기술과 정보를 십분 활용한 최고 의사결정권자의 판단이 중요하다. 여기에는 관련 전문가의 빅데이터의 분석과 AI의 추천 등에 대한 검토 의견이 의사결정자의 정책 결정과 거버넌스에 보충되어야 한다. 이미 국내 은행에서 AI를 이용하여 영업점 직원 인사 발령에 인사를 정했더니 그 결과가 매우 합리적이어서 직원들이 만족했다는 보고가 나왔다.[79] 디지털 전환은 공적영역에서 정부와 국회를 중심으로 변화를 유도하고, 사적영역에

---

76 감염병 예방법 개정(제13392호, 2015. 7. 6., 일부개정)으로 제34조의2에서 감염병위기시 감염병 환자의 이동 경로 등 정보의 공개 규정과 삭제를 규정했다.

77 이후 감염병 예방법은 코로나19의 발발 직후, 일부개정(법률 제17067호, 2020. 3. 4.)되어 제34조의2에서 정보의 정보통신망게재와 보도자료 배포 규정을 두고 정보의 삭제와 이의신청의 절차 등을 규정했다.

78 Thomas M. Siebel, *supra note 1*, at. 81.

79 조선일보, 2020. 10. 5. KB의 실험 … AI에 인사 맡겼더니, 인사 불만이 사라졌다, https://www.chosun.com/economy/stock-finance/2020/10/05/E6TXF7CYAJEPTDKVWWLTPOOLVY/?utm_source=daum&utm_medium=original&utm_campaign=news.

서는 산업구조의 변화와 비즈니스의 변화를 견인하고 있다. 대한민국에서 공사 영역의 디지털 전환에 따른 지식정보화 사회의 혁신과 변화에 적합한 효율적인 거버넌스의 체계가 필요하다.

2. 법치주의 거버넌스의 변화

(1) 효율성 제고

국가가 존재하고 헌법에 따라 제도를 창설하는 것은 국민의 권리를 지키고 복리를 증진시키고 국민의 기본권을 보장하는 것이 목적이다.[80] 종래의 법적·관료적 거버넌스는 가장 기본적이고 공통적인 거버넌스 유형이다.[81] 헌법과 법률, 시행령, 시행규칙에 의한 법치주의 거버넌스와 인사권 행사를 통해 행정부의 권한을 행사하는 실질적 주체를 선정하여 거버넌스의 변화를 도모하기도 한다. 기관장 및 고위공무원의 실질적 임면권은 대통령이 가지므로, 정부는 인사를 통하여 거버넌스 과정 및 결과에 실질적인 영향력을 행사한다.[82] 국회를 필두로 정부 등 입법과 관련된 기관에서 디지털 전환이라는 변화의 물결에 적정히 대응 못하는 규제지체(regulatory delay) 규제병목(regulatory bottleneck)[83]으로 발생되는 문제점을 막기 위해 관련 법제를 신속하게 입법평가하고 개선입법을 하는 능력이 필요하다. 법적 규율의 특성상 강제적인 집행방식을 원용하므로, 영역에 따라서는 디지털 전환의 빠른 시기에 변화하는 기술에 대한 대응으로 적합하지 않을 수 있다. 따라서 수범자의 자율성이 보장되고 유연한 대처가 가능한 연성법(soft law) 형태의 규율과 관련 업계의 자율규제 등에 근거가 되는 윤리 규범이 함께 고려되어야 한다.[84] 이러한 고도의 정책적 검토를 하는 기관으로 통상 정부 입법시 사전에 법의 체계와 자구수정에 주된 역할을 하는 법제처는 물론 각 부처에 제기된 톱다운, 보텀업의 아젠다를 디지털화하고 AI로 분

---

80 정재황, 『신헌법입문』(박영사, 2020), 308면.

81 공동성, 윤기웅, "법적·관료적 거버넌스 모형─모델링을 위한 메타분석을 중심으로", 『현대사회의 행정』 제28권 제2호(2018. 6), 2면.

82 공동성, 윤기웅, 위의 논문, 18면.

83 선지원/조성은/정원준/손승우/손형섭/양천수/장완규, 『지식정보기술 발전에 따른 법제·윤리 개선방향 연구』, 『방송통신정책연구』 2019─0─01425, 정보통신정책연구원(2019. 12), 14면.

84 선지원 외 6, 위의 보고서, 15면.

석하여 이를 실현할 수 있도록 하는 법제 개혁이 필요하다.

나아가, 위법행위에 대한 적절한 제재와 구제수단을 선택해야 한다. 하나의 위법행위에 형사처벌 규정, 과태료, 과징금, 징벌적 배상, 손해배상 및 입증전환 규정을 중첩적으로 두는 법제는 디지털 분야와 같은 민감한 분야에 대한 적절한 대응 방법이 아니다. 입법에서도 자율규제의 관련 입법과 같은 덜 제한적이고 효과적인 규제 모델이 적극 활용되어야 한다.

(2) 데이터 기반 거버넌스

법의 각 영역별로 디지털 전환을 반영한 지식정보사회에 필요하고 걸 맞는 법을 만들고 개정하며 관련 법의 전체적인 개혁에 주도적인 역할을 할 기관이 필요하다. 기술의 진흥만을 위한 단기적인 접근보다는 사회 전체의 여건을 개설하려는 장기적인 노력이 필요하다. 나아가 전면적인 법제 정비를 위하여 하나의 쟁점에서 파생되는 복잡한 갈등 양상에 대하여 체계적으로 분석하는 통합적 접근과 기술 도입 단계에 따른 단기 과제와 장기 과제가 일관성 있게 추진되도록 하는 통시적 접근이 필요하다.[85]

디지털 전환에서 CEO의 적극적인 역할을 강조하는 만큼, 국가에서는 대통령과 청와대와 관련 부서에서 정책을 제안하고 이를 국회에서 각계의 이해관계를 고려하여 검토한 후 반영하는 톱다운 방식의 국정 추진이 효과적인 면이 있다. 국회의 의사과정에서 다양한 견해와 이익을 인식하고 교량하여 공개적 토론을 통하여 다원적 인적 구성의 국민대표에 의해 비판과 참여 그리고 합의를 결정하는 방식[86]은 디지털 전환의 시대에도 여전히 기능적 가치가 높다고 생각한다. 이렇게 국회에서 민의를 수렴한 검토과정에 인공지능(AI)과 증강 지능(augmented intelligence)이 다양한 방법으로 조력할 수 있을 것으로 기대된다.

톱다운 방식과 보텀업의 아젠다의 설정과 분석 및 실행은 디지털에 의한 충분한 검토에 따른 결과를 반영하여 그 합리성을 높일 수 있다. 즉, 디지털 전환에 따라 보텀업, 톱다운 방식의 디지털 정보를 디지털 타워에서 분석하고 이

---

85 선지원 외 6, 앞의 보고서, 110면.
86 한수웅, 『헌법학』(법문사, 2015), 52면.

분석의 결과를 가지고 최고의사결정자와 해당 분야 전문가가 함께 논의해서 의사를 결정하는 거버넌스가 필요하다. 각 정부 기관에서 디지털 전담부서를 만들고 디지털 중심의 혁신을 이루어 국민을 위한 공공재의 확대가 필요하다. 그리고 각종 조정문제를 해결하기 위하여 법은 객관적인 기준을 정하는데 그 역할을 다해야 한다. 관련 규제는 여러 규제 중 효율적이고 적합한 것에 한하여 사용하는 것이 타당하다. 중앙정부는 물론 지방정부의 거버넌스에도 필요한 정보를 공유하는 기능을 할 수 있을 것으로 기대한다.

3. 디지털·인공지능 거버넌스

디지털 거버넌스는 데이터 자신 관리에 대한 권한, 관리, 정책, 지침, 통제와 공유된 의사 결정의 행사를 통해 데이터를 관리할 수 있는 조직과 서비스를 구축한다.[87] 공공영역과 민간영역의 자율적인 거버넌스를 위한 디지털의 활용 및 데이터의 AI에 의한 분석 평가는 그 예측 가능성에서 효율성이 높아질 것이다. 미국의 위스콘신주에서 형량 판단에 AI 프로그램을 활용한다. 기업에서 인재를 뽑을 때 AI의 활용은 이미 시작되었다.[88] 법치주의 거버넌스에서 AI는 상당히 간접적인 방법으로 거버넌스에 참여하게 된다. 시민의 의사가 디지털로 제기되고, 그것이 AI로 분석되어 추천 알고리즘을 통해 의견을 제시하고 조언하는 거버넌스 시스템이 가능하다. 이미 정보의 정확한 분석은 군사, 경찰 행정 판단에서도 중요하다고 널리 인식되었다. 나아가 플라톤이 말하는 사리사욕 없는 철인 정치와 같이, AI가 정치적 의사결정을 하는 거버넌스가 논의되기도 한다.[89]

AI가 스스로 학습을 시작하여 그 알고리즘도 고도로 복잡해지고 있다. 이러한 AI플랫폼에 의한 예측력 증대로 인간사회에서 여러 정치적 현안에 대하여 AI가 기여할 영역이 늘어날 것이다. 이때 AI가 공개 포럼에서 국회가 민주적으

---

87 엄주희, "코로나 팬더믹 사태(COVID-19)에서 빅데이터 거버넌스에 관한 공법적 고찰", 『국가법연구』 제16집 제2호(2020), 18면.
88 宇佐美誠, 『AIで変わる法と社会』(岩波書店, 2020), 67면.
89 일본경제신문사(서라미 옮김), 『AI 2045 인공지능 미래보고서』(반니, 2019), 107면.

로 결정한 정책의 기본 내용과 목적과는 다른 입법을 시도하게 되고 그러한 시
도가 국회에서 채택된다면 실질적으로 입법권이 국회로부터 AI에 이전되는 것
이다. 이를 대비하기 위해 국회의 내부에 국회의원 외 알고리즘의 분석능력을
갖춘 전문가와 AI 입법의 사회적, 실질적인 영향을 평가하는 전문가 등을 구성
원이나 스텝으로 하는 상설조직을 두고 국회가 AI입법을 실질적으로 감시, 통
제할 수 있도록 제도를 설치하는 것이 요구된다. 평가 메카니즘에서 AI의 활용
도 가능하며 이에 대한 긍정론과 우려도 있다.[90]

공공영역에서 전자정부의 행정서비스, 청와대 국민청원제도, 국회의 전자
청원제도와 입법 DB, 그리고 법원의 판결문에 대한 DB 공개 등의 새로운 디지
털 전환(Digital Transformation) 시스템은 보텀업 방식으로 국민의 의사를 수렴하
고 톱다운 방식으로 아젠다를 수행하는데 효율적인 기능을 할 수 있다. 나아가
대통령과 각 기관장을 중심으로 AI와 빅데이터 분석을 통한 결과에 전문가들이
참여하여 톱다운 방식의 정부 거버넌스가 유효할 수 있다.

예를 들어 코로나 방역의 단계를 결정할 때도 보텀업에 의한 민의를 집결
하고 각 부처의 위기 대처 아젠다를 디지털 타워에 모아서 AI를 통해 분석한다.
그 결과를 정책결정권자[91]와 감염병 관련 전문가들이 모여 이 AI 분석결과를
기초로 방역단계와 구체적인 방법에 대하여 결정한다. 이렇게 결정된 정책 중
에는 이후 국회에 법의 제·개정 의견으로 제기되어 민의로 최종적인 조율을 거
쳐 법제화되는 새로운 거버넌스를 만들게 된다. 즉, 디지털 전환에 따라 아젠다
가 디지털 타워에 집결되고 이를 분석하여 민주주의·법치주의로 구현하는 모
델을 구체화한다. 이에 대한 사전 알고리즘 검토와 사후 AI에 의한 분석, 조언,
추천, 자동의사결정의 타당성에 대한 평가 시스템도 필요하다.

이를 위하여 합리적인 디지털 전환과 지능정보화 사회의 대응 체계를 추
진해야 한다. 정부는 빅데이터를 수집하여 AI의 의사결정트리를 통해 분석하
는 체계를 만들기 위해 공공데이터 포털을 운영하고 「전자정부법」, 「지능정보
기본법」을 개정했다. 데이터의 수집·가공·생산·활용으로 혁신적인 산업과 서

---

90 宇佐美誠, 前揭書, 78~79면.
91 국가라면 대통령이나 국무총리, 지방정부라면 도지사나 시장 등이 될 수 있다.

비스가 창출될 수 있도록 하기 위해 2020년 12월 「데이터 기본법안」이 국회에서 제안되기도 했다.[92]

　이 법안에서는 거버넌스 정비의 관점에서 공공데이터법은 국무총리 소속으로 공공데이터전략위원회를 두고, 위의 「데이터 기본법안」에서는 국무총리 소속으로 국가데이터전략위원회를 설치하려 했다.[93] 결국 법안은 다른 법안들을 통합하여 「데이터 산업진흥 및 이용촉진에 관한 기본법」, 즉 「데이터산업법」으로 2021년 10월 19일 제정되어, 민간 데이터의 가치를 높이고 데이터 산업 육성을 위한 목적을 위하여 국가데이터정책위원회를 두도록 했다(동법 제6조 등).[94]

　이러한 다양한 협의 체계를 통한 거버넌스는 디지털 전환에 따른 관련 정보와 AI 분석 결과 등에 대한 전문가가 합리적인 검토를 하는 디지털 전환의 대응 체계가 될 수 있다. AI를 통한 분석, 조언, 추천기능을 충분히 활용할 수 있는 거버넌스를 계속 구축해야 한다. AI가 데이터를 분석하고 조직의 거버넌스를 위한 결정에 필요한 데이터 분석 값을 제시하여 사람의 의사결정에 조언을 제시하고 나아가 특정 결정을 추천할 수 있다.

　영역에 따라 실시간으로 AI가 자동으로 의사결정 하는 경우도 상정할 수 있다. 시스템 안에 부정한 움직임이 감지되어 AI가 그러한 침입과 정보 변경을 실시간 차단하는 결정과 실행을 동시에 할 수도 있다. 다만 이러한 자동의사결정도 현재 헌법상 민주주의, 법치주의의 거버넌스의 틀 안에서 국민의 대표, 의사결정자의 결정 권한의 행사를 뛰어넘을 수 없으므로 AI가 자동으로 결정하도록 하는 시스템은 한정적으로 수용할 수 있을 뿐이다.[95] 그 한정적인 인공지능

---

92 데이터 기본법안(의안번호 6182, 2020. 12. 8. 조승래 의원 대표발의).
93 종래 데이터기반행정법(데이터기반행정 활성화에 관한 법률, 법률 제17370호, 2020. 6. 9., 제정)은 "데이터기반행정 활성화 위원회"를 행정안전부장관 소속에 두고 지능정보화 기본법 등에서는 정보통신 전략위원회, 그리고 중앙행정기관과 지방자치단체에서 임명하는 지능정보화책임관을 임명하고, 과학기술정보통신부장관, 행정안전부장관과 지능정보화책임관으로 구성된 지능정보화책임관 협의회를 구성·운영하는 내용을 담고 있었다.
94 「데이터 산업진흥 및 이용촉진에 관한 기본법」(시행 2022. 4. 20. 법률 제18475호).
95 나아가, AI의 법인격을 인정할 것인가에 대한 논의는 민사법의 영역에서부터 공법영역까지 진행되고 있다. 김자회/주성구/장신, "지능형 자율로봇에 대한 전자적 인격 부여 — EU 결의안을 중심으로 —", 『법조』 66권 4호(2017), 125면 이하; 조정은/선지원/이시직/김진우/양천수, 『인공지능

의 결정에서도 법적 책임 문제가 사전에 검토되어야 한다.

그러나 국회의원보다 AI에게 편견 없는 좋은 판단을 기대하게 되면 현행 대의제와 괴리될 수 있고 그러한 사고는 절대군주를 바라던 홉스의 리바이어던적인 사고에 가까워질 수 있다고 비판[96]될 수 있기에 충분한 비판과 검토를 거쳐 구현되어야 할 것이다. 그리고 정부 각 기관에 디지털 관련 부서를 설치하여 기관장, 디지털 정보 분석의 결과, 그리고 관련 전문가가 함께하는 정책 의사결정이 이루어지도록 해야 할 것이다. 그리고 합리적인 거버넌스를 위하여 법의 제정에서 수반되는 규제에 대하여도 디지털을 통한 충분한 시뮬레이션 검토를 통하여 불필요한 구제를 배제하고 필요하고 합리적인 법체계를 만들어야 한다.

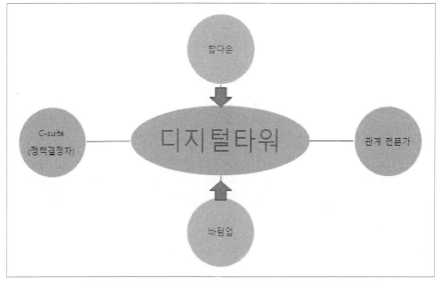

[디지털 지능정보화 사회에서의 공사 영역의 의사결정 방식]

시대 법적 대응과 사회적 수용」, 『정보통신정책연구원 협동연구 총서』(2018. 12), 69면 이하.

96 확실히 좋은 군주가 존재한다고 한다면, 민주적 회로는 오히려 방해된다. 이것과 같은 발상으로 AI를 취급한다면 국민주권을 제시한 현대 헌법도 개정될 수 있다. 山本竜彦, 『AIと憲法』(法学館 憲法研究所, 2018), 33면.

그리고 이러한 디지털 타워에 요구되는 블록체인 등 보안기술의 강화 및 개인정보의 과제 또한 병행적으로 검토되어야 한다. 이를 위한 디지털 전환 및 디지털 타워에 관한 입법적 검토도 계속되어야 할 것이다. 최근 국회에서 논의되는 「인공지능 연구개발 및 산업 진흥, 윤리적 책임 등에 관한 법률안」[97]은 과학기술정보통신부장관이 인공지능 기술개발 및 산업의 진흥을 위한 기본계획 및 시행계획을 수립하도록 하고 이를 위한 인공지능정책 심의위원회를 둘 수 있도록 하였다. 「인공지능산업 육성에 관한 법률안」[98]은 인공지능산업의 육성에 관한 주요 사항을 심의하기 위하여 국무총리 소속으로 인공지능산업육성위원회를 설치(안 제7조)하는 내용을 두고 있다. 「인공지능 기술 기본법안」[99]에서는 인공지능 기술에 관한 중요 사항을 심의·의결하기 위하여 국무총리 소속으로 국가인공지능기술위원회를 설치(안 제6조) 및 지방인공지능기술위원회(안 제9조 및 제10조)를 두고, 국가와 지방자치단체가 인공지능 기술 개발 등에 대한 육성, 국제협력, 조사연구 및 개발 등을 하거나, 전문인력을 양성하거나, 자료의 표준화·정보화, 기술 개발 등에 관한 교육·홍보, 기술의 수출을 하는 자에게 재정지원을 할 수 있도록(제23조) 하고 있다. 전반적으로 인공지능의 개발과 관련 협의체를 만드는 거버넌스를 구축하고 있다. 「인공지능산업 육성에 관한 법률안」에서는 "인공지능산업을 육성함에 있어 인간의 존엄성이 보호되도록 하고, 인공지능기술의 모든 단계에서 차별과 편향이 발생하거나 인권이 침해되지 아니하도록 의무를 부과(안 제3조)하기도 했다.

이러한 새로운 디지털·인공지능 거버넌스에는 적법성, 중립성, 합리성, 투명성이 요구되며 좋은 거버넌스는 효과적이고 정확해야 한다. 이를 통하여 행정에서의 편향성, 불분명한 결정 이유를 회피할 수 있도록 설계될 수 있다.[100] 이를 위해서 위 디지털 타워에 근거가 되는 많은 데이터를 분석하고, 정책결정자는 물론 관련 전문가가 참여하여 조언하는 거버넌스가 합리적이라는 것이다.

---

[97] 2020. 7. 13. 의안번호 1823.
[98] 2020. 9. 3. 의안번호 3515.
[99] 2020. 10. 29. 의안번호 4772.
[100] 최승필, "공공행정에서 AI의 활용과 행정법적 쟁점 ― 행정작용을 중심으로―", 지능정보화사회에서 공법학의 과제, 2020년 한국공법학자대회(2020. 10. 16), 111면.

이러한 거버넌스에서 정보공개나 알고리즘의 투명성 검토도 할 수 있다.

4. AI 알고리즘 오남용 문제

디지털·인공지능 거버넌스에서 AI 알고리즘 설명요구권은 자동의사결정에 대한 설명을 요구할 수 있는 헌법상 기본권 정립의 필요성이 논의되기도 한다. 2020년 개정 「신용정보법」에서 알고리즘 설명요구권이 규정되었고, 2021년 「개인정보 보호법」 개정안에서도 알고리즘 설명요구권 규정이 논의 중이다.

「신용정보법」 제36조의2에는 자동화평가 결과에 대한 설명 및 이의제기 등이 규정되었는데, 제1조에서는 개인인 신용정보주체는 개인신용평가회사 및 대통령령으로 정하는 신용정보제공·이용자에 대하여 ① 개인신용평가, ② 대통령령으로 정하는 금융거래의 설정 및 유지 여부, 내용의 결정, ③ "그 밖에 컴퓨터 등 정보처리장치로만 처리하면 개인신용정보 보호를 저해할 우려가 있는 경우로서 대통령령으로 정하는 행위"를 자동의사결정을 하는지 설명하여 줄 것을 요구할 수 있다.[101] 이와 같이 AI 알고리즘에 의한 자동화평가 방식에 대한 법적 통제제도가 EU의 GDPR 제22조 프로파일링을 포함한 자동화된 개별 의사결정에 관한 규정을 유래로, 국내에서도 입법으로 구체화 되고 있다. 이 규정의 실효성과 효과적인 행사가 가능하도록 하는 검토도 계속되어야 한다.

또한 AI에 의한 불법적인 개인정보 침해 등의 역기능에 대한 충분한 대비도 필요하다. 2021년 1월 인공지능 챗봇 이루다의 이용자 카톡 데이터 1700만 건이 외부 유출되어 실제 주소, 이름, 계좌 정보가 유출되었다. 게다가 이루다가 성소수자에 대해 어떻게 생각하느냐고 질문했을 때 혐오스럽다는 답변을 하거나, 일부 이용자들이 외설적 목적으로 사용하는 문제가 발생하여 서비스를 중단[102]했다. 따라서 국가는 디지털·AI 거버넌스를 대비하면서 이의 역기능에 대한 통제 및 구제방법에 대한 해결책도 계속 논의해야 한다. 새로운 디지털·AI 거버넌스 논의는 우리 헌법이 지향하는 ① 기본적 인권의 보장과 ② 효과적

---

[101] 그리고 자동화평가를 하는 경우 자동화평가의 결과, 자동화평가의 주요 기준, 자동화평가에 이용된 기초정보의 개요 등을 요구할 수 있다.
[102] https://www.bbc.com/korean/news-55659434.

인 갈등 조정, ③ 공공재의 확대에 기여하는 신뢰할 수 있고, 사람을 위한 거버 넌스 논의로 계속되어야 한다.

Ⅵ. 맺으며

디지털 전환기에는 불필요한 규제를 배제하고 디지털 기술을 활용한 합리 적인 거버넌스가 필요하다. 기업의 종래 성공 경험을 고수하지 말고 디지털을 활용하여 재구성된 비즈니스 모델에 도전하는 자세를 가져야 한다. 공적영역과 사적영역에서 정책결정자나 경영진들(C-suite)은 디지털 혁신 의제를 이끄는 원동력이 되어야 한다. 나아가 디지털 전환(Digital Transformation)에서 정부와 기 업은 각기 필요한 의사결정의 집결체인 디지털 타워를 통해 의사결정에 필요한 데이터를 집합, 분석, 예측하는 AI 시스템의 활용이 가능하도록 하는 시스템을 구축해야 한다. 이를 위해서 클라우드컴퓨팅의 발전 및 이용자 보호도 필수적 이다. 그리고 공사영역에서 핵심 정보와 개인정보의 보호 또한 놓쳐서는 안 될 헌법적 가치이다.

포스트 코로나 상황으로 디지털 전환은 더욱 가속되어 1차, 2차 산업이 각 기 스마트 팜, 스마트 팩토리로 전환되고, 3차 산업 전체가 디지털로 전환됨에 따라 정부는 이러한 변화에 적합한 거버넌스를 추진해야 한다. 앞으로의 지식 정보사회에서 디지털 기술을 활용한 거버넌스를 통해 공공재의 확대와 자원의 효율적인 분배, 그리고 분쟁과 갈등의 효과적인 해결이 더욱 유효해지도록 노 력해야 한다. 이 과정에서 종래 헌법상의 국가체제와 인권보장의 시스템이 더 욱 잘 기능을 할 수 있도록 하는 디지털 전환기의 새로운 헌법 체제의 모습도 검토하고 구체화할 수 있는 데이터 기반의 디지털·인공지능 거버넌스를 연구 하고 활용해야 한다.

이 글에서는 정부와 기업의 의사결정의 절차와 방식에서 다양한 아젠다를 각각의 디지털 타워에 모아서 AI를 통해 분석하는 것을 제안했다. 그리고 국민 의 대표 즉 의사결정권자와 해당 분야 전문가들이 모여 AI의 예측과 추천을 다 시 검증하고 이를 기반으로 결정하는 디지털·AI 거버넌스 체계를 구상했다. 앞으로도 우리 헌법이 제시한 거버넌스의 체계와 새로 변화하는 디지털, AI 시대의 거버넌스의 변화에 대한 연구가 계속되어야 한다.

제7장

디지털 뉴딜 관련 데이터 법제의
입법 방향에 관한 연구

손형섭

I. 들어가며

코로나19의 영향으로 사회 전반의 비대면화(untact)와 디지털 전환(Digital Transformation)이 가속화되었다. 대한민국 정부는 2020년 7월 14일에 코로나 19 사태 이후 경기 회복을 위한 국가 프로젝트로서 2025년까지 디지털 뉴딜, 그린 뉴딜, 안전망 강화의 세 개의 축으로 분야별 투자 및 일자리 창출을 제시했다.[1] 여기서 디지털 뉴딜 사업은 전자정부 실현을 위한 인프라와 서비스 등 강점인 ICT를 기반으로 디지털 성장을 고도화하여 디지털 국가와 비대면 유망산업을 육성하게 됐다.

그러나 시민단체는 디지털 뉴딜 사업은 '데이터'의 활용에 관심을 높여 그 데이터에 포함된 '개인정보'가 부당하게 활용될 것을 우려하는 목소리를 높이고 있다. 2020년이 오기 전에 개인정보 보호의 체계를 확립하고 그다음 단계인 디지털 전환의 시대를 열었어야 했다. 데이터3법[2]의 개정이 그러한 역할을 위한

---

[1] 5차 비상경제회의는 2020년 5월 7일에 디지털 뉴딜 등 3대 프로젝트와 이에 맞춘 10대 중점 추진 과제를 발표했다. 한국판 뉴딜, http://www.knewdeal.go.kr 참조.

개정이었으나, 이 개정법에서도 보호와 활용의 적정한 선을 제시하지 못하여 개정 직후에 바로 개정 필요성이 제기되었다.

디지털 전환의 지능정보화 사회에서 각종 데이터의 합리적 활용이 중요하다. 또한 개인정보 보호를 위한 법적 정비 수준을 높여 EU와 개인정보 이전 적정성 결정을 상호 인정받는 것과 같이 보호의 수준을 높이고, 나아가 합리적인 디지털 활용이 가능하도록 데이터 관련 법제들을 정비해야 한다. 상대방이 개인정보를 잘 보호할 것이라 신뢰해야 개인정보를 제공할 수 있게 되고, 이러한 개인정보 보호 체계를 확립해야 데이터 사용과 활용의 가능성도 높게 된다. 개인정보를 보호하지 않고 활용이 가능하리라 생각하는 것은 큰 오산이다. 일부 기업에서는 개인정보의 보호와 활용을 대립적으로 보며 활용에 치우친 법제 변화를 요구하기도 한다. 그 원인에는 종래 「개인정보 보호법」이 강하고 중첩적 규제를 하고 있어서 「개인정보 보호법」에 의한 추가적인 규제에 대한 두려움이 있기 때문이다.

합리적인 개인정보 보호와 이러한 신뢰를 기반으로 국내는 물론 해외의 데이터까지 법적 테두리 내에서 합리적으로 활용할 수 있는 틀을 만들고 전체 법제를 검토할 필요가 있다. 이를 위하여, 이 글에서는 디지털 뉴딜에 대한 비판을 검토하고 디지털 전환 시대에 디지털 뉴딜의 방향성을 평가하고, 관련 데이터 법제로 「개인정보 보호법」, 「신용정보법」, 「데이터 기본법안」, 「데이터기반행정법」, 「지능정보화 기본법」의 현황을 디지털 뉴딜 정책 추진과 관련 쟁점을 중심으로 검토하여, 이러한 데이터 법제의 입법방향으로 규범성 확보를 위한 전체 디자인의 구축, 규범의 명확화, 효과적인 규제 방법, 정보주체의 권리 현실화, 그리고 개인정보보호위원회, 금융위원회와 다른 입법으로 구현되는 위원회 권한의 합리적인 정비를 제시해 본다.

---

2 2020년 1월에 결국 국회를 통과한 개정 개인정보 보호법, 정보통신망법, 신용정보법을 말한다.

Ⅱ. 디지털 뉴딜과 디지털 전환

1. 한국의 디지털 뉴딜

　코로나19를 계기로 디지털 경제로의 전환이 가속화됨에 따라 대한민국 정부는 디지털 국가와 비대면 유망산업을 육성하려 한다. 2020년 7월 3일 국회 본회의에서 의결된 제3회 추가경정예산 35.1조 원 중에 한국판 뉴딜 사업에는 4.8조 원이 확정되었고, 이 중 디지털 뉴딜 사업은 2.6조 원이다. 이 사업에서 절반인 1.3조 원이 DNA 생태계 강화 과제, 비대면 서비스·산업 육성에 7천5백억 원, SOC 디지털화에 4천5백억 원이 각각 투자된다.[3] 10대 대표과제로는 경제활력 제고 등 파급력이 큰 사업, 지역균형발전 및 지역경제 활성화 효과가 큰 사업, 단기 일자리뿐만 아니라 지속가능한 대규모 일자리 창출 사업, 국민이 변화를 가시적으로 체감할 수 있는 사업, 신산업 비즈니스 활성화 등 민간 투자 파급력·확장성이 있는 사업 등 선정기준에 부합하고 미래비전을 제시하는 10대 대표과제가 엄선되었다. 여기에는 '데이터 댐', '인공지능 정부', '스마트 의료 인프라' 등이 포함되었다. 기타 그린 뉴딜, 안전망 강화에는 '그린 리모델링', '그린 에너지', '친환경 미래 모빌리티', '그린 스마트 스쿨', '디지털 트윈', 'SOC 디지털화', '스마트 그린산단' 등이 포함되었다.[4]

　미국의 루스벨트 대통령이 대규모 토목사업 등의 경기 부양책을 통해 1930년대 대공황을 극복했고, 이 중에는 이전 후버 대통령부터 계획되었던 후버댐(Hoover Dam) 건설이 있었다. 이것에 착안하여, 한국판 뉴딜(New Deal) 정책도 디지털 뉴딜, 그리고 데이터를 활용한 데이터 댐(Data Dam)을 상정하고 있다.

---

3 한국판 뉴딜, 디지털 경제 활성화, 2020. 7. 24. https://newsroom.koscom.co.kr/23116.
4 한국판 뉴딜, http://www.knewdeal.go.kr 참조.

[데이터 댐 모형도]**5**

정부의 '디지털 뉴딜' 대표과제인 '데이터 댐' 사업이 민간기업을 중심으로 관계부처와 공공기관 총 4,739개가 참가, 역대 최대규모 지원 아래 최종 2,103개 기관이 첫 지원 대상으로 확정됐다. 추진되는 7대 핵심 사업은 AI 학습용 데이터 구축, AI 바우처와 AI데이터 가공 바우처 사업, AI융합 프로젝트(AI+X), 클라우드 플래그십 프로젝트, 클라우드 이용 바우처 사업, 빅데이터 플랫폼 및 센터 구축이다. 일자리 창출과 경기부양 효과는 물론 미래를 위한 투자와 각 분야의 혁신을 동시에 추진하기 위해서 기획된 사업들이다. 이것은 일자리 창출, 미래 투자 그리고 AI 클라우드 빅데이터를 통한 각 분야 확산을 추진하기 위해 위 데이터 댐의 개념으로 7개 사업을 진행**6**한다.

2. 디지털 뉴딜의 문제 제기

그러나 시민단체와 언론은 이러한 일자리 중 75%가 4개월 '데이터 레이블링'이란 단기계약 일자리라고 비판했다. 마치 이는 정부가 '데이터 댐' 건설을 위해 공공 취로형 디지털 근로를 마련하거나, 21세기형 '인형 눈알 붙이기'로 알려진 AI 기계 보조역인 '유령노동'(고스트워크)을 권하는 것과 같다**7**고 비판했다.

5 과학기술정보통신부, '데이터 댐'으로 디지털 전환 선도…'지능형 정부'로 행정혁신, https://www.korea.kr/news/policyNewsView.do?newsId=148874698.
6 디지털 뉴딜 핵심, '데이터댐' 7대 핵심 프로젝트 본격 추진 https://byline.network/2020/09/2-74/.
7 경향비즈, 2020. 8. 6. 성장중독에 급조된 '한국판 뉴딜'…그린 뉴딜 주축으로 뜯어고쳐라, http://m.biz.khan.co.kr/view.html?art_id=202008062019005#c2b.

시민단체들은 "디지털 뉴딜을 비롯해 문재인 정부의 데이터·개인정보 정책에는 정보인권에 대한 어떤 정책적 고려도 보이지 않는다."며 비판했다.[8]

(1) 사이버 보안 체계 문제

'K–사이버 방역체계 구축'과 국가정보원이 컨트롤 타워를 맡은 사이버보안 체계에서 민간을 포함한 새로운 사이버 보안 거버넌스 체계가 부재하다는 비판이다. 이미 전 세계적으로 민간의 네트워크를 중심으로 인터넷이 운영되고 있기 때문에, "사이버보안에서 인터넷의 개방성과 자유의 존중, 민간 이해관계자와의 협력이 강조되고 있는데 한국의 사이버보안 체제는 이러한 국제적인 흐름과도 배치되고 있다. 이러한 사이버보안 거버넌스 체계에 대한 해결 없이, 단지 보안 유망기술 및 기업만 육성한다고 사이버 보안 체계가 강화될 수 있을지 의문"[9]이라는 것이다.

(2) 개인정보의 활용에 대한 비판

시민단체의 비판은, "정부는 여전히 '데이터'로만 보고 있지만, 그 데이터의 중요한 부분은 바로 우리의 '개인정보'다. '개인정보가 아닌 데이터', 그래서 공유되고 활용됨으로써 더 많은 가치를 가질 수 있는 데이터와 '개인정보인 데이터', 그래서 정보주체의 권리를 침해하지 않는 방식으로 처리되어야 할 데이터를 구분하지 않는 것은 심각한 문제다."라는 것이다. 정부가 과기정통부를 중심으로 데이터를 산업 육성의 관점에서만 밀어붙인다면, 소위 데이터3법[10]을 둘

---

8 2020년 7월 14일 기자회견에서 참여연대, 무상의료운동본부, 경제정의실천시민연합(경실련), 서울YMCA 등도 참여했고, 이 자리에서 오병일 진보네트워크센터 대표는 "3월 입법예고안에는 처리목적이 달성된 경우 개인정보 정보처리자가 해당 가명정보를 지체 없이 파기하도록 한 조항(제29조의5 제3항)이 들어 있었으나, 재입법 예고된 시행령에서는 관련 조항이 아예 삭제됐다." 라고 지적했다. 시민사회는 애초 이 조항에 대해 "가명정보의 처리목적을 보다 구체적으로 규정해야 한다."며 강화 요구를 한 바 있다. 수정된 입법예고안은 기업 등 개인정보처리자가 서로 다른 기업들의 고객정보를 연결한 '결합 가명정보'의 반출을 원칙적으로 허용하도록 했는데(제29조의2 제2항), 이는 3월 입법안보다 개인정보 보호면에서 크게 후퇴한 규정이라고 주장했다. 한겨레, 2020. 7. 21. http://www.hani.co.kr/arti/economy/economy_general/954579.html.

9 오마이뉴스, 2020. 8. 25. http://www.ohmynews.com/NWS_Web/View/at_pg.aspx?CNTN_CD=A0002 667322.

10 일부 시민단체에서는 데이터3법을 속칭 개인정보 도둑법이라 부르기도 한다. 참여연대, 2019. 12. 4. http://www.peoplepower21.org/Welfare/1672957.

러싼 사회적 갈등을 반복할 수밖에 없다[11]고 한다.

(3) 데이터 관련 기구

"한국판 뉴딜 종합계획"에서도 범국가적 데이터 정책 수립, 공공 민간데이터 통합관리, 연계, 활용 활성화, 데이터 산업 지원 등을 위한 민관합동 컨트롤타워 마련의 여지를 남겼다. 데이터청의 문제는 첫째는 조직의 역할이 다른 기관의 역할과 겹치고 명확하지 않다는 점, 둘째 데이터 활성화를 명분으로 자칫 개인정보보호위원회를 무력화할 수 있다는 것이다.[12]

(4) 데이터 관리 책임

스마트시티에 교통, 방범 등 CCTV 연계 통합플랫폼을 구축하겠다고 하는데, 이미 구축되어 사실상 경찰이 운영하는 지자체 CCTV 통합관제센터도 법적 근거 없이 위법적으로 운영되고 있어 국가인권위원회와 국회 입법조사처의 지적을 받아왔다. 통합관제센터의 개인정보책임자는 누구인지, 정보주체의 권리는 누가 어떻게 보장하는지도 명확하지 않다[13 · 14]고 한다.

(5) 신분증과 주민등록번호의 오남용

시민단체는 모바일 신분증의 활성화는 오프라인 신분증과 달리 모바일 신분증은 개인이 신분증을 사용하는 모든 순간이 기록으로 남아 사후 및 실시간으로 추적할 수 있기 때문에 프라이버시 침해 위험이 훨씬 크다고 우려한다. 모바일 신분증 도입 전에 충분한 사회적 논의가 필요한 이유다. 특히 온라인 주민번호인 연계정보(CI) 제도를 이용한 전자고지제도 및 모바일 신분증은 규제 샌

---

11 정보인권, 2020. 7. 17. http://act.jinbo.net/wp/43192/.
12 시민단체에서 이러한 사업이 개인정보의 남용을 우려하면서 개인정보 활용을 위해 개인정보보호위원회와 다른 별도로 데이터청을 설립하는 것에 우려를 나타내고 있다.
13 CCTV가 지능화되면 국민들에 대한 감시 역시 고도화될 것이다. 해외에서는 이미 얼굴인식 CCTV 도입을 둘러싼 논란이 시작되었으며, 일부 주에서는 수사기관의 얼굴인식 CCTV 활용을 금지하기 시작했다. 국가감시 우려를 해소할 수 있는 안전장치를 비롯하여 정교한 법적 통제를 갖추어야 하며, 사회적 토론 없이 CCTV의 고도화와 연계만 몰아붙여서는 안 된다. 오마이뉴스, 2020. 8. 25. http://www.ohmynews.com/NWS_Web/View/at_pg.aspx?CNTN_CD=A0002667322.
14 CCTV와 같은 영상정보처리기기의 설치·운영에서 안내판에 설치 목적, 관리책자 등을 인식할 수 있도록 해야 하나(개인정보 보호법 제25조) 공공시설에서조차 이 규정이 지켜지지 않는 경우가 허다하다.

드박스로 일정기간 완화된 정책이고, 상시 제도가 되기 위해서는 그 위험성에 대한 충분한 사회적 평가와 반대권(the right to object) 등 권리가 제도적으로 보장될 필요[15]가 있다고 한다.

3. 디지털 뉴딜의 방향성

(1) 디지털 전환

그러나 코로나 상황 이전에도 이미 클라우드 컴퓨팅, 빅 데이터, IoT 및 AI가 통합되어 네트워크 효과를 유도하고 기하급수적인 변화를 일으키는 전환이 이루어지고 있었다.[16] 사회 전반의 비대면(untact)과 디지털 전환(Digital Transformation)이 가속화되고 있는 현재에 정부가 "디지털 뉴딜"이건 디지털 댐에건 간에 구체적인 대책을 제시해야 하는 것은 당연하다.

2004년 스웨덴의 에릭 스톨더만(Erik Stolterman) 교수가 디지털 전환을 통하여 정보기술은 혼합되고 결합한다고 하며, 종래 우리의 경험보다 정보 기술과 디지털 변혁에 의한 디바이스의 패러다임 구현의 기술제공이 새로운 패러다임을 이끌 것이라고 했다.[17] 이를 통해 정보기술이 사람의 세계와 삶을 변화시키는 방식을 파악해야 한다고 강조했다.[18] 이미 해외에서는 데이터 사이언스를 기반으로 하는 산업의 변화를 디지털 전환(Digital Transformation)이라는 용어로 설명하고 있다. 디지털 전환의 네 가지 기술적 힘으로는 cloud computing, big data, AI 그리고 사물인터넷이 있다. 이러한 기술에 의해 아마존, 구글, 넷플릭스 등의 기업이 크게 활약하고 있다. 각국에서는 공사 영역에서 디지털 전환(Digital Transformation)을 가속화하고 있다.[19] 국내에서도 클라우드 서비스의 확

---

15 진보네트워크센터 2020년 7월 15일 http://act.jinbo.net/wp/43192/.

16 Thomas M. Siebel, *Digital Transformation: Survive and Thrive in an Era of Mass Extinction.* RosettaBooKs(2019), at 18.

17 Erik Stolterman, Anna Croon Fora, Information Technology and the Good Life, Information Systems Research, Springer Boston, 2004, pp.687~692, at 690.

18 Id, at 691.

19 국내에서는 공공영역에서 전자정부의 행정서비스, 청와대 국민청원제도, 국회의 전자정원제도와 입법 DB, 그리고 법원의 판결문에 대한 DB 공개 등의 새로운 디지털 전환(Digital Transformation)이 국민 소통 등에 기여하고 있다.

장을 수반으로 하는 디지털 전환에서 클라우드 컴퓨팅의 발전 및 이용자 보호를 위하여 2015년 클라우드컴퓨팅법을 제정[20]했다.

2017년에만 20개가 넘는 디지털 혁신 컨퍼런스가 열렸으며 셀 수 없이 많은 디지털 혁신 원탁회의, 포럼 및 엑스포가 이루어졌고 최고 경영진(C-suite), 정부, 정책기관 및 학계를 포함한 모든 사람이 디지털 혁신에 대해 이야기하고 있다.[21] 코로나19 이전에도 4차 산업혁명으로 디지털 전환이 일어나고 있었다.

디지털 전환에서 외부 환경의 상태를 VUCA[22·23] 및 4V라는 용어로 설명 한다.[24] 4Vs는 속도(Velocity), Volume(용량), Variety(다양성) 그리고 진실성(Veracity)을 말하며 가속화되는 VUCA 세계에서 지속적으로 증가하는 데이터의 측면을 설명한다. 데이터는 4V의 주요 초점이며 점점 더 데이터 포인트 및 데이터 문제로 세상을 이해하고 정의하는 방식이다.[25] 이 데이터 지향 관점은 가능한 가장 넓은 의미에서 유용하게 적용될 수 있다.[26]

디지털 혁신은 장기적인 관점을 채택해야 한다. 다음 분기의 재무 성과 측정에 그치지 않고 미래에 대한 더 넓고 더 큰 그림을 생각하고 기업이 그 안에 어떻게 들어맞을지 생각해야 한다.[27] 경영진들(C-suite) 전체가 디지털 혁신 의제를 이끄는 원동력이 되어야 하지만, 디지털 혁신 결과에 초점을 맞춘 헌신적

---

20 '클라우드컴퓨팅 발전 및 이용자 보호에 관한 법률'(법률 제13234호, 2015. 3. 27.로 제정되어 법률 제17344호, 2020. 6. 9.로 개정된 법률).

21 Thomas M. Siebel, *supra note 16*, at. 18.

22 VUCA는 변동성(Volatility), 불확실성(Uncertainty), 복잡성(Complexity) 그리고 모호성(Ambiguity)을 말한다.

23 VUCA 관련 내용은 제6장 Ⅱ. 2. 참고.

24 Alex Fenton, Gordon Fletcher, Marie Griffiths, *Strategic Digital Transformation A Results-Driven Approach*, Routledge(2020), at 6.

25 *Id*, at 6.

26 예를 들어, 4V의 일부 또는 전체에 대한 고려 부족은 최근 여러 변화가 소매 업체의 실패를 설명한다. VUCA는 지속해서 변화하는 외부 환경의 상태를 설명한다. 소비자에게 이러한 가속화는 여러 가지 방법으로 분명하지만 가장 긍정적인 의미에서 이 현상은 계속 증가하는 선택으로 표현된다. 조직 수준에서 VUCA는 동일한 과도하게 변화하는 소비자 요구 사항에 보다 잘 대응하고 원하는 대로 동적 외부 환경에 탄력적인 내부 구조를 갖기 위한 도전을 나타낸다. 외부 환경의 시작과 끝에 대한 정의조차 점점 더 문제가 되고 있다. 투명성에 대한 소비자 수요 증가와 진정한 협업 조직 관행을 통해 VUCA 세계는 지속해서 조직 내부 또는 외부의 경계를 모호하게 만든다. *Id*, at 17.

27 *Id*, at 190~191.

인 고위 경영진이 필요하며, 최고 디지털 경영진(Chief digital officer)은 무언가를 만들 권한과 예산을 부여받고 효과적으로 작동할 수 있다.[28] 따라서 디지털 전환을 위하여 정부 차원의 기획이나 기업이나 조직마다 새로운 구상이 계속 시도되어야 한다.

(2) 디지털 전환의 구현

디지털 전환 전략은 경제적 가치를 창출하고 포착하는 데 중점을 두고 있다.[29] 여기서 톱다운 방식의 정책 아젠다의 수립, 그리고 융합적인 쟁점과 인력의 활용이 강조되었는데, 디지털 전환에서 민간기업이 최고 경영진의 의사결정의 중요성을 강조하는 것처럼 대통령을 중심으로 아젠다의 주도 능력과 문제해결 능력이 더 필요하게 될 수 있다.[30] 그러면서도 디지털 의사절차에 따라 다양하게 제기되는 보텀업 방식으로 의제를 모아 분석하는 빅데이터와 이것의 AI에 의한 분석의 가치도 높다. 코로나 19로 인한 사회·경제적 대변혁이 이루어지는 시기임을 고려, 포스트-코로나 시대 변화 전망과 위기를 기회로 활용하기 위해서는 정부가 전 국민의 '생산적' 정보 활용 역량 제고와 분야별 디지털 혁신을 위한 맞춤형 대응방안[31]이 필요하다. 이런 점에서 국내 디지털 뉴딜 정책의 방향성은 세계의 디지털 전환의 변화와 일치하는 것으로 사료된다. 이미 데이터를 가공하는 데이터 라벨러 등에 정부 투자가 진행되면서 관련 AI 기업의 활동이 활발해지고 있다.[32] 다만 이것이 민간의 자유로운 경제 활성화로 연결되어야 하고 관련 업종의 지속적인 시장 개척이 진행되어야 한다.

디지털 뉴딜에 대한 다른 비판으로, "디지털 뉴딜에 포함된 사업들이 새로운 내용은 아니고 데이터, 네트워크, 인공지능(AI)을 4차 산업혁명의 핵심 기반으로 본 소위 D.N.A 프로젝트는 문재인 정부 초창기인 2017년 말에 시작된 것

---

28 *Id*, at 191.
29 *Id*, at 193.
30 손형섭, "디지털 전환(Digital Transformation)에 의한 지능정보화 사회의 거버넌스 연구", 『공법연구』 제49집 제3호(2021), 208면.
31 4차위, 코로나19가 불러온 디지털 경제 대전환 방안 모색, 2020. 4. 28., http://digitalchosun.dizzo.com/site/data/html_dir/2020/04/28/2020042880244.html?main_style.
32 매일경제, 2020. 7. 30. 인공지능 시대 떠오르는 새 직업들… 자투리 시간 활용 '크라우드 워커' 나도 데이터 라벨러 되어볼까 https://www.mk.co.kr/news/business/view/2020/07/782128/.

이고 나아가 문재인 정부의 '혁신 경제'는 박근혜 정부의 모토였던 '창조 경제'와의 차별점을 보여주지 못하고 있다"[33]라는 것이다. 하지만 디지털 전환을 통한 기업과 사회 변화 요구는 2017년부터 현실적으로 증가하였고, 이러한 정책적 방향은 특정 정권이나 정부만의 것이 아니며 현재 대한민국의 민관이 함께 추진해야 할 정책 방향이라고 할 수 있다.

Ⅲ. 데이터 법제의 쟁점

1. 데이터 법제의 과제

일부 산업계에서는 개인정보 보호를 위한 제반 조치들이 혁신을 가로막는 규제로 간주하고 있다. 반면 시민단체들은 개인정보를 비롯한 인권에 대한 신뢰 없이는 오히려 기술의 도입과 산업의 발전이 지체될 수밖에 없음을 강조한다. 시민단체는 수년간의 사회적 논의를 통해 유럽연합에서 일반 데이터보호법(GDPR)이라는 결과물을 만들었는데, '디지털 뉴딜'은 GDPR의 제정 과정 정도의 사회적인 논의와 합의가 없었다[34]고 비판한다. 반면, IT 업계는 "지금 업계가 가장 우려하는 것은 정책 추진 과정에서 새로운 규제가 나올 가능성"이라며 "디지털 뉴딜, 한국판 뉴딜이 성공하기 위해서는 먼저 규제부터 뿌리 뽑아야 한다. 그렇지 않다면 역행할 것"이라고 주장했다.[35] "파격적 규제혁신 없인 한국판 뉴딜도 없다"는 비판과 바람도 구체적인 대안과 함께 제시되어야 한다.

이에 필자는 디지털 전환이라는 세계적인 흐름과 코로나 팬데믹 상황에 데이터 댐의 논의는 적절한 정책 방향을 설정한 것으로 본다. 다만, 시민단체의 비판에서 다소 과도한 것이 없지 않지만, 비판을 수용하여 정책과 데이터 관련 법제를 검토하여 합리적인 정책추진을 도모해야 한다. 단지 유행이나 필요성을 넘어, 국가의 세 가지 주요 역할인 ① 기본적 인권을 보장, ② 국가 내

---

33 오병일, "문재인 정보 '디지털 뉴딜'에 사람은 없다." http://www.ohmynews.com/NWS_Web/View/at_pg.aspx?CNTN_CD=A0002667322.

34 http://www.ohmynews.com/NWS_Web/View/at_pg.aspx?CNTN_CD=A0002667322.

35 아시아경제, 2020. 6. 2. "데이터3법부터" 이대론 '한국판 뉴딜' 불가능 … 숨 막히는 ICT기업들(종합) https://cm.asiae.co.kr/article/2020060210212979623.

에 다양한 의견과 갈등 조정(coordination)과 해결, ③ 경찰, 소방, 환경보전과 같은 공공재 서비스를 제공[36] 중에서 특히, 공공재 서비스 제공을 확대하고, 빈부격차와 같은 갈등을 해결하고 나아가 인권 보장에 기여하는데 필요한 정책으로 계속 추진될 수 있도록 관련 정책과 법제를 검토하고 입법방향을 제시할 필요가 있다. 데이터기반 경제 시대도 도래하여 데이터를 확보하고 가공, 활용을 통해 국가는 국가의 공공재를 확대하고 기업은 새로운 경쟁력을 가질 수 있기[37]에 이를 위한 국가법적 정비가 필요하다. 이하에서는 앞에서 제기된 디지털 뉴딜 정책에 대한 우려와 문제점을 해결하기 위한 데이터 법제의 현재 쟁점을 검토한다.

2. 개인정보 보호법

(1) 개인정보 결정권, 통제권, 보호권

1) 기본권으로의 지위

프라이버시권의 개념이 발전되면서, 정보 프라이버시권 개념이 발전하였다가 궁극적으로 개인정보에 대한 통제권 내지 개인정보자기결정권이 헌법적으로 인정되기 시작했다.[38] 「개인정보 보호법」은 데이터법제의 기본적인 법률이고, 우선적으로 적용되는 것이 타당하다. 왜냐하면 「개인정보 보호법」에서 보호하려하는 개인정보 자기통제권은 인간의 존엄과 가치, 행복추구권을 규정한 헌법 제10조 제1문에서 도출되는 일반적 인격권 및 헌법 제17조의 사생활의 비밀과 자유에 의하여 보장되는 기본적 인권이기 때문이다. 개인정보 자기통제권은 자신에 관한 정보가 언제 누구에게 어느 범위까지 알려지고 또 이용되도록 할 것인지를 그 정보주체가 스스로 결정할 수 있는 권리로 정하고 있다.[39 · 40]

---

36 長谷部恭男、『憲法』(新世社, 2014), 8, 9頁.

37 이인호, "지능정보사회에서 개인정보보호의 법과 정책의 패러다임 전환", 『과학기술과 법』 제11권 제2호(2020. 12), 255면.

38 박용숙, 김학성, "잊혀질 권리에 관한 헌법적 고찰", 『헌법학연구』 제21권 제1호(2015. 3), 316면 이하.

39 손형섭, "개인정보 보호법의 특징과 앞으로의 방향 — 업계의 반응에 대한 몇 가지 대안을 중심으로—", 『언론과 법』 제11권 제1호(2012), 109면.

40 헌재 2005. 7. 21. 2003헌마282, 판례집 17−2, 81, 90−91; 헌재 2005. 5. 26. 99헌마513등, 공보 105, 666, 672 참조.

2) 개인정보자기결정권

헌법재판소는 지문날인제도 사건에서 "개인정보자기결정권은 자신에 관한 정보가 언제 누구에게 어느 범위까지 알려지고 또 이용되도록 할 것인지를 그 정보주체가 스스로 결정할 수 있는 권리이다."라고 하며, 개인정보자기결정권의 헌법상 근거로 헌법 제17조의 사생활의 비밀과 자유, 헌법 제10조 제1문의 인간의 존엄과 가치 및 행복추구권에 근거를 둔 일반적 인격권 또는 위 조문들과 동시에 우리 헌법의 자유민주적 기본질서 규정 또는 국민주권원리와 민주주의 원리 등을 고려할 수 있으나, 이중 일부에 완전히 포섭시키는 것은 불가능하다 하면서, "개인정보자기결정권은 이들을 이념적 기초로 하는 독자적 기본권으로서 헌법에 명시되지 아니한 기본권이라고 보아야 할 것이다."라고 하였다.[41]

그런데 개인정보자기결정이란 용어는 독일의 정보 자기결정권(Recht auf informationelle Selbstbestimmung)에서 유래되었다.[42] 한편, 이 개념은 1971년 독일의 문헌에서 사용되기 시작했다.[43] 한편 개인정보에 관하여 독일의 사회학자 니클라스 루만(Niklas Luhmann)은 정보의 자기결정권을 주창했고, 이러한 주장은 개인의 존엄성을 보장하는 차원에서 인격의 자유로운 발현을 위해 정보처리에서 개인정보의 무제한적 수집, 저장 및 사용이 통제되어야 한다는 것[44]으로도 알려졌다. 이러한 내용은 1983년 독일 연방헌법재판소의 인구센서스법[45] 결정[46]에 의해 개인정보자기결정권이라는 명칭으로 수용되었다. 이 결정에서 독일 연방헌법재판소는 통계 목적으로 활용하기 위한 인구센서스법으로 수집된 정보를 행정목적으로 주정부들과 공유할 수 있도록 한 것은 헌법에 위배된다고 했다.

---

41 헌재 2005. 5. 26. 99헌마513 등, 판례집 17-1, 682 이하.
42 나치 시대 비밀경찰에 의한 감시사회의 반성으로 1971년 독일 헤센주가 세계 최초의 개인정보 보호법을 제공하는 등 각 주가 개인정보 보호법 혹은 정보남용금지법을 제정하고, 1977년 독일 연방 개인정보보호법(BDSG)을 제정했다. 홍선기, "독일에서의 디지털 기본권에 대한 논의", 『유럽헌법연구』 제33호(2020. 8), 68면.
43 W. Steinmüller/B. Lutterbeck/C. Mallmann/U. Harbort/G. Kolb/J. Schneider, Grundfragen des Datenschutzes, Gutachten im Auftrag des Bundesministeriums des Innern, Juli, 1971, abgedruckt als Anlage 1 zur BT-Drs. VI/3826 v. 7. 9. 1972. 권영준, "개인정보 자기결정권과 동의 제도에 대한 고찰", 『법학논총』 제36권 제1호(2016), 677면.
44 이인호, "정보사회와 개인정보자기결정권", 『중앙법학』 제1권(1999).
45 Das Erhebungsprogramm des Volkszählungsgesetzes 1983.
46 BVerfGE 65, 1, Urteil v. 15. 12. 1983.

독일연방헌법재판소는 국가가 수집한 정보들을 조합하여 개인의 인격을 구성해 낼 가능성을 개인이 통제할 수 있어야 한다며 이 권리는 기본법 제1조 인간존엄과 제2조 인격의 자유로운 발현에서 도출되며 이러한 권리는 개인정보자기결정권이라 명명했다.[47]

그런데 개인정보자기결정권이라는 표현은 한 번 개인정보의 제공을 결정하면 그것으로 정보주체의 통제 범위 밖에 놓이게 된다는 오해를 불러일으킨다. 또다른 오해로, 개인정보자기결정권은 정보주체가 자신에 관한 정보가 언제 누구에게 어느 범위까지 알려지고 또 이용되도록 할 것인지를 "결정"할 수 있는 권리로 설명되는 오해를 일으킨다고 한다.[48] 이 견해는 개인정보자기결정권은 정보처리자가 행하는 정보처리의 전 과정에 정보주체가 "참여"할 수 있는 권리이지 직접 결정하거나 통제하는 권리는 아니라는 것이다. 물론 개인정보통제권이라고 하더라도 어느 정도의 통제권을 줄 것인지 헌법정책, 입법 정책적 판단이 필요하다. 하지만 적어도 개인정보의 제공을 한번 결정하는 권리나 정보주체의 참여권만을 인정하는 것이 아니라, 본인의 스스로의 인격적 침해와 인간존엄을 지킬 수 있도록 하는 일정 정도의 통제권이어야 한다는 것을 부인할 수 없다.

3) 개인정보자기통제권

따라서 학자에 따라 개인정보자기결정권(자기정보통제관리권)이라 병기하거나[49] 개인정보자기결정권이라 쓰고 정작 개인정보에 대한 정보의 전체에 대한 통제·관리권으로 개념을 확대 정의하고 있다. 자기정보의 통제권이라고 하면 자신에 대한 정보의 공개와 유통을 스스로 결정하고, 통제할 수 있는 권리로 이해할 수 있다. 자신에 대한 정보의 통제권은 미국에서 오랫동안 논의되어 왔으며 1977년 Whalen 판결이 개인정보의 공개에 대한 문제를 프라이버시권 문제로 다루었다.[50] 1967년 Westin은 프라이버시권은 자기에 관한 정보를 언제, 어

---

47 홍선기, 앞의 논문, 69면.
48 이인호, "개인정보의 보호와 이용법제의 분석을 위한 헌법적 고찰", 『헌법학연구』 제17권 제2호 (2001), 372면 이하; 문재완, "개인정보 보호법제의 헌법적 고찰", 『세계헌법연구』 제19권 제2호 (2013), 289면 이하.
49 허완중, "잊힐 권리에 관한 헌법적 검토", 『헌법학연구』 제26권 제3호(2020), 128면 이하.

떻게, 어느 정도까지 타인에게 전달할 것인가를 스스로 통제하는 개인, 집단 혹
은 조직의 권리라고 했다.[51] 개인정보자기통제권은 미국[52]과 일본[53]에서 인정되
어 사용된 개념이며, 개인정보의 수집, 관리, 제공, 파기 등에 걸친 본인의 관여
권을 인정할 수 있다는 점에서 현행 「개인정보 보호법」의 규정과 부합한다. 나
아가 개인정보자기통제권은 개인정보 이동권과 같은 새로운 정보기본권을 개인
정보통제권의 개념으로 포섭하는 것이 가능한 장점이 있으나, 개인정보자기결
정권으로 이러한 개념을 포함하려면 개념 정의를 넘은 확장해석이 필요한 한계
가 있다.

4) 개인정보 보호권

2000년대 들어 유럽연합은 EU 헌장(Charter of Fundamental Rights of the
European Union)에 개인데이터가 동의 또는 합법적인 기준에 따라 특정 목적으
로 공정하게 처리되어야 한다고 명문화[54]하면서 개인정보 보호권을 현대적 기
본권으로 인정하기 시작했다.[55] 그 영향을 받아 EU의 GDPR에서도 개인정보 보
호권[56]을 규정했다. 여기에 9가지 세부 권리로 ① 고지를 받을 권리(right to
notice; 제13조, 제14조), ② 정보접근권(right of access; 제15조), ③ 정정청구권(right
to rectification; 제16조), ④ 삭제청구권(right to erasure; 제17조), ⑤ 처리정지청구
권(right to restriction of processing; 제18조), ⑥ 개인정보이동권(right to data port-

---

50 권형준, "자기정보통제권에 관한 고찰", 『헌법학연구』 제10권 제2호(2004. 6), 91면.
51 A.WESTIN, Privacy And Freedom, Atheneum New York(1967), at 7.
52 A.WESTIN, Privacy And Freedom, Atheneum New York(1967); Richard B. Parker, A Definition of
   Privacy, 27 Rutgers Law Review 275(1974), Edward J. Bloustein, Privacy as An Aspect of Human
   Dignity: An Answer to Dean Prosser, 39 New York University Law Review 962(1964); Rubenfeld,
   The Right of Privacy, 102 Harvard Law Review 737(1989), C. Fried, Privacy, 77 Yale Law Journal
   475(1968).
53 佐藤幸治、「情報化社会の進展と現代立憲主義—プライバシー権を中心に」、ジュリスト 707号(1980.1.1.);
   榎原 猛、『プライバシー権の総合的研究』、法律文化社(1991); 小林直三、「プライバシー権の概念化への
   アプローチに関する一考察」、関西大学法学論集、第五四券 六号(2005); 佐藤幸治、「権利としてのプ
   ライバシー」、ジュリスト742号(1981).
54 Charter of Fundamental Rights 7.Respect for private and family life 8.Protection of personal data—
   data should be processed fairly and for specified purposes and on the basis of consent or some
   other lawful basis.
55 홍선기, 앞의 논문, 64면.
56 EU GDPR 제1조 제2항 Right to the protection of personal data.

ability; 제20조), ⑦ 사후적 처리거부권(right to object; 제21조), ⑧ 프로파일링 거부권(right to object profiling; 제21조), ⑨ 프로파일링을 포함한 자동결정에 대한 이의제기권(right not to be subject to automated individual decision – making in-cludeing profiling; 제22조)을 인정하고 있다.[57] 이에 개인정보 보호권 개념을 국내에도 일반화하자는 논의도 제기되고 있다.

그런데 EU의 GDPR상의 개인정보 보호권은 개인정보의 보호주의에 사상적 기반을 두고 개인정보자기통제권을 확장하여 구체적인 권리들을 인정하였으나, 국내에서 개인정보 보호권 논의는 개인정보의 활용 가능성을 넓게 하자는 논의로 활용되고 있다.[58] 즉 GDPR에서 개인정보 보호권은 그 내용을 구체적으로 설명하여 그 개념 영역을 확대한 장점이 있지만, 개인정보 보호권의 개념이 제시해야 할 개인정보의 보호와 활용의 경계를 구분하는 한계기준으로서의 역할을 명확히 하지 못하여 문제이다.

5) 소결

따라서 필자는 개인정보에 대하여 정보주체의 열람(법 제35조) · 정정 · 삭제(법 제36조), 처리정지권(법 제37조) 등을 포함하는 것으로 자연스럽게 개념을 이해할 수 있는 개인정보자기통제권이라는 개념과 용어를 중심으로 논하는 것이 타당하다고 생각한다.[59] 자신에 대한 정보를 스스로 통제하고 함부로 침해당하지 아니할 권리를 갖고 이를 헌법상 통제권으로 인정하는 것을 의미한다. 인공지능을 활용한 개인의 프로파일링 처리에 대한 개인의 권리도 개인정보 통제권 혹은 새로운 정보주체의 권리로 인정하려는 마당에, 개인정보자기결정권이라는 일회적으로 결단할 수 있는 권리처럼 오해할 수 있는 개념을 일반 국민과 공무원에게 이해하고 활용하라고 하는 것은 문제가 있다.

데이터를 기반으로 한 지능정보화 사회에서는 전통적인 프라이버시권을

---

57 이인호, 앞의 논문(주 37), 279면.

58 함인선, "AI시대에서의 개인정보자기결정권의 재검토—EU 개인정보보호법을 소재로 하여—", 전남대학교 법학연구소, 『인권법평론』 제26호(2021), 142~143면.

59 필자와 같이 헌법상 자기정보통제권이라는 용어를 사용하는 학자는 권영성, 『헌법학원론』(법문사, 2003), 427면; 권형준, "자기정보통제권에 관한 고찰", 『헌법학연구』 제10권 제2호(2004. 6), 90면; 성낙인, 자기정보에 대한 통제권(헌법학, 법문사, 2020, 1346면); 김종철, "헌법적 기본권으로서의 개인정보통제권의 재구성을 위한 시론", 『인터넷법률』 제4호, 법무부(2001).

정보주체의 적극적인 권리로 이해하는 자기정보에 대한 컨트롤권, 즉 통제권을 이해하는 개념[60]은 가치가 있다. 자기정보통제권은 소극적인 자유권으로서의 성격과 적극적인 청구권으로서의 성격을 아울러 지니는 복합적 성격을 지니며[61] 한번 결정으로 완전히 상대방에게 이전되는 성격의 것이 아닌, 인격권의 일환으로 자기정보에 대한 지속적인 통제권을 의미하는 것으로 보아야 한다. 따라서 그 내용은 자기정보수집통제권, 자기정보 보유·유통통제권, 자기정보이용통제권의 내용을 포함한다. 이는 자기정보열람청구권, 자기정보정정청구권, 자기정보사용금지·삭제권한과 나아가 개인정보 이동권을 포함할 수 있게 된다. 개인정보에 대한 자신의 통제권은 헌법상 인정되는 공권임은 물론 사법에서도 보장되어야 할 사권(私權)임은 물론이다.[62]

이미 데이터를 알고리즘에 따라 분석하여 자동의사 결정을 하는 인공지능의 활용에 따라 개인에 대한 정보자기결정권의 법리 확장과 개인정보 개념의 확장이 주장되고 있고[63], 정보자기통제권을 개념을 통한 개인의 개입 권한의 확대 논의를 수용하고, 별도의 정보주체의 권리, 예를 들어 "알고리즘 자동의사결정으로부터 개인의 개입권"을 인정하거나 구체화하는 논의를 진행해야 한다.

개인정보 보호는 헌법상의 기본권인 개인정보통제권을 실현하는 것이며 정보사회의 지속적인 발전을 위해 중요한 기반이기도 하다. 개인정보를 보호하는 것은 정보사회에 사는 우리 모두의 인격권을 보호하는 기반이 된다. 그리고 정부와 산업계는 개인정보 침해에 따른 추가적인 피해가 우리 모두에게 미치는 피해라는 것을 깊이 인식할 필요가 있다.[64]

(2) 데이터와 개인정보

한국판 뉴딜 종합계획에서는 데이터 댐 구축을 위한 세부 추진과제로 국민과 밀접한 분야 데이터 수집·개방·활용을 제안하였고, 데이터 수집·개방·활용을 토대로 인공지능(AI)의 활용 등 데이터의 생성과 처리 전 단계에서 데이터

---

60 권형준, 위의 논문, 92면.
61 권형준, 위의 논문, 100면.
62 권영준, 앞의 논문, 677면.
63 김희정, "알고리즘 자동의사결정으로부터 개인의 보호", 『헌법학연구』 제26권 제1호(2020), 231면.
64 손형섭, 앞의 논문(주 39), 110면.

생태계를 강화한다.[65] 이것은 이후 데이터 관련법들의 개정에 일정한 영향을 줄 것이다.

대한민국은 2015년부터 EU와의 적정성 평가를 추진해왔으나 여전히 제자리걸음이다. 그동안 일부 전문가는 우리 「개인정보 보호법」이 매우 강한 규제체계를 가지고 있다고 하며 행정과 판결에서 약한 집행을 요구하고, 결국 「개인정보 보호법」의 약화를 규제완화로 주장하는 순환 논리를 반복했다. 그러나 4차 산업혁명에서 개인정보의 보호와 활용은 대립된 주제가 아니며 하나만을 선택해야 하는 것도 아니다. 상대방이 개인정보를 적정하게 보호할 것이라는 신뢰감이 있어야, 활용할 수 있도록 정보의 이전도 가능하다. 즉 정보의 보호와 활용은 둘 다 함께 가져가야 할 가치이다.[66] 2020년 문재인 대통령도 "개인정보 보호가 잘 돼야 데이터를 잘 활용할 수 있다"고 강조했다."[67] 따라서 데이터 댐과 같은 논의는 헌법상 개인정보자기통제권을 보장하면서 진행되어야 한다.

그런데, 개인정보라고 다 보호만 하고 활용할 수 없는 정보는 아니며, 합법적으로 활용할 수 있는 많은 영역의 개인데이터도 있다. 다음의 벤다이어그램은 "① 프라이버시", "② 개인정보", "③ 개인정보의 외연"을 표시한다. "① 프라이버시"는 그 범위가 명확하지 않기 때문에 그 범위를 점선에 의해 표시한다. 반면 "② 개인정보"는 상대적으로 명확한 범위를 가지고 있는 편이다. Raymond Wacks는 프라이버시 문제의 핵심에 개인정보 보호를 대치할 수 있다고 했지만, 프라이버시권의 영역 중에 개인정보통제권의 영역이 아닌 것도 존재하기 때문에 ②의 원은 중앙에 위치하지 않고 ②-1의 영역이 존재한다. "③ 개인정보의 외연"은 기존의 프라이버시권과 개인정보의 보호 밖의 영역이었지만, 정보화 사회에서 각국의 입법정책에 따라 개인정보 영역으로 평가될 수 있는 영역이다. 가명정보의 도입 등으로 개인정보에 해당하던 데이터가 외연으로 위치하게 되거나, 정보의 결합으로 개인정보 개념에 포함될 수도 있다. 나아가 개인정보의 영역에는 대부분 넓은 프라이버시의 일부인 정보 프라이버시 부분(②-1 개

---

65 정원준, 앞의 보고서, 2면.
66 손형섭, LA중앙일보, 2018.11.21. [기고] 부처 이기주의에 날아간 EU와의 정보교류.
67 아주경제, 2020. 8. 7. 文 대통령, 윤종인 개인정보보호위원회 초대위원장에 임명장 수여.

인정보≒정보 프라이버시)과 프라이버시 영역에 해당하지 않는 부분(②-2 기타 개인정보)이 존재한다.

"②-1 개인정보≒정보 프라이버시"의 영역은 개인정보에서 정보 프라이버시로서 법적으로 보호해야 할 영역이다. 이것이 앞에서 서술한 개인정보, 즉 커뮤니케이션 또는 개인에 관한 의견 및 사실이며, 친밀 혹은 민감한 것으로 내밀하거나, 적어도 그 수집·사용 혹은 유통을 제한하는 것이 합리적으로 기대되는 것[68]이라 할 수 있다.

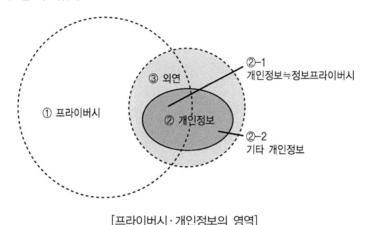

[프라이버시·개인정보의 영역]

"②-2 기타 개인정보" 부분은 인간존엄에 관한 인격권을 침해하는 프라이버시권 영역이 아니고 단순한 사실의 개인정보 또는 인격적 법익과 관련성이 없는 개인정보를 의미한다. "연단에 강사는 40대의 남성이다. 아무개는 21대 국회의원이다."라는 공적인 개인정보는 이 사건에서 말하는 개인정보자기통제권의 보호대상이 아닌 ②-2 기타 개인정보"이다.[69·70] 공인에 대한 공개된 홈페

---

68 Raymond Wacks, *Personal Information: Privacy and the Law*, Oxford: Clarendon Press, 1989, at 26.
69 또한, 정보 프라이버시권에 포함할 수 없었던 프라이버시권의 영역으로서 소극적인 영역인 "혼자 있을 권리"의 영역, 그리고 또한 인격적 자율 프라이버시권과 자기결정권 등은 ②를 포함하지 않는 나머지 ①의 영역에 포함된다. 孫亨燮, プライバシー権と個人情報保護の憲法理論, 東京大学大学院 法学政治学研究科 博士学位論文(2008), 79면.
70 손형섭, "[판례평석] 홈페이지에 공개된 개인정보와 인격권 ─ 대상판결: 대법원 2016. 8. 17. 선고 2014다235080, 서울중앙지방법원 2014. 11. 4 선고 2013나49885─", 『미디어와 인격권』제5권 제1호(2019), 16면.

이지에서 공개된 정보는 인격권에 대한 침해 우려가 없는 공개 활용이 가능한 정보라고 할 것이며, 대법원 2016. 8. 17. 선고 2014다235080 판결의 취지도 동일하다.

따라서 개인정보를 보호하면서도 개인정보 중 공개된 정보, 개인에 관한 정보, 사람에 관한 정보를 구분하여 활용할 수 있고, 개인정보가 아닌 정보, 개인정보 중 본인이 동의한 범위 안에서의 활용이 가능하다. 2020년 개보법의 개정으로 익명정보는 물론 가명정보의 일부 활용이 가능하게 되었다. 개정법으로 도입된 가명정보가 통계작성, 과학적 연구, 공익적 기록보존 등을 위하여 정보주체의 동의 없이 가명정보를 처리할 수 있다(법 제28조의2). 가명정보를 알아보기 위한 목적으로 재식별한 경우에 매출액 3%의 과징금을 부과한다(법 제28조의6). 그런데 현재 시행령에서는 결합된 개인정보를 외부로 반출하도록 허용하였다(「개인정보 보호법 시행령」 제29조의2 등). 더구나 특정 목적이 달성된 후에는 가명정보를 파기하도록 한 조항도 삭제되어, 가명처리 된 고객정보는 거의 영구적으로 활용할 수 있도록 하겠다는 것이다"[71]라고 비판이 가해지고 있다.

2021년 12월 한국과 EU와의 개인정보 보호 적정성 평가가 상호 인정되어 EU와의 정보도 상호 활용이 가능하게 된다. 일본도 EU와 2019년 1월 최종적으로 적정성 평가를 상호 인정하고, 일본기업은 일정 범위에서 개인정보의 공동이용도 가능하게 되었다. 이와 같이 개인정보를 합리적으로 이용할 수 있는 영역도 적지 않고, 법의 테두리 내에서 합리적인 활용이 가능하다. 다만 개인정보를 활용할 수 있는 입구를 열어 놓더라도 본인 개인정보의 이용을 사후적으로 거부하는 의사를 밝히면 이에 대한 신속한 조치가 진행되어야 할 것이다. 현실적으로 「개인정보 보호법」 제20조에 의한 고지와 개인정보 처리의 정지 제도가 작동되어야 한다.[72]

(3) 위법한 활용의 경계

국민의 개인정보를 활용할 수 있는 범위와 활용할 수 없는 범위에 대한 명

---

[71] 참여연대, 디지털 뉴딜이 아니라 디지털 삽질, 2020. 9. 1. http://www.peoplepower21.org/Welfare/1730779.
[72] 손형섭, 앞의 논문(주 70), 29면.

확한 경계와 그에 따른 합리적인 범위의 활용이 중요하다. 약학정보원 사건[73]에서 약학정보원이 국민들 몰래 처방전 정보를 IMS 헬스라는 빅데이터 업체에 판매했다. 관련해서 건강보험심사평가원은 약학정보원의 PM2000 요양급여비용 심사청구소프트웨어에 대한 적정결정을 취소했고, 이에 대한 약학정보원의 행정소송 청구에 대하여 서울행정법원은 "건강보험심사평가원이 2011. 2. 25.경 약학정보원에 그 무렵 업데이트를 한 PM2000에 관하여 심사청구 소프트웨어로서 적정하다고 한 결정이 위법하게 잘못 이루어졌으므로 직권 취소의 법리에 따라 그 적정결정을 취소한다."는 취지로 약학정보원의 주장을 기각[74]했다.

2020년 디지털교도소 사건에서같이 무분별한 신상공개와 악의적인 신상공개를 통해 타인을 낚아서 명예 노예로 대우한 사례도 발생했다. 이러한 사이트를 통하여 밀양 집단성폭행 관련자라며 동명이인을 잘못 지명하는 등의 무고한 피해를 일으켰다. 디지털교도소의 잘못된 지적으로 극단적 선택을 하는 사람이 발생하였고, 어느 의대 교수가 성범죄자라 지칭되기도 했다. 피해자인 모 의대 교수는 허위사실적시 명예훼손으로 디지털교도소 운영자를 고소하였다. 운영자는 마약 혐의로 수배되어 외국에 머물다 최근 명예훼손, 개인정보침해죄로 체포되었다.

이처럼 개인정보의 위법한 제공, 침해에 대한 국가의 규제가 필요하다. 디지털교도소와 같이 개인정보를 위법하게 활용하는 사이트의 운용은 물론 정부에서 범죄정보 혹은 범죄예방 정보를 가지고 빅데이터 AI에 사용하려는 사업도 헌법과 「개인정보 보호법」의 취지와 범위 내에서만 허용되며, 법의 범위 밖의 위법한 활용 시도를 정부가 해서는 안 될 것이다. 여전히 개인정보 유출 사건(인터파크 사건[75] 등)이 발생하고 있다. 법에 따른 스마트한 데이터 수집·관리가

---

73 약학정보원은 IMS Health Inc.(지금은 QuintilesIMS Inc.가 되었다)의 한국지사 피고 한국아이엠에스헬스 주식회사와 업무협약을 체결하고, 2011. 1. 28.경 업데이트에서 위 정보를 동시에 약학정보원에도 암호화하여 전달하는 기능을 추가, 그 무렵부터 위 정보를 약학정보원 중앙서버에도 저장한 뒤, 이를 IMS에 제공하고 IMS로부터 대가를 지급받았다. 이동진, "개인정보 보호법 제18조 제2항 제4호 비식별화, 비재산적 손해 — 이른바 약학정보원 사건을 계기로—", 『정보법학』 제21권 제3호(2017), 255면.

74 서울행정법원 2017. 6. 22. 선고 2015구합81805 판결 [적정결정취소처분취소].

75 조선비즈, 2016. 8. 1. 서울YMCA, 개인정보법 위반 혐의 '인터파크' 검찰 고발 … "형사 처벌 촉구", https://biz.chosun.com/site/data/html_dir/2016/08/01/2016080101126.html.

필요하다. 빅데이터라고 모든 데이터를 무차별적으로 포함해서는 안 된다. 앞으로는 디지털 사업에서 보안사업과 개인정보 보호와 같은 비중이 더욱 커지고 관련 노동력의 수요도 더 늘어날 것이다.

(4) 실제 판결과 처벌

「개인정보 보호법」이 많은 형사처벌 규정을 두고 있지만 개인정보처리자에 해당하지 않는 개인정보취급자는 처벌을 하지 못한다. 2012. 7. 27. 경찰공무원인 피고인은 2015. 7. 22.경 위 C 사무실에서 피고인에게 지급된 경찰 휴대용 단말기로 자신의 장모인 G의 지명수배 내역을 조회하여 G가 서울동부지방검찰청 및 제주동부경찰서에서 각 체포영장을 발부받아 지명수배를 한 사실을 확인하고, 이를 피고인의 휴대전화로 카카오톡을 이용하여 자신의 처인 H에게 "① 어머니 체포영장 2개, ② 유사수신은 공소시효 2021년까지, ③ 하나는 사기 동부서에서 나온 거 2019년 공소시효"라고 전송하여 위 G의 수배 내역 등을 알려줌으로써 개인정보를 제공하였다.[76] 대법원은 피고인의 상고이유 중 직무유기, 공무상비밀누설의 점에 관한 주장은 배척하고, 「개인정보 보호법」 위반의 점과 관련하여 '피고인이 「개인정보 보호법」이 정한 "개인정보처리자"에 해당하지 아니하는 까닭에 피고인에게 「개인정보 보호법」 제71조 제2호, 제18조 제2항을 적용하여 처벌할 수는 없다'는 주장이 받아져, 피고인이 장모인 G의 수배 사실과 공소시효 등을 처 H에게 알려주었다 하더라도, 위와 같은 내용이 「개인정보 보호법」이 정한 "개인정보"에 해당한다 할 수 없고, 또한 이를 제공받은 피고인의 처 H는 G의 직계비속인 까닭에 「개인정보 보호법」 제71조 제2호가 정하는 "제3자"에 해당한다 할 수 없으므로, 결국 피고인의 위와 같은 행위는 개인정보보호법위반죄를 구성하지 아니했다.[77]

「개인정보 보호법」의 실효적 수단의 확보수단인 형사처벌과 과태료 과징금 등의 행정벌 규정은 모든 위반 사항에 대하여 중첩적으로 규정되어 있으나 수사실무에서, 「개인정보 보호법」 사건은 검찰에서도 기소하기 힘든 사건으로

---

[76] 제주지방법원 2018. 1. 11. 선고 2017노586 판결(직무유기, 공무상비밀누설, 개인정보보호법위반).
[77] 위의 판결.

인식되고 있다. 2018년 「개인정보 보호법」 위반으로 기소된 숫자는 1,865명 중 394명 구속, 기소 12명, 불기속 기소 55명, 약식 기소 327명이다. 불기소된 인원은 1,407명으로 혐의없음 1,177명, 기소유예 199명, 죄가 안됨 14명 등이며, 나머지 64명은 기소중지 또는 참고인 중지 처분된 것으로 확인되었다. 검찰에서 「개인정보 보호법」 위반의 기소율은 21.1%에 그치고 혐의 없음 처분 비율은 63.1%에 이르러, 전체 범죄의 기소율 40.1% 혐의 없음 처분 비율 16.%와 현격한 차이를 보인다.[78] 「개인정보 보호법」의 처벌규정은 형량에서도 전체적인 체계와 비례성이 결여되고, 중첩적으로 형사규제와 행정규제를 두고 있음에도 오히려 구멍도 많다. 그래서 실제로는 다른 형사범죄에 비하여 형사 처벌하기도 어려운 것이 현실이다. 결국 입법적 개선이 필요하다.

(5) 법안의 재개정안

2020년 데이터3법의 개정에도 불구하고, 필자는 「개인정보 보호법」이 EU의 적정성 평가와 같은 국제적인 기준에 맞추고, 관련 규범력을 합리적으로 규정하고 형사처벌 규정을 개선하기 위한 개정논의를 제기한 바 있다.[79] 2020년 개정 「개인정보 보호법」에서는 「정보통신망법」상의 개인정보 특례 규정들이 「개인정보 보호법」에 화학적 변화 없이 추가되는 등 여러 문제가 있었다. 이에 2020년 하반기부터 개인정보보호위원회는 개정법을 위한 연구위원회를 마련하여 2021년 1월 6일 개정안을 입법예고했다.[80]

2021년 입법예고된 개정안에서는 이미 기술한 개인정보 이동권이 도입(법안 제35조의2) 되었으나 「신용정보법」처럼 정보주체 외에도 전문기관에게 이동권을 인정(법안 제35조의3)하고 있다. EU의 GDPR에서는 정보주체가 명시적인 동의와 계약에 근거하여 다른 컨트롤러에 이송을 요구할 수 있다.[81] 우리법에서

---

78 한대웅, "개인정보보호법 형사처벌규정은 범죄자를 양산하는가?"에 대한 토론문, 4차산업혁명융합법학회·한국형사소송법학회·한국비교형사법학회공동학술대회(2020. 10. 30), 157면.
79 데이터3법 통과, 끝이 아닌 새로운 '시작점', 2020. 1. 28. http://www.epnc.co.kr/news/articleView.html?idxno=93687.
80 개인정보 보호법 일부개정법률(안) 입법예고, 개인정보보호위원회공고제2021-1호, 2021년 1월 6일, 개인정보보호위원회위원장. https://www.moleg.go.kr/lawinfo/makingInfo.mo?mid=a10104010000&lawSeq=62160&lawCd=0&lawType=TYPE5&currentPage=1&keyField=&keyWord=&stYdFmt=&edYdFmt=&lsClsCd=&cptOfiOrgCd=.

전문기관에 개인정보를 전송하는 것이 실제로 어떠한 경제적 효과가 있을 것이고 어떠한 개인정보 침해 우려가 발생할 수 있는지, 법 개정에서 세심한 규정 검토가 필요하다.[82] 2021년 「개인정보 보호법」 개정안에는 자동화된 의사결정권에 대응권(법안 제37조의2)을 도입하고 있다. 자동화된 의사결정에 대한 거부, 이의제기, 설명요구권을 신설하고 자동화 의사결정을 정보주체가 사전에 인식할 수 있도록 하는 내용이 추가되었다.[83] 그리고 공중위생 등 공공의 안전과 안녕을 위하여 긴급히 필요한 경우로서 일시적으로 개인정보를 처리할 수 있도록 하여(법안 제15조 제1항 등) 「감염병 예방법」 등과의 형평성을 도모하였다. 정보통신법상의 특례규정을 개보법 안에서 동일행위에 대한 동일처벌규정으로 변화하고 관련 규제의 일원화와 합리화를 도모한다. 형사벌의 요건을 "자기 또는 제3자의 이익을 목적"으로 정보주체의 동의를 받지 아니한 경우로 제안하고(법안 제71조), 과징금 규정을 정비하면서 상한액을 3%로 상향하고 있다. 개인정보 국외이전 방법도 규정(법안 제28조의8)하고 보호위원회의 국외이전 중지 명령 규정(법안 제28조의9)도 두었으나 개인정보의 회수 및 파기 규정은 두지 않았다. 기타 개인정보 보호 거버넌스를 강화하기 위하여 각 분야별 기업과 기관에서 자율규제(법안 제13조의2, 제13조의3)를 활성화하도록 하고 있다. 그리고 종래 처벌 범위 밖에 있던 개인정보취급자에 대해서도 처벌하는 규정을 두도록 하려 했다. 또한 드론, 자율주행차의 등장을 반영하여 이동형 영상정보처리기의 개인영

---

81 EU GDPR 제20조 개인정보 이동권.
82 개인정보보호위원회의 규제영향평가에서는 기술규제영향평가, 경쟁영향평가 등이 해당 없고 규제 샌드박스도 무관하다고 판단했다. 개인정보 보호법 규제영향분석서, 개인정보보호위원회(2020. 12. 23), 84~85면, 95~96면.
83 2021년 1월 6일 입법예고된 개인정보 보호법 일부개정법률(안) 제37조의2(자동화 의사결정에 대한 배제등의 권리) ① 정보주체는 다음 각 호에 따른 자동화된 개인정보 처리에만 의존하여 특정 정보주체에게 개별적으로 법적 효력 또는 생명·신체·정신·재산에 중대한 영향을 미치는 의사결정을 행한 개인정보처리자에 대하여 그 거부, 이의제기, 설명 등을 요구할 수 있다. 다만, 거부 요구는 제2호에 한한다.
　1. 제15조제1항제1호, 제2호, 제4호 2. 제15조제1항 제3호, 제5호, 제6호, 제7호
② 제1항에 따른 요구를 받은 개인정보처리자는 특별한 사정이 없는 한 그 요구에 따라 배제, 재처리, 설명 등 필요한 조치를 하여야 한다.
③ 개인정보처리자는 제1항에 따른 자동화 의사결정의 기준과 절차를 대통령령이 정하는 바에 따라 정보주체가 사전에 쉽게 인식할 수 있도록 알리는 등 필요한 조치를 하여야 한다.

상을 촬영하는 경우 사전에 촬영 사실을 표시하도록 했다(법안 제25조의2).[84] 향후 입법과정에서 다양하고 합리적인 논의가 반영될 필요가 있다.

3. 신용정보보호법 등

EU와 일본과의 적정성 평가에서 일본 개인정보보호법의 예외규정이 문제로 지적된 바 있었다. 대한민국의 「개인정보 보호법」에 대한 특별법으로는 「국세기본법」, 「식품위생법」, 「위치정보법」, 「디엔에이신원확인정보법」, 「자동차손해배상보험법」, 「금융실명거래법」 등이 있다. 「검찰 및 특별사법경찰관리 등의 개인정보 처리에 관한 규정」[85]에서는 「형사소송법」 제197조에 따른 특별사법경찰관리 등에게 「개인정보 보호법」 제23조, 제24조, 제24조의2에 따른 개인정보를 처리할 수 있는 근거를 규정하고 있다.

「신용정보의 이용 및 보호에 관한 법률」은 본래 "신용조사업제도의 개선이 행정쇄신과제로 대두됨에 따라 신용정보업을 건전하게 육성하고 신용정보의 효율적 이용과 체계적 관리를 기하는 한편, 신용정보의 오용·남용으로부터 사생활의 비밀 등을 적절히 보호함으로써 건전한 신용질서를 확립하기 위해 신용조사업법이 있었고, 이를 폐지하고 그 내용을 보완하여 새로이 「신용정보법」을 제정한 바 있다.

2020년 개정 「신용정보법」 제33조의2에 따라 개인신용정보의 주체인 본인은 본인 및 마이데이터 사업자 등에게 개인신용정보를 이전하도록 요구할 수 있다.[86] 최근 금융과 기술의 결합 현상이 심화하여 금융데이터 이외에 상거래 데이터도 신용평가 등에 사용될 수 있게 되어 일반 개인정보와 신용정보의 구분이 모호하다는 문제가 있다.[87] 그런데 「신용정보법」의 마이데이터 사업은 정보주체의 본인의 권리라기보다 마이데이터 사업 허가를 받은 사업자에게만 특

---

84 개인정보 보호법 일부개정법률(안) 입법예고, 개인정보보호위원회공고 제2021-1호, 2021년 1월 6일, 개인정보보호위원회위원장.
85 '검찰 및 특별사법경찰관리 등의 개인정보 처리에 관한 규정'(시행 2017. 3. 30. 대통령령 제27956호).
86 조정은, 최정민, "개인정보 이동권과 마이데이터 쟁점 및 향후과제", 『이슈와 논점』 제1767호 (2020). 10. 21, 3면.
87 조정은, 최정민, 앞의 보고서, 4면.

권을 주는 형태라서 문제가 있다.[88] 나아가 주문내역도 신용정보에 포함된다. 「신용정보법」 제2조 1의3호 마에서는 신용정보에 상법 제46조에 따른 상행위에 따른 상거래의 종류, 기간, 내용, 조건 등에 관한 정보를 신용정보로 규정하고 있다. 이렇게 금융거래 등 상법 제46조에 따른 기본적 상행위가 포함되어 신용정보에 포함되면 그 개념이 지나치게 확장되는 문제가 발생한다.[89] 신용정보를 판단할 수 있는 상행위 정보를 말한다고 해석하는데, 쇼핑정보도 신용정보에 해당한다고 하는 금융위원회의 주장에 문제가 있다. 「신용정보법」 제33조(개인신용정보의 이용)에서는 신용회사 등이 개인의 질병, 상해 등에 관한 정도를 개인의 동의를 받아 취급할 수 있도록 하는 규정까지 두고 있다.

이렇게 「개인정보 보호법」 외에 「신용정보법」을 두어 다른 특별법에 의하여 「개인정보 보호법」의 취지를 몰각시키고 있는 입법례는 EU나 일본 등의 국가에서 찾을 수 없다. 국가인권위원회에서도 사생활 침해와 관련하여 금융 마이데이터 사업자가 수집, 제공할 수 있는 신용정보의 항목에서 주문내역 정보를 삭제하도록 금융위에 권고한 바 있다.[90] 현재 상태는 「개인정보 보호법」으로는 개인정보를 보호하면서 「신용정보법」으로 신용정보에 해당하는 많은 개인정보를 활용하는 것을 시험하여 합리적인 법 정책 방향을 양방으로 시험하고 있는 것처럼 보인다. 이에 대한 합리적인 사전·사후적 검토가 필요한 상황이다.

4. 데이터 기본법 법안

(1) 법안의 내용

2020. 12. 8. 데이터가 수집·가공·생산·활용되어 혁신적인 산업과 서비스가 창출되는 데이터 경제 시대에 대비하기 위한 기본법으로 「데이터 기본법안」이 국회에서 제안되었다.[91] 과기정통부 정보통신정책과 관계자는 "디지털 뉴딜

---

88 同늅 이진규, "개인정보 이동권의 취지를 다시 살펴보다─개인정보 이동권은 과연 무엇을 누구를 위한 것인가?", 2020 KISA REPORT, Vol. 9.
89 이에 대하여 개인정보보호학회의 김민호 교수, 김현경 교수는 신용정보법 제2조 1의3호 마에서 규정한 상법 제46조를 삭제해야 한다는 의견을 강하게 제시한다.
90 법률신문, 2021. 1. 4. 강태욱, 개인정보이동권.
91 데이터 기본법안(의안번호 6182, 2020. 12. 8. 조승래 의원 대표발의).

의 핵심은 데이터 댐이고, 데이터를 활성화하기 위해 「데이터 기본법」을 추진
하는 것"이라고 했다.

종래 공공부문의 데이터를 규율하는 「공공데이터의 제공 및 이용 활성화
에 관한 법률」[92]은 국무총리 소속으로 공공데이터전략위원회를 두고 공공데이
터에 관한 정부의 주요 정책과 계획을 심의·조정하고 추진사항을 점검·평가하
는 업무를 한다(동법 제5조). 그리고 공공데이터활용지원센터를 한국지능정보사
회진흥원에 설치·운영하도록 했다(동법 제13조). 벌칙은 과태료 규정만 두고 있
다(동법 제40조). 「데이터기반행정 활성화에 관한 법률」[93]은 행정안전부장관 소
속으로 "데이터기반행정 활성화 위원회"를 두어 관련 정책을 추진할 수 있도록
했다(동법 제5조). 이 법들은 공공데이터와 관련된 법적 근거가 되었으나 민간
데이터의 경제·사회적 생산, 거래 및 활용 등을 위한 기본법제는 부재한 상황
이기에, 「데이터 기본법」을 제정하여 데이터로부터 다양한 경제적 가치를 창출
하고 데이터산업 발전의 기반을 조성하여 국민 생활의 향상과 국민 경제의 발
전에 이바지할 필요가 있다는 것이다. 그런데 우후죽순으로 만들어지는 데이터
법제들에 대한 국가적인 틀에서의 입법 플랜이 필요하다.

「데이터 기본법안」에서는 "데이터"를 다양한 부가가치 창출을 위한 재료로
결합, 가공 및 활용하기 위해 관찰, 실험, 조사, 수집 등으로 취득하거나 정보시
스템 및 '소프트웨어산업 진흥법' 제2조 제1호에 따른 소프트웨어 등을 통하여
생성된 문자·숫자·도형·도표·이미지·영상·음성·음향 등의 재료 또는 이들의
조합으로 처리된 것으로 정의(안 제2조)했다. 5년마다 관계 중앙행정기관의 장
과 협의를 거쳐 데이터산업 진흥 기본계획을 수립(안 제4조)하도록 했다. 정부는
다양한 분야와 다양한 형태의 데이터와 데이터상품이 생산될 수 있는 환경을
조성하여야 하며, 데이터생산자의 전문성을 높이고 경쟁력을 강화하기 위한 시
책을 마련(안 제9조)하도록 했다. 또한 데이터 자산의 보호를 위해 데이터 자산
에 대한 부정취득행위를 하지 못하도록 하며, 정당한 권한 없이 데이터생산자

---

92 '공공데이터의 제공 및 이용 활성화에 관한 법률'(이하 공공데이터법이라 함, 법률 제17344호,
2020. 6. 9.).
93 '데이터기반행정 활성화에 관한 법률'(이하 데이터기반행정법이라 함, 법률 제17370호, 2020. 6.
9., 제정).

가 데이터 자산에 적용한 기술적 보호조치를 무력화하는 행위를 하지 못하도록 (안 제12조) 하였다. 또한 데이터를 이용한 정보분석을 위하여 필요한 경우에는 타인의 저작물과 공개된 개인데이터인 데이터 등을 이용할 수 있도록 면책을 신설(안 제13조)했다. 이 조항은 본인의 동의와 법령의 예외적인 경우(제13조)에 타인의 저작물인 데이터 등을 이용할 수 있도록 하고 있는데 그 이용의 한계와 범위가 더욱 명확하게 규정되지 않으면 데이터 분석을 위해 저작권 등이 침해될 가능성이 있어 문제가 있었다. 결국 「데이터 산업진흥 및 이용촉진에 관한 기본법」(시행 2022. 4. 20. 법률 제18475호)에서는 국무총리 소속으로 국가데이터정책위원회를 두어 데이터에 관한 생산, 거래 및 활용을 하는 사항을 취급하게 했고 기획재정부장관·교육부장관·과학기술정보통신부장관·행정안전부장관·문화체육관광부장관·산업통상자원부장관·보건복지부장관·고용노동부장관·국토교통부장관·중소벤처기업부장관·방송통신위원회 위원장·공정거래위원회 위원장·금융위원회 위원장·개인정보보호위원회 위원장을 위원으로 두도록 했다.

데이터의 합리적 유통 및 공정한 거래를 위하여 공정거래위원회와 협의를 거쳐 데이터거래 관련 표준계약서를 마련하고, 데이터사업자에게 그 사용을 권고할 수 있도록(안 제21조) 하였다. 데이터 생산, 거래 및 활용에 관한 분쟁을 조정하기 위하여 데이터분쟁조정위원회를 두도록(안 제35조)했던 안이 「데이터산업법」 제21조(표준계약서), 제34조(데이터분쟁조정위원회 설치 및 구성) 등으로 입법되었다. 반면, 또한 「데이터 기본법」에서 논의되었던, 개인인 데이터주체의 개인데이터 관리를 지원하기 위하여 개인데이터를 통합하여 그 데이터주체에게 제공하는 행위를 영업으로 하는 본인 데이터관리업 허용(안 제16조)안과 정부가 데이터 거래소 등을 지원하는 사업을 할 수 있도록(안 제19조)하는 안은 제정법에서는 수용되지 않았다.

(2) 데이터 이동권

한편, 국내 SNS 싸이월드의 서비스 정지로 이용자는 자신의 사진 열람은 물론 이동권도 행사할 수 없었다. 이에 법안 제15조에서 데이터주체가 자신의 데이터를 제공받거나 본인데이터관리업자 등에게 본인의 데이터를 제공하도록 요청할 수 있도록 하는 데이터 이동권을 도입했다. 그런데 법안 제15조의 데이터 이동권 규정에서 데이터 전송 요구권의 주체는 데이터주체 본인 외에도 본인데이터관리회사, 대통령령으로 정하는 개인데이터처리자가 포함되어 있다. 따라서 싸이월드의 본인 사진의 데이터주체는 본인데이터관리회사에도 전송할 수 있는데 이 과정에서 데이터의 이동권의 오류 및 남용의 문제가 염려된다. 이미 데이터3법 중 개정 「신용정보법」 제33조의2에서 개인신용정보의 전송요구권을 인정하여 신용정보주체는 본인 외에 본인신용정보관리회사나 개인신용평가회사에 정보를 제공할 수 있도록 하고, 그 정보에는 개인의 상품거래 내용도 마이데이터 사업을 통해 거래할 수 있도록 한다는 규정이 도입되었다. 이것은 데이터 이동권으로 정보주체의 권리의 보장이라는 취지보다는 확장되어 데이터의 활용성을 높인 것이다.[94]

이에 대하여 최영진 개인정보보호위원회 부위원장은 "향후 「개인정보 보호법」 개정안에서도 데이터 이동권이 반영되며, 개인정보 이동권은 개인의 권리 보장이라는 권리인 만큼 가급적이면 「개인정보 보호법」에 규정되는 것이 바람직하다고 생각한다."는 의견을 제시했다. 데이터 관련 법제의 기본법은 「개인정보 보호법」이기에, 개인정보의 이동권이라는 개념은 개인정보자기통제권을 확장하여 구체화된 권리로서 개인정보주체의 권리이며 따라서 「개인정보 보호법」에서 규제하는 것이 타당하다고 생각한다. 따라서 「데이터 기본법안」에서의 데이터 이동권은 개정 「개인정보 보호법」에서의 반영되어야 한다. 법안에서 드러난 문제점을 잘 수정하여 입법한다면 데이터의 활용 가능성은 더 넓어질 것이다. 그러나 국가데이터전략위원회의 위상, 정보주체를 위한 데이터 이동권의 구현 문제, 데이터 관리업·데이터 거래소 등의 합리적 활용을 위한 세부 검토 사항이 여전히 과제로 남아 있다.

---

[94] 다만 관련 데이터 활용 업계에서는 마이데이터 사업에서 긴요한 데이터의 거래와 이동의 활로가 되기를 바라는 입장이다.

5. 데이터기반행정법

이미 2020년 6월 9일 제정된 「데이터기반행정법」은 데이터를 기반으로 한 행정 활성화가 입법 목적이다. 이 법에 따라 공공기관의 장은 공동 활용에 필요한 데이터를 데이터통합관리 플랫폼에 등록할 수 있고, 등록되지 아니한 데이터의 경우 이용 목적, 분석 방법 등을 명시하여 데이터 소관 공공기관의 장에게 제공을 요청할 수 있다(동법 제10조). 이를 통하여 데이터기반행정이 가능하도록 하는 기틀을 마련했다. 이 법 제5조에서 "데이터기반행정 활성화 위원회"를 행정안전부장관 소속으로 두도록 했다. 또한 공공기관의 장은 데이터기반행정을 활성화하기 위하여 필요한 경우 민간법인 등이 생산한 데이터의 제공을 요청할 수 있다(동법 제14조). 기타 이법은 데이터기반행정 표준을 제정·시행하고(동법 제17조), 데이터통합관리 플랫폼을 구축 운영할 수 있다(동법 제18조). 그리고 공공기관의 장은 해당 기관의 데이터기반행정 활성화에 관한 업무를 총괄하는 데이터기반행정 책임관을 임명하도록 하고(동법 제19조), 공공기관의 장이 데이터분석센터를 설치·운영할 수 있도록 했다(동법 제20조).

6. 지능정보화 기본법

위 '데이터기반행정 활성화 법'의 제정과 같은 날인 2020년 6월 9일 기존의 국가정보화 기본법이 지능정보화 기본법으로 전면개정 되었다. 본래 이법은 1995년 정보화촉진기본법[95]으로 국민 생활의 질적 향상과 국민경제의 발전을 도모하기 위하여 각 국가기관이 추진하고 있는 정보화촉진과 정보통신산업의 기반조성 및 초고속정보통신사업의 추진을 범국가적으로 일관성 있게 효율적으로 추진하기 위해 제정되었다.

이 법 제2호 제5항에서 지능정보사회를 "지능정보화를 통하여 산업·경제, 사회·문화, 행정 등 모든 분야에서 가치를 창출하고 발전을 이끌어가는 사회"라고 정의하고, 중앙행정기관에 관련 책무와 실행계획을 수립하도록 했다. 이법 제8조에서 지능정보화책임관을 두고 9조에서 지능정보화책임관 협의회를 두도

---

95 정보화촉진기본법(법률 제4969호 1995. 8. 4.).

록 했다. 이법에 따라 한국지능정보사회진흥원을 설립하고, 교육공무원이 지능
정보기업에 겸직을 할 수 있도록 했다(제25조). 2008년 정부조직 개편으로 정보
화 기능이 다수 부처로 분산되고, 정보화 촉진에서 정보 활용 중심으로 국가 정
보화의 패러다임이 변화하여 이에 부응하기 위해 국가정보화의 기본이념 및 원
칙을 제시하고 관련 정책의 수립과 추진을 위하여 국가정보화 기본법이 제정되
었다. 이법으로 정보격차해소에 관한 법률, 「지식정보자원관리법」은 폐지되고
「정보화촉진기본법」의 중요내용은 국가정보화 기본법에 흡수되었다. 한국정보
사회진흥원은 이법으로 정보화진흥원이 되었다.

　　전면개정된 지능정보화 기본법은 AI 시대의 범국가적 추진체계를 마련하
여 데이터·인공지능 등의 핵심기술 기반과 산업생태계를 조성하기 위한 것이
다. 이 법에 따라 초연결지능정보통신망의 상호연동, 데이터센터의 구축 및 운
영 활성화, 데이터의 유통·활용 등 지능정보화 기반 구축에 관한 내용을 규율
하고 있다.[96] 이법 제6조에서 과학기술정보통신부장관이 지식정보사회 종합계
획을 수립하도록 하고 정보통신 전략위원회의 심의를 거쳐 수립·확정하도록
했다. 제8조에서 중앙행정기관의 장과 지방자치단체의 장은 해당 기관의 지능
정보화 시책의 수립·시행 업무를 총괄하는 지능정보화책임관을 임명하도록 하
고, 지능정보화책임관 협의회를 두도록 했다(동법 제9조).

Ⅳ. 데이터 법제의 입법 방향

1. 규범성 확보를 위한 전체 디자인

　　코로나 감염병에서 K-방역도 「개인정보 보호법」과 「감염병 예방법」의 규
정에 따라 개인정보 침해 우려를 최소화하려는 노력과 함께 병행되었다. 앞으
로 데이터 댐과 같은 정책을 추진할 때 개인정보를 더 쉽게 활용하려는 여러
가지 시도가 계속될 수 있다. 하지만 K-방역에서 본 것과 같이 헌법의 가치
아래서 충분히 합리적인 새 시스템을 도입할 수 있다는 것을 명확히 하고 싶다.

---

[96] 정원준, "한국판 뉴딜 추진을 위한 '데이터 댐'관련 입법과제", 『Issue brief』 2020, vol. 1, 한국법제
　　연구원(2020), 7면.

「개인정보 보호법」과 같이 국내외에서 중요한 기본적인 법률의 규제방식에 대해서는 이론적이고 충분한 고민이 반영되어야 한다.

프라이버시 보호를 위해 설계단계에 '프라이버시 디자인'을 집어넣는 개념이 주목을 받았다. 캐나다의 Ann Cavoukian 박사는 1990년대에 프라이버시 디자인 7원칙[97]을 제시했다.[98] 그녀의 Privacy by Design 개념은 서비스의 기획 단계에서부터 프라이버시를 고려하여 정보주체자의 통제권을 보호하면서 시스템의 활용성도 고려했다. 이것은 프라이버시 원칙에 대한 강력한 운영을 의미하며, 개인은 서비스 또는 제품을 사용할 때 보호노력을 부담하지 않지만 자동적으로 개인정보가 보호되는 것으로 EU의 GDPR 규정의 핵심 부분에 영향을 주었다.[99]

근본적으로는 Privacy by Design 개념에 따라 데이터 관련 새로운 제도를 만들 때에 그 제도에 대한 사전평가가 진행되어야 한다. 즉, K-방역, 마이데이터 사업 등의 새로운 제도를 사용할 때 새 제도에 대한 개인정보 사전평가가 진행된 후 개인정보 침해 우려가 없도록 제도가 설계되는 것이 개인정보자기통

---

97 ① 사후가 아니라 사전, 구제가 아니라 예방(Proactive not reactive; preventive not remedial): 개인정보 보호는 사후 조치가 아닌 사전 예방대책으로 문제가 발생하기 전에 사생활 침해를 방지하기 위한 것이다. 개인정보 위험이 발생했을 때 사생활 침해를 해결하기 위한 구제책을 제공한다. ② 기본설정으로서 개인정보 보호(Privacy as the default setting): 정보 시스템과 비즈니스에서 개인정보를 자동으로 보호되는 것으로, 최고의 개인정보 보호를 제공한다. ③ 설계시 통합 개인정보 보호(Privacy embedded into design): 개인정보 보호는 설계시에 정보 기술, 조직과 사회 기반에 내장되어 있으며, 결과적으로 개인정보 보호 대책이 구성 요소의 중요한 기반 기능이다. ④ 제로섬(Zero-Sum)이 아닌 포지티브섬(Positive-Sum)(Full functionality-positive-sum, not zero-sum): 보안 및 개인정보 보호에 제로섬적인 접근이 아니라 모든 정당한 이익을 포지티브 "Win-Win"의 방식으로 대응한다. ⑤ 엔드 투 엔드 개인정보 라이프 사이클(End-to-end security-full life cycle protection): 데이터 라이프 사이클에 대응하여, 최초로부터 최후까지 정보 관리를 보증한다. ⑥ 가시성과 투명성(Visibility and transparency-keep it open): 모든 이해 관계자는 무엇이 정보기술, 조직과 사회기반에 관계하는지를 확인(시각화)하고, 기업 조직의 이념·목표에 대한 독립적인 검증(투명성)을 한다. ⑦ 사용자의 프라이버시 존중(Respect for user privacy-keep it user-centric): 시스템 설계자와 운영자는 기본 설정된 개인정보 보호 대책에 따라 적절한 통지, 허가 및 사용자 개인정보 보호에 대해 선택 가능한 기능을 제공한다. 즉, 개인을 중심으로 개인의 이익을 고려하고 존중해야 한다. Cavoukian, Ann, Privacy By Design-The 7 Foundational Principles, https://ww w.ipc.on.ca/wp-content/uploads/Resources/7foundationalprinciples.pdf.

98 http://www.soumu.go.jp/main_content/000199201.pdf.

99 EUROPEAN DATA PROTECTION SUPERVISOR, Opinion 5/2018 Preliminary Opioion on privacay by design, at 4. https://edps.europa.eu/sites/edp/files/publication/18-05-31_preliminary_opinion_on_privacy_by_design_en_0.pdf.

제권을 보장하는데 기여할 것이다. 관련된 제도로 개인정보 영향평가가 있는데 공공기관의 장은 개인정보파일의 운영으로 개인정보 침해가 우려되는 경우 개인정보 영향평가를 하고 그 결과를 보호위원회에 제출해야 한다(법 제33조 등). 그러나 현재 「신용정보법」에는 개인정보 영향평가 제도 자체가 없다. 이와 같이 빅데이터의 활용과 새로운 기술과 개인정보 보호를 양립해 인권으로서 개인정보를 보호하면서, 데이터의 합리적인 활용에 관한 효과적인 법적 틀이 요구된다.[100]

2. 규범의 명확화

2020년 데이터3법의 개정으로 「개인정보 보호법」도 개인정보 개념의 모호성을 해소하기 위해 보완이 이루어졌다고 한다. 즉 쉽게 결합하여 알아볼 수 있는 정보(결합용이성)에 추가로 정보의 입수 가능성 등 합리적인 고려를 하도록 하는 규정을 두었다.[101] 2019년 12월 행정안전위원회에서 이채익 법안소위원장은 20대 국회 개인정보보호법 개정안의 골자에 대하여, 추가 정보를 사용하거나 결합하지 않으면 특정 개인을 알아볼 수 없는 가명정보의 개념을 명시하고, 가명정보는 정보주체의 동의 없이도 통계작성, 과학적 연구, 공익적 기록보존 등을 위하여 예외적으로 이용·제공할 수 있도록 하여 가명정보의 산업 활용을 규정하였으며 기업 간 가명정보의 결합은 개인정보보호위원회 또는 관계 행정기관이 지정한 전문기관에서 할 수 있도록 하는 데이터 결합에 대한 명시 근거를 마련했다고 했다. 그런데 이후에도 가명정보와 개인정보의 다른 정보와 쉽게 결합할 수 있는지에 대한 기준은 여전히 논란이 되었다. 가명정보에 관해서도 법 제2조 제1항에서 가명정보를 "원래 상태로 복원하기 위한 추가 정보의 사용·결합 없이는 특정 개인을 알아볼 수 없는 정보"로 정의하였다. 물론 가명정보는 비밀키, 암호키(해시함수) 등의 키값을 보내 속성자와의 매칭을 통하여 재식별하는 가역처리로 개인정보가 될 수 있다.

---

[100] 庄司克宏·佐藤真紀·東史彦·宮下紘·市川芳治·山田弘, 『インターネットの自由と不自由』(法律文化社, 2017), 69면.
[101] 정원준, 앞의 보고서, 3면.

나아가 「개인정보 보호법」과 「신용정보법」의 조문상 기술 내용도 일부 상
의하여 그 구체적 해석에 차이가 존재한다.[102] 「개인정보 보호법」은 통계작성,
과학적 연구, 공익적 기록 보존 등을 위해 가명정보 처리를 인정한 반면, 「신용
정보법」은 이에 더하여 '상업적 목적'의 통계작성과 '산업적 연구'를 포함(동법
제32조)하고 있어 두 법률간 허용 범위에 차이를 보이고 있다.[103] 따라서 향후
입법과제는 이러한 혼란과 불명확함을 시정할 필요가 있다. 이것은 데이터를
다량으로 활용할 것을 전제로 한 데이터 댐의 논의에 선결문제이기도 하다.

3. 효과적인 규제 방법

(1) 데이터에 대한 규제 방법

로렌스 레식의 Code(1999)[104]나 선스틴 등의 Nudge(2008)[105]같은 연구에서
보듯이 정보사회에서 비형벌 규제, 네거티브 규제, 핀셋규제, 자율규제의 논의
가 제기된 지 오래되었다.[106] 법적 규율의 특성상 강제적인 집행방식을 원용하
므로, 영역에 따라서는 디지털 전환의 빠른 시기에 변화하는 기술에 대한 대응
으로 적합하지 않을 수 있다. 따라서 수범자의 자율성이 보장되고 유연한 대처
가 가능한 연성법(soft law) 형태의 규율과 관련 업계의 자율규제 등에 근거가
되는 윤리 규범이 함께 고려되어야 한다.[107]

이에 따라 2020년도에 등장한 데이터법제들에서는 과태료 규정만을 두는
경향이 특징적이다. 반면, 「개인정보 보호법」상의 형사처벌 규정, 과태료, 과징
금 규정을 볼 때, 최근 헌법이나 행정법 그리고 IT 관련 법제에서 오래전부터
화두가 되었던 자율규제, 공동규제, 정부규제 모델 등의 규제 모델에 대한 깊은

---

102 정원준, 앞의 보고서, 4면.
103 정원준, 위의 보고서, 4면.
104 Lawrence Lessig, Code and Other Laws of Cyberspace, Basic Books, 1999.
105 Richard H. Thaler & Cass R. Sunstein, Nudge: Improving Decisions about Health, Wealth, and Happiness, Yale University Press, 2008.
106 손형섭, "개정 개인정보 보호법에서 형사제재 규정의 헌법적 합리화 연구", 『헌법학연구』 제28권 제1호(2020), 169면.
107 선지원/조성은/정원준/손승우/손형섭/양천수/장완규, 『지식정보기술 발전에 따른 법제·윤리 개선방향 연구』, 『방송통신정책연구』 2019-0-01425, 정보통신정책연구원(2019. 12), 15면.

고민이나 포지티브 규제보다는 네거티브 규제, 그리고 "notice and take down" 과 같은 임시조치(「정보통신망법」 제50조) 등 다양한 규제 방식 중에 각 행위행태에 책임원칙에 부합하고 합리적이며 효과적인 수단을 최소한도로 사용하는 디자인이 필요하다. 그러나 2020년 「개인정보 보호법」에서도 금지행위에 대한 1대1의 형벌, 과태료, 과징금을 통한 중첩적 규제를 체계합성 없이 두고 있는 모습을 볼 수 있다. 개보법 관련 특별법들도 모두 과징금, 징벌적 배상, 법정 손해배상, 위반자에 대해 형사벌 위주로 제재수준을 강화하였으나,[108] 앞으로는 종래 학계의 비판 및 헌법 제37조 제2항에 근거한 필요최소한의 규제라는 개념에 따른 합리적인 고려가 필요하다. 2021년 「개인정보 보호법」 개정안에서는 자율규제단체(법안 제13조의2)와 자율규제단체 연합회(법안 제13조의3)를 규정한 점에서 진일보하였다. 지능정보화 기본법이 지능정보화 기술의 안전성·신뢰성·상호운용성 등을 확보하기 위한 기술기준 고시에 위반하여 지능정보기술을 활용하는 자에 대하여 과태료를 부과하도록 하는 규정(동법 제70조)만 둔 것은 참고할 만하다.[109]

(2) 규제의 합리화

우리는 「개인정보 보호법」의 규범성 확보를 위하여 형사처벌보다는 합리적인 규범성 확보를 위한 전체 디자인을 해야 한다. 그리고 민간영역의 개인정보 침해 문제는 손해배상과 과징금 규정으로 해결하고, 개인정보보호위원회의 행정권한의 확보를 위해 과태료를 인정하고, 형사벌은 비난가능성이 높거나 행정명령에 의도적으로 반하는 행위에 초점을 맞추어 처벌하도록 하는 「개인정보 보호법」의 규제 합리화 작업을 진행해야 한다.[110]

「개인정보 보호법」의 실효적 수단의 확보수단인 형사처벌과 과태료, 과징금의 행정벌 규정은 모든 위반 사항에 대하여 중첩적으로 규정되어 있다. 이렇다 보니 「개인정보 보호법」은 법을 지키는 사람에게는 엄청난 행동의 자유를

---

108 김일환, "초연결사회에서 개인정보보호법제 정비방안에 관한 연구", 『성균관법학』 제29권 제3호(2017), 45~46면.

109 물론 이 경우에도 과태료 부과 기준이 고시 위반이라고 규정하여 위반사항을 고시에 백지위임한 점은 아쉽다.

110 손형섭, 앞의 논문, 168면.

제약하게 되지만, 법의 경계선 사이를 걷거나 오히려 법을 위반하는 사람에게
는 제대로 작동되지 않는 법으로 취급되고 있다. 개인정보 침해사건에 있어, 정
보주체의 입장에서는 개인정보를 침해한 사람의 처벌보다 그에 따른 손해의 방
지와 구제에 더 큰 관심이 있으므로 형사처벌보다는 사법적·행정적 구제 방법
을 보다 확실하게 보완하는 것이 정보주체의 권익향상이라는 측면에서 절실하
다.[111] 대한민국의 「개인정보 보호법」은 정보주체의 사생활 침해 가능성을 고려
하여 중대한 권익침해행위는 형사처벌로, 단순한 절차규정 위반이라 법적 처리
기준 위반행위는 과태료를 부과하도록 해야 한다.

이미 「개인정보 보호법」에 대하여 형사처벌 규정을 보다 명확하게 규정하
여 적용범위의 불명확성을 제거해야 한다는 지적이 있었다.[112] 그런데 개보법
제59조에서 "개인정보를 처리하거나 처리하였던 자"에게 "1. 거짓이나 그 밖의
부정한 수단이나 방법으로 개인정보를 취득하거나 처리에 관한 동의를 받는 행
위, 2. 업무상 알게 된 개인정보를 누설하거나 권한 없이 다른 사람이 이용하도
록 제공하는 행위, 3. 정당한 권한 없이 또는 허용된 권한을 초과하여 다른 사
람의 개인정보를 훼손, 멸실, 변경, 위조 또는 유출하는 행위"의 각호에 금지 규
정을 두고 있는데, 이것이 개인정보처리자에 적용이 되고 개인정보취급자에게
는 적용이 되지 않는다는 판례와 개인정보보호위원회의 결정[113]에 따르면, 이법
에 적용되지 않는 개인정보취급자는 처벌할 수 없고, 관련 과태료 규정도 없
다.[114] 우리 법이 비교법적으로 많은 형사처벌 규정과 과태료 규정을 두고 있음

---

[111] 이성대, 앞의 논문, 49면.
[112] 이성대, 위의 논문, 39면.
[113] 개인정보보호위원회 결정, 2019. 11. 11. 의안번호 2019-22-354호.
[114] 관련 사례로, 경찰서에 온 민원인 여성에게 "면허증 발급을 위해 경찰서를 방문한 민원인의 개
인정보"를 토대로 사적인 연락을 한 경찰에 대하여, 전북경찰청이 민원인의 개인정보로 사적
연락을 한 A 순경 사건을 개인정보보호위원회에 유권해석을 의뢰하였고, 개인정보보호위원회
는 경찰서 민원실 소속 A 순경은 "개인정보를 처리하거나 처리하였던 자" 개인정보처리자가
아니라 취급자 정도로 봐야 한다며 관련 법을 위반한 것으로 보기 어렵다는 취지의 답변을 했
다. 이러한 해석은, 개인정보 보호법은 개인정보처리자라는 주체를 대상으로 한 법으로 '업무
목적으로 개인정보를 처리하는 기관, 단체 및 개인'을 뜻하고 단순 개인정보취급자는 따로 구분
해야 한다는 입장이다. 개인정보보호위원회 결정, 2019. 11. 11. 의안번호 2019-22-354호. 이 사
례에서 개인정보 보호법상의 제재조치는 불가하며, 별개로 A 순경에 대해 품위유지의무 위반으
로 징계절차를 진행했다. NEWSIS, 2019. 12. 9. http://www.newsis.com/view/?id=NISX20191209_

에도 현실적으로 개인정보취급자는 규제 밖의 대상자가 될 수 있다. 이러한 모순은 향후 입법 개선으로 해결할 것을 기대한다.

전체적으로 「개인정보 보호법」에 의해 개인정보 자기 통제권을 실현하고 규범력을 확보하기 위한 전체디자인을 다시 해야 한다. 기본적으로 민간영역의 개인정보 침해 문제는 손해배상과 과징금 규정에 의해 해결하고, 개인정보보호위원회 등의 이 법에 따른 행정권한의 확보를 위해 과태료를 인정하고, 형사벌은 비난가능성이 높거나 행정명령에 의도적으로 반하는 행위에 초점을 맞추어 처벌하도록 한다. 이를 통해 국민의 개인정보 자기 통제권과 시민의 자유를 보장하고 침해하지 않도록 법의 구조 개혁이 지속해서 추진되어야 한다.

4. 정보주체의 권리 현실화

EU의 GDPR에서 개인정보 보호권을 제시하며 ① 정보주체의 권리 현실화 방안으로 전술한 고지를 받을 권리, ② 정보접근권, ③ 정정청구권, ④ 삭제청구권, ⑤ 처리정지청구권, ⑥ 개인정보이동권, ⑦ 사후적 처리거부권, ⑧ 프로파일링 거부권, ⑨ "프로파일링을 포함한 자동결정에 대한 이의제기권"과 같은 권리를 인정하고 있다. 국내에서도 데이터의 분석과 인공지능에 의한 효과적인 공공재의 확대에 비례하여, 알고리즘 자동의사결정으로부터 개인을 보호할 권리를 인정하는 방식으로 사람의 개입권이 확대되어야 할 것이다. 이것은 개인정보자기통제권의 확장으로서 자신에 대한 정보가 어떠한 방식으로 프로파일링되어 자동의사결정에 사용되는 지에 대한 일정한 통제권으로 이해될 수 있다. 즉 컴퓨터가 인간을 평가 하는 것, 즉 개인의 신용능력과 보험계약 체결 적격에 대한 평가 등을 자동적으로 판단하게 되는 데에 일정한 정보주체의 관여와 국가의 보호의무가 규정될 필요가 있다.

국내에서도 그 인정 근거를 헌법 제10조, 제17조, 제37조 제1항 등에서 찾고 있는 잊힐 권리의 인정확대도 필요하다.[115 · 116] 넓게는 모든 정보주체의 권

0000854464&cID=10808&pID=10800.

115 허완중, "잊힐 권리에 관한 헌법적 검토", 『헌법학연구』 제26권 제3호(2020), 122면 이하.
116 잊힐 권리의 경우 정보의 삭제나 접근 배제를 구글과 같은 기업에 요청하는 청구권적인 성격을

리는 헌법 제10조의 인간의 존엄에 연결되며 이로부터 도출되는 일반적 인격권 및 행복추구권, 헌법 제17조, 제18조와 기타 제37조 제2항의 권리와 연결된다. 잊힐 권리와 혹은 삭제청구권(right to explanation)은 인공지능의 정확도를 떨어뜨릴 가능성이 있다는 지적[117]이 있지만, 신뢰할 수 있는 AI, 인간을 위한 AI의 인공지능 윤리가 정리되어감에 따라 인간을 위한 권리의 보장과 인공지능의 정확도를 높이는 양방향의 연구가 합리적인 위치정립을 할 수 있도록 기술과 법의 노력이 필요하다.

5. 보호위원회, 금융위원회, 데이터 기관의 관계 정리

(1) 보호위원회의 역할

시민단체는 데이터만 보고 있는 정부가 결국 개인정보를 침해하는 법과 정책을 실시하고 있다고 비판한다. 따라서 정부가 논의하는 민간데이터 통합관리의 컨트롤타워는 데이터청 등의 신설로 종래 개인정보보호위원회를 중심으로 한 보호 체계를 파괴할 것이라고 우려한다. 디지털 뉴딜에서는 "범국가적 데이터 정책 수립, 공공 민간데이터 통합관리, 연계, 활용 활성화, 데이터 산업 지원 등을 위한 민관합동 컨트롤타워 마련"이라는 여지를 남겼다. 공공데이터 주무기관과 통계청 등도 존재하는 마당에 별도의 기구를 둘 필요가 있는지도 의문을 품고, 공공·민간데이터 통합 관리, 연계, 활용 활성화를 명분으로 자칫 개인정보보호위원회의 권한까지 무력화하려는 것[118]이라고 비판되었다.

이 비판은 데이터관련 기구를 어떻게 만드는지에 따라 평가가 달라질 수 있다. 그런데, 개인정보보호위원회가 법 개정으로 「정보통신망법」에 의해 부여되었던 방송통신위원회의 인터넷상의 개인정보에 관한 권한을 통합하게 되었으나 여전히 신용정보보호법에 의해 핵심적인 개인정보인 신용정보에 관하여 금융위원회와 함께 권한을 갖도록 규정하여 실질로 개인정보의 컨트롤 타워의 역할을 하지 못할 상황에 있다.

갖게 된다.
117 이인호, 앞의 논문(주 37), 207면.
118 정보인권, "디지털 뉴딜, 정보인권과 함께 가야 한다.", 2020. 7. 17. http://act.jinbo.net/wp/43192/.

예전부터 정부부처는 개인정보에 관한 권한을 각기 다른 기관이 갖고, 각기 다른 방식으로 권한을 놓치지 않으려는 기관 이기주의적 행태가 존재했다. 이러한 상황은 미국을 제외한 세계가 주목하고 있는 EU의 개인정보 보호체계와는 거리가 멀다. 매년 정부는 EU와의 개인정보 이전 적정성 평가를 인정받겠다고 하지만 실제 일관된 컨트롤 타워를 두지 못한 법과 행정체계에서 정부의 그러한 발표가 수년째 무위로 끝났다는 것을 유념하고 개선할 필요가 있다.

(2) 관계 정리

공공데이터법은 국무총리 소속으로 공공데이터전략위원회를 두고, 데이터산업법에서는 국무총리 소속으로 국가데이터정책위원회를 설치하도록 한다. 「데이터기반행정법」에서는 "데이터기반행정 활성화 위원회"를 행정안전부장관 소속에 둔다. 지능정보화 기본법상 등의 정보통신 전략위원회, 그리고 중앙행정기관과 지방자치단체에서 임명하는 지능정보화책임관의 기능과 역할의 합리적인 조정이 필요하다. 디지털 사회에서 합리적 거버넌스를 위한 협의체제를 만드는 것도 중요한 한편, 관계 기관의 업무 협조 및 업무 중첩방지를 고려한 조직 정비가 필요하다.

특히, 개정 「신용정보법」에서 신용정보가 여전히 금융위원회의 소관사항으로 남아있어 개인정보에 관한 실질적 관할의 통합이라는 면에서 미흡하다. 우리는 「신용정보법」이 개인정보보호위원회를 통한 일관된 문제 해결 창구를 만드는 취지를 손상케 하고 있어 향후 EU와의 적정성 평가에 걸림돌이 될 수 있다. 「신용정보법」에서 마이데이터 사업자 등을 새로운 성장동력으로 삼으려고 하며 개인신용정보의 이전을 요구할 수 있는[119] 마이데이터 사업은 EU GDPR의 "데이터 이동권"과는 의도가 달리 정보주체의 본인의 권리가 아니라 사업 허가를 받은 사업자에게만 특권에 해당한다[120]고 비판되었다. 신용정보보호법의 신용정보를 통하여 개인정보 활용의 테스트베드(test bed)처럼 활용하고 있다. 이러한 제도가 개인정보에 관한 정보주체의 통제권을 보장하면서 데이터

---

[119] 조정은, 최정민, 앞의 보고서, 3면.
[120] 同旨 이진규, 앞의 보고서, VOL9.

의 적법한 활용을 가능하게 하는 장치로 추진되어야 할 것이다.

데이터 청이라고 하면 독일의 "연방데이터보호·정보자유커미셔너(Bundes-beauftragter für den Datenschutz und die Informationsfreiheit)[121]"와 같이 데이터를 보호하고 정보공개에 관한 업무를 하는 기구와 혼동할 수 있다. 독일의 주 데이터 보호위원(Der Landesbeauftragte für den Datenschutz LfD, 주 데이터 보호 위원)은 주의 데이터 보호 문제에 대해 주의 공공 기관을 모니터링하고 조언한다. 따라서 데이터 청이라는 개념과 데이터 댐이라는 개념을 혼용해서는 안 된다.

과거 개인정보가 미래 사회에 중요한 이슈라고 보고 방송통신위원회, 개인정보보호위원회, 금융위원회가 「정보통신망법」, 「개인정보 보호법」, 「신용정보법」으로 각기 권한을 쥐고 있어, 2020년 데이터3법의 개정과 같이 어려운 권한 조정이 필요했다. 그런데 최근 데이터 관련 법안들이 다투어 각 기관에 데이터에 관한 분산·중첩된 권한을 설정하여 불합리한 데이터 규제 체계를 만들려는 모습을 보인다. 이와 같은 부처의 이기주의적 입법 태도는 경계해야 한다. 앞으로 데이터 보호에 대한 개인정보보호위원회와 각 정부 부처의 역할과 협력이 가능하도록 데이터 법제 전체와 부분의 합리적인 입법 검토와 추진이 진행되어야 할 것이다.

V. 맺으며

코로나19로 인한 팬데믹과 4차 산업혁명이 결합하여 비대면 근무, 비대면 교육, 비대면 의료의 형태로 디지털 전환(DX)이 가속화되고 있다. 코로나 19로 디지털, 언컨택트 시장은 급성장하고, 실물 자영업자들의 경제는 급랭했다. 디지털 전환으로 1차 산업은 스마트팜, 2차 산업은 스마트팩토리, 3차 산업은 인간의 노동력을 대신하는 다양한 디지털 방식이 도입될 것으로 보인다. 이러한 시기에 정부의 디지털 뉴딜 정책은 어느 정권만의 향유물이 아니라 대한민국 전체에서 합리적인 구현이 필요한 범용성 과제이다. 이러한 정책은 특정 정권과 집권자에 상관없이 세계적인 흐름이자 우리가 나아가야 할 방향이다. 따라

---

121 BfDI https://www.bfdi.bund.de/DE/Home/home_node.html.

서 2020년대의 시작과 함께 구준히 정책적으로 관련 법적으로 디지털 뉴딜 정책의 실효적인 추진이 진행되어야 한다.

　앞으로 더 많은 데이터 노동자가 필요하여 조선 시대 농자천하지대본과 같이 데이터 천하지대본이라는 말이 적용될 정도의 데이터와 디지털화된 시스템이 우리 사회에 많은 변화를 끌어낼 것으로 전망한다. 그러나 이러한 디지털 뉴딜과 디지털 전환의 성공과 헌법에 따른 국민의 기본적 인권과 공공재의 제공과 합리적인 이해관계의 조정을 현실적으로 실현하기 위해서는 관련 기본법에 해당하는 「개인정보 보호법」을 중심으로 데이터법제의 합리적인 제·개정이 계속 검토되어야 한다. 지금 개인정보의 합리적인 보호와 활용을 위하여 개인정보 보호법의 전체 체계에 대한 디자인을 다시 해보고 처벌규정의 비범죄화 작업에 착수해야 한다. 체계 없이 많은 형사처벌 규정을 포함한 개인정보 보호법으로 인공지능과 빅데이터 시대에 데이터의 사회 복리에 맞는 활용은 요원하다.[122]

　데이터 법제의 합리적인 규제를 위한 디자인을 하면서 디지털 뉴딜 사업을 추진하여 디지털 사회의 효과적인 구현을 이루어가야 한다. 그리고 데이터 법제의 입법에서, 효과적인 정보주체의 권리확보, 자율규제, 공동규제, 업계의 임시조치, 손해배상 규정, 징벌적 손해배상 규정, 그리고 정부의 행정규제, 행정제재, 형사제재 규정 전체를 조망하여 합리적으로 입법·적용되어 법의 테두리 안에서의 데이터의 합리적인 활용 기회를 계속 열어주어야 할 것이다. 그리고 각 기관의 부처 이기주의에 따른 입법 과잉현상에 대한 경계도 잊지 말아야 한다.

---

122 손형섭, 앞의 논문, 199~200면.

제8장

디지털 전환에 의한
미디어 변화와 언론관계법 변화

손형섭

Ⅰ. 들어가며

언론·출판의 자유는 사람들이 삶을 소통하도록 하여 인격·개성을 발현하고 신장하며 자아실현을 도모한다. 그리고 언론·출판의 자유는 정치적 결정에 관련한 의사들이 자유롭게 형성되고 개진할 수 있게 하여 민주정치를 가능하게 하는 근본이 된다. 여기서 언론은 구두에 의한 표현을 출판은 문자 또는 상형 (象形)에 의한 표현을 말한다.[1] 우리와 유사한 규정을 두고 있는 일본 헌법 제21조는 "집회, 결사 또는 언론, 출판 기타 일체 표현의 자유를 보장한다."고 규정하여 언론은 표현활동의 하나이며 보도·취재의 자유, 방송·인터넷 표현도 표현의 자유로 보장된다.[2] 대한민국 헌법상 언론도 미디어 매체에 한정하지 않은 개인 미디어나 개인 페이스북과 블로그 기타 모든 국민의 표현이 그 자유의 대상이 된다. 그리고 언론·출판의 자유는 정치적 의사들이 자유롭게 형성되어 민주정치를 가능하게 하는 근본이 된다.[3] 이러한 헌법적 가치를 실현하기 위하여

---

1 성낙인, 『헌법학』(법문사, 2020), 1257면.
2 辻村 みよ子, 『憲法』(日本評論社, 2004), 215면 이하.

언론매체는 다양한 헌법상의 지위를 보장받으면서 그 사명을 다해야 한다. 그런데 21세기, 소위 4차 산업혁명을 통한 정보융합과 지능정보화 사회의 도래로 신문·방송·출판과 같은 종래 언론매체에 더하여 다양한 뉴미디어가 출현하여 융합·변화하고 있다.

이러한 상황에, 여당 의원이 특정 정치관련 기사가 포털 사이트의 메인뉴스에 반영된 것을 보고 보좌관에게 포털 사이트 관계자를 불러들여 이의 제기하라고 한 사건이 여권발 언론통제 논란으로 제기되었다.[4] 이것은 디지털로 전환되는 뉴스, 미디어에 대한 편집, 관련 알고리즘과 종래 논의된 확증편향 문제가 연관된다. 이 논문에서는 디지털 트랜스포메이션에 의한 미디어의 변화와 관련 언론법의 변화를 연구한다. 그리고 미디어에서 알고리즘을 통하여 순위를 추천하는 등의 경우 관련 알고리즘을 공개함은 물론 이의제기 방법, 이의 검토 과정을 설정하여 투입되는 정보와 알고리즘을 통해 분석·배치되는 정보를 시청자위원회(「방송법」 제87조) 등에서 전문가들과 함께 검토하고 공론화하는 절차를 만드는 논의를 진행한다.

Ⅱ. 디지털 전환과 미디어의 변화

1. 디지털 트랜스포메이션

디지털 혁신은 여러 가지 이름으로 진행되었고, 여기에 미디어의 디지털에 의한 변화 또한 종래 전통적 레거시 미디어의 변화와 뉴미디어의 출현에 디지털에 전환에 따른 변화가 중심이 되었다. 디지털 전환(Digital Transformation)은 흔히 DX라고도 하며 디지털기술을 침투시키는 것으로 인간생활을 보다 좋게 개혁하는 것이며, 기존 가치관과 구조를 밑바닥부터 뒤집으려는 혁신적인 이노베이션을 초래하고 있다.[5] 유사한 용어로는 Digitization과 Digitalization이 있다.

---

3 정재황, 『신헌법입문』(박영사, 2020), 459면.
4 한겨레, 2020. 9. 9. [사설] http://www.hani.co.kr/arti/opinion/editorial/961514.html.
5 손형섭, "디지털 전환(Digital Transformation)에 의한 지능정보화 사회의 거버넌스 연구", 『공법연구』 제49집 제3호(2021. 2), 202면.

디지털 혁신이란 클라우드 컴퓨팅, 빅데이터, IoT 및 AI의 교차점에서 발생하며 오늘날 시장 전반의 산업에 필수적이다. 일부에서는 이를 모든 조직에 적용되는 디지털 기술의 힘으로 설명한다. 일부에서 이를 경제적 가치, 민첩성 및 속도를 위해 디지털 기술과 고급 분석을 사용한다고 말한다.[6·7]

디지털 전환에서는 외부 환경의 현재 상태는 VUCA[8]로 설명한다. 그리고 디지털 전환은 정보의 4V[9]실현을 통해 빅데이터에서 가치를 추출하는 조직의 능력에 영향을 준다. 빅데이터의 관리 요구 사항은 복잡하지만, 차세대 기술의 가용성은 조직이 문제를 해결하는 데 필요한 도구를 제공한다.[10] 소셜 미디어 플랫폼, 빠른 인터넷 및 스마트 폰의 조합은 우리의 의사소통, 네트워크 및 비즈니스 수행 방식에 사회적 변화를 가져왔다. 단순하게는 디지털 전환은 모든 형태의 개인 및 조직 커뮤니케이션을 가속하기 위해 스마트 폰을 사용한다는 점이 특징이다.[11]

2. 미디어의 변화

(1) 방송 미디어

2000년 후반에 등장한 스마트폰, 초고속인터넷, 클라우드 컴퓨팅 등의 IT기술과 관련 산업의 발전은 정보 사회를 고도화시켰으며 소셜네트워크서비스(Social Network Service)는 우리의 미디어 이용환경을 급격하게 변화시켰다.[12] 이

---

6 Thomas M. Siebel, Digital Transformation: Survive and Thrive in an Era of Mass Extinction. RosettaBooKs, 2019, at. 11.

7 디지털 전환에는 아날로그 정보를 디지털화하는 국소적인 Digitization을 행하는 것이 있다. 그리고 프로세스 전체도 디지털화하는 전역적인 Digitalization으로 새로운 가치를 창조하는 것이 있다. 결국 사회적 영향을 만들어내는 것이 Digital Transformation라고 할 수 있다. Id, at. 18.

8 VUCA는 변동성(Volatility), 불확실성(Uncertainty), 복잡성(Complexity) 그리고 모호성(Ambiguity)을 말한다. 우리가 개별적으로, 집단적으로, 조직적으로 자신을 발견하는 선진국의 현재 상태를 설명한다. VUCA의 상태는 지속적으로 가속화되고 있으며 주로 소비자 디지털 기술의 채택이 증가함에 따라 발생했다. 그러나 1차 산업혁명 이후 VUCA가 가속화되고 있음을 인식하는 것도 똑같이 중요하다. Alex Fenton, Gordon Fletcher, Marie Griffiths, Why do srategic digital transformation? in Strategic Digital Transformation A Results−Driven Approach, Routledge, 2020, at 6.

9 속도(Velocity), 용량(Volume, 다양성(Variety), 그리고 진실성(Veracity).

10 Thomas M. Siebel, *supra note 6*, at. 81.

11 *Id*, at 8.

12 손형섭, 『4차 산업혁명기의 IT·미디어법』(박영사, 2020), 2면.

미 인터넷 매체를 통한 의사표현과 전달방식이 표현의 자유가 행사되는 비중과 역할을 확대했다. 인터넷 디지털 매체를 통한 정보 제공과 표현물의 양은 급격히 늘어가고 있다. 이에 따라 인터넷 매체를 통한 표현의 영향도 날이 갈수록 커지고 있다. 매체에 디지털화가 급속히 진행되고 있다.[13] 이런 디지털 정보는 손쉽게 저장되고 복사되며, 인터넷을 통하여 전 세계에 실시간으로 전파되는 것이 특징이다. 따라서 종래 미디어보다 트위터, 페이스북, 인스타그램의 뉴미디어가 영향력을 높이고 있다. 구글은 알고리즘을 통해 각 언론정보를 배열하여 제공하고 있다.[14]

과거 인류의 역사에 따라 커뮤니케이션의 방식은 변화해 왔으나 최근 인터넷을 통한 디지털 매체를 활용한 변화는 과거 변화 속도에 비견될 수 없이 빠르다. 지상파방송은 물론 종합유선방송(SO), 케이블방송, 위성방송, 이동멀티미디어방송(DMB) 등의 방송매체가 꾸준히 성장해 왔고, 홈쇼핑 전문채널과 같이 유료 방송채널사용사업자(PP) 채널 사업자도 등장하여 YTN 등의 뉴스전문 채널의 역할도 지속되었다.[15] 인터넷이 핵심 미디어로 부상하여 인터넷TV(IPTV: Internet Protocol TV)가 성장하여 기존의 4대 전통적 미디어인 TV, 신문, 라디오, 잡지 등에 비해 그 영향력이 증가하고 있다. 또한 인터넷에 의해 새로운 비즈니스 모델이 창출되고 있다. 미디어 융합은 방송, 통신 및 인터넷의 융합을 의미하며 인터넷을 통하여 언제, 어디서나 원하는 미디어 콘텐츠를 액세스 할 수 있다. 또한 미디어를 액세스하기 위하여 방송과 통신 영역을 구분하는 것은 의미가 없게 됐다. IPTV의 예에서 보듯이 미디어 업계와 IT업계의 영역도 갈수록 무너지고 있다. 자동차·조선·건설·의료·국방·환경·에너지 등 전통 산업이 인터넷 기술과의 융합으로 경쟁력을 확보하거나 효율성을 추구한다.[16]

이러한 배경에서 이미 방송을 인터넷으로만 송출하는 인터넷 방송으로의 확대로 2005년 아프리카TV를 시작으로 유튜브TV, 네이버TV, 카카오TV 서비스

13 이승택, 뉴미디어 시대의 알고리즘과 민주적 의사형성, 지능정보사회에서 방송의 자유와 미디어의 공적 책임, 서울대학교 공익산업법센터·한국비교공법학회 공동학술대회(2020. 10. 23), 6면.
14 이승택, 위의 발표문, 6면.
15 김정배, "방송·방송관련제도의 특성과 필요성", 『언론과 법의 지배』(박영사, 2007), 333~336면.
16 손형섭, 앞의 책, 31면.

가 실시되었다. 초기 인터넷 방송은 수익을 위한 것이 아니라 자발적인 언론의
자유와 액세스권의 실현을 위한 것이었고, 이후 선정적인 방송이 포함된 상업
적인 방송이 VJ의 등장과 함께 시작되었다. 지금은 유튜브TV, 네이버TV, 카카
오TV에서는 광고를 매개로한 수익모델을 추축하고 있어 이를 상업적으로 운영
하는 유튜버, 크리에이터, PD와 같은 운영자들이 활동하고 있다.[17] 방송의 제작
환경도 인공지능(Artificial Intelligence)을 활용한 방송 제작 시스템이 도입되고 있
고 이를 "AI−Driven Smart Production"이라고 하며 일본 NHK에서는 인공지능
을 활용한 차세대 제작 기술을 활용한 방송 프로그램 제작 시스템을 총칭하여
스마트 프로덕션이라고 부른다.[18]

(2) 신문·출판 매체

스마트폰의 등장으로 언론계에서 무료 신문이 사라졌다.[19] 또한 언론에서
큰 수고와 비용이 드는 탐사 보도가 줄어들었다.[20] 또한 신문은 인터넷 신문의
활용도에 밀려 종이신문이 원본인지 인터넷 신문이 원본인지 알 수 없게 되었
다. 신문사 입장에서는 여전히 종이신문 구독자가 소중한 고객일 수 있지만[21]
이미 많은 신문사는 종이신문 구독자에게 인터넷신문의 유료 구독자 권한을 주
고 있다. 이미 국내 언론사는 2021년부터 신문의 완전 디지털화를 구상하고 있
다.[22] 신문사는 신문기사를 앱을 통해 무료 혹은 유료로 제공하고 선거보도도
실시간 상황정보를 신문사의 애플리케이션 등을 활용한 플랫폼으로 제공할 수
있다.

신문에서 일단 오보가 생겨도 인터넷 신문에서는 사후에 이를 신속하게 수
정할 수 있다. 경우에 따라서는 인터넷 기사의 내용이 수시로 바뀔 수 있어 무

17 아프리카TV, 유튜브TV, 네이버TV, 카카오TV외에도 팬더TV, 윙크TV, 지플레이, 꿀TV, 라이브스
타, k−live와 같은 인터넷 방송이 있다.
18 고찬수, 『인공지능 콘텐츠 혁명』(한빛미디어, 2018), 103면.
19 강준만, "SNS 모바일 유튜브 시대의 언론 기술결정론의 독재를 넘어서", 『인물과사상』 251권
(2019. 3), 50면.
20 강준만, 위의 논문, 51면.
21 경향신문, 2010. 10. 20. [기자칼럼] 종이신문은 놀림감이 아니다, http://news.khan.co.kr/kh_news/
khan_art_view.html?art_id=202010200300025.
22 한겨레, 2020. 10. 29. 한겨레 "2021년, 편집국 100% 디지털 전환" http://www.mediaus.co.kr/news/
articleView.html?idxno=196859.

엇이 본래기사인지 알 수 없게 된다. 이러한 인터넷 신문기사를 근거로 한 위조변조가 쉬워서 가짜뉴스, 즉 허위정보의 생산에 기본 소스로 활용될 우려는 커진다.[23] 오보와 조작정보도 종이신문과 원본자료를 블록체인으로 보관·인증하는 시도가 필요하다. 그리고 인터넷 신문에서 동영상으로 기사를 제공하는 것도 늘게 됐다. 책도 디지털북으로의 변화가 진행 중이다. 대한민국에서도 코로나 이후 세대는 디지털북을 주 매체로 활용하게 될 가능성이 높다. 따라서 종래책의 디지털화와 새로운 콘텐츠의 디지털 제작이 꾸준히 주목받게 된다.

(3) 광고

방송에서 광고는 민영방송 수입의 대부분에 해당한다. 공영방송과 민간방송에서는 중간광고, 가상광고, 간접광고 등의 형식을 활용하고 있다(「방송법」 제73조). '방송광고판매대행 등에 관한 법률'에 따라 방송사업자에 대한 제약이 있고, 이를 위해 방송통신위원회는 방송광고 매출현황 자료의 제출을 요구할 수 있도록 했다(「방송법」 제73조의2). 인터넷 방송에서도 이를 준용한다(「인터넷 멀티미디어 방송사업법」 제21조 제4항).[24] 그런데 인터넷을 활용한 광고의 발달로 이러한 규제에 근거한 방송광고 시장의 위축은 계속되고 있다.

이러한 상황에 2021년 ABC협회[25]의 유료 부수조작 의혹 사건이 발생하여, 「정부광고법」[26]에 따른 보조금 산정 기준에 근거가 되는 유료부수가 과도하게 책정되어 정부의 광고비도 과다 산정되는 문제가 국회에서 논란이 되었다.[27·28] 이미 디지털 전환으로 종이신문의 유료 발행 부수는 현실적인 정책에 근거 자

---

23 언론사는 종이신문을 발부한 후에도 인터넷 기사를 위와 같이 임의로 수정하기도 한다. 따라서 신문의 내용에 문제가 있다면 처음 발간한 종이신문 기사를 대상으로 삼는지 아니면 이후 변경된 인터넷 기사를 문제로 삼는 것이 확정할 필요가 있다.

24 최우정, "방송법상 광고규제의 체계정당성에 관한 연구", 『언론과 법』 제18권 제1호(2019. 4) 참조.

25 ABC는 Audit Bureau of Certification의 약자로 신문·잡지·웹사이트 등 매체량의 공식적인 조사기구이다. 신문, 잡지, 뉴미디어 등 매체사에서 자발적으로 제출한 부수 및 수용자 크기를 표준화된 기준위에서 객관적인 방법으로 실사, 확인하여 이를 공개하여 매체사의 경영합리화와 광고수익의 산정 기준으로 사용된다. 세계 ABC의 국제기구로는 국제ABC연맹(IFABC), 아시아·태평양ABC연맹(APABC), 유럽ABC연맹이 있다.

26 '정부기관 및 공공법인 등의 광고시행에 관한 법률'(법률 제15640호, 2018. 6. 12. 제정).

27 미디어 오늘, 2021. 2. 24. ABC협회 부수조작 의혹에 답한 문체부 장관, http://www.mediatoday.co.kr/news/articleView.html?idxno=212104.

28 연합뉴스, 2021. 2. 24. https://www.yna.co.kr/view/AKR20210224095500001?input=1179m.

료가 될 수 없게 되었다. 결국 이러한 유료부수 조작은 정부의 광고비 단가 산정이 과다책정 되는 문제를 발생하게 했다.

3. 노출된 문제점

(1) 오보와 허위정보

다양한 매체의 범람에 비례하여 가짜뉴스, 즉 허위정보의 양 또한 늘고 있다. 그리고 명예훼손, 모욕, 혐오표현 등 다양한 개인 인격침해 사건들도 개인 미디어 등 다양한 매체를 통해 발생하고 있다.

뉴미디어를 통한 미디어의 양적 확대가 진행되어 표현의 자유를 신장한 반면, 이에 비례하여 오보와 허위정보가 줄어들지 않았다. 가짜뉴스가 사회문제가 된지 오래며, 가짜뉴스에는 뉴스 외에 각종 댓글, 트위터, 조작된 글과 동영상 등을 포함하여 개념적인 혼란이 많았고 따라서 그 해결을 위한 논의도 장기화 되었다.[29] 이를 2017년 국제연합(UN)을 비롯한 4개 국제기구가 천명한 '표현의 자유와 가짜뉴스, 허위정보, 프로파간다에 대한 공동선언'[30]에서는 표현의 자유와 가짜뉴스라는 모호한 개념에 근거한 규제는 표현의 자유 제한에 대한 국제적 기준에 부합하지 않는다고 지적했다.[31] 2018년 3월 유럽위원회(European Commission)는 학자와 언론인, 플랫폼사업자 등 49명의 고위직 전문가가 참여한 '허위정보에 대한 다차원적 접근'이라는 보고서를 공개했고, 이 보고서는 가짜뉴스 대신 '허위정보(disinformation)'라는 용어를 사용하도록 권고했다.[32] 결국, 유럽위원회 보고서에서 가짜뉴스 대신에 사용할 것을 권고한 허위정보는 "허위, 부정확 또는 오도하는 정보로서 공공에 해를 끼칠 목적 내지 이윤을 목적으로 설계, 제작, 유포되는 것"이라고 정의되었다.[33] 이러한 인터넷의 가짜뉴스를

---

29 최승필, "가자뉴스에 대한 규제법적 검토 ― 언론관련법 및 정보통신망법상 규제를 중심으로 ―", 『공법학연구』 제21권 제1호(2020).

30 Joint Declaration on Freedon of Expression and "Fake News", Disinformation and Propaganda, 3 March 2017.

31 이하 손형섭, 앞의 책, 150면 이하 참조.

32 박아란, "가짜뉴스와 온라인 허위정보(disinformation) 규제에 대한 비판적 검토", 『언론정보연구』 제56권 2호(2019. 5), 116면.

33 박아란, 위의 논문, 116면.

앞으로는 허위정보, 허위표현으로 명확히 표현하여 법적인 대응을 시도하게 된
다. 여기서 우리가 갖추고 있는 기존 법제로 합당한 조치가 가능한지 검토하고
그러한 조치가 언론의 자유를 침해하는 것이 아닌지를 고려한 후 새로운 해법
을 찾아야 한다.

　　종래 허위정보(표현)에 대한 규정으로는 「방송법」의 허위, 과장 방송광고
금지(동법 제86조 제2항), 「군용전기통신법」(제19조), 「정당법」의 당 대표 경선 등
과 관련하여 후보자나 가족에 대한 허위 사실을 공표한 자와 배포한 자를 처벌
(동법 제52조), 허위등록신청 처벌(동법 제59조), 「국가보안법」(제4조, 제7조)과 「형
법」의 허위공문서작성(제227조), 허위진단서작성(동법 제233조), 허위진술을 처벌
하는 위증죄(동법 제152조), 법률에 의해 선서한 감정인과 통역인 등이 허위의
감정, 통역을 한 경우 처벌(동법 제154조), 무고죄(동법 제156조) 등이 있다.[34] 나
아가 허위기사 오보 혹은 위법한 정보에 대한 임시조치(notice and take down)
제도의 효과적인 사용도 필요하다.

(2) 사회의 통합과 분열

디지털 기술은 디지털 정치참여를 가능하게 하여 참여의 범위, 내용, 형태
가 변화하고 종래 미디어에 추가하여 새로운 디지털 정치참여가 대의민주주의
의 부족한 결핍을 채우고 실질적인 직접민주제의 실현, 즉 국민의 다수의사가
효과적으로 제기되고, 수집되며, 여론의 합의가 형성되거나 분극화되고, 그 의
사가 결집하거나 갈등을 보이기도 하게 된다.[35] 알 권리를 신장하면서도 개인의
사생활 보도에 대한 법과 윤리적 보도준칙이 지켜질 필요가 있고, 이러한 과제
를 레거시 매체뿐만 아니라 뉴미디어의 제작 참여자들도 배우고 지켜야 한다.

　　언론의 경우 사상의 자유시장에 의해 대중으로부터 진실의 판단과 평가가
필요할 수 있다. 그러나 막대한 비용을 쓰는 언론의 경우, 이에 대한 "사상의
자유시장"에 의한 대중의 진실 판단은 그리 쉬운 것일까? 미 대선에서 언론과
대선주자와의 주식의 지분, 임원의 친소관계 등이 언론사의 편집 방향에 영향

---

34 박아란, 앞의 논문, 126면.
35 손형섭, "디지털 플랫폼과 AI에 의한 국회 전자청원시스템 활성화 연구", 『유럽헌법연구』 제31호
　　(2019. 12), 441면.

을 준다는 견해가 없지 않다. 기성 미디어들이 그동안 편집 등에 있어서 정치적 편향, 경제적 종속에 의한 부당한 영향으로부터 자유로웠다고 말하거나 평가할 수 있는가는 의문이다.

이러한 원인으로 전통적인 미디어의 신뢰도 추락은, 직접 콘텐츠를 제작 유포할 수 있는 뉴미디어로 유저의 이동이 진행된다. 과거 국내에서 언론사의 편집기준을 일반 국민들은 알 수 없었고 따라서 언론사의 진실 추구를 위한 노력도 일정한 경우 대중의 시각과 다른 그들만의 진실이었을 수 있다. 앞으로는 기사도 디지털화되어 과거 기사의 분석이 가능하여 기사와 각 편집자의 기사와 편집 성향에 대한 분석으로 그들의 편집 기준을 귀납적으로 다시 평가할 수 있게 된다.

(3) 확증편향과 어뷰징

비대면 시대에 택배기사들이 더 바빠진 것처럼, 기자는 4V를 구현하기 위하여 다양하고 신속하고 정확한 뉴스를 탐사하고 보도해야 한다. 일정한 부분 AI에 의한 기사 작성 보도도 정확한 사실을 신속히 전달할 수 있다. 정보공개법의 가치를 실현하고 국민의 알 권리를 실현하기 위한 노력도 필요하다. 인격권과 명예를 보호하면서도 표현의 자유를 일보 전진하게 하려면 "사실의 진실 입증이 이뤄지면 처벌하지 않는 독일의 사례처럼 국내에도 진실면책을 인정하는 제도를 도입하는 것이"[36] 논의되기도 한다. 신문, 방송, 통신과 같은 미디어는 결국 디지털화하면서 동영상, 3D, 4D화 되어 인간의 인식에 바로 영향을 주게 된다. 이렇게 되면 허위와 가상의 세계가 구별이 안 될 수 있다. 장자의 호접몽에서와 같이 만물에 무엇이 진실인지 알기 힘든 상황이 다수 발생하게 되었다. 따라서 미디어 리터러시 교육의 필요성은 더욱 높아졌다. 미디어 이용자의 윤리와 미디어 문해력 교육, 제작자 윤리 교육 등이 필요하다. 개인 미디어 등을 통한 액세스권의 확대에 비례하여 미디어 제작자들에 대한 제작 윤리 교육 수단도 고민해야 한다. 디지털과 AI에 의한 기사 제공으로 확증편향의 문제, 어뷰

---

36 이데일리, 2020. 7. 20, https://www.edaily.co.kr/news/read?newsId=01226726625836488&mediaCodeNo=257.

징(abusing)으로 포털에서 언론기사의 검색수를 조작하는 방식으로 여론 조작의
가능성은 더 늘어났다. 이럴 때 허위계정 이메일 등에 의한 정보생산은 4V에서
정보의 진실성·정확성에 문제를 발생시킬 수 있다. 따라서 이러한 허위계정의
축소 정책이 구현되어야 한다. 결국, 미디어법제도 데이터의 핵심요소인 4V, 즉
언론으로 빠른 정보, 많은 정보, 다양한 정보, 그리고 진실성한 정보를 제공할
수 있는 방향으로 검토되어야 하며, 언론 관련 규제와 자유도 이러한 데이터 핵
심 가치를 높이는 방향으로 형성되어야 한다.

Ⅲ. 미디어법제의 변화

1. 언론관계법의 변화

(1) 언론법관계법

헌법 제21조 제3항의 통신·방송의 시설기준 법률주의에 따라 통신, 방송,
신문에 대해 각각 국가기간뉴스통신사를 지정하고 이에 대한 재정지원 등을 규
정한 「뉴스통신 진흥에 관한 법률」, 「방송법」, 「신문법」이 규정을 두고 있다.[37]
언론의 자유는 모든 사람이 향유하는 자유이며, 언론사도 일반인과 마찬가지로
언론 자유의 주체가 되고, 일반인과 같은 정도의 언론의 자유를 향유할 뿐이
다.[38] 이러한 견해는 이미 진행하고 있는 개인 미디어 시대를 예견한 것이기도
하다. 개인 미디어의 신장은 개인의 자유로운 의사개진을 가능하게 했다. 기성
언론의 표현에 대한 액세스권에 대한 불만의 직접적인 표출이기도 하다. 종래
공영TV 방송과 라디오 등은 새로운 세대에 대한 기존 미디어의 영향력은 더 줄
어들 전망이다. 개인 미디어의 출현으로 방송의 각 취향별 선택의 폭이 늘어나
모든 세대와 계층을 대상으로 하려는 공영방송이 시청자들로부터 외면받게 할
수 있다. 뉴미디어는 인터넷 방송을 포함하여 정보 4V의 관점에서는 다양하고
많은 양의 가치있는 정보를 신속하게 제공할 수 있다. 정보의 정확성에서는 가
짜뉴스가 사회문제 되고 있지만, 방송의 디지털 전환으로 언론의 다양성은 높

---

37 정재황, 앞의 책, 469면.
38 문재완, 앞의 책, 369면.

아졌고, 개인의 인격실현과 표현의 자유는 더욱 확대되었다.

「방송법」에는 방송사설립·경영의 자유, 방송취재, 보도, 편성의 자유, 방송송출, 방영의 자유, 시청자의 자유가 있다. 「방송법」은 시청자의 자유로 보편적 시청권(「방송법」 제76조 제1항), 시청자의 권익보호(시청자위원회 등 동법 제87조 제1항) 등을 규정한다.[39] 즉, 시청자위원회를 두어 시청자의 권익을 보호하는 역할을 부여하고 있다. 종래 방송이 그 접근과 활용에서 일반대중의 것이었다고 말하기 어려운 점이 있었다면, 최근 인터넷 방송은 기회가 되면 누구나 자신의 표현을 하고 방송을 제작할 수 있는 환경을 제공하고 있다. 표현에 대한 욕망은 인간 본성인데 이의 실현이 더욱 용이하게 된 것이다. 그리고 기성 언론의 표현과 출연자의 선택 등에 대한 불만의 표출이 종래 공영방송의 외면으로 이어질 수 있다.[40]

언론·출판의 자유의 내용으로 신문의 자유, 즉 신문사를 설립하고 신문을 발행할 자유, 뉴스를 취재하고 보도할 자유 등을 포함한다.[41] 2009년 7월 「정기간행물의 등록 등에 관한 법률」을 전면 개정하여 「신문 등 진흥에 관한 법률」로 변경하면서 인터넷 신문을 새로이 적용대상으로 했다. 이에 따라 공직선거법도 인터넷언론사를 규정하게 되었다.[42] 포털의 뉴스 매개 행위를 인터넷뉴스서비스라는 개념으로 「신문법」 제2조 제5호, 언론중재법 제2조 제18호로 수용하고 있다.

알 권리는 공공기관의 정보에 대한 공개청구권을 의미하는 청구권적 성격과 일반적으로 접근할 수 있는 정보원으로부터 자유롭게 정보를 수집할 수 있는 권리를 의미하는 자유권의 성격을 갖고 있다.[43] 액세스권은 언론매체에 반론적 액세스권으로 접근권자 자신에 관한 언론 보도 등에 이의가 있는 경우에 언론매체의 반론, 해명 등을 게재할 것을 요구하는 권리이며, 이를 보장하기 위해

---

39 정재황, 앞의 책, 464면.
40 한국방송공상의 공적 책임 및 지배구조 개선에 대해서는 조소영, "방송법 개정 관련 법안들에 대한 법적 검토", 『언론과 법』 제18권 제1호(2019. 4) 참고.
41 정재황, 위의 책, 464면.
42 김옥조, 『미디어 법』(커뮤니케이션북스, 2012), 129면.
43 정재황, 위의 책, 465면.

언론중재법이 정정보도청구권, 반론보도청구권, 추후보도청구권을 보장하고 있다. 향후 언론중재법의 개정도 언론을 통해 명예훼손, 초상권, 사생활 침해, 성명권, 음성권 등 인격권이 침해된 경우를 효과적으로 구제하는 역할을 충실시하도록 하면서, 부수적으로 언론정보의 양, 다양성, 정보의 속도, 정보의 정확성을 담보할 수 있도록 하는 방향으로 이루어져야 한다.

「방송법」은 방송사업자는 시청자가 방송프로그램의 기획·편성 또는 제작에 관한 의사결정에 참여할 수 있도록 하여야 한다고 규정하고 방송통신위원회는 방송 및 인터넷 멀티미디어 방송에 관한 시청자의 의견 수렴 등을 위하여 시청자권익보호위원회를 둔다고 규정하고 있으며 종합편성 또는 보도전문편성을 행하는 방송사업자는 방송편성에 관한 의견 제시 등을 하는 시청자위원회를 두도록 규정하고 있다. 「신문법」에서도 제6조에서 독자의 권리보호를 규정하고, 제2호에서 독자권익위원회를 자문기구로 둘 수 있도록 하고 있다.[44] 이와 같이 인터넷과 디지털 플랫폼을 이용한 새로운 매체가 출연하게 되어 뉴미디어를 통한 표현의 자유는 더욱 확대되었다. 새로운 플랫폼을 통해 참여민주주의도 더욱 현실화되었다. 따라서 이러한 현상은 긍정적인 기대에 부응한 것이다.

(2) 두 가지 흐름

언론 관련 법제에 대한 두 가지 큰 흐름이 있는데 그 하나는 인터넷 실명제에 대한 헌법재판소의 위헌결정이나 「공직선거법」 제93조 제1항(문서도화의 배부 등 금지) 규정의 한정위헌 결정과 같이 표현의 자유를 확장하는 흐름이다. 다른 또 하나의 흐름은 공공의 안녕이나 국민의 인격권을 보장한다는 명분으로 정치권력에 의해 시도된 표현의 자유를 규제하려는 흐름이다.[45]

반면, 뉴미디어가 인터넷을 통한 확증편향, 집단분극에 의해 사회의 분열 양상이 해소되지 않고 가속화될 수 있다. 또한, 혐오표현 등이 빠른 속도로 확산하여 사회 내의 특정 집단에 대한 인격적 재산적 피해를 발생시킬 우려도 늘

---

44 정재황, 앞의 책, 468면.
45 이승선, "언론법제와 규제 — 표현의 자유 논의의 흐름 및 주요쟁점을 중심으로", 『사회과학연구』 제25권 제4호(2014. 10), 486면.

어났다. 이런 때에 기성 미디어의 역할과 신뢰, 그리고 뉴미디어의 신뢰와 역할에 대한 꾸준한 평가와 연구가 필요한 상황이다. 이러한 신뢰도에서 혹자는 공영방송이 신뢰도가 높다고 하지만, 또다른 입장에서는 공영방송의 위기론을 제기하면서 유튜브, 네이버TV 및 정보의 신뢰도가 더 높다고 평가되기도 한다. 이것에는 정보의 다양성과 구독자 맞춤형 콘텐츠가 기여한 것으로 추측된다.

2. 편집권과 기사배열

(1) 편집규약 운동

1960년~70년대의 편집규약 운동 등을 통해 편집자의 권한 배분이 요구되었으나 큰 진전은 없었고, 언론이 때로는 시민과 대치하기도 하고 때로는 보도가 시민이 알아야 할 정보와 상치되기도 했다.[46] 종래에는 언론시장의 독과점으로 발생한 언론의 다원주의 침해도 경계해야 했다. 종래 이를 대비하기 위한 하나의 언론자의 주식 소유의 상한 설정, 다른 매체 간의 겸유·겸영 금지가 있었으나 2009년 이를 철폐하고 일정 비율 내의 겸유·경영을 인정하였고, 일정 비율 이상의 겸유·경영을 금지하고 있었다(「방송법」 제8조 등).[47]

반면, 언론에 대한 액세스권도 언론이 시민의 의견을 제대로 반영하지 못하면 시민들은 결국 연설·전단·벽보·집회·데모 등 이른바 원초적·대중적 표현 형태를 사용할 수밖에 없었다.[48] 지금은 인터넷 블로그, 일인미디어를 통한 표현은 언제나 언론기관에 의해 만족할 수 없는 표현의 자유를 실현하고, 그들이 보도하지 않는 세계와 진실을 보도하는 역할을 다 하기도 한다.

(2) 방송법·신문법의 편집권

자율적인 편집에 대하여 「신문법」 제4조에서 규정하고 있다.[49] 「방송법」

---

[46] 2차 대전 후 프랑스의 르몽드, 피가로와 독일에서도 1960년대 편집규약 운동이 본격화되어 1974년 연방 내무성이 연방 프레스법 대강 초안을 만들기도 했고 일본에서도 1977년 마이니치신문이 편집강령을 정한 바도 있다. 김옥조, 앞의 책, 93면.

[47] 정재황, 앞의 책, 476면.

[48] 김옥조, 앞의 책, 93면.

[49] 신문 등의 진흥에 관한 법률(법률 제17091호, 2020. 3. 24) 제4조(편집의 자유와 독립) ① 신문 및 인터넷신문의 편집의 자유와 독립은 보장된다. ② 신문사업자 및 인터넷신문사업자는 편집인의

제4조에도 편성규약의 제정과 공표를 의무하고 있다. 이 조항에 해당하는 「신문법」[50] 제3조는 "편집의 자유와 독립을 보장하기 위한 조항이다. 「신문법」 제3조의 구조를 보면, 제1항은 "정기간행물의 편집의 자유와 독립은 보장된다."고 하여 편집의 자유와 독립을 보장한다는 선언적 규정이고, 제2항은 "누구든지 정기간행물의 편집에 관하여 이 법 또는 다른 법률에 의하지 아니하고는 어떠한 규제나 간섭을 할 수 없다."고 하여 국가로 대표되는 외부세력에 의한 규제·간섭으로부터 편집의 자유와 독립을 보호하는 규정이며, 제3항은 "정기간행물사업자는 이 법이 정하는 바에 따라 편집인의 자율적인 편집을 보장하여야 한다."고 하여 신문기업 내부에서 발행인과 편집종사자의 관계를 규율하는 소위 '신문의 내적 자유'에 관한 규정이다." 제2항의 수범자는 "누구든지"로 규정되어 있지만, 제3항의 수범자는 "정기간행물사업자"로 규정되어 있다. 제2항의 "누구든지"에 정기간행물사업자 즉 신문사가 포함된다면, 다시 말해 제2항도 신문의 내적 자유를 보장하기 위한 규정으로 본다면 제3항에서 다시 수범주체를 정기간행물사업자로 특정하고 이들로 하여금 편집인의 자율적인 편집을 보장하라는 규정을 따로 둘 이유가 없다. 둘째, 제2항 위반행위는 「신문법」 제39조 제1호에 의하여 형사제재가 뒤따르지만, 제3항 위반행위에 관하여는 아무런 처벌규정이 없다. 그 이유는 편집의 자유에 대한 국가적·외부적 침해는 연혁적으로도 언론의 자유에 대한 심각한 침해로 인정되었던 반면에, 발행인과 편집인의 관계에 관하여는 국내·외를 막론하고 이론상이나 실정법상 아직 그 법적 논의가 정리되지 않은 채 다양한 주장이 제기되고 있는 단계에 불과하기 때문이다.[51]

　　현행 「신문법」 제6조에서 독자의 권리보호를 "① 신문사업자·인터넷신문

　　자율적인 편집을 보장하여야 한다.

50 '신문 등의 자유와 기능 보장에 관한 법률'(2005. 1. 27. 법률 제7369호로 전문 개정된 것) 제3조 (편집의 자유와 독립) ① 생략
　　② 누구든지 정기간행물 및 인터넷신문의 편집에 관하여 이 법 또는 다른 법률에 의하지 아니하고는 어떠한 규제나 간섭을 할 수 없다.
　　③ 정기간행물사업자 및 인터넷신문사업자는 이 법이 정하는 바에 따라 편집인의 자율적인 편집을 보장하여야 한다.

51 헌재 2006. 6. 29. 2005헌마165 등, 판례집 18-1하, 337 [각하], 373면.

사업자 및 인터넷뉴스서비스사업자는 편집 또는 제작의 기본방침이 독자의 이익에 충실하도록 노력하여야 한다. ② 신문사업자·인터넷신문사업자 및 인터넷뉴스서비스사업자는 독자의 권익을 보호하기 위한 자문기구로 독자권익위원회를 둘 수 있다. ③ 신문·인터넷신문의 편집인 및 인터넷뉴스서비스의 기사배열책임자는 독자가 기사와 광고를 혼동하지 아니하도록 명확하게 구분하여 편집하여야 한다."라고 규정한다.

(3) 인터넷뉴스서비스의 기사배열책임자

인터넷뉴스에서는 기사의 편집은 물론 제공된 기사의 배열도 상당한 의미를 갖는다. 서점에서 눈에 띄기 쉬운 최신간 코너에 전시된 책과 같이 인터넷에서 쉽게 읽힐 수 있게 배열된 기사의 열독률이 높게 된다. 따라서 「신문법」 제9조 제1항 제6호에서는 인터넷뉴스서비스사업자와 기사배열책임자의 성명을 등록사항으로 규정하고 있다. 그러나 기자와 데스크의 기자 선별의 방식과 기준이 일반에 공개된 적은 없다. 자의적으로 기사를 배열하거나 배제하는 것으로도 국민들은 언론사를 비판하거나 불신하게 된다. 결국 2012년 2월 1일 국내 인터넷 뉴스서비스 사업자, 인터넷 뉴스서비스 사업자의 기사배열에 관한 공동 자율규약을 발표하여, 보도의 자유로운 유통과 공정성을 천명한지 오래다.[52] 미디어에서 기사가 검색순위에 따라 기사를 우선 제공되는 방식은 포털을 사용하는 한국에서 특별히 중요한 영향을 미친다. AI는 신문이나 방송 등 레거시 미디어 뿐만 아니라, 유튜브, SNS 플랫폼 등과 같인 새로운 미디어 플랫폼의 뉴스를 생산하고 서비스하는데 활용된다.[53] 종래 언론의 통제력은 상당부분 권력이 아닌 디지털 플랫폼으로 이동하였다.[54] AI에 의한 기사 배열에 미디어의 알고리즘이 정보를 필터링하여 자동으로 서열화하여 제시하고 있다. 컴퓨터 화면의 한정된 공간을 최대한 효과적으로 활용하기 위해 유사한 주제와 내용의 기사를 분류하는 뉴스 클러스터링(clustering) 알고리즘을 사용한다. 미디어는 데이터의

---

[52] 국내 인터넷뉴스서비스사업자, 인터넷뉴스서비스사업자의 기사배열에 관한 공동 자율규약 발표, 2012. 2. 1. http://www.kinternet.org/news/press/view/91.

[53] 박진아, "인공지능 저널리즘의 법적 쟁점", 『과학기술과 법』 제10권 제2호(2019. 12), 119면.

[54] 권은정, "지능형 미디어 영역의 알 권리에 관한 공법적 고찰 — 알고리즘 기반 추천 시스템에 대한 이용자 권익 보장의 관점에서—", 『법학논총』(한양대학교) 제38집 제1호(2021. 3), 42면.

처리를 넘어 데이터의 생산에도 참여하는데, 네이버는 3시간이 넘는 프로야구 경기의 하이라이트를 사람이 편집하여 제공하기에 앞서서 AI가 득점 장면을 중심으로 자동으로 편집한 영상을 시합 종료 직후 제공하고 있고, 뉴스 기사는 요약본이라는 기능을 통해 긴 뉴스를 단 세 문자로 요약하여 제시하고 있다.[55]

Ⅳ. 미디어의 알고리즘

1. 알고리즘

(1) 미디어 알고리즘 권력

미디어 알고리즘에 대해서는 2020년 9월 윤영찬 더불어민주당 의원이 당시 주호영 국민의힘 원내대표 교섭단체 대표연설 기사가 카카오 포털 사이트인 다음 뉴스 메인에 반영되자 관계자 국회의원실로 불러들이라는 휴대폰 문자로 문제가 불거졌다. 이 일로 여권에서 언론통제 논란이 제기되었고 윤 의원실 측은 "포털 사이트 메인 노출 시스템이 궁금해 절차를 보고받고 싶어서 그랬다"고 해명했다.

이에 대해 카카오 측은 "2015년부터 AI 알고리즘이 뉴스를 배치하고 있다"고 밝혔다. 카카오는 2015년 6월 개별 독자의 평소 관심 분야 기사를 분석해 기사를 배치하는 루빅스(RUBICS)를 모바일 뉴스 서비스에 도입했다. 카카오 관계자는 "카카오 내부에서도 누군가 인위적으로 뉴스 배치에 관여할 수 없게 돼 있다"며 "전적으로 AI가 뉴스를 편집한다."고 말했다.[56]

결국, 인터넷 신문에서 어느 정도 알고리즘을 통해 기사의 배열과 순위를 조작 또는 컨트롤할 수 있는가가 논쟁이 되었다. 이것은 알고리즘의 의사결정 (Algorithmic Decision Making)에 관한 근본적인 논의와 연관된다. 미디어 추천 알고리즘을 통해 필터링, 기사의 서열화가 진행된다. 분류알고리즘에 따라서 기사의 분류, 검증과 배제도 알고리즘이 하고 있다. 따라서 종래 편집권 논쟁처럼

---

55 이승택, 앞의 발표문, 10면.
56 매일경제, 2020. 9. 8. "카카오 들어오라고 하세요" … 윤영찬 '여론통제' 논란,
　　https://mk.co.kr/news/politics/view/2020/09/928925/.

알고리즘을 어떻게 통제하고 수정 요구, 규제, 제한, 활용할 수 있을지의 문제
가 제기된다.

(2) AI 윤리의 정립

1940년대부터 시작된 인공지능 연구 이후, 1965년부터는 활발해진 인공지
능의 개발 연구와 같이 AI 윤리 연구도 존 메카시(John McCarthy) 박사의 다트머
스 하계 AI 연구에서부터 시작[57]됐다. AI 알고리즘은 기존의 논리 기반 알고리
즘과는 다른 접근 방식을 취한다. 많은 AI 알고리즘은 작업을 수행하기 위해 컴
퓨터 프로그램을 코딩하는 대신 데이터에서 직접 기댈 수 있도록 프로그램을
설계한다는 아이디어를 기반으로 한다.[58] AI는 데이터를 통해 반복적 학습과 발
견을 스스로 한다. 인공지능은 "인간이 할 일을 시키자"에서 "인간보다 기계가
더 잘 할 수 있는 일을 시키자"로 모토가 바뀌었다. 1980년 머신러닝의 논의에
서 2010년부터 딥러닝(Deep Learning)을 중심으로 논의가 진행되고 있다. AI와
머신러닝의 하위 체계로 다층의 인공신경망을 사용하여 과업에 정확성을 높인
다. 알파고에서 더 나은 AI를 위하여 거대한 분량의 데이터와 고성능의 GPU 등
의 컴퓨터 파워(computing power) 보유가 필요하다.

AI의 활용이 현실화된 2010년 이후 미국, 유럽, 일본 등은 인공지능
(Artificial Intelligence) 기술의 구현과 함께 AI관련 정책, 윤리규정, 윤리가이드라
인 등이 연구 정립하고 있다. 미국에서는 인공지능 알고리즘에 대하여 이미 다
양한 규제적·비규제적 수단을 적용하고 있다.[59] 아실로마 AI 원칙[60]은 산업계,
법조계, 학계 관계자가 2017년 1월 캘리포니아 아실로마에 모여 선포한 23개
항목의 AI 기술 개발을 위한 원칙이다.[61] 23개 항목은 윤리와 가치에서 안전,

---

57 John P. Sullins, "US Developments in Ethic and Governace", "미국의 인공지능(AI) 윤리 및 거버넌
스 현황", 『경제규제와 법』 제12권 제2호(2019. 11), 101면.
58 따라서 컴퓨터 프로그램은 고양이 사진을 식별하기 위해 명시적으로 작성되기보다 많은 수의 다
른 고양이 이미지를 관찰하여 파생된 AI 알고리즘을 사용하여 고양이를 식별하는 방법을 배운다.
본질적으로 알고리즘은 인간이 배우는 것처럼 그러한 이미지의 많은 예를 분석하여 고양이 이미
지가 무엇인지 추론한다. Thomas M. Siebel, *supra note 6*, at. 85.
59 방정미, "인공지능 알고리듬 규제거버넌스의 전환 ─ 최근 미국의 알고리듬 규제와 인공지능 윤
리원칙을 중심으로", 『공법연구』 제49집 제3호(2021. 2), 378면.
60 ASILOMAR AI PRINCIPLES.
61 John P. Sullins, supra note 57, 112면.

실패의 투명성, 사법적 투명성, 책임성, 가치 일치, 인간의 가치, 개인정보 보호, 자유와 프라이버시, 공동 이익, 공동 번영, 인간 통제, 사회 전복 방지, 인공지능 무기 경쟁, 장기적 이슈에서 능력주의, 중요성, 위험성, 자기 개선 순환, 공동의 선이라는 항목으로 제시했다. 인공지능은 "보안성과 신뢰성을 확보하고, 인류의 가치, 공동의 이득 및 번영과 부합하는 방향으로" 개발되어야 하는 내용을 포함하고 있다. 2017년에 전기전자기술자협회(IEEE) AI 윤리[62]도 정비되었다. 이것이 미국 내에 AI 어플리케이션 및 거버넌스에 상당한 영향을 미쳤다.[63]

2019년 1월에 EU에서는 신뢰할 수 있는 AI윤리 가이드라인[64]을 정리했다. 여기서는 기본권 및 윤리 원칙을 구체화 요청으로 ① 인간의 주체성과 감독, ② 기술적인 견고성과 안전, ③ 개인정보 보호 및 데이터 거버넌스, ④ 투명성, ⑤ 다양성, 차별 금지 및 공정, ⑥ 사회적 및 환경 복지, ⑦ 책임성이 제시되었다.[65] 2019년 OECD 원칙[66]에서는 "AI는 포용적 성장, 지속 가능한 개발 및 웰빙을 추진함으로써 사람과 지구에 이익을 가져와야 한다. AI 시스템은 법치, 인권, 민주적 가치 및 다양성을 존중하는 방식으로 설계되어야 하며, 공정하고 공정한 사회를 보장하기 위해 필요한 경우 인간 개입을 가능하게 하는 적절한 보호 장치를 포함해야 한다. 사람들이 AI 기반 결과를 이해하고 이에 도전 할 수 있도록 AI 시스템에 대한 투명성과 책임 있는 공개가 있어야 한다. AI 시스템은 수명주기 내내 견고하고 안전하며 안전한 방식으로 작동해야 하며 잠재적인 위험을 지속해서 평가하고 관리해야 한다. AI 시스템을 개발, 배포 또는 운영하는 조직과 개인은 위의 원칙에 따라 적절한 기능에 대해 책임을 져야한다."는 내용을 정립하여 인간중심의 인공지능을 지향했다.[67] 이후 미국은 대통령 집행명령을 통하여 국가표준기술연구원에서 AI 표준을 개발하기 위한 기준을 정립하고 있다.[68] 2019년 5월 OECD가 합의한 AI 권고안에서는 인간 중심의 가치, AI 기

---

62 Ethically Aligned Design: A Vision for Prioritizing Human Well-being with Autonomous and Intelligent Systems, First Edition, 2016, 2017.
63 IEEE P7000 윤리적 AI 표준 프로젝트.
64 Ethics guidelines for trustworthy AI.
65 2019년 2월에 EU AI 백서를 발표했다. https://www.epnc.co.kr/news/articleView.html?idxno=200410.
66 OECD, Principles on AI (Recommendation of the Council on Artificial Intelligence) 2019.
67 OECD Principles on AI (May 2019).

술의 투명성과 설명가능성, 보안성, 안정성, 책임성 등의 가치를 AI 관리 책무로 정했다.[69]

일본도 2018년 내각의 인간중심사회AI원칙 검토회에서 '인간중심의 AI원칙'을 도출했고 AI를 통해서 인간의 존엄성이 존중되는 사회, 다양한 배경을 가진 사람들이 다양한 행복을 추구하는 사회, 지속적 있는 사회를 지향하는 원칙을 정했다. 2019년 3월 이노베이션전략추진회의를 통해 AI 거버넌스와 인간중심의 AI사회 원칙을 정하고 각 성청의 AI 전략, 윤리 논의를 추진했다. 그리고 2019년 6월 오사카에서 G20 정상회의에서 G20 AI 원칙을 선언하여 신뢰할 수 있는 AI를 위한 국제협력을 선언했다.[70]

대한민국에서는 2020. 12. 23. 대한민국 관계부처 합동으로 "사람이 중심이 되는 인공지능 윤리기준"[71]을 공표했다. 2020년 말 인공시대를 맞아 부작용은 줄이고 인공지능 활용은 최대화하기 위해 자동화된 개인정보 처리에 의존한 의사결정에 대한 설명요구권, 이의제기권 도입 등 '법·제도·규제 정비 로드맵'을 제시하며 AI에 대한 법적 정책적 방향을 리드하기 시작했다.

2. 알고리즘 규범화

이같이 미국과 EU는 AI에 관한 윤리강령 등을 정비하면서 AI에 대해서 대비하고 있다. 언론보도에 관해서는 역시 허위정보, 차별·혐오표현 등 헌법적 가치를 침해하는 표현의 확산에 대하여 이를 방지하는 AI 알고리즘의 사전 대비가 필요하다. 현실 세계에서 제공되는 데이터는 편향적인 것도 있기에 알고리즘을 통한 결과도 편향적일 수 있다. 반면, 이를 충분히 고려한 알고리즘 설정으로 알고리즘과 그 결과물이 더 공정해 질 수 있다. 즉, AI도 결국은 사람이 만들고 운영하니까 포털 역시 사람의 손길이 작용할 수 있고, 이것이 차별과 편향을 완화할 수도 있고 이를 더할 수도 있다.[72] EU는 AI규제에 관한 접근방식

---

68 방정미, 앞의 논문, 393면 이하 참조.
69 OECD Recommendation of the Council on Artificial intelligence.
70 https://www.juce.jp/LINK/journal/2001/02_05.html.
71 관계부처 합동, "사람이 중심이 되는 「인공지능(AI) 윤리기준」", 2020. 12. 23.
72 중앙일보, 2020. 9. 9.

을 "신뢰할 수 있는 AI 윤리 가이드라인"을 2020년 2월에 발표하였다. EU 시장에 투입되어 이용되는 AI 시스템이 안전하고 기본권과 EU의 가치와 기존 법률을 존중할 것을 보장한다. AI에 대한 투자와 혁신을 촉진하고 법적 확실성을 보장하여, 합법적이고 안전하고 신뢰할 수 있는 AI 응용 프로그램을 위한 단일시장 개발을 촉진하는 내용을 담고 있다. EU에서는 2020년 10월 20일에 '인공지능을 위한 민사책임 제제를 위한 위원회에 대한 권고'에서 인공지능의 생산지, 운영자, 피영향자 및 기타 제3자를 포함한 책임에 대하여 규정했다.[73]

결국, 각국에서는 윤리강령과 함께 인공지능에 대한 단일법 혹은 기존의 법률의 개정법을 제시하게 된다. 일본은 2015년 '관민 데이터 활용 추진 기본법' 제2조 등에서 인공지능관련기술을 규정하고 관련 행정체계의 정립을 규정했다 (동법 제3조, 제16조 등). 이후 2018년에 "AI 데이터의 이용에 관한 계약 가이드라인 1.1판"을 제정하여 데이터의 이용 등에 관한 계약 및 AI기술을 이용하는 소프트웨어의 개발·이용에 관한 계약의 주요 이슈와 논점, 계약조항 작성시 고려 요소 등을 정리했다. 여기서 AI 알고리즘 설명여부, 개인이 직·간접적 강요·감시·기만 조작의 대상이 되지 않도록 보호되어야 함을 규정하고 AI에 대한 민사법적인 검토가 정비되었다. 2018년, 2019년에는 일본의 지적재산추진계획이 제정되어 AI가 정보분석을 실시 목적으로 하는 기록 또는 번역을 개정 저작권법에서 가능하도록 했다.[74] 2019년에는 일본 부정경쟁법지법과 특허법을 AI를 고려하여 일부 개정했다.[75]

국내에서는 2019년 「인공지능 기술개발 및 산업 진흥에 관한 법률안」이 발의되었고, 2020년에는 「인공지능 연구개발 및 산업 진흥, 윤리적 책임 등에 관한 법률안」[76]이 발의되었고, 「인공지능산업 육성에 관한 법률안」[77]이 발의되었

---

[73] 박혜성, 김범연, 권현영, "인공지능 규제에 대한 연구 — 유럽연합의 입법안을 중심으로 — ", 『공법연구』 제49집 제3호(2021. 2), 364면 이하 참고.

[74] https://it-bengosi.com/blog/chosakuken-ai.

[75] 일본 부정경쟁방지법도 특허법과 같이, 재판소가 문서제출명령을 내릴 때에 비공개로 서류의 필요성을 판단할 수 있는 절차를 창설하고, 기술전문가가 비공개 심리 절차에 참여하도록 함. https://it-bengosi.com/blog/ai-saishin/.

[76] '인공지능 연구개발 및 산업 진흥, 윤리적 책임 등에 관한 법률안'(의안번호 2101823, 제안일자 2020. 7. 13.)

[77] '인공지능산업 육성에 관한 법률안'(의안번호 2103515, 제안일자 2020.09.03.)

는데 이법에서는 국무총리 소속으로 인공지능산업육성위원회를 설치하는 안을
담고 있다. 국내 포털이 언론 환경의 많은 규제 속에서 그 책임을 피하는 방법
으로 중립적이고 기계적인 플랫폼으로 포지셔닝하는 데[78] 인공지능 알고리즘에
의한 기사배열이 활용되기도 한다. 반면, 네이버 등에게 자의적으로 뉴스 기사
의 위치를 결정했다는 점을 부각하면서 양보를 얻어내고자 하는 면도 있다.[79]
이 과정에서 네이버는 인공지능이 100% 뉴스 편집을 하는 방안을 추진해 왔다.
여전히 플랫폼의 자유와 이에 대응하는 사용자의 권리 간의 헌법적 가치 충돌
이 존재한다.

3. 알고리즘 저널리즘

(1) 추천 인공지능

최근에는 뉴로모픽 컴퓨팅(Neuromorphic comuputing) 즉, 인간의 뇌와 같이
기능하는 인공지능을 지양하고 있다. 역 전파(back propagation)로 처음 답변이
부정확한 경우에도 훈련과 데이터 추가를 통해 이를 정확하게 적응하는 인공기
능 기법을 사용한다. AI는 진보적 학습 알고리즘을 통해 데이터가 프로그래밍
을 수행한다.[80] 이미 뉴스매체뿐만 아니라 많은 콘텐츠 창작의 영역에 AI가 활
용되고 있다. 인공지능을 통해 뉴스가 생산되고, 뉴스에 대한 개인추천이 AI에
의해 진행되고 가짜 뉴스를 필터링하기 위해 AI가 활용되기도 한다.[81 · 82] 이와
같이 알고리즘 시스템을 활용하는 디지털 플랫폼을 지능형 미디어로 지칭[83]한
다. 종래 저널리즘이 신문처럼 인쇄매체의 보도를 다루었지만, 이제는 알고리즘
에 의한 기사의 생산·배열·제공과 삭제가 지속적인 검토 대상이 되었다. 추천
알고리즘이 다수의 정보원을 배제하는 기능을 할 수도 있다.[84] AI 저널리즘은

---

78 고찬수, 앞의 책, 44면.
79 고찬수, 앞의 책, 45면.
80 Thomas M. Siebel, *supra note 6*, at. 95.
81 고찬수, 위의 책, 50면.
82 네이버는 2017년 7월 음란 사진을 필터링하는 인공지능 X-eye를 적용해왔다. 여기서 인공지능
   은 CNN(Convolutional Neural Network)라는 딥러닝 기술을 사용했다고 한다. 고찬수, 위의 책, 47면.
83 권은정, 앞의 논문, 36면.
84 권은정, 위의 논문, 41면.

인터넷 포털을 통해 페이지 조회를 늘리기 위한 방안으로 AI가 알고리즘으로 데이터를 분석해 기사를 만들어 낸다. 이를 통해 뉴스를 작성해서 인건비가 줄어들기도 한다.[85]

워싱턴포스트는 뉴스 콘텐츠 추천 알고리즘으로 클래비스(Clavis)를 사용한다. 뉴스 제작 AI로는 헬리오그라프(Heliograf)가 워싱턴포스트의 블로그와 트위터, 페이스북, 그리고 아마존의 음성 인공지능 알렉사의 뉴스 서비스에서도 사용된다.[86] 구글이 2017년 7월 영국의 뉴스 통신사 PA에 AI를 활용한 로봇 기사 작성 프로그램에 투자했고, 공공 데이터를 기사화하기 위해 자연어 생성(Natural Language Generation) AI 기술이 필요한데, 미국의 Automated insights사에서 개발한 자연어 생성 인공지능인 Wordsmith는 현재 세계적인 뉴스 통신사인 AP에서 사용되고, 야후 등에도 활용되고 있다.[87] 이러한 지능형 미디어의 영향력은 더욱 강해지고 있다.

네이버는 AIRS(AiRS: AI Recommender System, 에어스)라는 이름의 인공지능 기반 추천 시스템을 뉴스 추천에 사용하고 있다.[88] AIRS는 협업 필터링 방식(CF: Collaborative Filtering)과 인공신경망 기반의 품질모델(QM: Quality Mode)과 함께 추천의 질을 높이기 위해 딥러닝 기술인 RNN을 사용한다.[89] 협업 필터링(CF) 기술은 비슷한 관심사를 가진 사람들이 '함께 많이 본 콘텐츠'를 추천하는 기술이다.[90] 품질모델(QM) 기술은 인공신경망(Neural Network)을 이용, 기사 내 정보량이 풍부하고 사용자 만족도가 높은 뉴스를 제공하는데, 이 기술은 크게 기사 내 문서 피쳐와 사용자의 피드백 피쳐를 이용해 품질을 판단한다.[91] 그리고 자

---

85 박진아, 앞의 논문, 119면.

86 고찬수, 앞의 책, 65면.

87 고찬수, 위의 책, 57면.

88 이름이 AiRS인 것은 공기와 같이 항상 이용자 곁에서 유용한 콘텐츠를 추천한다는 뜻이라고 한다. 고찬수, 앞의 책, 50면.

89 협업 필터링은 소비자가 콘텐츠를 소비하는 패턴을 분석하여 비슷한 관심을 가진 다른 사람들이 본 콘텐츠를 추천하는 방식이다. RNN(Recurrenct Neural Network)는 보통 순환형 신경망 기술이라고 부르는데 CNN이 보통 이미지 인식 분야에 많이 사용되는 것에 비해, 이 기술은 음악, 문자열, 동영상 등 순차적인 정보의 AI 학습에 주로 사용된다. 고찬수, 앞의 책, 51면.

90 https://news.naver.com/main/ombudsman/automation.naver.

91 첫째, 문서 피쳐는 기사의 제목, 본문, 이미지, 바이라인, 작성시간 등을 활용해 정보량이 풍부한 뉴스인지를 판별한다. 둘째, 피드백 피쳐는 기사의 조회수, 체류시간 같은 사용자의 콘텐츠 소비

동 크러스터링을 통해 이슈 단위로 기사를 자동으로 묶어주고 있다.

카카오톡은 2014년 5월 포털 다음과 합병한 후 1년 후 국내에서 최초로 뉴스에 루빅스(RUBICS)라는 뉴스 추천알고리즘을 사용했다. 지금은 뉴스 외의 콘텐츠에도 AI 추천 시스템을 적극 활용하고 있다. 이에 따르면 정치적인 특정기사가 우선순위에 올라오는 원인은 정작 검색자 스스로가 원하던 원치 않던 관련 기사의 검색과 열독률이 높았을 가능성이 높다.

(2) AI 알고리즘 설명요구권

미국의 연방의회는 AI 알고리즘 설명요구를 통해 광범위한 언론에 아마존과 같은 회사에 압박을 가할 기회를 얻게 되었다. 이것으로 소비자가 추출한 데이터를 사용하는 방법을 정확하게 공개해야 할 수 있게 된다. 일본은 총무성을 중심으로 AI가 입출력하는 데이터 보호와 이활용에 대하여 연구해 왔으며, AI에 의한 사건에 관한 책임의 배분에 대한 검토가 진행되었다. AI시스템의 개발자 또는 이용자의 불법행위책임이 발생할 가능성에 대하여 검토하고, AI 알고리즘 설명권 "총무성 AI 알고리즘 설명"에 대한 연구가 이미 진행되었다.

일반적으로 알려진 K-평균 알고리즘을 통해 유사도가 산출될 수 있고 아이템 베이스 유저기반 알고리즘을 통해 확증편향이 강화될 수 있다. 이따금 미디어의 편향성을 극복하기 위하여 다른 정보를 제공하는 알고리즘을 부여하기도 한다. 그러나 미디어 시청자가 알고리즘에 의해 선택할 수 있는가, 어뷰징 행위의 발생을 막을 수 있는가의 논쟁이 제기된다. 기본적으로 알고리즘은 개인의 성향에 맞추어져 편향적일 수 있다. 알고리즘의 기여와 추천 알고리즘의 다각화가 가능하도록 하는 윤리와 법적 접근이 필요하다. 4V에서의 다양성과 다원성이 알고리즘의 선호도 반영에 따라 증가 또는 감소하여 정보제공의 양과 질의 부족으로 왜곡 현상이 발생할 수 있다. 따라서 EU에서는 정보주체가 프로파일링을 포함하여 자신에게 중대한 영향을 미치는 자동화된 처리에만 근거한 결정을 따르지 않을 권리를 인정하고 있다(일반데이터보호규정(GDPR) 제22조).[92]

를 이용해 만족도가 높은 기사인지를 판별한다. https://news.naver.com/main/ombudsman/auto-mation.naver.

[92] The right not to be subject to a decision based solely on automated processing.

따라서 EU의 GDPR 제13조에서 정보주체가 설명을 요구받을 수 있는 권리를 인정하고 있다.

국내에서도 알고리즘의 설명요구권 논의가 제기되고 있다. 한발 나아가 알고리즘기본권이라는 논의도 제기되고 있다.[93] 한편, 미국은 AI, 알고리즘 윤리성을 강조하는 정책을 사용하고 있는 것으로 보인다. 이미 구글, 카카오톡 등은 알고리즘 윤리헌장을 제작·공표하고 있다. 여전히 AI에 의해 디지털 기사의 순위와 배치가 정해진다고 하지만 일부 보이지 않는 손이 아니라 일부 권력자들만 볼 수 있는 손에 의해 조작되는 것이 아니냐는 의심을 낳게 하고 있다. 특히 이처럼 디지털 플랫폼과 인공지능 알고리즘이 결합된 뉴미디어를 지능형 미디어라고 하는데 이러한 미디어의 영향이 날로 증가할 것으로 예상된다.

그러나 GDPR 제22조의 거부권이 추천 알고리즘에 대한 고지 및 선택 절차를 도입한 것인지 그 해석 범위에 대한 의문이 없지 않다. 나아가 기술적으로 딥러닝 단계이상의 AI에 의한 데이터의 처리에서 자동화된 의사결정의 설명요구권은 매우 한계적이며 정보주체의 권리를 제대로 지킬 수 없다는 비판도 있다.

국내에서는 「신용정보의 이용 및 보호에 관한 법률」 제36조의2(자동화평가 결과에 대한 설명 및 이의 제기 등)에서 개인 신용정보주체가 개인신용평가회사 등에 대하여 자동화평가 여부, 자동화평가 결과, 자동화 평가의 주요기준 등의 설명을 요구할 수 있도록 하고 있다. 그러나 여기서 정보주체의 자동화 평가의 정정, 삭제 및 재산출을 요구할 수 있으나(동조 제2호) 거부권은 명확하지 않고, 오히려 개인신용평가회사 등이 신용정보주체의 요구를 거절할 수 있는 기준만 제26조의2 제3호에서 "법령상 의무를 준수하기 위하여 불가피한 경우"를 규정하여 인정했다.

4. 알고리즘 검토위원회

알고리즘에 대한 사용자의 자기결정권이 보장되며, 미디어의 공적 기능을

---

93 선지원, "디지털 전환에 의한 지능정보화 사회의 거버넌스 연구의 토론문", 경성대학교 법학연구소, Post-코로나 & AI 시대 국민 이니셔티브 세미나(2020. 11. 13), 75면.

담보하기 위한 노력이 필요하다.[94] 기사배열 행위를 규제하는 '신문 등의 진흥에 관한 법률 일부개정안'이 발의되고 있다. 이러한 법은 인터넷뉴스서비스사업자에게 기사배열의 구체적인 기준을 공개할 것을 요구한다. 추천알고리즘에 따라 자동화된 의사결정이 예외 없이 적용되고 추천 알고리즘의 적용 여부와 주요 기준에 대한 선택 가능성 또는 이의제기의 기회가 주어질 필요가 있다.[95] 최근 중국에서도 인터넷 추천 알고리즘 규정[96]을 만들어 2021. 8. 27. 피드백을 받고 있다. 내용에는 '개인에게 중요한 영향을 미치는 결정'에 관한 알고리즘에 대한 규율을 검토하고 있고 추천 알고리즘에서 사용자가 프로필을 제어할 수 있는 권한을 부여하고 설명을 요구하는 내용을 포함하고 있다.[97]

그리고 추천시스템 관련 정보의 표시 또는 고지를 하여 사용자들의 선택권을 보장할 필요가 있다. 따라서 필자는 ① 알고리즘에 대한 설명을 요구하거나 거부하는 권리에 의해 현실적으로 정보주체의 권리를 인정할 수 있는 방법을 구체화 하면서도, ② 4V에 따라 AI에 투입되는 정보의 왜곡문제를 검토하고, 알고리즘을 통하여 나온 결과에 대한 평가를 하는, 즉 AI 알고리즘을 거치는 입구와 결과를 검토하는 평가 시스템을 두는 것을 제안한다.

[input–알고리즘–output data의 동시검토]

---

94 同늅 권은정, 앞의 논문, 45면.

95 권은정, 위의 논문, 50면.

96 Cybersecurity Administration of China, a new set of recommendation algorithm regulations.

97 Recommendation Algorithm Regulations – Bolstering China's Cybersecurity Regime, September 7, 2021. https://www.china–briefing.com/news/recommendation–algorithm–regulations–china–cybersecurity–regime/.

알고리즘은 입력 데이터를 미리 정해둔 명백한 규칙, 일련의 절차, 명령에 따라 처리하고 결과를 출력해내는 것[98]이기 때문에 단순히 알고리즘에 대한 분석정보만이 아니라 아래 그림과 같이 input data와 output data를 동시에 검토할 필요가 있다. 즉, 방송에서 알고리즘을 통하여 순위를 추천하는 경우 관련 알고리즘에 대하여 검토하는 과정에서 해당 절차에 투입되는 정보와 알고리즘을 통해 분석 배치되는 정보를 시청자위원회(「방송법」 제87조 이하)에서 전문가들과 함께 검토하고 공론화하는 절차를 구비할 필요가 있다. 이러한 절차를 통하여 알고리즘 결과에 근거한 수정요구권을 인정해야 한다. 즉 과정과 결과에 대한 피드백으로 개선·검토가 가능하다.

이를 통해 알고리즘을 거쳐 나온 결과도 평등하고 공정하게 만들자는 것이다. 설명할 수 있는 알고리즘의 비주얼화에 노력하는 한편, 전제 데이터의 흐름과 결과를 검토하여 알고리즘을 수정할 수 있도록 하는 프로세스와 협의체를 구성·유지하는 것이 좋겠다. 이는 헌법 제21조 제2항에 따라 표현의 사전억제를 하는 것이 아니라 사후적으로 해당 언론의 기사배열 등에 사용된 알고리즘의 전제가 되는 투입정보, 알고리즘, 그리고 산출 결과를 전부 검토하여 컨트롤하고, 사용된 알고리즘에 개선 방법을 재고하는 유연한 절차이다. 이러한 제도를 통한다면 알고리즘이 회사의 영업비밀이며 이를 보호해야 한다는 입장과의 조화도 가능할 것으로 본다.

알고리즘을 설명할 권리나, 알고리즘 규제 논의는 앞으로도 계속 진행될 것이다. AI에 제공되는 정보의 입구를 검토, 알고리즘의 검토, 결과물의 검토가 시청자위원회 등의 기구를 통하여 진행되고, 개인의 권리 등이 인정되는 논의를 계속해야 할 것이다.

V. 맺으며

디지털의 전환으로 종래 1차 산업은 디지털화된 통로를 통해 소비자와 직접연결 되고, 2차 산업은 스마트 팩토리화를 통하여 자동화와 함께 디지털에

---

98 정종기, 『인공지능 완전정복』(형설출판사, 2020), 53면.

의해 컨트롤 되는 디지털화가 촉진되었다. 3차 산업인 서비스업은 디지털화로 많은 중간과정을 건너뛰고 소비자에게 직접 연결된다. 언론도 디지털 전환을 통하여 뉴미디어의 강세 속에서 레거시 미디어의 근본적인 변화가 촉구되고 있다. 미디어 플랫폼에서 AI를 접목한 지능형 디지털 미디어의 출현과 활용은 앞으로 새로운 세대에게는 더 익숙하고 자유로운 것이 될 것이다.

    인공지능은 그동안 윤리강령의 설정 단계에서 구체적인 관련 법률로 등장하고, 민사법, 형사법, 저작권법 등의 변화를 초래하게 된다. 마찬가지로 인공지능은 미디어의 제작·제공·편집·배열에 영향력을 강화하게 된다. 따라서 미디어 매체의 변화에 따른 미디어 사용자의 권리와 참여권을 인정하여 사용자가 적극적으로 언론기관에 참여하고 의견을 개진하는 방식으로 확대될 필요가 있다. 그렇지 않으면 종래 언론은 그들만의 리그로 전락하고 미디어 소비자는 뉴미디어를 주로 소비하게 될 것이다.

    따라서 언론법령들은 앞으로도 4V에 따라 정보의 양, 다양성, 정보의 속도, 정보의 정확성을 확보하고, 엑스권의 보장, 개인 미디어의 윤리성 및 미디어의 책무를 강하는 방식으로 검토가 계속 진행되어야 할 것이다. 기사의 제작과 배치에 사용되는 종래 편집권과 인터넷 기사에서 사용되는 알고리즘이 모두 공평하면서도 다양한 국민들의 의사를 반영할 수 있도록 알고리즘 검토위원회나, 알고리즘에 대한 정상적인 이의신청 답변 제도를 체계적으로 수립할 필요가 있다.

제3부

인공지능의 유용성과
위험 그리고 대응

제9장

인공지능 창작물과 저작권

양천수

I. 들어가며

1. 문제점

　인공지능 기술이 비약적으로 발전하면서 인간의 고유한 영역으로 취급되었던 저작물 또는 창작물 영역에도 인공지능이 침투한다. 이제까지 저작물을 창작하는 일은 오직 인간만이 할 수 있는 인간 고유의 영역으로 이해되었다. 저작물에는 인간 존재만이 가진 것으로 인정되는 창의성이 고스란히 반영되기 때문이다. 그러나 인간의 신경망을 모방한 인공 신경망 학습, 즉 딥러닝이 구현되면서 이제 저작물 창작은 더 이상 인간만의 영역이 아닌 게 되었다. 음악, 미술, 문학 영역에서 이제 인공지능은 저작물을 창작한다. 인공지능이 창작한 대중음악이나 클래식 음악, 전통 미술이나 만화 등을 심심치 않게 발견할 수 있을 뿐만 아니라 거래 대상이 되기도 한다. 인공지능이 창작한 미술품의 경우에는 경매에서 만만치 않은 금액으로 낙찰되기도 한다. 인공지능으로 저작물 영역에서도 새로운 시대가 열리고 있는 것이다. 이에 따라 한편으로는 사회 전체적으로 공리나 효용이 증가하지만 다른 한편으로는 새로운 문제가 제기된다. 인공지능이 창작한 저작물을 저작권의 대상으로 볼 수 있는지의 문제가 그 예다.[1] 이러한 문제의식에서 이 글은 다음과 같은 쟁점을 검토하고자 한다.

- 인공지능이란 무엇인가?
- 저작물이란 무엇인가?
- 저작물에 대한 인공지능의 기술은 무엇이고 현재 어떤 수준에 도달해 있는가?
- 인공지능과 저작물이 문제되는 사례로는 무엇이 있는가?
- 저작물에 대한 권리인 저작권이란 무엇인가?
- 인공지능은 법적 주체로서 법적 인격을 취득할 수 있는가?
- 인공지능은 저작권의 주체가 될 수 있는가? 또는 저작권의 주체가 되어야 할 필요가 있는가?
- 인공지능과 저작물에 대한 법적 문제를 해결하는 데 바람직한 법정책은 무엇인가?

2. 접근 방법

이 글은 앞에서 제기한 쟁점을 검토하기 위해 문헌 분석 방법을 주로 사용하고자 한다. 다만 인공지능 저작물에 대한 연구 성과가 충분히 축적되어 있는 편은 아니기에 이 글은 신문 기사나 인터뷰, 인터넷 자료 등과 같은 1차 문헌을 수집 및 분석하는 것도 연구 방법으로 원용하고자 한다. 요즘에는 많은 데이터가 인터넷 공간에 존재하기에 인터넷 데이터를 분석하는 것도 유용한 방법이 될 것이다.

이 글은 다음과 같은 순서로 논의를 진행하고자 한다. 먼저 인공지능과 저작물이란 무엇인지 살펴본다(Ⅱ). 다음으로 저작물에 대한 인공지능 기술은 무엇인지, 현재 기술적·예술적·경제적으로 어느 수준에 와있는지를 조감한다

---

1 이 문제에 관해서는 정원준, "인공지능 창작과 저작권법의 딜레마", 『고려법학』 제95호(2019), 263~303면 참고.

(Ⅲ). 이어서 현재 인공지능이 어떤 저작물을 창작할 수 있는지 그 현황을 분석한다(Ⅳ). 마지막으로 인공지능이 산출한 저작물에 침해가 이루어지는 경우 이에 어떻게 대응할 수 있는지를 살펴본다. 특히 법적 대응 방안을 중심으로 논의를 전개한다(Ⅴ).

Ⅱ. 인공지능과 저작물의 의의

1. 인공지능의 의의

(1) 개념

먼저 인공지능이란 무엇인지 간략하게 살펴본다.[2] 문자 그대로 정의하면 인공지능(Artificial Intelligence)이란 인간이 지닌 지성을 인공적으로 구현한 기계라고 말할 수 있다. 다만 이때 말하는 '지성'은 지금 시점에서 보면 그 외연이 다소 좁다고 말할 수 있다. 왜냐하면 지성은 흔히 감정과는 구별되는 이성적인 측면을 지칭하는 경우가 많기 때문이다. 이는 대표적인 지능 검사로 인정되는 IQ(Intelligence Quotient) 테스트를 예로 보더라도 확인된다. IQ 테스트는 이후 가드너(Howard Gardner)가 제시한 다중지능 중에 일부만을 평가 대상으로 삼을 뿐이다.[3] 또한 오늘날 인공지능은 지성뿐만 아니라 인간의 감정 역시 갖추는 것을 목표로 삼기에 인공지능이라는 개념 자체가 적절하지 않을 수 있다.

그런데 이는 인공지능 발전 과정과 무관하지 않다. 인공지능이라는 개념이 처음 사용되고 이에 관한 연구가 본격적으로 시작되던 시점은 '추론과 탐색'이라는 패러다임이 지배하던 때였다. 추론과 탐색 능력을 중심으로 하는 지성적인 능력만 구현하면 인공지능을 실현할 수 있다고 생각했던 시대였다. 물론 바로 그 때문에 인공지능을 실현하는 것은 실패하고 말았다.

이러한 점을 고려하면 인공지능이 염두에 두는 지능은 지성적인 측면과 감정적인 측면을 포함하는 개념으로 설정해야 한다. 아니 더 나아가 도덕적·윤리

---

2 인공지능에 관해서는 양천수, 『인공지능 혁명과 법』(박영사, 2021), 30면 아래 참고.
3 다중지능 이론에 관해서는 하워드 가드너, 김동일 (옮김), 『지능이란 무엇인가?: 인지과학이 밝혀 낸 마음의 구조』(사회평론, 2016) 참고.

적 측면까지 포괄하는 개념으로 파악해야 할 필요가 있다. 오늘날 우리가 추구하는 인공지능은 탁월한 연산 능력을 갖추었을 뿐만 아니라 인간과 감정적으로 소통할 수 있고 윤리적으로 올바른 판단을 할 수 있는 인공지능이기 때문이다. 이 같은 점을 감안하면 인공지능은 다음과 같이 정의하는 것이 적절하다. 인간의 정신 능력을 인공적으로 구현한 기계가 바로 인공지능이라는 것이다.

(2) 인공지능과 로봇

인공지능과 구별해야 할 개념으로 로봇이 있다. 흔히 인공지능과 로봇은 혼용되는 경우가 많다. 그 이유는 오늘날 사용되는 로봇은 대부분 인공지능이 탑재되는 경우가 많기 때문일 것이다. 그 때문에 아예 '인공지능 로봇'으로 지칭되는 경우도 많다. 인공지능의 문제와 로봇의 문제를 통합적으로 파악하는 것이다.

그러나 개념적으로 엄밀하게 보면 인공지능과 로봇은 구별하는 것이 정확하다.[4] 인간의 정신을 인공적으로 구현한 것이 인공지능이라면 로봇은 인간의 육체를 기계적으로 구현한 것이기 때문이다.[5] 독일의 사회학자 루만(Niklas Luhmann)이 정립한 체계이론(Systemtheorie)의 용어로 바꾸어 말하면, 인공지능이 심리체계를 인공적으로 구현한 것이라면 로봇은 생명체계를 인공적으로 구현한 것으로 볼 수 있다. 따라서 인공지능에서는 판단과 의사결정으로 대변되는 소통(communication)이 중심적인 작동이 된다면 로봇에서는 물리적 공간에서 이루어지는 행동(behavior)이 중심적인 작동이 된다. 이 점에서 양자는 구별하는 게 정확하다. 다만 앞에서 언급한 것처럼 오늘날에는 인공지능과 로봇이 결합되어 사용되는 경우가 많다는 점에서 아래에서는 양자를 엄밀하게 구별하지는 않겠다.

2. 인공지능의 유형

인공지능은 크게 두 가지로 구별할 수 있다. 약한 인공지능과 강한 인공지

---

4 양천수, 『인공지능 혁명과 법』(박영사, 2021), 34~35면.
5 양천수, 『제4차 산업혁명과 법』(박영사, 2017), 125~126면 참고.

능이다. 이에 더하여 초인공지능이 언급되기도 한다.[6]

(1) 약한 인공지능

약한 인공지능(weak AI)이란 인간과 동등한 수준의 정신능력을 갖추지 못한 인공지능을 말한다. 특히 인간 존재만이 가지고 있다고 인정되는 '반성적 자율성'이 결여된 인공지능을 지칭한다. 현재 우리가 확보하고 있는 인공지능이 약한 인공지능에 해당한다. 이는 달리 '특화된 인공지능'(narrow AI)으로 지칭되기도 한다. 여기서 주의해야 할 점은 약한 인공지능 또는 특화된 인공지능이 모든 면에서 인간보다 못한 것은 아니라는 것이다. 특정 부분에서는 이미 인간의 정신 능력을 초월한 경우가 많기 때문이다. 예를 들어 알파고는 바둑 분야에서는 이미 인간이 넘을 수 없는 능력을 확보하였다. 그렇지만 반성적 자율성이라는 측면에서 볼 때 알파고는 여전히 인간보다 못하다. 그 점에서 특화된 또는 약한 인공지능에 머물고 있을 뿐이다.

(2) 강한 인공지능

강한 인공지능(strong AI)이란 인간과 동등한 수준의 정신능력을 갖춘 인공지능을 말한다. 달리 말해 인간처럼 논리적·규범적·감성적 판단을 할 수 있을 뿐만 아니라 반성적 자율성마저 획득한 인공지능으로 규정할 수 있다. 이를 달리 범용인공지능(AGI: artificial general intelligence)으로 지칭하기도 한다. 그러나 강한 인공지능이 과연 실현될 수 있을지에는 의견이 분분하다. 조만간 실현될 수 있다고 보는 낙관론도 있지만 이는 실현될 수 없다고 보는 비관론도 만만치 않다. 분명한 것은 현재로서는 강한 인공지능이 출현하는 데 꽤 시간이 걸릴 것이라는 점이다.

(3) 초인공지능

초인공지능이란 모든 면에서 인간의 정신능력을 초월한 인공지능을 말한다. 특이점을 통해 강한 인공지능이 출현하면 이후 자연스럽게 등장하는 게 초

---

6 양천수, 『인공지능 혁명과 법』(박영사, 2021), 32~34면. 초인공지능에 관해서는 레이 커즈와일, 김명남·장시형 (옮김), 『특이점이 온다: 기술이 인간을 초월하는 순간』(김영사, 2007) 참고.

인공지능이라고 한다. 그 점에서 초인공지능은 넓은 의미의 강한 인공지능에
포함시킬 수 있다.

3. 인공지능의 발전

단순화해서 말하면 인공지능은 크게 다음 세 단계를 거쳐 발전하였다.
《추론과 탐색의 시대 ⇒ 전문가 시스템의 시대 ⇒ 기계학습과 딥러닝의 시대》가
그것이다.[7]

(1) 추론과 탐색의 시대

추론과 탐색의 시대는 인공지능의 초창기를 지칭한다. 이때는 지능, 즉 인
간 정신이 수행하는 기능을 추론이나 탐색과 같은 논리적 기능에 국한하여 파
악하였다. 말하자면 인간의 정신능력 중에서 논리적 연역 능력에 초점을 맞춘
것이다. 인간의 감정이 수행하는 독자적인 기능은 고려하지 않았다. 따라서 추
론과 탐색 능력을 인공적으로 구현하면 인공지능이 실현될 수 있다고 보았다.
이에 따라 인공지능 기술도 추론과 탐색을 중심으로 하는 고도의 연산능력을
향상시키는 데 집중하였다.

(2) 전문가 시스템의 시대

추론과 탐색의 시대가 실패로 끝나고 인공지능 역사는 첫 번째 겨울에 접
어든다. 그 이후 펼쳐진 시대가 전문가 시스템의 시대이다. 이 시대에는 다량의
전문 지식을 인공지능에 투입하면 전문가처럼 사고하고 판단할 수 있는 인공지
능을 구현할 수 있다고 보았다. 예를 들어 인공지능에 대량의 의학 지식을 투입
하면 마치 의사처럼 판단할 수 있다고 보았다. 이에 따라 인공지능 기술도 다량
의 지식이나 정보, 데이터를 받아들이고 처리할 수 있는 능력을 키우는 데 초점
을 맞추었다. 마치 경험이 이성적 판단을 만든다는 경험주의 전통을 인공지능
에 적용한 것으로 볼 수 있다. 그렇지만 전문가 시스템도 실패로 끝났다. 다량
의 지식을 인공지능에 입력한다고 해서 인공지능이 인간 전문가처럼 사고하고

---

7 인공지능에 관한 간략한 역사는 마쓰오 유타카, 박기원 (옮김), 『인공지능과 딥러닝: 인공지능이
   불러올 산업구조의 변화와 핵심』(동아엠엔비, 2016), 65면 아래 참고.

판단할 수는 없었기 때문이다.

(3) 기계학습과 딥러닝의 시대

전문가 시스템의 시대가 실패로 끝나면서 두 번째 '인공지능 겨울'이 찾아온다. 기나긴 겨울이 끝난 후 세 번째 인공지능 붐이 찾아온다. 기계학습과 딥러닝의 시대가 개막된 것이다. 이는 인공지능 기술에 관해 그리고 인공지능 구현에 관해 새로운 도약의 시대가 찾아온 것을 뜻한다.

기계학습(machine learning)이 가능해지면서 이제 인공지능은 데이터를 입력받기만 하는 수동적 존재에서 벗어나 자율적으로 학습이 가능한 능동적 존재로 자리매김한다. 투입된 정보를 되풀이하여 산출하는 것이 아니라 기존 정보에서 새로운 정보를 만들어낼 수 있는 능력을 갖추게 된 것이다.

인간의 신경망(neural network)을 응용한 딥러닝(deep learning)이 구현되면서 인공지능은 새로운 단계로 접어든다. 이제 인공지능은 구체적인 사실에서 추상적인 개념이나 패턴을 추론할 수 있는 능력을 갖게 되었다. 이를테면 다양한 이미지 중에서 무엇이 고양이에 대한 이미지인지를 알 수 있게 되었다. 딥러닝을 통해 인공지능은 추상화 능력과 어느 정도 자율적인 사고 능력을 갖추게 된 것이다. 이는 인공지능의 저작물 문제에 관해 큰 진보에 해당한다. 딥러닝이 구현되면서 인공지능이 독자적으로 저작물을 산출할 수 있는 시대가 개막되었기 때문이다. 이제 인공지능은 언어적 저작물뿐만 아니라 음악이나 미술에서 작품을 만들어낼 수 있게 된 것이다.

4. 저작물의 의의

(1) 개념

현행 저작권법 제2조 제1호에 의하면 저작물이란 "인간의 사상 또는 감정을 표현한 창작물"을 뜻한다. 이러한 개념 정의에서 크게 네 가지 요소를 확인할 수 있다.

첫째, 저작물은 사상 또는 감정을 담고 있어야 한다. 특정한 사상이나 감정을 담지 않은 표현물은 저작물이라 말할 수 없다. 이는 저작물의 내용적 요소이다.

둘째, 저작물은 인간의 사상 또는 감정을 담고 있어야 한다. 현행 저작권법에 의하면 인간이 아닌 존재의 사상이나 감정을 담은 것은 저작물로 인정할 수 없다. 이는 저작물의 주체적 요소인 동시에 저작물의 인간중심주의를 극명하게 보여주는 예에 속한다.[8]

셋째, 저작물은 외부로 표현되어야 한다. 예를 들어 언어, 음악, 그림 등과 같은 소통매체를 통해 외부 세계로 표현되어야 한다. 따라서 외부로 표현되지 않은 채 저작자의 정신 내부에만 머물러 있는 사상이나 감정은 저작물이 아니다. 이는 저작물의 형식적·매체적 측면을 보여준다.

넷째, 저작물은 기존에 있는 것이 아닌 새로운 사상이나 감정을 표현하는 것이어야 한다. 이미 있는 사상이나 감정을 표현하는 경우는 저작권법이 보장하는 저작물로 볼 수 없다. 물론 이 경우에도 저작권법이 보장하지 않는 넓은 의미의 저작물로 볼 수는 있다. 이도 저작물의 내용적 요소에 해당한다. 이때 문제가 되는 것은 무엇이 새로운 것인지를 판단하는 일이다.

(2) 유형

저작권법은 저작물의 유형을 다음과 같이 규정한다(제4조 제1항).

첫째는 소설·시·논문·강연·연설·각본 그 밖의 어문저작물이다(제1호).

둘째는 음악저작물이다(제2호).

셋째는 연극 및 무용·무언극 그 밖의 연극저작물이다(제3호).

넷째는 회화·서예·조각·판화·공예·응용미술저작물 그 밖의 미술저작물이다(제4호).

다섯째는 건축물·건축을 위한 모형 및 설계도서 그 밖의 건축저작물이다(제5호).

여섯째는 사진저작물이다(제6호). 이때 이와 유사한 방법으로 제작된 것을 사진저작물에 포함시킨다.

일곱째는 영상저작물이다(제7호).

여덟째는 지도·도표·설계도·약도·모형 그 밖의 도형저작물이다(제8호).

---

8 인간중심주의에 관해서는 양천수, 『인공지능 혁명과 법』(박영사, 2021), 43면 아래 참고.

아홉째는 컴퓨터프로그램저작물이다(제9호).

이러한 저작물 가운데 이 글은 주로 음악과 미술 및 메타버스의 저작물에 논의를 집중하고자 한다. 크게 세 가지 이유를 제시할 수 있다. 첫째, 이들 분야에서 인공지능 기술이 비약적으로 발전하여 이제는 인공지능이 창작한 음악이나 미술 등을 손쉽게 경험할 수 있다는 것이다. 둘째, SNS나 유튜브, 사회적 거리두기 등으로 인공지능이 창작한 음악이나 미술에 일반 대중이 큰 관심을 보이고 있다는 점이다. 셋째, 이로 인해 이들 영역은 새로운 경제성장의 원동력이 되고 있다는 것이다.

Ⅲ. 저작물과 인공지능 기술

1. 인공지능 기술의 기본 구조

먼저 인공지능 기술이 무엇으로 구성되고 어떤 방식으로 우리 사회에서 구현되는지 살펴볼 필요가 있다. 인공지능이 성공적으로 구현되려면 크게 세 가지 요소가 필요하다. 데이터, 소프트웨어, 하드웨어가 그것이다. 사실 인공지능을 구현하는 데 필요한 이론은 이미 1950년대에 대부분 완성되었다. 그렇지만 그 당시에는 이를 뒷받침할 수 있는 하드웨어나 충분한 데이터가 존재하지 않아 인공지능을 실현하는 데 실패하였다.

첫째, 인공지능이 구현되려면 데이터, 더욱 정확하게 말해 기계학습을 하는 데 충분한 빅데이터가 필요하다.[9] 데이터가 적절하게 수집 및 활용되지 않으면 인공지능이 제대로 작동하기 어렵다. 사실 이는 현재 우리나라가 인공지능 기술을 개발하는 데 큰 장벽이 된다. 사전동의 방식의 개인정보 자기결정권을 제도화하는 우리 「개인정보 보호법」의 기본 방향으로 인해 특히 개인 데이터를 수집 및 활용하는 것이 쉽지 않다. 이로 인해 이에 관한 논의가 치열하게 전개된다. 이러한 일환으로 2020년에 이른바 데이터 3법이 개정되기도 하였지만 이 문제는 여전히 뜨거운 화두로 남아 있다.[10]

---

9 빅데이터에 관해서는 양천수, 『빅데이터와 인권』(영남대학교 출판부, 2016) 참고.
10 이에 관해서는 김서안, "데이터 3법 개정의 의미와 추후 과제", 『융합보안 논문지』 제20권 제2호

둘째, 인공지능이 작동하는 데 필수적인 소프트웨어(software), 즉 알고리즘이 필요하다. 일반적으로 알고리즘은 특정한 문제를 해결하는 데 사용되는 절차의 집합으로 정의된다. 달리 말하면 알고리즘은 문제를 풀어가는 데 필요한 추론규칙의 집합으로 볼 수 있다. 이렇게 보면 알고리즘은 민법학이나 형법학 등과 같은 실정법학에서 사용하는 법리 또는 법도그마틱(Rechtsdogmatik)과 유사하다.[11] 법리 또는 법도그마틱 역시 법적 분쟁을 해결하는 데 원용되는 논리적 추론규칙을 체계적으로 모아 놓은 것으로 볼 수 있기 때문이다. 이러한 알고리즘은 인공지능을 움직이는 데 필수적인 프로그램의 핵심적 요소가 된다. 오늘날에는 머신러닝과 딥러닝 기법이 핵심적인 소프트웨어로서 인공지능 혁명을 견인하고 있다.

셋째, 인공지능을 가동하고 사회적으로 이용하기 위해서는 하드웨어 (hardware)가 필요하다. 이러한 하드웨어로는 다양한 것을 생각할 수 있지만 중요한 것으로 크게 두 가지를 언급할 수 있다. 반도체 기술과 로봇 기술이 그것이다. 처음 인공지능 기술이 구상될 때는 이를 구현하는 데 필요한 적절한 반도체 기술이 개발되지 못하였다. 그 때문에 탁월한 이론을 현실에서 적용하지 못하였다. 하지만 그 사이 반도체 기술이 비약적으로 발전하면서 이제는 딥러닝과 같은 고도의 알고리즘을 실현하는 게 가능해졌다. 나아가 인공지능을 현실에서 사용하려면 고도로 발전한 로봇 기술이 필요한 경우가 많다. 인공지능이 현실세계에서 인간처럼 이용되려면 인간의 행동을 구현할 수 있는 로봇 기술이 필요하기 때문이다. 또는 자율주행자동차처럼 현실세계에서 안전하게 움직일 수 있어야 한다. 이로 인해 오늘날에는 인공지능이 대부분 인공지능 로봇 또는 지능형 로봇으로 이용된다.

(2020), 59~68면 참고.
11 법리에 관해서는 권영준, 『민법학의 기본원리』(박영사, 2020), 28면 아래 참고.

2. 인공지능 기술의 발전

(1) 개관

인공지능의 발달은 곧 인공지능 기술의 발전을 뜻한다. 인공지능이 크게 세 단계를 거치며 발전을 해온 것처럼 인공지능 기술도 크게 세 단계를 거치며 발전을 거듭해 왔다. 여기에 단순한 제어 기술까지 포함하면 현재까지 진행된 인공지능 기술의 발전 단계는 네 단계로 구획할 수 있다.

인공지능 기술의 전 단계는 공학이나 사이버네틱스(cybernetics)에서 즐겨 연구되는 제어 기술이라 할 수 있다. 이어 추론과 탐색의 시대 및 전문가 시스템 시대를 맞아 본격적인 인공지능 기술이 등장 및 발전한다. 그러나 인공지능의 역사가 보여주듯이 이들 기술은 곧 한계에 직면하였다. 이들 인공지능에는 응용 능력이 부족했던 것이다. 그러나 뇌의 학습방법을 모방한 딥러닝이 구현되면서 인공지능 기술은 새로운 도약을 맞게 된다.

(2) 입력/출력 모델

인공지능은 일종의 체계(system)에 해당한다. 인공지능을 포함하는 체계의 작동 방식에 관해서는 전통적으로 입력(input)/출력(output) 모델 또는 투입/산출 모델이 원용되었다.[12] 체계와 환경을 구별하여 환경으로부터 체계로 데이터가 들어오는 경우를 입력으로, 체계로부터 환경으로 데이터의 처리 결과가 나오는 경우를 출력으로 규정한다. 인공지능을 기준으로 보면 인공지능에 특정한 데이터를 제공하는 것을 입력으로, 이를 인공지능이 처리하여 특정한 결과를 도출하는 것을 출력으로 파악할 수 있다. 이때 입력과 출력의 관계를 어떻게 설정할 것인지는 인공지능 기술이 결정한다. 특히 알고리즘이 이러한 역할을 수행한다.

전통적인 제어 기술이나 추론과 탐색의 시대에 개발된 인공지능 기술은 주로 입력과 출력의 관계를 조종하는 알고리즘을 개발하는 데 집중하였다. 사이버네틱스의 성과를 고려하여 입력과 출력의 관계를 설정할 때 반성적 구조, 즉 환류 구조를 고려하였다. 그렇지만 추론과 탐색이라는 용어가 시사하듯이 이때

---

[12] 컴퓨터 공학에서는 입력/출력이라는 용어가 사회과학에서는 투입/산출이라는 용어가 주로 사용된다.

는 주로 합리적인 이성을 기반으로 하여 알고리즘을 개발하였다. 이로 인해 인공지능이 환경이 가진 복잡성에 적절하게 대응하는 데 한계를 보였고 사소한 문제를 해결하는 데도 애를 먹었다.

추론과 탐색의 시대 이후에 등장한 전문가 시스템 시대에는 환경과 인공지능의 입력 관계에 초점을 맞추었다. 인공지능이라는 체계가 환경에서 발생하는 다양하고 복잡한 문제를 풀 수 있도록 미리 방대하고 전문화된 데이터를 인공지능에 입력하는 데 관심을 기울인 것이다. 예를 들어 의료 인공지능이 의학 문제를 적절하게 해결할 수 있도록 방대한 의료 전문지식을 인공지능에 입력하는 데 집중을 하였다. 그러나 이러한 방식도 인공지능이 실제 문제를 해결하는 데 기여를 하지는 못하였다.

이후 인공지능의 새로운 시대가 도래하면서 연구자들은 인공지능이 제대로 작동하려면 두 가지 요소가 필요하다는 것을 발견한다. 첫째는 방대한 데이터이고 둘째는 마치 인간의 뇌처럼 작동할 수 있는 알고리즘이다. 이를 계기로 기계학습과 딥러닝의 시대가 열린다.

(3) 신경망 학습과 딥러닝

딥러닝이 구현되기 이전까지 인공지능 기술은 주로 합리적인 이성의 측면에서만 기술에 접근하였다. 이는 인간의 정신이 합리적인 이성에 기반을 두고 있다는 믿음을 전제로 한다. 그렇지만 인공지능 기술이 계속 실패를 거듭하면서 연구자들은 그 원인을 파악하고자 노력하였다. 그 와중에 흥미로운 현상을 발견한다. 인공지능은 인간이 못하는 것, 이를테면 고도의 계산이나 추론은 잘할 수 있는 반면 인간이 손쉽게 하는 것, 예를 들어 직립보행을 한다거나 고양이 등을 구별하는 것은 좀처럼 하지 못한다는 것이다. 이에 인공지능 연구자들은 이성, 즉 로고스에 의해서만 인공지능을 개발하고자 하는 대신 인간의 뇌를 연구하여 인공지능을 구현하고자 하였다. 인간의 뇌가 실제로 작동하는 방식을 고찰하여 이를 인공지능 기술에 적용함으로써 인간처럼 생각할 수 있는 인공지능을 개발하고자 한 것이다.

딥러닝은 이러한 통찰이 낳은 결과물이다. 딥러닝은 인간의 뇌와 같은 동물의 뇌가 심층신경망(DNN: Deep Neural Network)을 통해 외부세계를 인지한다는 것을 모방한 것이다. 인간의 뇌는 심층적으로 구성된 여러 단계를 거쳐 그 무엇인가를 인식하는데 이러한 심층적·다단계적 인식 과정을 인공적으로 구현한 것이 바로 딥러닝이다. 그 점에서 딥러닝은 실제 신경망(neural network)이 학습하는 과정을 실현한 것이다.

(4) 인공지능 기술의 발전

1) 검색 모델과 생성 모델

딥러닝이 구현되면서 이를 기반으로 하여 다양한 인공지능 기술이 개발 및 발전한다. 대표적인 예로 챗봇에서 활용되는 생성 모델을 언급할 수 있다. 인간과 소통하는 챗봇을 개발하는 데 사용되는 기술은 크게 두 가지로 구별할 수 있다. 검색 모델(retrieval model)과 생성 모델(generative model)이 그것이다. 검색 모델은 이미 입력된 데이터를 검색하는 방식을 활용하여 챗팅을 구현하는 모델을 말한다. 그 점에서 검색 모델은 딥러닝 기반의 모델이라기보다는 전문가 시스템의 모델에 가깝다. 이에 반해 생성 모델은 입력된 데이터를 기반으로 하여 새로운 데이터를 생성하는 모델을 말한다. 그 점에서 창의성이 인정되는 모델로 볼 수 있다. 사람 사이에서 이루어지는 소통은 정형화된 면도 있지만 다양한 변화 가능성을 전제로 한다. 언어이론적으로 보면 의미론, 구문론, 화용론의 차원에서 변화 가능성 또는 생성 가능성이 보장되어야 비로소 인간다운 소통 혹은 채팅을 할 수 있다. 그 점에서 생성 모델의 혁신성을 인정할 수 있다.

2) GPT-3

대표적인 생성 모델로 '오픈AI'(OpenAI)가 개발한 언어 인공지능 모델 GPT-3을 언급할 수 있다.[13] GPT-3(Generative Pre-trained Transformer 3)은 딥러닝을 적용하여 언어 생성 모델로 인간다운 소통 텍스트를 만들어내는 자기회귀 언어 모델이다. OpenAI사가 만든 GPT-n 시리즈의 3세대 언어 예측 모델이다. GPT-3은 인간과 유사하게 창의적으로 챗팅을 할 수 있어 기존 챗팅 로봇

---

13 김종윤, "GPT-3, 인류 역사상 가장 뛰어난 '언어 인공지능'이다", 『인공지능신문』(2020. 8. 14)(https://www.aitimes.kr/news/articleView.html?idxno=17370) 참고.

의 한계를 넘어선 것으로 평가된다. 이로 인해 그 위험성도 경고된다. 악용될
수 있다는 것이다.[14]

3) 오토 ML

입력과 출력 사이에 자율성이 보장되지 않는 기존 인공지능 기술과는 달리
딥러닝은 인공 신경망으로 인간의 사고방식을 모방해 어느 정도 자율적으로 추
상적 사고를 수행할 수 있다. 그렇지만 이러한 딥러닝도 여전히 사람의 손길을
필요로 하였다. 딥러닝도 튜닝(tuning)이 필요한 것이다.[15] 예를 들어 더 좋은 출
력값을 얻기 위해서는 인간 개발자가 아키텍처를 변경하거나 하이퍼파라미터를
조절해야 한다. 인공지능 스스로가 자신에게 적용된 딥러닝의 기본 구조를 환경
에 맞게 조절할 수는 없었다. 말을 바꾸면 마치 생명체계처럼 딥러닝을 갖춘 인
공지능 체계가 변화하는 환경에 맞게 반성적으로 작동할 수는 없었던 것이다.

하지만 최근 오토 ML(Automated Machine Learning)이 개발되면서 딥러닝도
새로운 차원을 맞게 되었다.[16] 인공지능이 주어진 환경에 최적화될 수 있도록
자신에 부여된 세팅을 자율적으로 개선할 수 있는 기법이 개발된 것이다. 이에
따라 인공지능은 인간 개발자를 대신하여 스스로 하이퍼파라미터를 조절하거나
아키텍처를 변경할 수 있다. 인간 개발자를 튜닝이라는 작업에서 해방시킨 것
이다.

딥러닝은 기존의 인공지능 기술을 한 차원 업그레이드하였다. 딥러닝이 구
현되면서 입력과 출력 사이의 관계가 선형적 관계에서 블랙박스적인 비선형 관
계로 진화하였다. 덕분에 인공지능은 제한된 범위이기는 하지만 입력된 데이터
를 자율적으로 처리할 수 있게 되었고 인간처럼 추상적인 사고를 전개할 수 있
게 되었다. 이에 더하여 오토 ML은 새로운 혁신을 가져왔다. 주어진 환경을 감
안하여 자신에 부여된 구조를 반성적으로 변경할 수 있는 능력을 갖추게 된 것

---

14 OpenAI사는 2022년 11월 30일 GPT−3.5모델인 ChatGPT를 출시하였다. ChatGPT는 탁월한 답변
   능력으로 사회적 반향을 일으키고 있다.
15 이주열·김명지, "AI 사이언티스트의 숙명 '튜닝'… 학습 모델 최적화에 수작업 필수", 『한경비즈
   니스』(2021. 1. 6)(https://magazine.hankyung.com/business/article/202101061704b).
16 이주열·김명지, "AI 사이언티스트의 숙명 '튜닝'… 학습 모델 최적화에 수작업 필수", 『한경비즈
   니스』(2021. 1. 6).

이다. 환경에 적응할 수 있는 진화 역량을 가지게 된 것이다. 이러한 인공지능의 발전 과정을 도식으로 표현하면 아래와 같다.

- 딥러닝 이전의 인공지능 기술 ⇒ 주어진 논리적 관계에 따라 입력된 데이터를 처리 ⇒ 입력과 출력의 논리적·선형적 연결
- 딥러닝 ⇒ 입력된 데이터를 인간의 사고방식처럼 자율적으로 처리 ⇒ 입력과 출력의 블랙박스적 연결
- 오토 ML ⇒ 주어진 환경에 맞게 인공지능의 구조를 반성적으로 변경 ⇒ 입력과 출력의 반성적 연결

---

3. 인공지능 저작물에 관한 기술

(1) 개요

딥러닝이 구현되면서 이제 인공지능은 저작물, 즉 음악이나 미술, 시, 소설 등과 같은 특정한 매체로써 창의성을 갖춘 콘텐츠를 생산할 수 있다. 새로운 대중음악이나 클래식 음악을 작곡하기도 하고 렘브란트의 화풍을 흉내 낸 새로운 그림을 그리기도 한다. 시나 소설을 쓰기도 하고 요즘 화제가 되는 메타버스에서 새로운 아바타 캐릭터를 창조하기도 한다. 인공지능이 이러한 저작물을 산출하려면 다음과 같은 요건을 갖추어야 한다. 우선 인공지능이 어느 정도 자율성과 창의성을 발휘할 수 있어야 한다. 다음으로 인간의 음성이나 음악 소리, 그림이나 영상과 같은 이미지, 언어를 모사할 수 있는 기술을 갖추어야 한다. 그런데 오늘날에는 이 두 가지 측면에서 비약적인 발전이 이루어진다.

(2) 딥페이크

이에 상응하는 기술로 딥페이크(deepfake)를 언급할 수 있다.[17] 딥러닝과 페이크(fake)를 합성한 개념인 딥페이크는 인공지능이 저작물을 창작하는 데 출발점이 되는 기술이라 말할 수 있다. 딥페이크는 흔히 가짜 동영상을 만드는 데 사용되는 기술로 알려져 있다. 예를 들어 가짜 동영상과 실제 인물을 합성하여

---

[17] 이에 관해서는 전유진, "인공지능의 두 얼굴, 딥페이크 기술: 딥페이크 사례로 알아보는 인공지능의 현주소", 『국내기사 Secu N』 제144권(2021), 104~105면 참고.

마치 실제 인물이 특정한 행위를 하는 것처럼 보이게 한다. 그 때문에 딥페이크
는 범죄적 일탈행위의 수단으로 사용되는 경우가 많다.[18] 그렇지만 딥페이크가
이처럼 부정적인 의미만 가지는 것은 아니다. 딥페이크는 인공지능이 음악이나
미술, 아바타 캐릭터와 같은 창작물을 만드는 데 기여한다.

딥페이크는 크게 두 가지 기술로 구현된다. 비전 AI와 컴퓨터 그래픽스가
그것이다. 이를 '입력/출력 모델'에 대응시켜 말하면 데이터 입력과 관계된 기술
이 비전 AI, 이미지 출력과 관계된 기술이 그래픽스이다.

1) 비전 AI

비전 AI는 인공지능이 인간처럼 볼 수 있게 하는 기술을 말한다.[19] 비전 AI
는 현실세계의 여러 정보를 데이터화, 즉 디지털 데이터로 전환하는 데 기여한
다. 그러나 이는 생각보다 매우 어려운 기술이다. 왜냐하면 우리 인간 존재가
쉽게 할 수 있는 외부세계 인식을 인공지능은 오랫동안 제대로 하지 못했기 때
문이다. 예를 들어 인간은 특정한 동물이 고양이인지를 직관적으로 쉽게 파악
할 수 있지만 인공지능은 이를 수행할 수 없었다. 고양이의 이미지가 조금만 달
라져도 인공지능은 이를 고양이로 인식하거나 구별하지 못했다. 그러나 신경망
학습을 도입한 딥러닝이 구현되면서 이제 인공지능도 다양한 이미지를 구별할
수 있게 되었다. 더 나아가 이제 인공지능은 인간보다 더 높은 수준의 확률로
이미지를 구별할 수 있게 되었다. 이를테면 안면인식에 대한 인공지능 기술이
발전하면서 인공지능은 사람보다 사람을 더 잘 식별할 수 있게 되었다.

비전 AI 기술은 안면인식뿐만 아니라 자율주행이나 인기 아이돌 그룹 직캠
에도 활용된다.[20] 예를 들어 자율주행자동차는 비전 AI 기술을 활용하여 도로를

---

18 이에 관해서는 홍태석, "딥페이크 이용 아동성착취물 제작자의 형사책임: 일본의 판례 및 논의
검토를 통하여", 『디지털 포렌식 연구』 제14권 제2호(2020), 139~151면; 장우정·김주찬, "딥
페이크 합성물에 대한 국내외 입법동향과 형사법적 수용문제: 딥페이크 포르노(Deepfake
Pornography)를 중심으로", 『소년보호연구』 제33권 제2호 (2020), 273~306면; 이경렬·김재원,
"허위영상물 제작·반포 범죄에 관한 기술적·형사법적 연구", 『4차산업혁명 법과 정책』 제2호
(2020), 131~169면 참고.
19 비전 AI에 관해서는 박현진, "인공지능의 눈, 비전 AI의 모든 것…", 『인공지능신문』(2019. 1.
8)(http://www.aitimes.kr/news/articleView.html?idxno=13142).
20 '직캠'이란 인기 아이돌 그룹의 멤버 중에서 마음에 드는 멤버만을 선별하여 직접 촬영 및 동영
상을 제작하는 것을 말한다.

안전하게 주행할 수 있다. 도로에서 움직이는 물체가 보행자인지를 식별하여 자동차 사고가 발생하지 않도록 한다. 비전 AI는 메타버스에도 적용된다. 가령 현실세계의 인간 아이돌 그룹을 모사하여 메타버스에서 아바타로 구현할 때 비전 AI가 활용된다. 실제로 네이버의 메타버스 플랫폼인 '제페토'에서는 현실세계의 그룹 블랙 핑크의 아바타를 비전 AI를 이용해 창조하기도 하였다.

2) 컴퓨터 그래픽스

물론 비전 AI만으로 딥페이크나 메타버스의 아바타가 구현될 수 있는 것은 아니다. 비전 AI는 실제세계의 각종 데이터를 AI가 인식할 수 있는 디지털 데이터로 전환하는 데 기여할 뿐이다. AI가 인식한 데이터를 인간이 알아볼 수 있는 이미지나 아바타 등으로 출력하려면 또다른 기술이 필요하다. 그래픽스가 그것이다.

여기서 말하는 그래픽스는 컴퓨터 사이언스의 일종인 컴퓨터 그래픽스(computer graphics)를 뜻한다. 그래픽스는 실제세계와 같은 현실 이미지를 메타버스와 같은 가상세계에서 구현하는 기술을 말한다. 예를 들어 실제 대학에서 진행되는 입학식이나 졸업식을 메타버스와 같은 가상세계에서 재현하는 것을 들 수 있다. 그 점에서 그래픽스는 비전 AI로 입력한 실제세계의 데이터를 가상세계에서 출력하는 기술이라고 말할 수 있다.

그래픽스는 크게 모델링(modeling), 애니메이션(animation), 렌더링(rendering)으로 구별된다. 여기서 모델링이란 컴퓨터 그래픽스를 이용해 가상세계에 3차원의 모형을 만들어내는 것을 말한다. 말하자면 실제세계의 사물이나 사람과 같은 3차원적 존재를 가상세계에서 3차원으로 구현하는 것이다. 다음으로 애니메이션은 이렇게 가상세계에서 구현한 모델을 움직이게 하는 것을 말한다. 3차원의 모형에 운동 또는 시간성을 부여하는 작업이 애니메이션인 것이다. 마지막으로 렌더링은 이미지를 합성해 새로운 이미지를 만들어내는 것을 말한다. 렌더링은 이미지 합성(image synthesis)으로도 불린다. 이러한 렌더링이야말로 딥페이크를 구현하는 데 가장 핵심이 된다고 말할 수 있다.

그래픽스는 모델링, 애니메이션, 렌더링으로 이미지를 구현할 때 RGB 시스템을 이용한다. 여기서 RGB란 red, green, black의 색깔을 말한다. 세 가지 색깔을 조합해 엄청난 수의 색을 만들어낼 수 있다.

3) 오토인코더

오늘날 사용되는 딥페이크 기술에는 입력을 담당하는 비전 AI와 출력을 담당하는 컴퓨터 그래픽스가 통합되어 운용된다. 이를 잘 보여주는 예로 오토인코더(Autoencoder)를 들 수 있다.[21] 앞에서 지적한 것처럼 딥페이크는 《입력 ⇒ 처리 ⇒ 출력》으로 구성된다. 이를 달리 《추출(extraction) ⇒ 학습(learning) ⇒ 생성(generation)》으로 말할 수 있다. 여기서 인공지능이 학습하는 기술로 오토인코더가 활용된다.

오토인코더는 다음과 같은 단계로 구성된다. 《입력 레이어(input layer) ⇒ 인코더(encoder) ⇒ 디코더(decoder) ⇒ 출력 레이어(output layer)》가 그것이다.[22] 우선 입력 레이어 단계에서는 딥페이크를 만드는 데 필요한 이미지 데이터 등이 입력된다. 다음 인코더 단계에서는 입력된 데이터가 인공지능이 알 수 있는 이진법 언어로 분해, 전환 및 축적된다. 나아가 디코더 단계에서는 이렇게 인코딩된 데이터가 새롭게 조합되어 이미지 데이터 등으로 전환된다. 마지막으로 출력 레이어 단계에서는 딥페이크 이미지 등이 생산된다.

(3) GAN

초기 딥페이크 기술만으로는 인공지능이 새로운 음악이나 미술 작품처럼 정교하고 창의성이 요구되는 저작물을 만들기 쉽지 않았다. 이러한 상황은 GAN이 개발되면서 급반전한다. GAN, 즉 생성적 적대 신경망(Generative Adversarial Network) 기술이 구현되면서 인공지능 저작물 상황은 새로운 차원으로 접어들었기 때문이다. GAN은 2014년 이안 굿펠로우(Ian Goodfellow)와 그의 동료들이 제시한 새로운 기계학습 프레임워크다.[23] GAN은 두 개의 인공 신경망을 전제

---

21 이경렬·김재원, "허위영상물 제작·반포 범죄에 관한 기술적·형사법적 연구", 『4차산업혁명 법과 정책』 제2호(2020), 138~139면.

22 이경렬·김재원, 위의 논문, 138면.

23 Ian Goodfellow/Jean Pouget—Abadie/Mehdi Mirza/Bing Xu/David Warde—Farley/Sherjil Ozair/ Aaron Courville/Yoshua Bengio, "Generative Adversarial Nets", *Proceedings of the International Conference on Neural Information Processing Systems* (NIPS, 2014), pp.2672~2680. 이 발표문은 https://proceedings.neurips.cc/paper/2014/file/5ca3e9b122f61f8f06494c97b1afccf3—Paper.pdf에서 확인할 수 있다. GAN에 대한 간단한 설명은 이경렬·김재원, 앞의 논문, 139~140면 참고.

로 한다. 생성 모델(generator)과 식별 모델(discriminator)이 그것이다. 두 개의 신
경망 모델은 서로 대립하면서 공존한다. 마치 당사자주의 소송구조(adversarial
procedure)에서 각 당사자가 대립하는 과정에서 법관이 소송의 진실을 찾아가는
것처럼 GAN에서도 생성 모델과 식별 모델이 대립하는 당사자로 서로 적대하면
서 진짜와 구별되지 않는 가짜를 생성하는 것이다. 굿펠로우는 이를 위조지폐
범과 경찰로 비유하였다. 위조지폐범이 위조지폐를 생성하면 경찰은 이를 가짜
로 식별한다. 그러면 위조지폐범은 이보다 더 나은 위조지폐를 만들고 경찰은
다시 이를 식별한다. 이러한 환류 과정을 거치면서 위조지폐는 진짜와 거의 구
별할 수 없을 정도로 개선된다. 이처럼 생성 모델과 식별 모델은 서로 적대적으
로 경쟁하면서 딥페이크 이미지를 개선한다. 이를테면 생성 모델이 데이터를
기반으로 하여 훈련을 한 후 가짜 동영상을 만들면 식별 모델은 가짜 동영상을
감지한다. 그러면 생성 모델은 이에 반성적으로 피드백을 받아 식별 모델이 감
지할 수 없을 때까지 가짜를 만들어 낸다.

(4) 스타일GAN

그러나 GAN이 합성하는 이미지는 여전히 여러 측면에서 불완전하였다. 실
제 이미지와 비교할 때 여전히 어색함을 가지고 있었다. 이는 스타일GAN이 개
발되면서 해소된다. 스타일GAN(Style-Based Generator Architecture for Generative
Adversarial Networks)은 엔비디아(NVIDIA)의 카라스(Tero Karras) 등이 제시한 새
로운 GAN 아키텍처이다.[24] 스타일GAN은 어떤 GAN 모델에도 적용할 수 있는
생성(generator) 구조를 제시하고 이미지를 합성하는 과정에서 이미지의 전체적
인 스타일과 미세한 부분까지 조정할 수 있다. 이를 통해 이제는 진짜와 거의
구별하기 어려운 가짜 이미지를 생산해 낸다.

(5) Few-Shot Adversarial Learning

이외에도 삼성전자 모스크바 AI연구센터가 러시아 스콜코보 과학기술 연

---

[24] Tero Karras/Samuli Laine/Timo Aila, "A Style-Based Generator Architecture for Generative Adversarial
Networks", IEEE(2019). 이 발표문은 https://openaccess.thecvf.com/content_CVPR_2019/papers/
Karras_A_Style-Based_Generator_Architecture_for_Generative_Adversarial_Networks_CVPR_2019_pa
per.pdf에서 확인할 수 있다.

구소와 공동으로 개발한 Few－Shot Adversarial Learning은 얼굴 이미지 사진만
으로 말하는 얼굴 동영상을 구현한다.[25]

(6) 음성합성 기술

GAN과 같은 이미지 합성 기술은 주로 인공지능이 미술 작품이나 동영상
같은 저작물을 생산하는 데 사용된다. 넥스트 렘브란트(The Next Rembrandt)에서
사용된 인공지능이 GAN을 활용하여 렘브란트 화풍을 재현한 그림을 창작한다.
그러나 음악, 특히 실존했던 가수의 목소리를 재현하려면 별도의 기술이 필요
하다. 음성합성 기술이 그것이다.[26] 이미지나 동영상 합성과 마찬가지로 최근
음성합성 기술도 비약적으로 발전하였다. 이에 따라 인공지능은 실존했던 또는
실존하는 인간 가수의 목소리를 그대로 재현할 수 있을 뿐만 아니라 이를 넘어
해당 목소리로 새로운 노래를 부를 수 있게 되었다. 국내에서는 서울대 이교구
교수가 설립한 '수퍼톤'(Supertone)이 음성합성 기술 개발에 매진한다.[27] 수퍼톤
은 이미 고 김광석이나 김현식의 목소리로 다른 가수의 노래를 부를 수 있는
인공지능을 개발했을 뿐만 아니라 목소리만으로 목소리 주인공의 얼굴을 재현
할 수 있는 기술도 개발한다.

(7) ASBS

미술이나 음악 작품 이외에 인공지능이 영화나 애니메이션, 만화와 같은 저
작물을 창작하려면 이미지, 소리, 언어와 같은 소통매체(Kommunikationsmedien)
를 구현하는 능력 이외에 별도의 능력이 요청된다. 스토리를 구성할 수 있는 능
력, 즉 인간에 고유한 능력인 '스토리 텔링'에 관한 능력이 필요하다. 그래야만 인
공지능은 인간을 설득할 수 있는 문학 작품이나 영화, 애니메이션, 만화를 창작

---

25 Egor Zakharov/Aliaksandra Shysheya/Egor Burkov/Victor Lempitsky, "Few－Shot Adversarial Learni
ng of Realistic Neural Talking Head Models", Proceedings of the IEEE/CVF International Conference
on Computer Vision (ICCV) (2019), pp.9459~9468. 이 발표문은 https://openaccess.thecvf.com/content_I
CCV_2019_papers/Zakharov_Few－Shot_Adversarial_Learning_of_Realistic_Neural_Talking_Head_Mod
els_ICCV_2019_paper.pdf에서 확인할 수 있다.

26 이에 관해서는 Karen Hao, "실전 투입 준비를 마친 AI 음성 합성 기술", 『MIT Technology Review』
(2021. 7. 23) 참고. 이 기사는 https://www.technologyreview.kr/ai－voice－actors－sound－human/
에서 확인할 수 있다.

27 수퍼톤에 관해서는 https://supertone.ai/company/company.php 참고.

할 수 있다. 이에 관한 기술로 일본 게이오대학 쿠리하라 사토시(栗原聡) 연구실
이 개발한 플롯생성기술인 "자동 시나리오 구축 시스템"(ASBS: Automatic Scenario
Building System)을 언급할 수 있다.[28]

Ⅳ. 인공지능 저작물의 현황

1. 서론

(1) 현상

인공 신경망 학습을 적용한 딥러닝이 구현되면서 인공지능은 이제 투입된
데이터를 수동적으로 처리하기만 하는 수동적 존재가 아니라 독자적이고 자율
적인 알고리즘으로 데이터를 처리 및 가공하여 새로운 정보를 산출하는 존재로
거듭나고 있다. 이에 따라 인공지능은 이전에는 알려지지 않았던 새로운 패턴
을 찾아내거나 새로운 판단도 할 수 있게 되었다. 인공지능이 자율성을 어느 정
도 갖춘 능동적인 체계로 작동하고 있다. 이는 창의성이 매우 중요한 요소가 되
는 저작물에서도 예외는 아니다. 음악, 미술, 메타버스, 문학 영역에서 인공지능
은 독자적인 저작물을 산출한다. 새로운 음악을 작곡하기도 하고 렘브란트의
화풍을 모사한 새로운 그림을 그리기도 한다. 메타버스에서 새로운 캐릭터를
창조하기도 하며 소설이나 시와 같은 문학 작품을 창작하기도 한다.

(2) 법·예술 및 경제체계에 대한 도전

이처럼 인공지능이 독자적인 저작물을 산출한다는 것은 우리 사회, 그중에
서도 사회의 부분체계인 법체계, 예술체계 및 경제체계에 커다란 도전이 된
다.[29] 우선 법체계의 견지에서 볼 때 이는 인공지능이 산출한 저작물을 저작권
법의 보호를 받는 저작물로 볼 것인지, 이에 따라 인공지능에 저작물에 대한 권

---

28 이에 관해서는 川野陽慈·山野辺一記·栗原聡, "シナリオ創発に向けたプロット生成に関する研究"
『SIG-SAI』 Vol.31, no.1(2018), 1-8면 참고. 이 논문은 file:///C:/Users/IT/Downloads/SIG-SAI-031-
01.pdf에서 확인할 수 있다.
29 사회가 다양한 사회적 체계로 구성된다는 주장은 독일의 사회학자 루만(Niklas Luhmann)의 체계
이론(Systemtheorie)을 수용한 것이다. 이에 관해서는 우선 니클라스 루만, 윤재왕 (옮김), 『체계
이론 입문』(새물결, 2014) 참고.

리를 부여해야 하는지의 문제로 다가온다. 인간중심주의에 바탕을 두어 저작권을 제도화한 법체계에 이는 심중한 문제가 된다. 다음으로 이는 예술체계에 예술이란 무엇인지의 문제를 던진다. 인공지능이 알고리즘으로 산출하는 음악, 그림, 시, 소설 등과 같은 창작물을 예술의 범주에 포섭할 수 있는지가 문제된다. 여기서도 다시 예술이 기초로 삼는 인간중심주의가 중대한 도전의 대상이 된다. 예술은 인간만이 다룰 수 있는 그 무엇인지 그게 아니면 비인간적인 존재도 예술 작품을 만들어낼 수 있는지 문제된다. 마지막으로 인공지능이 독자적인 저작물을 만들어내는 현상은 경제체계에 새로운 성장동력을 제공한다. 기존에 존재하지 않았던 새로운 시장, 즉 블루오션이 열리는 것이다. 이에 인공지능 저작물에 관한 산업이 매력적인 산업으로, 새로운 수익을 창출하는 산업으로 자리매김한다. 많은 스타트업들이, 투자자들이 인공지능 저작물 연구에 뛰어들고 투자한다.

(3) 인공지능 저작물과 창작물

물론 인공지능이 산출하는 저작물이 저작권의 보호 대상으로, 예술의 대상으로 인정되려면 다음과 같은 요건을 갖추어야 한다. 인공지능 저작물이 새로운 사상이나 감정을 표현하는 창작물이어야 한다는 것이다. 이에는 두 가지 문제를 제기할 수 있다. 첫째는 창작물이란 무엇인가의 문제이고 둘째는 현재의 인공지능 기술이 창작물을 만들어낼 수준에 도달하고 있는가의 문제이다.

흔히 창작은 기존에 없던 새로운 것을 만들어내는 것으로 이해된다. 그러나 실제로는 이른바 백지상태에서 새로운 것을 만들어내는 경우는 거의 없다. 대부분의 창작은 기존에 있던 저작물을 바탕으로 한다. 이미 있던 사고방식을 바탕으로 하여 새로운 사고방식을 창출하거나 기존의 데이터를 새롭게 조합 및 편집하여 새로운 데이터를 산출하기도 한다. 그 때문에 창작의 본질을 새로운 편집 능력에서 찾는 경우도 있다.[30] 거칠게 말하면 창작은 편집이라는 것이다.

이처럼 창작을 완전히 새로운 것을 만들어내는 것이 아니라 기존에 있던 것을 바탕으로 하여 이를 새롭게 조합 또는 편집하는 과정으로 보면 현재의 기

---

30 김정운, 『에디톨로지: 창조는 편집이다』(21세기북스, 2018) 참고.

술 수준이 성취한 인공지능 역시 창작물을 만들 수 있다고 말할 수 있다. 왜냐하면 딥러닝 기술이 구현되고 GAN과 같은 기술이 개발되면서 이제 인공지능은 기존에 있는 것을 단순히 모방하는 데 그치지 않고 이를 새롭게 조합하거나 재편집할 수 있는 능력을 갖추게 되었기 때문이다. 예를 들어 이세돌 9단과 세기의 바둑대국을 했던 구글 알파고는 스스로의 알고리즘을 가동하여 기존 바둑 정석에서 찾기 어려운 바둑대국을 펼치기도 하였다. 어떻게 보면 인공지능 알파고가 새로운 바둑 정석을 창출한 것이다. 이렇게 보면 이제 인공지능이 창작성을 가진 저작물을 독자적으로 산출할 수 있다는 주장에는 대부분 동의할 수 있을 것이다. 이를 통해 법체계, 예술체계, 경제체계는 각각 인공지능이 제기하는 도전에 새롭게 대응해야 할 임무를 부여받는다.

2. 인공지능과 음악 개관

인공지능이 생산하는 저작물의 대표적인 경우로 가장 우선적으로 음악을 들 수 있다. 제4차 산업혁명과 코로나 바이러스 등으로 사용자 창작(UCC) 시대가 가속화되면서 인공지능 음악시장이 급속하게 확장되고 있기 때문이다. 이에 발맞추어 딥러닝 기술이 구현되고 이를 기반으로 하여 딥페이크나 GAN, 음성합성 기술 등이 개발되면서 이제 인공지능은 스스로 새로운 음악을 창작할 수 있게 되었다.

인공지능이 창작하는 음악 저작물 영역은 크게 두 가지로 나눌 수 있다. 작곡과 연주가 그것이다. 우선 인공지능은 스스로 대중음악이나 클래식 음악 등과 같은 다양한 장르의 음악을 작곡할 수 있다. 한국음악저작권협회에 등록된 AI 작곡가 '이봄'(EvoM)이 대표적인 예이다. 나아가 인공지능은 인간이 작곡한 악보로 연주하거나 기존의 가수가 남긴 연주를 딥페이크하여 이를 흉내 내는 새로운 연주도 할 수 있다. 요컨대 인공지능이 인간 가수처럼 스스로 노래를 할 수 있는 것이다. 우리나라 스타트업 '수퍼톤'이 개발한 음성 AI가 김현식이나 김광석의 창법을 그대로 따라 하며 노래하는 경우를 예로 들 수 있다.

장르로 보면 인공지능이 창작하는 음악은 대중음악뿐만 아니라 클래식 음

악까지 포괄한다. 그렇지만 예술성과 독창성을 중시하는 클래식 음악보다 재미
와 흥미를 추구하는 대중음악에서 인공지능 음악이 더 활발한 움직임을 보인
다. 다양한 장르의 대중음악이 인공지능에 의해 작곡되고 연주된다. 특히 최근
화제가 되는 메타버스와 결합되어 인공지능 음악이 각광을 받는다.

3. 인공지능과 대중음악

(1) 인공지능 작곡

1) 현황

인공지능 기술이 급속하게 발전하고 사회 환경이 급변하면서 인공지능 작
곡이 대중의 관심과 호응을 얻는다.[31] 인공지능 작곡이 단순히 과학기술 영역,
즉 학문체계만의 관심사에 머무는 것이 아니라 독자적인 산업이자 성장동력으
로 발돋움하고 있는 것이다. 특히 유튜브의 영향으로 1인 창작자(creator)가 늘
어나고 코로나 바이러스에 대응하기 위한 '사회적 거리두기'(social distancing)로
메타버스와 같은 가상세계의 활동이 급증하면서 인공지능 작곡에 거대 기업이
관심을 기울인다. 예를 들어 국내에서는 KT와 네이버가, 해외에서는 구글, 소니
등이 인공지능 작곡에 관심을 쏟는다.[32]

인공지능 작곡에 거대 기업들이 뛰어드는 이유로는 크게 세 가지를 언급할
수 있다. 우선 인공지능 작곡 기술이 시시각각 급속도로 발전하고 있다는 점을
꼽을 수 있다. 이봄(EvoM)이나 '오픈AI'가 개발한 에이바(AIVA)의 예가 잘 보여
주는 것처럼 이제 인공지능은 단순히 다량의 기존 노래들을 활용하여 수동적으
로 음악을 작곡하는 것이 아니라 추상화된 패턴이나 원리, 음악 이론 등에서 추
론하여 새로운 작곡을 한다. 이로 인해 이제 인공지능이 작곡하는 음악들은 어
색해 보이지 않고 마치 인간이 작곡한 것처럼 세련돼 보인다.

다음으로 1인 크리에이터의 증가를 꼽을 수 있다. 유튜브나 아프리카 TV

---

31 인공지능 작곡 일반에 관해서는 오희숙, "AI 작곡가의 음악도 아름다울까?", 『중앙일보』(2020. 5. 24) 참고(https://www.joongang.co.kr/article/23784026#home).

32 임영신, "'동영상 배경음악 걱정 끝' 30초 AI 작곡가가 뜬다", 『매일경제』(2021. 6. 3)(https://www.mk.co.kr/news/it/view/2021/06/538404/) 참고.

같은 UCC 플랫폼이 보편화되면서 스스로 창작해서 수입을 얻는 1인 크리에이터가 UCC 플랫폼 곳곳에서 활동한다. 개중에는 사회에 강한 영향을 미치는 '인플루언서'(influencer)로 자리매김한다. 그런데 1인 크리에이터는 창작을 할 때 배경음악(BGM)에 신경을 쓴다. 가능한 한 저작료 부담이 적은 배경음악을 필요로 한다. 이러한 요청에 적절하게 대응할 수 있는 것이 바로 인공지능이 작곡한 음악인 것이다. 현재 인공지능 기술은 인간 작곡가에 의뢰하는 것보다 더 적은 비용으로 작곡을 할 수 있을 정도의 수준을 확보하고 있다.

나아가 코로나 19 바이러스로 촉발된 사회적 거리두기 상황을 언급할 수 있다.[33] 사회적 거리두기로 실제세계에서 음악 공연을 하는 게 어려워지면서 메타버스 공간과 같은 온라인 공간에서 이루어지는 공연에 관심이 늘어난다. 가상세계에서 진행되는 공연에 익숙해지면서 실제 사람이 아니라 인공지능에 의해 창조된 가상 캐릭터가 주도하는 공연에도 익숙해진다. 뿐만 아니라 이들의 인기도 늘어난다. 이에 따라 자연스럽게 인공지능이 창작하는 음악에도 부정적인 어색함이나 거부감보다는 긍정적인 관심이 증대한다.

이를 잘 보여주는 예가 KT 산하 음원서비스 '지니뮤직'(Genie Music) 사례이다.[34] 지니뮤직은 CJ ENM(CJ Entertainment and Merchandising)과 손잡고 인공지능으로 동요를 제작하였다. 지니뮤직이 인공지능 음악 솔루션 개발 스타트업 '업보트엔터테인먼트'(#Upvote Entertainment)와 인공지능 작곡 모델을 개발해 동요를 작곡하고 CJ ENM이 귀여운 캐릭터를 창작 및 적용하였다.[35] 이러한 과정을 거쳐 동요 "신나는 AI 할로윈 노래"와 "아기동물 자장가"를 창작하였는데 이는 2021년 초부터 5월말까지 누적 조회 수 25만회를 돌파하기도 하였다. 지니뮤직은 국내에서 인공지능 음악에 가장 적극적인 관심을 보이는데 새로운 사업 창출의 일환으로 인공지능 앨범 사업을 확장한다. 지니뮤직은 음악 장르를 트로트, 팝으로 확대할 예정이며 게임이나 스포츠 응원가를 작곡하는 데도 인공지능을 투입할 계획을 가지고 있다.

---

[33] 사회적 거리두기 전반에 관해서는 양천수 (편), 『코로나 시대의 법과 철학』(박영사, 2021) 참고.
[34] 임영신, "'동영상 배경음악 걱정 끝' 30초 AI 작곡가가 뜬다", 『매일경제』(2021. 6. 3) 참고.
[35] 업보트엔터테인먼트에 관해서는 (https://www.upvote-ent.com/) 참고.

국내의 대표적인 플랫폼기업 네이버도 인공지능 작곡에 관심을 기울인다.[36] 네이버는 2018년 국내 인공지능 작곡 스타트업 "포자랩스"(POZA labs)에 투자를 한 이래 지속적으로 투자를 진행하고 있다.[37] 포자랩스는 음악을 만드는 데 필요한 모든 과정, 즉 인공지능 학습용 음원 데이터 가공부터 작곡, 사운드 소스 후처리, 믹싱, 마스터링을 모두 자동화하였다. 포자랩스가 개발한 인공지능은 자연어 처리에 기반을 둔 인공지능 기술로 록, 힙합, 뉴에이지, 어쿠스틱 등 8가지 장르의 음악을 최단 3분이면 창작할 수 있다.

해외에서도 인공지능 작곡에 대한 관심이 활발하다. 인공지능 기술의 선도 주자인 구글은 2016년부터 창작 전문 인공지능 프로젝트 마젠타를 추진함으로써 인공지능 작곡 솔루션을 개발하는 데 몰두한다.[38] 틱톡(TikTok)을 개발 및 운영하는 중국 IT 기업 바이트댄스(ByteDance)는 2019년 영국 인공지능 음악 스타트업 쥬크덱(Jukedeck)을 인수하였다.[39] 쥬크덱이 개발한 인공지능은 이미 100만 곡 이상을 작곡한 것으로 알려졌다. 아마존도 간단한 멜로디를 입력하면 기계 학습으로 작곡을 해주는 인공지능 작곡 서비스 '딥컴포저'(AWS DeepComposer)를 출시하였다.[40] 소니도 인공지능 작곡 시스템 '플로머신'(Flow Machines)을 개발하였다.[41]

2) 인공지능 작곡가 이봄(EvoM)

국내에서 개발한 인공지능 작곡가 중에서 가장 유명한 작곡가로 이봄(EvoM: Evolutionary Music composition)을 언급할 수 있다.[42] 인공지능 작곡가 이봄은 광주과학기술원(GIST) 안창욱 교수팀이 개발하였다. 한국음악저작권협회

---

36 이에 관해서는 임영신, "'동영상 배경음악 걱정 끝' 30초 AI 작곡가가 뜬다", 『매일경제』(2021. 6. 3) 참고.
37 포자랩스에 관해서는 (https://pozalabs.com/) 참고.
38 마젠타 프로젝트에 관해서는 (https://magenta.tensorflow.org/) 참고.
39 선재규, "틱톡, 英 AI 작곡 스타트업 쥬크덱 인수", 『연합인포맥스』(2019. 7. 25) 참고(https://news.einfomax.co.kr/news/articleView.html?idxno=4040517).
40 (https://aws.amazon.com/ko/blogs/korea/aws−deepcomposer−compose−music−with−generative−machine−learning−models) 참고.
41 (https://www.flow−machines.com).
42 정윤아·최명현, "AI, 음악 산업계 신흥 강자로 떠오르다", 『Ai타임스』(2021. 7. 14) 참고(http://www.aitimes.com/news/articleView.html?idxno=137114).

에 등록된 유일한 인공지능 작곡가로 알려져 있다.[43] 이봄은 방송사 SBS가 기획한 "SBS 신년특집 세기의 대결 AI vs 인간"에서 44년 음악 경력을 가진 김도일 작곡가와 트로트 작곡 대결을 펼쳐 유명해졌다. 대량의 곡, 즉 대량의 데이터를 학습해 작곡하는 기존의 인공지능 작곡 시스템과는 달리 이봄은 수식화된 음악 이론을 학습해 작곡한다. 경험을 토대로 작품을 생산하는 귀납법이 아니라 원리에서 작품을 창작하는 일종의 연역법을 채택한 것이다.

인공지능 작곡가 이봄은 실제 현역으로 활동한다.[44] 예를 들어 걸그룹 소녀시대 멤버 태연의 동생 하연은 이봄이 작곡한 노래로 2020년 10월 데뷔를 하였다. 하연 자신이 작사하고 이봄이 작곡한 노래 "Eyes on you"를 노래한 것이다. 이봄이 작곡한 노래는 네티즌들로부터 긍정적인 평가와 관심을 받는다.

3) 인공지능 작곡가 에이미문

국내에서 활동하는 또다른 인공지능 작곡가로 에이미문(Aimy Moon)을 언급할 수 있다.[45] 에이미문은 국내 최초의 인공지능 음반 레이블 "엔터아츠"(Enterarts)에 소속된 인공지능 작곡가이다.[46] 현재 에이미문은 가상세계와 현실세계를 넘나들며 왕성한 작곡 활동을 한다. 네이버가 운영하는 메타버스 플랫폼 '제페토'에서 프로듀서로도 활동한다.

4) 에이바(AIVA)

외국의 인공지능 작곡가로는 에이바(AIVA)를 거론할 수 있다.[47] 에이바는 유럽의 스타트업 '에이바 테크놀로지'(AIVA Technology)가 개발한 인공지능 작곡가이다.[48] 에이바는 2018년 12월 글로벌 영화 제작사 소니 픽처스가 제작한 영화의 OST를 작곡하였다. 2019년부터 팝, 재즈 등 여러 장르의 대중음악뿐만 아니라 클래식 음악도 작곡한다.

에이바는 다음과 같은 과정으로 작곡을 한다. 에이바는 심층신경망(DNN:

---

43 2021년 7월 14일 기준.

44 정윤아·최명현, "AI, 음악 산업계 신흥 강자로 떠오르다", 『Ai타임스』(2021. 7. 14).

45 "'사람이 만든 노래가 아닙니다'…걸그룹에 작곡까지", 『헤럴드경제』(2021. 7. 25) 참고(http://biz.heraldcorp.com/view.php?ud=20210725000200).

46 (https://www.enterarts.net/).

47 정윤아·최명현, "AI, 음악 산업계 신흥 강자로 떠오르다", 『Ai타임스』(2021. 7. 14) 참고.

48 (https://www.aiva.ai/) 참고.

Deep Neural Network)을 이용해 기존 곡들의 패턴을 분석한다. 기존의 곡들에서 몇 개의 바를 기반으로 하여 트랙 뒤에 어떤 음들이 이어지는 게 적절한지 추론한다. 곡들의 패턴을 파악한 후 그 패턴에 맞는 새로운 음들을 추론하는 것이다. 에이바는 이를 기반으로 하여 음악 장르에 따라 수학적 규칙들과 패턴을 구성하여 작곡을 한다.

5) 주크박스

주크박스(Jukebox) 역시 이 같은 인공지능 작곡가로 거론할 수 있다.[49] 주크박스는 2021년 4월 '오픈AI'(OpenAI)가 딥페이크 기술을 활용해 개발한 음악 생성 모델, 즉 작곡 인공지능이다.[50] 인공지능이 특정한 뮤지션의 곡을 학습한 다음 딥페이크 기술을 이용하여 비슷한 스타일의 곡이나 뮤지션과 비슷한 목소리의 노래를 만든다. 딥페이크로 작곡을 하거나 연주를 하는 것이다. 이러한 방식으로 엘비스 프레슬리나 엘라 피츠제럴드처럼 지금은 고인이 된 가수나 셀린 디온, 브루노 마스처럼 현존하는 가수의 딥페이크 음악을 만들었다.

오픈AI는 다음과 같은 과정으로 주크박스를 훈련시켰다.[51] 우선 데이터로 원시 오디오(raw audio) 파일을 이용한다. 원시 오디오 파일은 압축되지 않은 파일이다. 주크박스는 변이형 자동 인코더(VAE: Variational Auto-Encoder) 중 다중 스케일(VQ-VAE: Vector Quantization-Variational Auto-Encoder)을 이용해 원시 오디오의 긴 레코드 파일을 압축한다. 이를 자동회귀 트랜스포머로 모델링하여 음악을 생성한다. 이때 디지털 신호를 아날로그 음악으로 전환하는 디코드 과정을 거친다.

(2) 인공지능 연주

1) 현황

음악 창작에서 흔히 작곡과 연주가 구별되는 것처럼 인공지능 음악 창작에서도 양자가 구별된다.[52] 물론 양자가 엄밀하게 분리되지는 않는다. 최근의 인

---

49 정윤아·최명현, "AI, 음악 산업계 신흥 강자로 떠오르다", 『Ai타임스』(2021. 7. 14) 참고.
50 (https://openai.com/blog/jukebox/) 참고.
51 정윤아·최명현, "AI, 음악 산업계 신흥 강자로 떠오르다", 『Ai타임스』(2021. 7. 14).
52 이러한 구별은 법학에서도 유사하게 찾아볼 수 있다. 작곡이 법이라는 일종의 텍스트를 만드는

공지능은 작곡과 연주를 병행하기도 하기 때문이다.

인공지능이 연주를 하는 경우로 크게 세 가지를 구별할 수 있다. 첫째는 그 캐릭터가 새롭게 창작된 인공지능 가수이다. 현실세계에서 존재하지 않는 가상의 인공지능 가수를 창조해 노래를 부르게 하는 것이다. 둘째는 실존했던 인간 가수를 인공지능 기술로 다시 구현하는 경우이다. 예를 들어 고인이 된 가수 김광석이나 김현식 등을 인공지능 기술로 복원하는 것이다. 이 과정에서는 음성합성 기술이 중요한 역할을 한다. 셋째는 실제 활동하는 인간 가수의 아바타 가수이다. 현실세계에서 활동하는 인간 가수가 자신의 '부캐'인 아바타를 만들어 메타버스에서 활동하는 경우가 여기에 해당한다. 첫 번째가 인공지능 가수의 캐릭터를 완전히 새롭게 창작하는 경우라면 두 번째와 세 번째는 과거에 활동했거나 현재 활동 중인 인간 가수를 인공지능 기술로 재현한 것이라 말할 수 있다.

2) 인공지능 가수

(a) 사이버 가수

첫 번째 경우로 메타버스와 같은 가상세계에서 활동하는 인공지능 가수를 언급할 수 있다.[53] 인공지능 가수처럼 가상공간에서 가수로 활동하는 경우는 최근에 비로소 출현한 것은 아니다. 그 이전에도 인터넷 공간에서 활동하는 사이버 가수가 있었기 때문이다. 그 예로 일본이 선보인 세계 최초의 사이버 가수 다테 쿄코(伊達杏子)를 들 수 있다.[54] 애니메이션 문화에 친숙한 일본은 사이버 가수 역시 비교적 부담 없이 받아들였다. 이에 영향을 받아 우리나라에서도 사이버 가수 아담이 활동하기도 하였다.[55] 그러나 최근에 관심을 얻는 인공지능 가수는 기존의 사이버 가수와 질적으로 차이가 난다. 사이버 가수는 입력된 데

과정이라면 연주는 법을 구체적인 법적 분쟁에 적용하는 과정으로 볼 수 있다. 요컨대 작곡이 입법에 대응한다면 연주는 사법에 대응한다.

53 유주현, "김광석까지 환생시킨 AI … 음악계 점령할까", 『중앙선데이』(2021. 1. 27)(https://www.joongang.co.kr/article/23976690#home).

54 이승한, "'인공지능 아이돌' 아뽀키에게 '진짜 가수'를 묻는다", 『한겨레』(2021. 5. 22)(https://www.hani.co.kr/arti/society/society_general/996182.html).

55 주하나, "사이버가수 아담, 실제 주인공은? 사라진 이유에 '바이러스' 아닌 '이것'", 『데일리시큐』(2019. 12. 2) 참고(https://www.dailysecu.com/news/articleView.html?idxno=82762).

이터를 수동적으로 출력하는 데 그친 반면 최근의 인공지능 가수는 입력된 데이터를 자율적으로 편집 및 개선하여 새롭게 출력하기 때문이다. 요컨대 사이버 가수가 타율적·수동적인 존재라면 인공지능 가수는 제한적이지만 자율적·능동적인 존재라고 말할 수 있다.

(b) 인공지능 가수 린나

이러한 인공지능 가수로는 일본 마이크로소프트가 2015년에 개발한 'AI 린나'(りんな)가 대표적인 경우이다.[56] AI 린나는 처음에는 '미스터리 여고생' 캐릭터를 가진 챗봇으로 개발되었다. 이후 음성 합성, 가창 합성 기술을 더해 지금은 아이돌 창법으로 노래하는 '버추얼 싱어'로 활동한다. 2019년에는 에이벡스(AVEX group)와 계약을 맺고 메이저 방송에서 '인간 vs AI' 가창 대결을 벌이기도 하였다.

(c) 인공지능 가수 김래아와 아뽀키

우리의 경우로는 우선 인공지능 가수 '김래아'를 들 수 있다. 컴퓨터그래픽(CG)으로 만든 외형에 인공지능 기술로 목소리를 구현한 23세 여성 캐릭터의 인공지능 가수이다. 김래아는 2020년에 음원을 발표하였고 2021년에는 세계 최대의 ICT 융합전시회인 CES 2021(Consumer Technology Association 2021)의 연설자로 나서 LG전자의 신상품을 소개하였다.[57]

인공지능 아이돌 '아뽀키'(APOKI) 역시 인공지능 가수로 언급할 필요가 있다.[58] 아뽀키는 VV엔터테인먼트(VV Entertainment)에 소속된 케이팝 아티스트이다.[59] 외계 행성에서 온 토끼인간 캐릭터를 가지고 있으며 성별은 여성으로 설정되어 있다. 아뽀키는 컴퓨터그래픽으로 오브젝트를 실시간으로 구현하는 '리얼타임 렌더링'(real time rendering) 전문 기업 '에이펀인터렉티브'(afun interactive)가 개발하였다.[60] 아뽀키는 2021년 2월 22일 첫 번째 디지털 싱글 앨범 "Get it

---

[56] 강보윤, "일본 인공지능(AI) 여고생 린나, 신곡 발표하고 가수 데뷔", 『나우뉴스』(2019. 4. 6) 참고 (https://nownews.seoul.co.kr/news/newsView.php?id=20190406601013).

[57] 김소연, "LG 홍보 나선 23세 인플루언서 김래아, 알고보니…", 『한경』(2021. 6. 7) 참고(https://www.hankyung.com/it/article/2021060799617).

[58] 이승한, "'인공지능 아이돌' 아뽀키에게 '진짜 가수'를 묻는다", 『한겨레』(2021. 5. 22).

[59] (https://www.vv-ent.com/).

[60] (http://www.afun-interactive.com/).

out"을 발매한 현역 케이팝 가수이다. 유튜브 채널 구독자 27만 여명, 틱톡 구독자 210만 여명을 보유한 인기 가수로 활동하고 있다.[61]

3) 가수 재현

두 번째 경우로 실존했던 가수를 인공지능 기술로 재현하는 것을 들 수 있다. 여기서는 음성합성 기술이 중요한 역할을 한다. 음성합성 기술은 일찍부터 시도되었다. 대표적인 예로 야마하(YAMAHA)의 '보컬로이드 AI'(Vocaloid AI)를 들 수 있다.[62] 야마하는 2019년 '보컬로이드 AI'로 이미 고인이 된 일본의 국민 가수 미소라 히바리(美空ひばり)를 'NHK홍백가합전'에서 재현하였다. 2016년에는 나고야 공업대학의 신시(Sinsy), 2020년 2월에는 뉴트리노(Neutrino)가 인공지능 노래 합성 소프트로 일반에 무료로, 즉 프리소프트웨어(free software)로 공개되었다.[63] 이에 더하여 일본의 AI 스타트업 '드림토닉스'(Dreamtonics)는 2020년 12월에 '신시사이저 V 스튜디오 1.1.0'(Synthesizer V Studio)을 출시하였다.[64] 이는 딥러닝 기술을 적용한 새로운 유형의 노래 음성합성 기술이다. 기존에 나왔던 음성합성 기술과는 달리 '신시사이저 V 스튜디오 1.1.0'은 악보나 출력 음성을 독자적으로 편집할 수 있다. 음성을 합성하는 과정에서 어느 정도 자율성을 갖게 된 것이다.

우리나라도 이미 음성합성 기술을 활용해 혼성그룹 거북이의 고 임성훈, 김현식, 신해철, 김광석을 소환하였다. 우리나라에서는 선도적으로 음성합성 기술을 연구해온 서울대 이교구 교수가 설립한 스타트업 '수퍼톤'(Supertone)이 고인 가수를 재현하는 데 필요한 인공지능 및 음성합성 기술을 확보 및 제공하였다.[65]

---

61 2021년 5월 기준.
62 김범석, "음성 데이터화하고 과학기술로 개성 살려…30년 만에 AI로 컴백한 日가수", 『동아』 (2020. 1. 1)(https://www.donga.com/news/Inter/article/all/20200101/99046517/1).
63 전미준, "[이슈] 인공지능 가수 시대?… 사람 목소리 학습한 AI가 편곡은 물론 내 취향대로 노래 불러준다!", 『인공지능신문』(2021. 1. 6)(https://www.aitimes.kr/news/articleView.html?idxno=18857).
64 전미준, "[이슈] 인공지능 가수 시대?… 사람 목소리 학습한 AI가 편곡은 물론 내 취향대로 노래 불러준다!", 『인공지능신문』(2021. 1. 6).
65 (https://supertone.ai/main/).

4) 아바타 가수

세 번째 경우로 아바타 가수를 언급할 수 있다. 최근 메타버스가 대중의 관심을 얻고 실물경제 및 주식시장의 새로운 성장동력이 되면서 메타버스에서 활동하는 아바타 가수도 대중적인 인기를 얻는다. 예를 들어 SM의 신인 아이돌 그룹 에스파는 멤버 자신들의 인공지능 아바타와 함께 팀을 꾸렸다. 인간 멤버와 인공지능 아바타 멤버가 함께 팀을 구성한 것이다. 네이버의 메타버스 플랫폼 '제페토'에서는 아이돌그룹 블랙핑크, 트와이스 및 BTS의 인공지능 아바타를 만날 수 있다.[66]

4. 인공지능과 클래식 음악

참신성과 흥미, 재미가 강조되는 대중음악과는 달리 예술성이 강조되는 클래식 음악에서는 상대적으로 인공지능 음악이 덜 관심을 받는다. 그만큼 시장성도 약하다. 그렇지만 클래식 음악 영역에서도 인공지능은 한편으로는 연주가로 다른 한편으로는 작곡가로 발전하고 있다.

(1) 인공지능 연주

클래식 음악에서 인공지능 연주는 2015년부터 시작되었다. 자동 연주 피아노인 "스피리오"(Spirio)를 예로 들 수 있다.[67] 스피리오는 미국의 대표적인 클래식 악기 제조사인 "스타인웨이앤드선스"(Steinway & Sons)가 2015년에 선보인 일종의 인공지능 피아노다. 기존의 자동 연주 피아노와는 달리 스피리오는 음과 리듬뿐만 아니라 연주 뉘앙스까지 재현한다. 스타카토와 레가토로 대변되는 미묘한 차이도 연주로 표현할 수 있다.

스피리오는 인간과 협업하여 클래식 음악 연주를 하기도 한다. 예를 들어 '대한민국 1호 AI 뮤직 컨설턴트'로 활동하는 이지원 씨는 스피리오를 활용해

---

66 고경석, "가상현실에 빠진 대중음악...메타버스·NFT·AI가수가 K팝의 미래일까", 『한국일보』 (2021. 7. 15)(https://www.hankookilbo.com/News/Read/A2021071409230003349).

67 (https://www.steinway.kr/spirio)(검색일자: 2021. 11. 2); 양진하, "AI는 클래식음악에서도 인간을 대체할까", 『한국일보』(2017. 5. 27) 참고(https://www.hankookilbo.com/News/Read/2017052704511 49351).

클래식 연주를 한다.[68] 이제 인간 연주가와 연주 인공지능이 동등하게 협업하여 작품을 만들어내는 시대가 열린 것이다.

2016년 성남문화재단에서는 인간과 로봇의 피아노 연주 대결이 벌어졌다.[69] 인간 연주자로 이탈리아의 피아니스트 로베르토 프로세다(Roberto Prosseda)가 무대에 올랐다. 이탈리아의 엔지니어 마테오 수지가 2007년에 개발한 로봇 테오 트로니코(Teo Tronico)가 로봇 연주자로 대결에 참여하였다. 로봇 연주자 테오 트로니코는 한 치의 오차도 없이 악보를 연주할 수 있었다. 그렇지만 인간 연주자의 예술적인 연주를 아직은 넘어설 수 없었다. 그러나 인공지능의 클래식 연주는 나날이 개선되고 있다.

인공지능 기술을 선도하는 구글은 음악을 연주하는 피아노 로봇 "AI 듀엣 (A.I. Duet)"을 공개했다.[70] AI 듀엣 역시 인공신경망 기술인 딥러닝을 적용한 인공지능이다. 인간이 피아노로 몇 소절을 치면 이에 어울리는 음악을 연주한다.

(2) 인공지능 작곡

인공지능은 클래식 음악에서도 작곡을 수행한다. 대표적인 예로 인공지능 작곡가 에밀리 하웰(Emily Howell)을 꼽을 수 있다.[71] 에밀리 하웰은 미국 캘리포니아 산타크루즈 주립대(UCSC)의 데이비드 코프(David Cope) 교수진이 개발한 인공지능 작곡 프로그램이다. 이미 2009년에 첫 앨범을 발매하였다. 하웰은 방대한 데이터베이스를 기반으로 하여 박자와 구조를 데이터화한다. 이를 조합해 클래식 음악을 작곡한다. 수학적 분석을 활용하여 각 음악 사이의 유사성을 찾아낸다. 이를 통해 바로크부터 현대음악에 이르기까지 다양한 장르와 스타일의 클래식 음악을 만든다. 실제로 2016년 경기필하모닉오케스트라는 하웰이 작곡한 모차르트 스타일의 교향곡을 연주하기도 하였다.[72]

---

68 유주현, "AI 음악은 EDM처럼 하나의 장르일 뿐…클래식 아티스트 더 많은 기회 얻을 것", 『중앙선데이』(2021. 1. 23) 참고(https://www.joongang.co.kr/article/23976710#home).
69 양진하, "AI는 클래식음악에서도 인간을 대체할까", 『한국일보』(2017. 5. 27) 참고.
70 (https://experiments.withgoogle.com/ai/ai-duet/view/).
71 양진하, "AI는 클래식음악에서도 인간을 대체할까", 『한국일보』(2017. 5. 27) 참고.
72 오신혜, "AI가 작곡한 교향곡, 경기필이 국내 첫 연주", 『매일경제』(2016. 8. 13)(https://www.mk.co.kr/news/culture/view/2016/08/577127/).

이외에도 현역 작곡가로 활동 중인 이봄 역시 대중음악뿐만 아니라 클래식 음악도 작곡한다. 해외의 대표적인 인공지능 작곡가인 에이바도 다양한 클래식 음악을 작곡한다.

5. 인공지능과 미술

(1) 현황

예술체계 가운데서 미술 영역은 음악 영역과 더불어 인공지능이 활발하게 적용되는 영역이다. 딥러닝으로 구현된 인공지능이 독자적으로 또는 인간 작가와 협업하여 미술 저작물을 산출함으로써 이른바 'AI 아트'라는 새로운 영역이 개척되고 있기 때문이다.[73] 특히 최근 전 세계적으로 받아들여진 '개념미술'과 결합하여 인공지능 미술은 예술의 측면에서도 정당성을 획득한다.[74]

인공지능 미술은 크게 두 가지 유형으로 구별된다. 첫째는 인공지능이 인간 화가처럼 주도적으로 미술 작품을 창작하는 경우이다. 기존의 그림 데이터를 딥러닝으로 학습한 인공지능이 기존의 화풍을 모방한 그림을 그리거나 이를 재편집하여 새로운 그림을 그리는 것이다. 둘째는 인공지능이 미술 작품의 도구 또는 협업 파트너로 이용되는 경우이다. 이때 중심적인 역할은 인간 화가가 수행한다. 마치 개념미술처럼 인간 화가가 기본 개념 및 구상 등을 제시하면 인공지능이 이를 그림으로 구체화하는 것이다. 인간 화가와 인공지능 화가 사이에 주종 관계가 형성되는 것이다. 이를 통해 'AI 아트'라는 독자적인 영역이 자리매김한다.

인공지능 미술 또는 AI 아트는 창작물의 수준에만 머물지 않는다. '크리스티 경매'나 '소더비 경매'를 통해 시장에 판매된다. 저작물의 범주를 넘어 상품의 범주로 포섭되는 것이다. 이를 통해 인공지능 미술시장이 독자적인 시장으로 분화 및 자리매김한다. 다만 인공지능 음악시장보다 미술시장은 상대적으로 규모도 적고 이로 인해 덜 활성화되어 있는 편이다. 배경음악에 대한 수요는 높

---

73 도재기, "인공지능이 그린 그림, 예술인가 기술인가", 『경향신문』(2020. 5. 22)(https://www.khan.co.kr/culture/art-architecture/article/202005221605005).
74 개념미술에 관해서는 개념미술 폴 우드, 박신의 (옮김), 『개념미술』(열화당, 2003) 참고.

은 반면 배경 미술에 대한 수요는 상대적으로 약하기 때문이다. 이 같은 이유에서 가령 우리나라의 '펄스나인'은 인공지능 미술을 활용하여 우리나라의 미술시장을 변혁 및 확대하고자 한다.

(2) 딥드림

대표적인 인공지능 화가로는 우선 인공지능의 선두주자 구글이 만든 '딥드림'(Deep Dream)을 들 수 있다.[75] 알파고로 인공지능에 대한 관심을 전 세계적으로 불러일으킨 구글은 음악 및 미술 영역에서도 인공지능을 개발하여 내놓고 있다. 딥드림도 그중 하나다. 구글은 인공지능 화가 딥드림으로 미술 작품을 만들어 이미 2016년부터 판매하기 시작하였다. 특정한 이미지를 입력하면 딥드림은 고흐나 르누아르 등과 같은 유명한 화가의 화풍이 적용된 이미지를 출력한다. 기존의 유명한 화풍을 적용하여 투입된 이미지를 새롭게 재편집하여 그림으로 산출하는 것이다. 이는 다음과 같은 과정으로 이루어진다. 먼저 그림 이미지가 입력되면 딥드림은 이를 요소별로 잘게 분해하여 데이터로 변환한다. 이어서 이를 딥드림이 알고 있는 기존의 패턴과 비교해 유사한지 여부를 확인한다. 다음으로 새롭게 입력 및 전환된 데이터를 기존에 학습된 이미지 패턴에 적용하여 새로운 그림을 창작한다. 이에 더하여 이미지의 질감을 추가하기도 한다. 이러한 기술 및 과정을 바탕으로 하여 딥드림은 다양한 화풍의 그림을 창작한다. 일례로 딥드림은 고흐의 화풍을 모방한 그림을 창작하기도 하였다.

(3) 오비어스와 에드몽 드 벨라미

또다른 예로 오비어스(Obvious)가 개발한 인공지능 화가를 거론할 수 있다. 오비어스는 프랑스의 인공지능 예술팀을 말한다.[76] 오비어스는 이미지를 합성하는 데 주로 활용되는 인공지능 알고리즘, 즉 생성적 적대 신경망(GAN)을 활용하여 '에드몽 드 벨라미의 초상'(Portrait of Edmond de Belamy)이라는 가상 인물의 초상화 작품을 창작하였다.[77] 이 작품은 14세기에서 20세기에 걸쳐 창작된

---

75 (https://deepdreamgenerator.com/); 박설민, "AI, '예술'의 영역을 정복할 수 있을까", 『시사위크』 (2020. 9. 7)(https://www.sisaweek.com/news/articleView.html?idxno=137339).

76 (https://obvious−art.com/).

77 영어로는 'Edmond Belamy'이다.

1만 5000여 작품의 이미지를 기반으로 하여 탄생하였다. 에드몽 드 벨라미의 초상은 실존 인물을 그린 것이 아니라 인공지능이 새롭게 창작한 가상 인물의 초상화이다. 에드몽 드 벨라미의 초상은 크리스티 경매에서 43만여 달러로 낙찰되어 화제를 모았다. 인공지능이 창작한 그림이 독자적인 상품으로 인정된 것이다.[78]

이외에도 2019년 3월에는 독일 작가 마리오 클링게만(Mario Klingemann)이 인공지능으로 만든 작품인 '행인의 기억 I'(Memories of Passerby I)이 소더비 경매에서 4만 파운드로 팔리기도 하였다.[79]

(4) 넥스트 렘브란트

다국적 금융그룹 ING와 마이크로소프트 등이 참여한 프로젝트인 넥스트 렘브란트(The Next Rembrandt)도 대표적인 인공지능 화가로 유명하다.[80] 넥스트 렘브란트가 개발한 인공지능은 렘브란트가 작품에 사용한 색채나 구도, 기법 등을 학습한 후 이를 적용하여 새로운 렘브란트 화풍의 작품을 창작한다. 마치 렘브란트가 지금 여기에 살아 돌아와 작품을 창작하는 것처럼 렘브란트 화풍의 그림을 그려낸다. 심지어 작품 표면의 질감까지 유사하게 구현한다. 이로 인해 전문가들조차도 인공지능이 그린 그림을 렘브란트의 작품으로 생각할 정도이다. 그 때문에 넥스트 렘브란트는 '렘브란트의 부활'로 평가되기도 한다.[81]

(5) AICAN

AICAN은 미국 럿거스 대학교(Rutgers University)와 페이스북(현 메타) 등이 개발한 인공지능 화가이다.[82] AICAN은 기존의 GAN을 발전시켜 적용하였다. GAN을 바탕으로 하여 창의성을 한층 발전시킨 것이 AICAN인 것이다. AICAN은 기존 인공지능 화가들과는 달리 특정 화가나 작품의 화풍을 모방하는 데 그치는 것이 아니라 새롭고 창의적인 예술 작품을 창작할 수 있다고 평가된다. 그

---

78 도재기, "인공지능이 그린 그림, 예술인가 기술인가", 『경향신문』(2020. 5. 22).
79 장길수, "인공지능 미술 시대 막 올랐다: 소더비 경매에 인공지능 미술 등장", 『로봇신문』(2019. 3. 26)(http://www.irobotnews.com/news/articleView.html?idxno=16731).
80 (https://www.nextrembrandt.com/).
81 도재기, "인공지능이 그린 그림, 예술인가 기술인가", 『경향신문』(2020. 5. 22).
82 (https://aican.io/).

전에 개발된 구글의 딥드림이나 넥스트 렘브란트의 인공지능 화가와는 차원이 다른 인공지능 화가가 바로 AICAN이라는 것이다. 실제로 관람객을 대상으로 하는 조사에서 AICAN이 그린 작품은 인간 화가가 창작한 작품과 잘 구별되지 않았다.

(6) 펄스나인의 이매진 AI

인공지능 화가는 외국에서만 찾아볼 수 있는 것은 아니다. 국내에서도 인공지능 화가가 활발하게 연구 및 출시된다. 예를 들어 카이스트(KAIST)를 비롯한 국내 주요 대학의 인공지능 연구진이나 펄스나인, 인공지능연구원 등과 같은 기업들이 인공지능의 작품을 전시하여 화제를 모으기도 하였다. 그중 펄스나인이 개발한 인공지능 화가 '이매진 AI'(Imagine AI)를 언급할 필요가 있다.[83]

펄스나인(Pulse9)은 인공지능 화가를 이용하여 개념미술의 장을 열고 침체에 빠진 우리 미술시장에 새로운 청사진을 제공하는 것을 목표로 하는 스타트업이다.[84] 요컨대 우리 미술시장을 부흥시키고자 개념미술이라는 구상과 인공지능이라는 기술적 수단을 활용하는 것이다. 펄스나인은 현재 세 개의 인공지능을 개발하였다. 가상 인물 이미지 생성 인공지능인 '딥리얼 AI'(Deep Real AI)와 전문 연구를 위한 인공지능 화가 이매진 AI 그리고 일반 대중을 위한 인공지능 창작활동 도구 '페인틀리 AI'(Paintly AI)가 그것이다.[85] 그중 이매진 AI는 최근 극사실주의를 추구하는 인간 작가 두민과 협업하여 독도를 소재로 한 작품 "Commune with..."를 제작하였다.[86] 이는 2019년 9월에 공개되었다. 이 작품은 인공지능 화가가 인간 화가와 본격적으로 협업을 한 작품으로 유명하다. 펄스나인은 이외에도 페인틀리 AI라는 인공지능 창작활동 도구를 선보였다. 페인틀리 AI는 이매진 AI의 기능을 간소화하여 일반 대중이 쉽게 이용할 수 있게 하였다.

---

83 (http://www.pulse9.net/imagine-ai); 도재기, "인공지능이 그린 그림, 예술인가 기술인가", 『경향신문』(2020. 5. 22).
84 김평화, "'AI 화가' 만든 스타트업이 '넥스트 어도비' 지향하는 까닭", 『Chosun』(2019. 9. 28) (http://it.chosun.com/site/data/html_dir/2019/09/28/2019092800421.html).
85 상세한 내용은 (http://www.pulse9.net/) 참고.
86 도재기, "인공지능이 그린 그림, 예술인가 기술인가", 『경향신문』(2020. 5. 22).

(7) 삼성전자의 툰스퀘어

AI 아트, 즉 인공지능 화가는 전통 미술 영역에서만 찾아볼 수 있는 것은 아니다. 요즘 많은 대중적 인기를 얻고 있는 웹툰이나 만화 영역에서도 인공지능의 활동을 찾아볼 수 있다. 이를테면 인공지능 화가뿐만 아니라 인공지능 만화가도 출현하고 있는 것이다. 대표적인 예로 삼성전자가 내놓은 '툰스퀘어'(Toon Square)를 들 수 있다.[87] 툰스퀘어는 삼성전자의 사내벤처 육성 프로그램인 C랩이 내놓은 인공지능 기술이다. 툰스퀘어는 일종의 인공지능 만화가이다. 만화를 잘 그리지 못하는 일반인들도 툰스퀘어의 도움으로 만화를 그릴 수있다. 이를테면 일반인 이용자가 캐릭터를 선택한 후 특정한 문장을 입력하면 툰스퀘어가 문맥을 파악해 이용자가 선택한 캐릭터의 표정과 동작을 활용하여 만화를 만들어준다. 뿐만 아니라 셀카로 찍은 이용자의 이미지를 활용하여 캐릭터를 만들어낸 뒤 이를 등장인물로 그려내는 만화를 만들 수도 있다. 요컨대 인간 이용자가 중심이 되어 툰스퀘어라는 인공지능 만화가를 이용하여 독창적인 만화를 창작할 수 있는 것이다. 인공지능 만화가가 인간과 협업하는 시대가 열린 것이다.

(8) 인간 및 인공지능의 협업과 파이돈

만화 영역에서 인간과 인공지능이 협업을 한 또다른 대표적인 경우로는 만화 왕국 일본이 추진한 "데즈카(TEZUKA) 2020" 프로젝트를 언급할 수 있다.[88] "데즈카 2020"은 "우주 소년 아톰", "밀림의 왕자 레오" 등으로 유명한 일본의 만화가 데즈카 오사무(手塚治虫: 1928－1989)의 만화를 인공지능의 도움으로 재현하고자 하는 프로젝트이다. 일본 만화의 신으로 호칭되는 데즈카 오사무는 1989년에 세상을 떠나 더이상 그의 신작을 경험할 수 없다. 바로 이러한 아쉬움을 채우기 위한 프로젝트가 "데즈카 2020"인 것이다. 2019년 10월 키오쿠시아

---

87 유성열, "글 쓰면 AI가 만화로 그려줘... 삼성 사내벤처 아이템들", 『국민일보』(2018. 3. 7) (http://news.kmib.co.kr/article/view.asp?arcid=0012180935). 현재 툰스퀘어는 독자적인 스타트업으로도 활동한다. (https://toonsquare.co/ko_kr/).

88 장길수, "데즈카 오사무의 신작 만화 '파이돈', AI와 인간의 협업으로 완성", 『로봇신문』(2020. 3. 3) (http://www.irobotnews.com/news/articleView.html?idxno=19827).

(Kioxia Holdings Corporation: 구 도시바메모리)의 브랜드 캠페인인 "#세계신기억" 제1탄으로 기획되었다. 이 프로젝트로 탄생한 만화가 바로 "파이돈"이다. "파이돈"은 데즈카 오사무의 화풍과 플롯 및 세계관을 그대로 반영해 창작한 새로운 데즈카 오사무스러운 만화이다.

"파이돈"을 제작하기 위해 다양한 전문가들이 참여하였다. 이 프로젝트를 기획한 키오쿠시아(키옥시아), 데즈카 프로덕션의 이사이자 데즈카 오사무의 아들인 데즈카 마코토, 공립대학 하코다테 미래대학의 부이사장인 마츠바라 히토시, 게이오대학 인공지능 첨단연구센터의 특임 교수 쿠리하라 사토시, 시나리오 작가 등이 그들이다.

"파이돈"은 다음과 같은 과정을 거쳐 제작되었다. 먼저 데즈카 2020 프로젝트팀은 데즈카 오사무가 창작한 만화들의 이미지, 캐릭터, 줄거리 등에 관한 방대한 데이터를 수집 및 분류하였다. 데즈카 오사무의 주요 장편 만화 65개를 디지털 전환으로 데이터화해 세계관 등을 분석하였다. 더불어 단편 만화 13화의 시나리오 구조를 데이터화하였다. 인공지능이 제대로 가동할 수 있도록 데즈카 오사무의 작품을 디지털 전환으로 데이터화하여 입력한 것이다. 특히 "파이돈"은 단편 만화로 기획되었기에 데즈카 오사무가 창작한 단편 만화의 시나리오 구조에 관한 데이터가 중요한 역할을 하였다.

다음으로 게이오대학 쿠리하라 연구실이 개발한 플롯생성기술인 "자동 시나리오 구축 시스템"(ASBS: Automatic Scenario Building System)을 이용하여 약 130여개의 만화 플롯을 만들었다. 인공지능 기술을 활용해 만화의 바탕이 되는 이야기를 창작한 것이다.

이어서 엔비디아가 개발한 인공지능 기술 '스타일GAN'(StyleGAN)을 활용하여 만화에 등장하는 캐릭터를 완성하였다. 이때 엔비디아의 실사 얼굴 학습모델을 기반으로 하였다. 데즈카 오사무가 창조한 다양한 캐릭터 이미지 수천 장을 활용하여 전이학습의 방법으로 데즈카 오사무 화풍의 새로운 캐릭터를 창조한 것이다. 엔비디아가 개발한 실사 얼굴 학습 모델은 다양한 사람들의 얼굴 사진을 바탕으로 하여 새로운 인물을 창조한다. 기존의 실사 얼굴을 새롭게 재편집하는 것이다.

인공지능 기술로 기초를 마련한 캐릭터는 데즈카 프로덕션 등에 소속된 만화가가 참여해 완성하였다. 인간 만화가가 최종 캐릭터 디자인 작업을 한 것이다. 이렇게 인공지능과 인간이 협업하여 데즈카 오사무의 화풍과 플롯을 재현한 "파이돈"이 완성되었다. 앞으로 인공지능 기술이 더욱 발전하면 만화를 창작하는 전체 과정에서 인공지능이 차지하는 비중은 더욱 늘어날 것이다.

6. 메타버스와 인공지능

최근 메타버스(metaverse)가 화제가 된다.[89] 제4차 산업혁명, 인공지능, 블록체인, 데이터에 대한 전 사회적 관심이 이제는 메타버스로 집중된다. 주식시장의 용어로 바꾸어 말하면 메타버스가 테마주의 새로운 핵심 테마가 되고 있다. 이러한 메타버스는 제4차 산업혁명을 견인하는 여러 핵심 기술과 밀접한 관련을 맺는다. 그중 가장 중요한 역할을 하는 것이 인공지능 기술이다. 비전 AI와 같은 인공지능 기술을 통해 현실세계와 가상세계를 구조적으로 연결하는 메타버스가 구현된다. 메타버스에서 참여자들은 자신의 캐릭터를 대변하는 아바타(부캐)를 인공지능 기술의 도움으로 창작할 수 있다. 현실세계를 인공지능 기술로 강화한 증강현실세계나 현실세계를 그대로 모사한 거울세계를 메타버스 공간에서 체험할 수 있다. 이렇게 볼 때 메타버스는 인공지능 및 저작물과 관련하여 중요한 의미를 가진다. 인공지능의 저작물이 구현되는 새로운 공간이 바로 메타버스인 것이다.

(1) 메타버스의 의의

메타버스는 상위 또는 초월을 뜻하는 'meta'와 세계를 뜻하는 'universe' 가운데 'verse'를 합성한 말이다.[90] 따라서 말 그대로 풀이하면 '초월세계'로 정의할 수 있다. 일반적으로는 현실세계(real world)와 구별되는 가상세계를 뜻하는

---

89 메타버스는 엔비디아의 CEO 젠슨 황이 2020년 10월 5일 GTC 2020(NVIDIA GPU Technology Conference 2020) 기조연설에서 "메타버스가 오고 있다."(The Metaverse is coming)고 언급하면서 전 세계적인 관심을 받게 되었다. 이에 관해서는 이원영, "GTC 2020 'AI 시대가 시작됐다'", 『Tech Recipe』(2020. 10. 6) 참고(https://techrecipe.co.kr/posts/21582).
90 메타버스에 관해서는 김상균, 『메타버스』(플랜비디자인, 2021) 참고.

경우로 사용된다. 어떻게 보면 인터넷으로 구현된 사이버세계(cyberworld)의 최신 버전이라 할 수 있다.

사실 메타버스는 최근에 비로소 등장한 용어는 아니다. 메타버스는 미국 작가 닐 스티븐슨(Neal Stephenson)이 1992년에 출판한 소설 『Snow Crash』에서 이미 사용한 용어이기 때문이다.[91] 인터넷이 대중화되기 이전에 이미 메타버스가 소설 속에서 등장하였던 것이다. 그런 메타버스가 최근 화두가 된 것은 제4차 산업혁명 시대를 이끄는 CEO들이 공개적으로 이를 언급하였기 때문이다. 특히 미국의 반도체 기업인 엔비디아(NVIDIA)의 CEO 젠슨 황(Jensen Huang, 黃仁勳)이 "메타버스가 오고 있다."(The Metaverse is coming)고 언급하면서 현 시대를 대변하는 키워드가 되고 있다.

(2) 메타버스의 유형

메타버스는 생각보다 개념의 외연이 넓다. 그래서 메타버스가 정확하게 무엇을 뜻하는지 개념을 정의하는 것은 쉽지 않다. 기술연구단체인 ASF(Acceleration Studies Foundation)는 메타버스를 크게 네 가지 영역으로 구별한다.[92] 증강현실 세계, 거울세계, 라이프로깅(lifelogging) 세계, 가상세계가 그것이다. 이는 현실세계와 가상세계의 관계를 어떻게 설정할 것인지, 양자 사이에서 어디에 비중을 둘 것인지에 따른 구별이다.

일단 주목해야 할 점은 메타버스에서는 현실세계와 가상세계가 단절되어 있지 않다고 본다는 것이다. 양자는 별개의 세계가 아니고 서로 밀접하게 연결된다. 그중 현실세계에 비중을 두는 메타버스가 증강현실 세계와 라이프로깅 세계이다. 증강현실 세계는 현실세계에 기반을 두면서 ICT나 인공지능 기술에 힘입어 여기에 증강현실을 덧붙인 세계이다. 라이프로깅 세계는 현실세계에서 이루어지는 내 삶을 가상세계에 그대로 복제하여 생성되는 세계이다. 다만 세계의 중심은 여전히 현실세계가 된다. 현실세계의 삶을 적정하게 편집하여 가상세계에 디지털 전환으로 기록하는 세계가 라이프로깅 세계인 것이다.

---

91 Neal Stephenson, *Snow Crash* (Bantam Books, 1992).
92 김상균, 『메타버스』(플랜비디자인, 2021), 23면.

이에 반해 거울세계와 가상세계는 가상공간이 중심이 된다. 거울세계는 현실세계를 가상공간에 복제하여 만들어낸 세계이다. 그러나 환경 자체만이 실제세계에 바탕을 둘 뿐 참여자들이 소통하고 활동하는 주된 공간은 가상공간인 거울세계가 된다. 마지막으로 가상세계는 현실세계에 대한 연결고리가 가장 약한 세계이다. 가상세계 그 자체 안에서 새로운 소통, 새로운 활동, 새로운 작품, 새로운 세계가 창조된다. 그런 의미에서 가장 진정한 의미의 메타버스에 해당한다. 물론 그렇다고 해서 현실세계에 대한 접점이 사라지는 것은 아니다. 가상세계에 참여하는 이들은 분명 현실세계에서 살아가는 사람들이기 때문이다.

이처럼 메타버스가 포섭하는 의미 내용은 다원적이어서 이를 정확하게 규정하는 것은 쉽지 않다. 또한 앞에서 메타버스의 네 가지 유형을 언급했지만 각 유형이 명확하게 구별될 수 있는 것은 아니다. 라이프로깅 세계와 거울세계는 그 경계가 명확하지만은 않다. 다만 분명한 점은 메타버스는 현실세계와 가상세계를 연결하는 세계라는 의미로, 다시 말해 현실과 가상이 융합한 세계로 정의될 수 있다는 점이다.

(3) 메타버스의 핵심 기술

메타버스를 구현하는 데 사용되는 핵심 기술로 크게 비전 AI와 컴퓨터 그래픽스를 들 수 있다. 이들 기술은 현실세계를 환경으로, 가상세계를 주체 또는 체계로 파악할 때 각각 입력과 출력에 대응한다. 현실세계로부터 가상세계로 데이터가 입력되는 것을 가능케 하는 것이 비전 AI라면 이러한 데이터를 가상세계에서 이미지 등으로 출력하는 것을 가능케 하는 것이 컴퓨터 그래픽스이다.

1) 비전 AI

비전 AI는 인공지능이 인간처럼 외부세계나 외부 사물 등을 볼 수 있게 하는 기술이다. 비전 AI는 현실세계의 여러 정보를 데이터화하여 가상세계로 입력하는 데 기여한다. 그러나 이는 생각보다 무척 어려운 기술이다. 왜냐하면 우리 인간 존재는 쉽게 할 수 있는 외부세계 인식을 인공지능은 제대로 하지 못했기 때문이다. 예를 들어 인간은 특정한 동물이 고양이인지를 쉽게 파악할 수 있지만 인공지능은 오랫동안 이를 할 수 없었다. 고양이의 이미지가 조금만 달라지거나 차이만 나도 인공지능은 이를 인식하지 못했다. 그러나 심층신경망 학습을 도입한 딥러닝이 구현되면서 이제 인공지능도 다양한 이미지를 구별할 수 있게 되었다. 더 나아가 이제는 인공지능이 인간보다 더 높은 수준의 확률로 이미지를 구별할 수 있게 되었다. 이를테면 안면인식에 대한 인공지능 기술이 발전하면서 이제 인공지능은 사람보다 사람을 더 잘 구별할 수 있게 되었다.

이러한 비전 AI 기술은 안면인식뿐만 아니라 자율주행이나 인기 아이돌 그룹 직캠에도 활용된다. 비전 AI는 메타버스에도 적용된다. 가령 현실세계의 아이돌 그룹을 모사하여 메타버스에서 아바타로 구현할 때 비전 AI가 활용된다. 실제로 메타버스 플랫폼인 제페토에서는 현실세계의 그룹인 블랙핑크의 아바타를 비전 AI를 이용해 창조하였다.

2) 컴퓨터 그래픽스

물론 비전 AI만으로 메타버스의 아바타가 구현될 수 있는 것은 아니다. 앞에서 언급한 것처럼 비전 AI는 실제세계의 이미지를 인식하여 이를 메타버스로 이전하는 데 기여할 뿐이다. 비전 AI가 인식한 바를 메타버스에서 구현하려면 또다른 기술이 필요하다. 컴퓨터 그래픽스가 그것이다. 컴퓨터 그래픽스는 실제세계와 같은 현실 이미지를 메타버스와 같은 가상세계에서 구현하는 기술을 말한다. 예를 들어 실제 대학에서 진행되는 입학식이나 졸업식을 메타버스와 같은 가상세계에서 재현하는 것을 들 수 있다. 그 점에서 그래픽스는 비전 AI로 입력한 실제세계의 데이터를 가상세계에서 출력하는 기술이라고 말할 수 있다.

컴퓨터 그래픽스는 크게 모델링(modeling), 애니메이션(animation), 렌더링(rendering)으로 구성된다. 우선 모델링이란 컴퓨터 그래픽을 이용해 가상세계에 3차원의 모형을 만들어내는 것을 말한다. 실제세계의 사물이나 사람을 가상세계에서 3차원으로 구현하는 것이다. 다음으로 애니메이션은 이렇게 가상세계에서 구현한 모델을 움직이게 하는 것을 말한다. 마지막으로 렌더링은 이미지를 합성해 새로운 이미지를 만들어내는 것을 말한다. 렌더링은 이미지 합성(image synthesis)으로도 불린다.

(4) 메타버스의 예

증강현실 세계, 라이프로깅 세계, 거울세계, 가상세계를 대변하는 메타버스로 다음을 언급할 수 있다.

1) 제페토

증강현실 세계를 대변하는 메타버스로 요즘 여러 기업 및 투자자들의 관심을 얻는 제페토(Zepeto)를 들 수 있다. 제페토는 스노우(주)의 사내 조직으로 출발하였는데 현재는 '네이버제트'라는 독자 기업이 운영하는 메타버스로 분리되었다. 제페토는 증강현실 세계에 라이프로깅과 가상세계를 융합한 세계로 이해된다. 그중 중심은 증강현실이다.[93]

제페토가 최근 대중의 관심을 받게 된 데는 코로나 19 사태와 무관하지 않다. 코로나에 대응하기 위해 강력한 사회적 거리두기 정책이 시행되면서 오프라인 공연이 줄줄이 취소되었다. 이로 인해 아이돌 그룹을 운영하는 엔터테인먼트 기업들의 수익원이 차단되었다. 이 같은 상황에서 돌파구를 마련하기 위해 찾은 해법이 바로 제페토와 같은 메타버스 공간이다. 제페토와 같은 메타버스 공간에 아이돌 그룹이 아바타를 대동해 참여함으로써 온라인 공연과 같은 방식으로 팬들과 소통을 하는 것이다. 예를 들어 YG엔터테인먼트의 블랙핑크나 JYP의 트와이스 그리고 하이브에 소속된 BTS의 인공지능 아바타를 제페토에서 만날 수 있다. 이에 2020년에는 하이브(빅히트엔터테인먼트)와 YG엔터테인먼트가 제페토에 각각 70억 원, 50억 원을 투자하기도 하였다.

제페토는 안면인식 및 증강현실 기술 그리고 3D 기술을 활용하여 참여자의 아바타를 창작한다. 이러한 아바타를 통해 가상공간에 구현된 현실세계의 각종 모임, 행사, 콘서트에 참여할 수 있다.

2) 싸이월드와 페이스북 그리고 유튜브

메타버스 가운데 일찍부터 우리에게 친숙해진 세계로 라이프로깅 세계를 들 수 있다. 싸이월드와 페이스북 및 유튜브가 바로 그 예다.[94] 2000년대 초반

---

93 김상균, 『메타버스』(플랜비디자인, 2021), 77면. 다만 제페토를 증강현실 세계로 규정할지 아니면 거울세계나 가상세계로 규정할지는 명확하지 않다. 제페토가 계속 진화하기 때문이다.
94 김상균, 위의 책, 128면 아래 참고.

우리들이 몰입했던 싸이월드는 우리나라가 선도적으로 내놓은 라이프로깅 세계이다. 이로 인해 우리는 일찍부터 라이프로깅 세계에 익숙해질 수 있었다. 싸이월드 안에 자신만의 집인 미니홈피를 꾸미고 '일촌'으로 친구를 맺고 '도토리'를 이용해 선물을 주고받았다. 그러나 싸이월드는 스마트폰 시대에 적절하게 대응하지 못해 몰락하였다.

싸이월드와 비슷한 콘셉트로 출발한 것이 페이스북이다. 다만 페이스북은 스마트폰 시대에 성공적으로 적응함으로써 확장성을 확보하였다. 이를 통해 여전히 대표적인 라이프로깅 세계의 메타버스로 자리매김한다.

구글 산하의 유튜브 역시 이 시대를 대표하는 라이프로깅 메타버스로 언급할 수 있다. 무엇보다도 유튜브는 콘텐츠 생산자에게 광고 수익을 배분하는 정책을 시행하여 전 세계적으로 폭발적으로 확장될 수 있었다. 참여자에게 경제적 인센티브를 제공한 것이다. 다만 그 때문에 유튜브 콘텐츠가 경제 논리에 식민지화되는 문제가 발생하기도 한다. 단기간의 수익을 노리는 자극적인 콘텐츠가 생산되기도 한다.

3) 마인크래프트와 카카오 유니버스

거울세계를 대표하는 메타버스 플랫폼으로는 '마인크래프트'와 카카오를 들 수 있다. 마인크래프트(Minecraft)는 스웨덴의 게임회사 모앵(모장) 스튜디오(Mojang Studios)가 개발한 샌드박스 형식의 비디오 게임이다.[95] 마인크래프트에 참여하는 이들은 이미 설정되어 있는 게임을 즐기는 것이 아니라 샌드박스 게임처럼 자신이 스스로 그 무엇인가를 만들고 즐긴다. 참여자들이 자율적으로 자신만의 게임을 창조하는 것이다. 특히 코로나 19가 엄습하면서 참여자들은 현실세계를 모사한 거울세계를 마인크래프트에 창조하여 다른 참여자들과 소통하기도 한다. 자신이 원하는 세계를 스스로 만들어 이에 참여하고 소통하며 즐긴다는 매력으로 마인크래프트는 선풍적인 인기를 끈다. 이를 선구적으로 알아본 마이크로소프트는 2014년 9월에 마인크래프트를 운영하는 모앵 스튜디오를 3조 원에 인수하였다.

---

95 김상균, 앞의 책, 163면 아래. 마인크래프트는 채굴하고(mine) 제작하다(craft)의 말을 합성한 것이다.

우리나라의 대표적인 메신저 플랫폼인 카카오도 소통 메신저의 차원을 넘어 메타버스로 거듭난다.[96] 실제세계에서 형성된 소통관계를 카카오 플랫폼으로 거울세계에 이식한 카카오는 이를 기반으로 하여 독자적인 메타버스를 구축한다. 우리가 일상생활을 영위하면서 체험하는 거의 모든 것들, 가령 소통하고 선물하며 이동하고 금융거래 하는 것들 대부분이 카카오 유니버스에 구현된다. 이제 카카오가 관여하지 않는 일상생활을 찾기 어려울 정도가 되고 있다. 그만큼 카카오는 메타버스 공간에 자기만의 거울세계를 구축하고 있는 것이다.

4) 로블록스와 포트나이트

마지막으로 어쩌면 진정한 메타버스에 해당하는 가상세계를 대표하는 플랫폼으로 로블록스와 포트나이트를 들 수 있다. 로블록스(Roblox)는 2004년 데이비드 베주키(David Baszucki)와 에릭 카셀(Erik Cassel)이 설립한 로블록스 코퍼레이션(Roblox Corporation)에서 만든 게임 플랫폼이다.[97] 마인크래프트와 유사하게 샌드박스 비디오 게임의 성격도 갖지만 마인크래프트와는 달리 가상세계 그 자체가 중심이 되며 로블록스 자체가 게임을 제공하기보다는 참여자들이 자유롭게 게임을 창작할 수 있는 가상공간을 제공한다는 점에서 차이가 있다. 그 점에서 로블록스는 메타버스 플랫폼의 성격이 더 강하다. 설립도 로블록스가 마인크래프트보다 더 빨리 이루어졌다. 현재 로블록스는 가장 대표적인 메타버스 플랫폼으로 각광을 받는다. 미국의 경우 16세 미만 아이들의 절반 이상이 로블록스에 참여한다.

포트나이트(Fortnite) 역시 가상세계를 대표하는 메타버스 플랫폼이다.[98] 포트나이트는 에픽게임즈(Epic Games, Inc.)가 개발한 3인칭 슈팅게임으로 출발하였다. 이후 배틀로얄 형식의 게임을 도입하면서 선풍적인 인기를 끌게 되었다. 이후 게임에만 머물지 않고 게임 이외의 참여와 소통이 이루어지는 메타버스 플랫폼으로 진화하고 있다. 예를 들어 2020년 9월 26일에는 한국을 대표하는 K-팝 그룹 BTS가 포트나이트에서 새로운 뮤직비디오를 발표하기도 하였다.[99]

---

96 김상균, 앞의 책, 196면 아래.
97 김상균, 앞의 책, 235면 아래.
98 김상균, 앞의 책, 251면 아래.
99 (https://www.epicgames.com/fortnite/ko/news/light-it-up-like-dynamite-bts-arrives-in-for

Ⅴ. 인공지능 저작물 침해에 대한 대응 방안

1. 세 가지 대응 방안

인공지능이 창작하는 저작물이 증가하면서 새로운 시장이 열리고 예술이란 과연 무엇인지에 관해 예술체계가 도전을 맞는다. 사회 전체적으로 보면 인공지능 저작물 덕분에 공리가 증대하는 것으로 보인다. 그렇지만 새로운 문제역시 출현한다. 인공지능 저작물에 대한 침해 역시 발생한다는 점이다. 이에이를 어떻게 예방 또는 억제할 수 있는지, 달리 말해 인공지능 저작물 침해에어떻게 대응해야 하는지가 문제된다. 크게 세 가지 대응 방안을 고려할 수 있다. 기술에 의한 대응 방안, 윤리에 의한 대응 방안, 법에 의한 대응 방안이 그것이다.

(1) 기술적 대응 방안

우선 기술적 수단을 사용하여 인공지능 저작물에 대한 침해를 억제할 수있다. 요컨대 설계주의 또는 아키텍처 규제(architectural regulation)를 사용하는것이다.[100] 우리 법체계는 이를 '기술적 보호조치'로 규정한다. 이 방안은 인공지능 저작물에 대한 침해를 사전에 예방하거나 억제하는 데 초점을 맞춘다. 그점에서 인공지능 저작물을 보호하는 데 가장 효과적인 방안이라 말할 수 있다.

1) 저작권 기술의 유형

저작권에 관한 기술은 크게 네 가지로 구별할 수 있다.[101] 저작권 관리 기술, 저작권 유통 기술, 저작권 침해 점검 기술, 저작권 침해 예방 기술이 그것이다. 그중 저작물 보호에 관한 기술로 저작권 침해 점검 기술과 저작권 침해 예방 기술을 들 수 있다.

---

tnite−party−royale).

[100] 설계주의에 관해서는 松尾陽 (編),『アーキテクチャと法』(弘文堂, 2016). 아키텍처 규제에 관해서는 Lee Tein, "Architectural Regulation and the Evolution of Social Norms", *Yale Journal of Law and Technology* 7(1) (2005); James Grimmelmann, "Regulation by Software", *The Yale Law Journal* 114 (2005) 등 참고.

[101] 이는 한국저작권보호원의 구별에 따른 것이다. 이에 관해서는 (https://m.blog.naver.com/PostView.naver?isHttpsRedirect=true&blogId=kcopastory&logNo=221325519672) 참고.

2) 저작권 침해 점검 기술

저작권 침해 점검 기술은 현재 저작물에 대한 침해가 이루어지고 있는지를 파악하는 기술이다. 이러한 예로 침해 모니터링 기술, 소스코드 유사성 비교 기술 등을 언급할 수 있다.

3) 저작권 침해 예방 기술

저작권을 보호하는 데 가장 중요한 기술은 저작권 침해 예방 기술이다. 이러한 예로 소프트웨어 식별코드 난독화 기술, 디지털 워터마킹 기술, 핑거프린트 기술, DRM 기술, NFT 기술 등을 들 수 있다.

소프트웨어 식별코드 난독화 기술은 리버스 엔지니어링(reverse engineering)을 통해 저작권에 해당하는 소프트웨어의 코드를 알아내는 것을 억제한다.

디지털 워터마킹(digital watermarking) 기술은 저작물에 디지털화된 워터마크를 삽입하여 해당 저작물이 불법 복제되는 경우 이를 식별 또는 추적할 수 있게 한다. 핑거프린트(fingerprint) 기술 역시 디지털 워터마킹처럼 저작물에 디지털화된 지문을 삽입하여 저작물이 불법으로 복제되는 경우 추적을 용이하게 한다. 이러한 방법으로 저작권을 보호한다.

DRM(Digital Rights Management) 기술은 정당한 권리자만 디지털 저작물에 접근하는 것을 허용하는 기술을 말한다. 저작물 불법 복제를 억제하기 위한 일환으로 전자책, 음원, 영화, TV 프로그램, 게임 등에 폭넓게 이용된다.

최근 관심을 받는 NFT(Non-Fungible Token: 대체 불가능 토큰)는 저작물을 보호하기 위한 새로운 기술로 각광받는다. NFT는 블록체인 기술을 적용하여 현재의 기술 수준으로는 저작물을 불법 복제하는 것을 거의 불가능하게 한다. 이에 하이브(HYBE) 같은 엔터테인먼트 회사들은 NFT 기술을 활용하여 저작물을 출시하고자 한다. NFT 기술을 다루는 기업들, 이를테면 하이브나 카카오게임즈는 주식시장에서도 투자자들의 관심을 끈다.

(2) 윤리적 대응 방안

다음으로 윤리나 도덕과 같은 연성규범(soft norm)을 활용하여 인공지능 저작물에 대한 침해를 예방할 수 있다. 그러나 저작권과 같은 지식재산권에 대한 침해가 공공연히 자행되고 이에 대한 불법의식도 그다지 높지 않은 현실을 감안하면 윤리와 같은 연성규범으로 인공지능 저작물 침해에 대응하는 데는 한계가 있다.

(3) 법적 대응 방안

나아가 법으로 인공지능 저작물에 대한 침해에 대응하는 것을 고려할 수 있다. 인공지능이 생산하는 저작물을 저작권의 대상으로 포섭하여 이를 저작권법으로 보호하는 것이다. 인공지능의 저작물에 저작권을 부여하는 것은 단순히 인공지능 저작물을 각종 침해로부터 보호하는 데 그치는 것이 아니라 인공지능 저작물에 관여한 이해관계자들에 정당한 대가를 부여하고자 한다는 점에서도 의미가 적지 않다.

2. 법적 대응 방안의 기초로서 저작권법

(1) 저작권법의 의의

1) 저작물을 규율하는 법으로서 저작권법

저작권이란 저작물에 대한 권리를 뜻한다. 이러한 저작권을 규율하는 법이 저작권법이다. 말하자면 저작권법이란 저작물과 저작권을 규율하는 법인 것이다. 저작권법이 정의하는 바에 따르면 저작권법이란 "저작자의 권리와 이에 인접하는 권리를 보호하고 저작물의 공정한 이용을 도모함으로써 문화 및 관련 산업의 향상발전에 이바지함"을 목적으로 하는 법을 말한다(저작권법 제1조). 여기서 알 수 있듯이 저작권법은 세 가지 목적을 추구한다. 첫째, 저작자의 권리 및 이에 인접하는 권리를 보호하는 것이다. 둘째, 저작물의 공정한 이용을 추구하는 것이다. 셋째, 이를 통해 문화 및 관련 산업의 향상발전에 기여하는 것이다. 이렇게 저작권법이 추구하는 목적은 다른 지식재산권을 보호하는 법, 가령 특허법이나 실용신안법, 상표법 등이 추구하는 목적과 그 구조가 유사하다. 다만 저작권법이 지향하는 목적 중에서 눈에 띄는 것은 "저작물의 공정한 이용"을 추구하고 있다는 점이다. 이는 다른 지식재산권법에서는 보이지 않는 것으로 저작권법만의 특색이라 할 수 있다.

2) 저작권법이 보호하는 저작권과 저작인접권

저작권법이 보호하는 저작권이란 무엇인가? 정확하게 말하면 이러한 (넓은 의미의) 저작권은 두 가지 권리로 구별된다. 본래 의미의 저작권과 저작인접권이 그것이다. 이를 저작권법은 "저작자의 권리" 및 "이에 인접하는 권리"로 표현한다. 이에 따르면, 본래 의미의 저작권이란 저작물을 창작한 저작자의 권리를, 저작인접권이란 이러한 저작권에 인접하는 권리를 뜻한다. 아래에서 더욱 상세하게 살펴본다.

(2) 저작권의 의의

1) 저작권의 개념

저작권이란 저작물을 창작한 저작자의 권리를 뜻한다. 이때 저작물이란 앞에서 살펴본 것처럼 "인간의 사상 또는 감정을 표현한 창작물"을 말한다(저작권법 제2조 제1호). 이러한 저작물의 예로는 시, 소설, 논문 등과 같은 언어적 저작물을 비롯하여 음악, 미술, 건축, 사진, 도형, 동영상, 컴퓨터 프로그램 등과 같은 비언어적 창작물을 들 수 있다. 저작물이 저작권법의 보호를 받기 위해서는 창작성이 있어야 하고 외부로 표현되어야 한다. 여기서 말하는 창작성이란 남의 것을 모방하지 않은 저작물이라는 점을 뜻한다. 특허에서 요구하는 것처럼 고도의 창작성을 필요로 하는 것은 아니다. 더불어 이러한 창작성은 외부로 표현, 즉 '저작'되어야 한다. 그리고 저작자란 이러한 저작물을 창작한 사람을 말한다(저작권법 제2조 제2호).

2) 두 가지 유형의 저작권

저작권은 두 가지로 구별된다. 저작인격권과 저작재산권이 그것이다. 이는 저작권이 갖고 있는 두 가지 성격과 무관하지 않다. 한편으로 저작권은 저작물을 창작한 저작자의 인격과 무관하지 않다. 저작물이라는 것 자체가 저작자의 인격, 달리 말해 인격적 개성이 투영되어 만들어진 것이기 때문이다. 따라서 저작물이라는 객체는 저작자라는 주체의 인격과 분리해서 생각할 수 없다. 바로 이 점에서 저작권은 저작인격권, 즉 저작자 자신의 인격에 대한 권리라는 성격을 갖는다. 다른 한편으로 저작권은 재산권의 성격도 지닌다. 왜냐하면 저작물 자체가 재산적 가치를 지니고 있고, 이로 인해 거래의 대상이 될 수 있기 때문이다. 이는 저작물이 '소통'(communication)의 대상이자 소통을 가능하게 하는 소통매체가 된다는 점과 무관하지 않다. 물론 일기와 같은 저작물은 저작자의 인격이 고스란히 투영된 것으로서 저작자 자신만을 위한 것일 수 있다. 그렇지만 대다수의 저작물은 독자, 즉 소통의 수신자를 필요로 한다. 대부분의 저작자는 자신이 창작한 저작물을 다른 사람들이 읽고 즐겨주길 원한다. 그 점에서 저작물은 언제나 독자를 필요로 한다. 그 때문에 저작물은 저작자만이 소유하는 것이 아니라는 주장도 나온다. 달리 표현하면 저작물은 본래 '상호주관적인 대상'이라는 것이다. 이처럼 저작물은 상호주관적인 것으로서 소통의 대상이 되기에 이는 재산적 가치를 갖는 재화도 될 수 있다. 그 점에서 저작물에 대한 권리는 재산권의 성격도 갖는 것이다. 이러한 저작인격권과 저작재산권을 더욱 자세하게 살펴보면 다음과 같다.

(a) 저작인격권

저작권법은 저작권의 두 유형인 저작인격권과 저작재산권을 명문으로 규정한다. 이에 따르면, 저작인격권으로는 공표권(제11조), 성명표시권(제12조), 동일성유지권(제13조)을 들 수 있다. 여기서 공표권이란 "저작물을 공표하거나 공표하지 아니할 것을 결정할 권리"를 말한다(제11조 제1항). 다음으로 성명표시권이란 "저작물의 원본이나 그 복제물에 또는 저작물의 공표 매체에 그의 실명 또는 이명을 표시할 권리"를 말한다(제12조 제1항). 나아가 동일성유지권이란 "저작물의 내용·형식 및 제호의 동일성을 유지할 권리"를 뜻한다(제13조 제1항). 저작권법에 의하면, 이러한 저작인격권은 "저작자 일신에 전속"하는 일신전속성을 갖는다(제14조 제1항). 달리 말해, 저작인격권은 저작자의 인격과 분리해서 존속할 수 없다는 것이다. 따라서 저작물을 이용하는 사람은 저작자의 인격을 침해하는 행위를 해서는 안 된다. 이는 저작자가 사망한 이후에도 마찬가지이다(제14조 제2항).

(b) 저작재산권

다음으로 저작권법은 저작재산권으로 복제권(제16조), 공연권(제17조), 공중송신권(제18조), 전시권(제19조), 배포권(제20조), 대여권(제21조), 2차적 저작물 작성권(제22조)을 규정한다. 이에 따라 저작자는 저작물을 복제할 권리(제16조), 공연할 권리(제17조), 공중송신할 권리(제18조), 미술저작물 등의 원본이나 그 복제물을 전시할 권리(제19조), 저작물의 원본이나 그 복제물을 배포할 권리(제20조), 상업적 목적으로 공표된 음반이나 상업적 목적으로 공표된 프로그램을 영리를 목적으로 대여할 권리(제21조), 자신의 저작물을 원저작물로 하는 2차적 저작물을 작성하여 이용할 권리(제22조)를 저작재산권으로서 행사할 수 있다. 이러한 저작재산권은 원칙적으로 저작자가 생존하는 동안 및 사망한 후 70년간 존속한다(저작권법 제39조 제1항).

그러나 이러한 저작재산권이 절대적으로 보장되는 것은 아니다. 바꿔 말해, 저작재산권이 무제한적으로 보장되는 것은 아니다. 이를테면 공익 등의 목적으로 저작물을 이용하는 경우에는 저작재산권이 제한된다. 예를 들어, 재판절차에서 저작물을 복제하거나(제23조), 학교 교육 등의 목적으로 저작물을 이용하는 경우(제25조)에는 저작재산권은 제한된다. 바꾸어 말해 위에서 언급한 경우에는 저작자의 허락을 받지 않고 저작물을 사용할 수 있다는 것을 뜻한다. 또한 시사보도를 하기 위해 저작물을 이용하거나(제26조), 영리를 목적으로 하지 않는 공연 및 방송에서 저작물을 공연하는 경우(제29조)에도 저작재산권이 제한된다. 이러한 경우는 공익 목적을 위해 저작물을 인정하는 때에 해당하기 때문이다.

3) 배타적 발행권과 출판권

저작재산권과 밀접하게 관련되면서도 이와 구별되는 권리로 배타적 발행권과 출판권을 들 수 있다. 여기서 배타적 발행권이란 저작물을 발행하거나 복제·전송할 권리를 가진 자가 그 저작물을 발행 등에 이용하고자 하는 자에 대하여 설정해 주는 배타적 권리를 말한다(저작권법 제57조 제1항). 쉽게 말해, 저작물을 배타적으로 발행할 수 있는 권리가 바로 배타적 발행권인 것이다. 이는 배타적 발행권자가 본래부터 갖고 있는 권리가 아니라 저작재산권자가 설정해 주는 권리이다. 그 점에서 아래에서 살펴볼 저작인접권과 유사한 모습을 지닌다.

한편 이러한 배타적 발행권과 매우 유사한 권리로서 출판권이 있다. 출판권이란 저작물을 복제·배포할 권리를 가진 자가 그 저작물을 인쇄 그 밖에 이와 유사한 방법으로 문서 또는 도화로 발행하고자 하는 자에 대하여 설정해 주는 배타적 권리를 말한다(제63조 제1항). 여기서 알 수 있듯이, 출판권은 배타적 발행권과 거의 같다. 다만 차이가 있다면, 출판권은 저작물을 문서 또는 도화라는 수단으로 발행하는 권리에 한정된다는 점이다. 그 점에서 출판권은 발행권보다 그 외연이 좁다. 이를 도식화하면 '배타적 발행권>출판권'으로 표시할 수 있다.

(3) 저작인접권

저작권법에 의하면, 저작인접권이란 '저작권에 인접하는 권리'를 뜻한다. 그러면 저작권에 인접하는 권리란 무엇일까? 이를 파악하기 위해서는 먼저 현행 저작권법이 저작권에 인접하는 권리로서 무엇을 인정하고 있는지 살펴볼 필요가 있다. 저작권법 제64조 아래가 규정하는 내용을 고려하면, 현행 저작권법은 저작권에 인접하는 권리로서 실연, 음반, 방송에 대한 권리를 인정한다. 더욱 구체적으로 말하면, 저작권법은 실연자의 권리, 음반제작자의 권리, 방송사업자의 권리를 저작권에 인접하는 권리, 즉 저작인접권으로 인정한다. 그리고 이렇게 저작인접권을 보유하는 권리주체는 저작권자와 유사하게 복제권(제78조), 배포권(제79조), 대여권(제80조) 등을 갖는다.

그러면 저작권과 별개로 저작인접권을 인정하는 이유는 무엇일까? 저작인접권의 성격에서 그 이유를 찾을 수 있다. 저작권이 보호대상으로 하는 저작물은 보통 종이라는 매체를 이용하여 만들어진다. 책이 대표적인 경우이다. 이러한 저작물은 글을 읽을 수 있는 독자라면 특별한 수단을 사용하지 않고도 쉽게 읽고 이해할 수 있다. 그렇지만 음악이나 연극, 영화와 같은 저작물은 그 기초가 되는 악보, 희곡, 시나리오뿐만 아니라 이러한 악보, 희곡, 시나리오를 음악, 연극, 영화로 만들어줄 수 있는 실연자를 필요로 한다. 또한 이러한 음악, 영화 등을 대중적인 소통매체를 이용하여 일반 사람들에게 널리 알리기 위해서는 음반제작자나 방송사업자 등을 필요로 한다. 요컨대, 음악이나 연극, 영화 등과 같은 저작물을 완전하게 구현하거나 이를 널리 전파하기 위해서는 저작자뿐만 아니라 실연자 등과 같이 저작물에 인접하면서 저작물을 완전하게 구현하는 데 기여하는 사람들을 필요로 한다. 바로 이러한 사람들의 노력을 법적으로 보호하기 위해 도입된 것이 저작인접권인 것이다. 저작인접권을 제도화하여 이렇게 저작인접권자들의 이익을 법으로 보호함으로써 음악, 연극, 영화와 같은 저작물이 더욱 원활하게 만들어지고 전파될 수 있도록 하는 것이다.

(4) 저작권의 효력 및 보호

특정한 저작물에 저작권이 인정되는 경우 이러한 저작권은 다음과 같은 효력을 지닌다.

1) 배타적 권리

저작권법은 저작권을 마치 민법상 물권과 유사한 배타적 권리로 취급한다. 여기서 저작권이 배타적 권리로 취급된다는 것은 저작권자가 마치 물권을 갖고 있는 사람처럼 기본적으로 어느 누구에 대해서도 저작권을 주장할 수 있다는 것을 뜻한다. 따라서 저작권자가 아닌 사람이 특정한 저작물을 사용하기 위해서는, 저작권법이 인정하는 예외 사유에 해당하지 않는 한, 저작권자의 허락을 받아야 한다(제46조). 저작권자의 허락을 받지 않고 저작물을 사용하는 것은 저작권을 침해하는 행위가 된다. 저작권법은 이러한 저작권 침해행위로부터 저작권을 보호하기 위해 다음과 같은 구제수단을 마련하고 있다.

2) 침해 정지 청구

먼저 저작권자는 자신의 저작권이 현재 침해되고 있는 경우에는 이러한 침해의 정지를 청구할 수 있다(저작권법 제123조 제1항). 나아가 저작권이 침해될 우려가 있는 경우에는 그 상대방에 대하여 침해 예방이나 손해배상의 담보를 청구할 수 있다(제123조 제1항). 이러한 침해 정지 청구를 통해 저작권자는 자신의 저작권을 효과적으로 보호할 수 있다. 이러한 권리는 민법이 물권에 부여하는 물권적 청구권과 그 내용이 비슷하다(민법 제213조 등).

3) 손해배상 청구

다음으로 저작권자는 고의 또는 과실로 자신의 저작권을 침해함으로써 손해를 야기한 사람에 대해 손해배상을 청구할 수 있다(저작권법 제125조). 이는 민법이 규정하는 불법행위 책임의 견지에서 볼 때 당연한 것이라 할 수 있다(민법 제750조). 왜냐하면 저작권이 마치 물권처럼 배타적 권리로 보호되는 이상, 이러한 저작권을 고의 또는 과실로 침해하는 행위는 민법 제750조에 따라 불법행위가 되기 때문이다. 이렇게 불법행위가 성립하면, 가해자는 피해자인 저작권자에게 손해배상을 해야 한다.

4) 저작권 침해죄

나아가 고의로 타인의 저작권을 침해하는 경우에는 '저작권 침해죄'라는 범죄가 된다(저작권법 제136조). 타인의 저작권을 침해하는 행위는 단순한 일탈행위나 민법상 불법행위가 되는 데 그치는 것이 아니라 형벌이 부과되는 범죄가 되기도 하는 것이다. 그 점에서 우리 저작권법은 저작권을 아주 강력하게 보호하고 있는 셈이다. 그러나 이렇게 저작권을 강력하게 보호하는 것에 관해, 바꿔말해 저작권 침해행위에 강력하게 대응하는 것에 대해서는 비판이 제기된다. 이는 이른바 '카피레프트' 운동이라는 이름으로 전개된다.

(5) 카피레프트 운동

'카피레프트'(copyleft) 운동이란 저작권을 뜻하는 '카피라이트'(copyright)에 반대하는, 이에 저항하는 운동이다. 말하자면, 카피라이트를 비판하는 운동이 카피레프트 운동인 것이다. '저작'을 의미하는 '카피'(copy)에, '권리'와 '보수'를 뜻하는 '라이트'(right)에 대항한다는 의미로 '반권리' 및 '진보'를 뜻하는 '레프트'(left)를 붙인 것이다. 이러한 명칭이 시사하는 것처럼, 카피레프트 운동은 저작권이 인간의 창의적인 저작활동을 장려하기보다는 오히려 억압할 것이라고 비판한다. 따라서 저작권을 폐기하거나 그게 아니면 저작물의 공정이용을 대폭 확대해야 한다고 주장한다. 이러한 맥락에서 현행 저작권법이 규정하는 저작권 침해죄도 비판한다. 저작권 침해죄는 정당성을 상실하고 있다는 것이다.[102]

---

102 저작권 침해죄에 관해서는 양천수·하민경, "저작권 침해죄의 정당성에 대한 비판적 고찰", 『외법논집』 제37권 제4호(2013), 179~196면 참고.

3. 저작권의 법적 기초로서 법적 인격

(1) 법에서 인격이 가지는 의미와 기능

1) 의미

인공지능이 저작권을 가질 수 있는지, 손해배상책임이나 형사책임을 질 수 있는지 등의 문제는 인공지능에게 '법적 인격'(legal person)의 지위를 인정할 수 있는지의 문제로 바꾸어 말할 수 있다. 법적 인격은 법영역에서 등장하는 다양한 법적 문제를 해결하는 실마리이자 출발점이 되기 때문이다. 인공지능에 관해 제기되는 법적 문제는 대부분 인공지능에게 법적 인격을 인정할 수 있는가의 문제로 환원된다.[103]

이렇게 법에서 중요한 의미를 차지하는 법적 인격이란 무엇일까? 법적 인격이란 법적 주체, 더욱 구체적으로 말하면 법적 권리와 의무의 주체가 될 수 있는 자격을 말한다. 이때 의무는 손해배상책임이나 형사책임 등과 같은 책임을 포함한다. 이렇게 보면 법적 인격이란 법적 주체가 될 수 있는 자격을 뜻하는 것으로 특정한 권리나 권한, 의무, 책임을 인정하는 데 전제가 되는 개념임을 알 수 있다.

이때 주의해야 할 점은 법은 '인간'(human)이 아닌 '인격'(person) 개념을 사용한다는 점이다. 근대 시민혁명 이후에 형성되어 오늘날에도 여전히 법체계의 근간을 이루는 근대법체계는 법적 주체가 되는 개념으로 인간이 아닌 인격을 선택하였다. 물론 프랑스 인권선언 이래 기본적으로 모든 인간은 인격을 지닐 수 있지만 여기에는 다음과 같은 전제가 깔려 있다. 실천이성을 제대로 발휘할 수 있는 자율적인 인간만이 온전하게 법적 인격을 취득할 수 있다는 것이다. 이로 인해 여성이나 아동은 실천이성을 제대로 발휘하지 못한다는 이유에서 오랫동안 법적 인격을 완전하게 취득하지 못하였다. 다만 오늘날에는 '인권법'(human rights law)이 독자적인 법영역으로 자리매김하면서 인간 그 자체가 권리주체로 부각되기도 한다.

---

[103] 이에 관해서는 양천수·우세나, "인공지능 로봇의 법적 인격성: 새로운 인권 개념 모색을 위한 전제적 시론", 『인권이론과 실천』 제25호(2019), 59~92면 참고.

2) 기능

　법적 인격은 법체계에서 다음과 같은 기능을 수행한다. 먼저 법적 인격은 법적 인격을 취득하는 주체를 보호하는 기능을 수행한다. 법적 인격을 취득한다는 것은 법체계가 인정하는 권리의 주체가 될 수 있다는 것을 뜻하기에 주체는 자신에게 부여되는 권리를 이용하여 여러 침해로부터 자신을 보호할 수 있기 때문이다. 예를 들어 특정한 주체는 법적 인격으로 인정되어 생명, 자유, 재산에 대한 권리를 취득함으로써 이러한 권리로 자신을 보호할 수 있다.

　다음으로 법적 인격은 손해배상책임이나 형사책임과 같은 각종 책임을 주체에게 귀속시키는 기능을 수행한다. 이를 '책임귀속기능'이라고 말한다. 법적 인격을 얻는다는 것은 권리의 주체뿐만 아니라 의무의 주체가 된다는 것을 뜻한다. 이때 의무에는 타인에 대한 '책임'(responsibility) 역시 포함된다. 이를테면 타인에게 불법행위를 야기해 손해를 입히거나 범죄를 저지른 경우 이로 인해 타인에게 손해배상을 해야 하거나 형벌을 부과 받아야 하는 것도 모두 주체가 부담해야 하는 의무에 해당한다. 따라서 법적 인격을 인정받는 주체는 이러한 책임을 부담해야 한다.

　나아가 특정한 주체에게 법적 인격을 부여함으로써 그 주체의 상대방을 보호할 수 있다. 법적 인격은 상대방 보호기능을 수행하는 것이다. 이는 위에서 소개한 책임귀속기능과 관련을 맺는다. 특정한 주체에게 법적 인격을 부여하면 그 주체는 상대방에게 잘못을 저지른 경우 이에 대한 책임을 져야 한다. 이를 상대방의 시각으로 바꾸어 말하면, 그 주체에 의해 상대방이 손해를 입은 경우 이에 대한 손해배상을 주체에게 청구할 수 있다는 것을 뜻한다. 주체에게 법적 인격을 인정함으로써 그 주체에 대한 손해배상청구가 권리로서 확정되는 것이다. 바로 이러한 측면에서 법적 인격은 상대방을 보호하는 기능도 담당한다.

　이처럼 법적 인격은 특정한 주체를 권리와 의무를 부담하는 인격체로 만들어 한편으로는 그 주체를 보호하기도 하고, 다른 한편으로는 그 주체의 행위로 피해를 입은 상대방을 보호한다. 법적 인격을 통해 각자가 해야 할 것, 하지 말아야 할 것, 할 수 있는 것을 정확하게 획정하는 것이다. 이는 추상적으로 말하면, '각자에게 그의 것을'이라는 정의 원칙을 구현하는 것이라고 볼 수 있다. 이러한 과정을 거치면서 각자는 법적으로 자신이 무엇을 할 수 있고 무엇을 해야 하며 무엇을 하지 말아야 하는지 예측할 수 있다. 법적 관계가 명확해지는 것이다.

이를 거시적으로 보면 법적 인격이 전체 법질서 또는 법체계를 안정화하는 것으로 귀결된다. 법체계가 안정되면 법적 행위에 대한 예견 가능성이 높아진다. 이는 자연스럽게 신뢰 향상으로 이어진다. 그렇게 되면 법체계 안에서 법적 행위를 하는 데 소요되는 거래비용이 감소한다. 그만큼 각자는 자신이 추구하는 이익을 극대화할 수 있다. 이렇게 함으로써 사회 전체의 공리는 증진된다.

(2) 법적 인격의 변화

이처럼 법적 인격은 법체계 안에서 여러모로 중요한 기능을 수행한다. 그런데 이때 주의해야 할 점은 이러한 법적 인격은 고정되어 있는 개념이 아니라는 것이다. 우리 삶이, 우리 사회구조가 끊임없이 변하는 것처럼 법적 인격 역시 지속적으로 변화해 왔다. 그러면 법적 인격은 어떻게 변화해 왔는가? 이를 한마디로 말하면, 법적 인격 개념은 우리 인류와 사회 그리고 법이 진보하면서 지속적으로 확장되어왔다. 예전에는 법적 인격체로 인정받지 못했던 존재들이 사회가 발전하면서 온전한 인격체로 인정되고 있는 것이다.

1) 인간중심적 인격 개념

인격은 인간과 구별되는 개념이다. 그렇다고 해서 인격과 인간이 전혀 무관한 것은 아니다. 애초에 인격은 인간에서 출발하는 개념이기 때문이다. 인간만이 법적 인격체로 인정될 수 있다. 따라서 인간이 아닌 존재, 이를테면 도롱뇽과 같은 동물은 법적 인격체가 될 수 없다. 이 점에서 인격은 본래 '인간중심적 인격 개념'으로 설정되었다. 이를 '자연적 인격'(natürliche Person)으로 부르기도 한다. 하지만 인격은 인간에서 출발하면서도 상당히 이상화된 존재로 설정되었다. 실천이성을 온전하게 사용할 수 있는 자율적인 인간만이 인격으로 승인되었던 것이다. 이로 인해 현실에서는 시민계급 이상에 속하는 성인 남자만

이 온전한 인격체로 승인되었다. 역사적으로 볼 때 노예나 여성, 아동 등에 대해서는 법적 인격이 제한되었다.

2) 법적 인격의 확장

그렇지만 역사가 진보하면서 법적 인격의 전제가 되는 인격 개념 자체가 확장된다. 먼저 자연적 인간에서 출발하는 '자연적 인격' 개념이 지속적으로 확장된다. 인격 개념을 수용한 고대 로마의 법체계에서는 인격 개념에 노예는 포함되지 않았다. 미성년자나 여성 역시 완전한 인격을 취득하지는 못하였다. 오직 성인 남자인 로마 시민만이 완전한 인격을 취득하였다. 이는 근대법이 등장하기 직전까지 지속되었다. 다만 최초의 근대 민법이라 할 수 있는 프랑스 민법전은 모든 시민을 인격체로 수용하여 신분제를 철폐하고 노예를 더 이상 인정하지 않음으로써 인격 개념을 확장하였다. 그렇지만 미성년자나 여성은 여전히 불완전한 인격체로 남아 있었다. 특히 여성의 경우에는 20세기 초반까지 비록 성인 여성이라 할지라도 완전한 인격체로 승인되지는 않았다. 이를테면 일제 강점기에 통용되었던 일본의 구민법은 아내가 재산적 처분행위나 소송행위를 할 경우 아내를 행위무능력자로 취급하였다. 그러나 여성주의 운동의 영향 등으로 여성의 법적 지위가 향상되기 시작하여 최근에 와서는 여성 역시 남성과 동등한 법적 인격체로 승인되고 있다. 이처럼 자연적 인간에 바탕을 둔 자연적 인격 개념은 우리 인류와 법이 진보하면서 점점 확장되었다.

다음으로 법인이 새롭게 법적 인격에 편입되었다는 점을 지적할 필요가 있다. 법인은 법적 필요에 의해 법이 인공적으로 만들어낸 인격이라 할 수 있다. 우리 법에 따르면, 법인은 자연적 인간으로 구성되는 '사단법인'과 재산으로 구성되는 '재단법인'으로 구분된다. 민법에 따르면, 법인은 권리능력의 주체가 될 뿐만 아니라, 불법행위책임의 귀속주체가 된다(민법 제35조). 이렇게 보면 법인은 민법의 체계 안에서는 온전한 인격으로 인정된다. 다만 형법학에서는 법인을 형법상 의미 있는 인격으로 볼 수 있을지에 관해 논란이 있다. 특히 법인에게 형사책임능력이 있는지가 문제된다. 그 이유는 자연인과는 달리 법인은 스스로 행위를 할 수 없고, 독자적인 책임의식을 갖는다고 보기도 어렵기 때문이다. 이처럼 법인은 자연인과는 여러모로 차이가 있다는 점에서 법인의 본질이

무엇인가에 관해 견해가 대립한다.[104] 이에 관해서는 법인의제설과 법인실재설
이 대립한다. 법인의제설에 따르면, 법인은 실재하지 않는 것으로서 단지 우리
법이 필요하기에 마치 있는 것처럼 의제한 것에 불과하다. 이에 반해 법인실재
설은 법인이 우리 사회 속에서 실재한다고 말한다.

최근에는 동물권을 인정해야 한다는, 다시 말해 동물을 권리주체로 인정해
야 한다는 논의에서 인격 개념의 확장현상을 읽어낼 수 있다.[105] 현행 법체계에
따르면, 특정한 주체를 권리주체로 파악한다는 것은 그를 인격으로 승인하는
것이므로, 동물을 권리주체로 본다는 것은 동물을 독자적인 인격으로 인정하는
것으로 새길 수 있기 때문이다. 그런데 동물권 옹호론자들이 주장하는 것처럼
동물에게도 인격 및 권리주체성을 인정할 수 있다면, 인격은 더 이상 자연적 인
간에 바탕을 둔 개념이 될 수 없다. 달리 말해 인격은 더 이상 '인간중심적 개
념'일 수 없다. 만약 동물을 단순한 물건이 아니라 인간처럼 존엄한 권리주체로
승인하고 싶다면, 어쩌면 우리는 인간중심적인 '인격' 개념을 포기하거나 그게
아니면 인격 개념을 '탈인간중심적인 개념'으로 새롭게 설정해야 할 것이다. 그
러나 우리나라에 한정해 보면, 현행 법체계 및 판례는 동물을 인격으로 승인하
지는 않고 있다. 동물은 권리주체성도 소송의 당사자능력도 가질 수 없기 때문
이다. 이는 동물을 물건으로 취급하지 않는 독일 민법의 태도와는 분명 차이가
있다.[106] 그 점에서 우리 법에서 전제로 하는 인격 개념은 여전히 인간중심적
사고에서 완전히 벗어나지는 못하고 있다.

(3) 탈인간중심적 인격 개념의 가능성

1) 논의 필요성

앞에서 살펴본 논의에서 세 가지 주장을 이끌어낼 수 있다. 첫째는 법체계
에서 권리와 의무 및 책임의 주체가 될 수 있는가는 해당 주체가 법적 인격을

---

104 법인의 본질에 관해서는 이흥민, "법인의 본질", 『법과 정책』 제22집 제3호(2016), 263~297면 참고.
105 이 문제에 관해서는 김중길, "전 인권적 관점에서 본 동물권", 『인권이론과 실천』 제19호(2016), 71~93면 참고.
106 독일 민법 제90조a 참고. 이에 따르면 동물은 물건이 아니다. 그러나 특별한 규정이 없는 경우 에는 물건에 관한 규정이 동물에도 준용된다.

갖고 있는지로 결정된다는 것이다. 둘째는 인공지능에 관한 법적 문제는 대부분 인공지능이 법적 인격을 획득할 수 있는가의 문제로 귀결된다는 것이다. 셋째는 이렇게 문제를 해결하는 데 핵심이 되는 법적 인격 개념은 그동안 인류역사가 진보하면서 지속적으로 확장되었다는 것이다. 바꾸어 말하면, 애초에 인간중심적으로 설계된 인격 개념이 서서히 탈인간중심적인 방향으로 변하고 있다는 것이다. 이러한 맥락을 고려하면서, 이제 인공지능이 전체 사회의 거의 모든 영역에서 출현하고 문제되는 현 시점에서 법적 인격 개념은 새롭게 설정될 수 있는지, 이른바 '탈인간중심적 인격 개념'은 정초될 수 있는지 검토한다.

2) 법적 인격의 인정 요건

먼저 전통적으로 법적 인격을 어떤 요건에 따라 인정했는지 살펴볼 필요가 있다. 그 전에 주의해야 할 점은 이 글에서 다루는 인격 개념은 법적 인격이라는 것이다. 법적으로 권리와 의무의 자격을 가질 수 있는가의 관점에서 인격 개념을 다룬다는 것이다. 그런데 인격은 이외에도 다양한 영역에서 다양한 의미로 사용된다. 이를테면 도덕적 인격 개념을 언급할 수 있다. 이러한 도덕적 인격 개념은 법적 인격 개념과 비교할 때 요건 등의 면에서 차이가 난다. 하지만 이 모든 것을 이 글에서 다룰 수는 없기에 아래에서는 법적 인격의 개념과 요건에 초점을 맞추겠다.

현행 법체계에 따르면 특정한 존재가 법적 인격을 취득하려면 다음 요건을 충족해야 한다. 첫째, 해당 존재가 인간으로서 생존해야 한다(민법 제3조). 아직 태어나지 않았거나 목숨을 잃은 사람은 법적 인격체가 될 수 없다. 둘째, 자율성을 갖고 있어야 한다. 자율성을 갖지 않은 인간은, 물론 오늘날에는 기본적으로 법적 인격체로 인정되기는 하지만, 권리를 행사하거나 의무를 부담하는 과정에서 일정 정도 제한이 뒤따른다.

두 가지 요건 중에서 무엇이 본질적인 요건일까? 칸트와 같은 철학자들은 실천이성에 바탕을 둔 자율성을 더욱 중요한 것으로 보았고 여기에서 인간의 존엄성 근거를 찾기도 했지만, 현실적으로는 해당 존재가 살아 있는 인간인지 여부가 더욱 중요한 역할을 한다. 특히 오늘날 정착된 인권사상으로 인해 인간이기만 하면 그 누구나 평등하게 법적 인격체로 승인된다.

3) 법적 인격의 모델

이렇게 보면 현행 법체계가 취하는 법적 인격은 여전히 인간중심적인 모델에 바탕을 두고 있음을 알 수 있다. 그렇지만 법적 인격 개념의 확장과정에서 추측할 수 있는 것처럼, 특히 인간에 의해 인공적으로 만들어진 법인에게도 법적 인격을 승인하는 현행 법체계의 태도를 고려하면 법적 인격에 관한 모델을 반드시 인간중심적인 모델로만 한정해야 하는 것은 아님을 알 수 있다. 법적 인격 자체가 고정된 것이 아니라 시간과 지역에 따라 바뀔 수 있는 가변적인 개념이라면, 이에 관해 우리는 다원적인 모델을 생각해볼 수 있다. 그러면 법적 인격에 관해 어떤 모델을 모색할 수 있을까? 이 글은 세 가지 모델을 제시한다. 인간중심적 모델, 불완전한 탈인간중심적 모델, 완전한 탈인간중심적 모델이 그것이다.[107]

(a) 인간중심적 모델

첫째, 인간중심적 모델을 거론할 수 있다. 이 모델은 자연적 인간 개념에 기반을 두어 인격 개념을 설정한다. 이미 언급한 것처럼 지금까지 우리가 사용한 인격 개념은 이러한 인간중심적 모델에 바탕을 둔 것이다. 인간중심적 모델에 따라 법적 인격 개념을 판단할 때는 다음과 같은 요건이 중요한 역할을 한다. 먼저 인격을 부여받을 주체가 자연적 인간이어야 한다. 인간이 아닌 존재, 가령 동물이나 인공지능은 인간중심적 모델에 따르면 인격을 부여받을 수 없다. 다만 현행 법체계에 의하면 법인은 인격성이 인정되는데, 사실 이것은 인간중심적 모델에 따라 인격을 부여한 것이 아니다. 이는 이미 인간중심적 모델을 벗어난 인격 개념에 해당한다. 다음으로 실천이성을 지닌 자율적인 인간이어야 한다. 물론 현실적으로 반드시 자율적인 존재여야 하는 것은 아니다. 자율적인 존재의 잠재성을 갖추기만 해도 인격을 부여받을 수 있다. 나아가 자율적인 행위를 할 수 있어야 한다. 예를 들어 자율적인 주체로서 법률행위나 소송행위를 자율적으로 할 수 있어야만 법적 인격으로 승인될 수 있다.

---

[107] 이에 관해서는 양천수, "현대 지능정보사회와 인격성의 확장", 『동북아법연구』 제12권 제1호 (2018), 1~26면 참고.

(b) 불완전한 탈인간중심적 모델

둘째, 불완전한 탈인간중심적 모델을 거론할 수 있다. 이 모델은 기존의 인간중심적 모델과는 달리 자연적 인간이 아닌 사회적 체계 역시 법적 인격체로 승인한다는 점에서 '탈인간중심적'이다.[108] 그렇지만 이때 말하는 사회적 체계 (social systems)는 자연적 인간에 의해 촉발되는 소통에 의존한다는 점에서 여전히 인간중심적인 성격을 지닌다. 가령 자연적 인간이 모두 소멸하면 소통 역시 사라지므로 사회적 체계 역시 존속할 수 없다. 그렇게 되면 이 모델에서 염두에 두는 인격 자체도 모두 소멸한다. 그 점에서 이 모델은 탈인간중심적이기는 하지만 여전히 인간에 의존한다는 점에서 불완전하다.

불완전한 탈인간중심적 모델에 따라 법적 인격을 취득하려면 다음과 같은 요건을 충족해야 한다. 첫째, 사회적 체계 안에서 진행되는 소통에 참여할 수 있어야 한다. 이때 소통에 참여한다는 것은 소통을 송신하고 수신할 수 있어야 한다는 것을 뜻한다. 둘째, 자율적인 존재여야 한다. 다만 이때 말하는 존재가 반드시 법인과 같은 사회적 체계여야만 하는 것은 아니다. 사회적 체계가 아니라 할지라도 사회적 소통에 참여할 수 있는 존재, 즉 자연적 인간 역시 이러한 자율적인 존재에 속한다. 셋째, 해당 존재는 그 존재가 아닌 것과 구별될 수 있어야 한다. 바꿔 말해, 존재의 경계가 확정될 수 있어야 한다.

(c) 완전한 탈인간중심적 모델

셋째, 완전한 탈인간중심적 모델을 생각할 수 있다. 이 모델은 인격 개념을 자연적 인간 개념에서 완전히 분리한다. 자연적 인간이 아니어도 인격을 부여받을 수 있도록 하는 것이다. 이 점에서 어쩌면 제4차 산업혁명 시대에 가장 적합한 인격 모델이라 할 수 있다. 이 모델은 기본 토대에서는 불완전한 탈인간중심적 모델과 동일하다. 다만 불완전한 탈인간중심적 모델이 사회적 체계에 기반을 둔다면, 완전한 탈인간중심적 모델은 사회적 체계를 포괄하는 체계에 기반을 둔다. 이 차이는 구체적으로 다음과 같이 드러난다. 사회적 체계는 자연적

---

[108] 이 모델은 독일의 사회학자 니클라스 루만(Niklas Luhmann)이 정립한 체계이론(systems theory)에 기반을 둔다. 체계이론에 관해서는 니클라스 루만, 윤재왕 (옮김), 『체계이론 입문』(새물결, 2014) 참고.

인간을 송수신자로 하는 소통에 의존한다. 따라서 인간이 소멸하면 사회적 체계 역시 사라진다. 반면 체계는 자연적 인간이 아닌 기계에 의해서도 작동할 수 있다. 따라서 만약 인공지능의 소통으로 (사회적 체계가 아닌) 체계가 형성된다면, 완전한 탈인간중심적 모델은 자연적 인간이 없어도 작동할 수 있다. 물론 여기서 주의해야 할 점은, 그렇다고 해서 완전한 탈인간중심적 모델이 자연적 인간을 인격 개념에서 배제하는 것은 아니라는 점이다. 자연적 인간도, 사회적 체계도 그리고 기계적 체계도 모두 특정한 요건을 충족하면 인격 개념에 포섭될 수 있다. 그 점에서 완전한 탈인간중심적 모델은 인격 개념에 관해 가장 포괄적인 모델에 해당한다.

완전한 탈인간중심적 모델에서는 다음과 같은 경우에 인격을 부여한다. 이는 외견적으로는 불완전한 탈인간중심적 모델과 같다. 첫째, 사회적 체계 안에서 진행되는 소통에 참여할 수 있어야 한다. 둘째, 자율적인 존재여야 한다. 셋째, 해당 존재는 그 존재가 아닌 것과 구별될 수 있어야 한다.

4) 세 가지 모델 평가 및 결론

그러면 이러한 세 가지 모델 중에서 어떤 모델이 가장 타당할까? 그러나 이러한 물음에 확고한 정답을 내놓기는 어렵다. 왜냐하면 법적 인격 개념을 설정하는 데 무엇이 가장 타당한 기준이 되는가에 대한 '메타규칙'은 존재하지 않기 때문이다. 법적 인격의 역사가 보여주는 것처럼, 이는 각 시대적 상황에 적합하게 그 개념과 요건이 제시되었을 뿐이다. 다만 한 가지 경향을 찾는다면, 법적 인격 개념이 인간중심적인 한계에서 벗어나 지속적으로 확장되어 왔다는 점이다. 필자는 한편으로는 이 점을 고려하면서, 다른 한편으로는 법적 인격이 수행하는 기능을 감안하여 완전한 탈인간중심적 모델을 현 시대적 상황에서 가장 적절한 모델로 선택한다. 따라서 이제 법적 인격은 완전한 탈인간중심적 모델에 따라 판단하는 것이 타당하다.

4. 인공지능의 법적 문제 검토

(1) 인공지능의 법적 인격 인정 가능성

1) 원칙

인공지능에 관한 법적 문제를 해결하는 데 가장 근간이 되는 인공지능의 법적 인격 문제는 어떻게 판단할 수 있을까? 앞에서 필자는 오늘날의 상황에서는 완전한 탈인간중심적 모델에 따라 법적 인격을 판단해야 한다고 주장하였다. 이 모델을 선택하면, 다음과 같은 요건을 갖춘 경우 인공지능에 대해서도 법적 인격을 부여할 수 있다. 첫째, 인공지능이 법체계와 같은 사회적 체계에 참여할 수 있는 존재여야 한다. 둘째, 인공지능이 자율적으로 법적 판단을 할 수 있어야 한다. 셋째, 인공지능은 자신이 아닌 것과 구별될 수 있어야 한다. 다시 말해 명확한 경계를 갖고 있어야 한다.

2) 인공지능의 유형 및 법적 인격 판단

따라서 우리가 새롭게 이슈가 되는 인공지능에게도 법적 인격을 부여하고자 한다면, 완전한 탈인간중심적 모델을 수용하면 된다. 더불어 특정한 인공지능이 이 모델에서 요구하는 세 가지 요건을 충족하는지를 검토하면 된다. 이에 관해 한 가지 짚어보아야 할 문제가 있다. 자율성과 관련된 문제이다. 인공지능이 법적 인격을 취득하려면, 자율적으로 법적 판단을 할 수 있어야 한다. 다시 말해 인공지능이 자율성을 갖고 있어야 한다. 그런데 여기서 말하는 자율성이란 무엇인지, 과연 어느 정도의 자율성을 갖고 있어야 법적 인격을 획득할 수 있는지 문제된다.

이를 판단하는 것은 대단히 어려운 문제이다. 왜냐하면 최근 들어서는 인간 역시 자율적인 존재가 아니라는 뇌과학자들의 주장 역시 제기되기 때문이다.[109] 따라서 이 문제를 해결하려면, 법적 인격을 취득하는 데 필요한 자율성이란 무엇인지 근원적으로 성찰할 필요가 있다. 다만 현재 인공지능이 도달한 발전상황을 고려하면 다음과 같은 시사점은 얻을 수 있다. 인공지능은 크게 세

---

[109] 이에 관해서는 프란츠 M. 부케티츠, 원석영 (옮김), 『자유의지, 그 환상의 진화』(열음사, 2009) 참고.

가지로 구별된다. 약한 인공지능, 강한 인공지능, 초인공지능이 그것이다. 여기서 약한 인공지능은 아직 인간과 동등한 정신적 판단능력을 갖추지 못한 인공지능을 말하고, 강한 인공지능은 인간과 동등한 정신적 판단능력을 갖춘 인공지능을 말한다. 마지막으로 초인공지능은 인간의 정신적 판단능력을 초월한 인공지능을 말한다. 이 가운데서 강한 인공지능과 초인공지능에게는 손쉽게 법적 인격을 부여할 수 있을 것이다. 그러나 강한 인공지능과 초인공지능은 아직은 실현되지 않은 먼 미래의 문제이기에 지금 당장 문제된다고 말하기 어렵다.

3) 약한 인공지능과 유형적 판단

가장 현실적으로 문제가 되는 것은 약한 인공지능의 경우이다. 약한 인공지능에게도 법적 인격을 부여하는 것을 고려할 수는 있다. 그렇지만 다음과 같은 이유에서 볼 때 약한 인공지능에게 확고하게 법적 인격을 인정하는 것은 쉽지 않다. 먼저 약한 인공지능은 사회적으로 이루어지는 소통에 참여할 수 있는 능력, 즉 소통의 귀속가능성과 참여가능성은 인정할 수 있다. 다음으로 약한 인공지능은 자신이 아닌 것, 즉 '타자'와 구별될 수 있다. 이 점에서 법적 인격을 인정하는 데 필요한 세 가지 요건 중에서 두 가지 요건은 충족한다. 문제는 자율성 요건이다. 약한 인공지능은 인간과 동등한 자율적 판단은 할 수 없기에, 특히 스스로 목표를 설정하면서 왜 이 목표를 설정해야 하는지를 반성적으로 판단할 수 없다는 점에서 자율성 요건은 아직은 충족하기 어렵다. 물론 이 문제는 자율성을 어떤 기준으로 판단하는가에 따라 달라질 수 있다. 엄격한 기준에 따라 자율성을 판단하면 약한 인공지능은 자율성을 갖고 있다고 말하기 어렵지만, 자율성을 약한 의미로 판단하면 약한 인공지능도 어느 정도는 자율성을 지닌다고 말할 수 있기 때문이다.

이러한 연유에서 필자는 약한 인공지능의 법적 인격 문제를 판단할 때는 획일적 판단이 아닌 유형적 판단을 동원해야 할 필요가 있다고 생각한다. 이는 법학에서 많이 사용하는 방법이다. 요컨대 약한 인공지능이 법적 인격을 취득할 수 있는가를 획일적으로 판단하기보다는 약한 인공지능의 법적 인격이 문제되는 개별 상황을 고려하여 이에 유형적으로 적절하게 판단해야 한다는 것이다.

(2) 법적 인격의 가능성과 필요성

인공지능의 법적 인격 문제를 판단할 때 고려해야 할 측면이 한 가지 더 있다. 인공지능에 대해 법적 인격을 인정할 수 있는가 하는 문제와 인정할 필요가 있는가 하는 문제, 즉 가능성의 차원과 필요성의 차원을 구별해야 한다는 것이다. 이 또한 법학에서 즐겨 사용하는 구별이다. 이를테면 이론적인 측면에서 볼 때 그 가능성이 인정된다 하더라도 실제적인 측면에서 볼 때 굳이 그럴 필요가 없거나 다른 유용한 대안이 있는 경우에는 이를 인정할 필요가 없다는 것이다. 더욱 구체적으로 말하면 이론적으로 볼 때 인공지능에게 법적 인격을 인정할 수 있지만, 이를 인정하지 않아도 다른 법적 제도나 장치로 문제를 해결할수 있다면 굳이 인공지능에게 법적 인격을 인정하지 않아도 된다는 것이다. 이러한 사고방식은 인공지능의 법적 문제를 해결하는 데 아주 유용하다. 왜냐하면 각각의 법영역에 따라 인공지능에게 법적 인격을 인정할 필요가 있는가 하는 문제는 달리 판단될 수 있기 때문이다.

5. 인공지능의 법적 문제 검토

이제 앞에서 언급한 유형적 판단방법 및 '가능성/필요성' 구별을 원용하여 인공지능의 법적 문제를 개별적으로 판단해 보자.

(1) 인공지능의 거래주체성

먼저 인공지능을 독자적인 거래주체로 인정할 수 있는가? 예를 들어 투자를 전담하는 인공지능이 있는 경우에 이러한 인공지능을 독자적인 거래주체로볼 수 있는가? 이는 가능성의 차원과 필요성의 차원으로 나누어 검토할 필요가 있다. 우선 가능성의 차원에서 보면, 투자를 전담하는 인공지능에 대해서는 비교적 손쉽게 거래주체성을 인정할 수 있다. 왜냐하면 이 경우 인공지능은 비록 제한된 범위이기는 하지만 알고리즘에 바탕을 둔 자율성에 따라 투자를 할 수 있기 때문이다. 다음 필요성의 차원에서 볼 때, 이 경우 인공지능에게 거래주체성을 인정할 필요가 있을지 문제된다. 왜냐하면 이때 인공지능을 거래수단으로 보면서 거래주체는 인공지능을 이용하는 사람으로 볼 수 있기 때문이다. 여기서 관건이 되는 것은 무엇이 더 효율적인 방법인가, 무엇이 더 법적 관계를 명확하게 하는 것인가 여부이다. 이를 여기서 판단하는 것은 쉽지 않지만, 일단 인공지능에게 거래주체성을 인정하는 것도 나쁘지는 않다고 생각한다.

(2) 인공지능의 손해배상책임

나아가 인공지능에게 손해배상책임을 인정할 수 있는지 검토한다. 먼저 가능성의 차원에서 보면, 조만간 현실화되는 자율주행자동차의 사례가 예증하는 것처럼 인공지능이 자신의 잘못으로 사람에게 손해를 야기하는 경우가 이미 충분히 발생하고 있다.[110] 요컨대 자율주행자동차와 같은 인공지능이 독자적으로 교통사고와 같은 불법행위를 저지를 수 있는 것이다. 이 점에서 인공지능에게 손해배상책임을 인정할 가능성은 충분해 보인다. 문제는 이게 과연 필요한가 하는 점이다. 여기서 우리는 손해배상책임 제도가 추구하는 목적이 무엇인지 고민해야 한다. 손해배상책임 제도가 추구하는 일차적인 목적은 피해자가 입은 손해를 금전으로 배상하도록 하는 것이다. 우리 민법은 금전배상을 손해배상원칙으로 삼고 있기에 손해배상책임이 실현되려면 손해를 야기한 사람에게 손해를 배상하는 데 충분한 책임재산이 있어야 한다. 쉽게 말해 손해를 돈으로 배상하려면 가해자에게 돈이 있어야 한다. 그러나 인공지능은 현실적으로 이러한 돈을 갖고 있지 않다. 이 점을 고려하면 과연 인공지능에게 손해배상책임을 인정하는 것이 필요한지 의문이 든다. 차라리 인공지능을 이용하는 사용자에게 손해배상책임을 부과하는 것으로 충분하지 않을까 생각한다.

(3) 인공지능의 형사책임

인공지능의 손해배상책임에 관한 주장과 논증은 인공지능의 형사책임 문제에도 그대로 적용할 수 있다.[111] 이미 현실적으로 인공지능이 범죄를 저지를 수 있는 상황이 도래하고 있다. 실제로 인공지능이 범죄와 유사한 일을 벌인

---

110 이 문제에 관해서는 김상태, "자율주행자동차에 관한 법적 문제", 『경제규제와 법』제9권 제2호 (2016), 177~190면 참고.

111 양천수, "인공지능과 법체계의 변화: 형사사법을 예로 하여", 『법철학연구』제20권 제2호(2017), 45~76면 참고.

경우도 있다. 이에 인공지능을 범죄자로 보아 형사책임을 묻는 것, 다시 말해 형벌을 부과하는 것도 이론적으로는 이미 가능하다. 그러나 과연 그럴 필요가 있을까 의문이 든다. 여기서 왜 우리는 형벌제도를 도입하고 있는지 숙고해야 한다. 오늘날 지배적인 견해는 범죄자를 개선하고 교화하여 다시 사회로 복귀할 수 있도록 하기 위해 형벌을 부과한다고 말한다. 이를 '특별예방이론'이라고 부른다. 이러한 견지에서 보면, 과연 형벌로 인공지능을 개선 및 교화할 필요가 있을까 의문이 제기된다. 그럴 필요 없이 인공지능에 적용된 프로그램과 알고리즘을 개선하는 것만으로 개선과 교화라는 목표를 충분히 달성할 수 있지 않을까? 이렇게 보면 굳이 인공지능에게 형사책임을 물을 필요는 없어 보인다. 다만 상징적인 차원에서나 인공지능 그 자신을 보호한다는 차원에서 인공지능에게 형사책임을 인정할 필요성은 있어 보인다. 이에 대한 상세한 설명은 생략한다.[112]

(4) 인공지능 보호 필요성

마지막으로 인공지능 그 자신을 보호하기 위해 인공지능에게 법적 인격을 인정하는 것을 생각해 볼 수 있다. 지금까지 논한 것은 주로 인공지능으로부터 인간을 보호하기 위해 인공지능의 법적 인격을 인정할 수 있는지를 다룬 것이었다면, 아래에서 검토하는 것은 반대로 인공지능 그 자신을 보호하기 위해 인공지능에게 법적 인격을 부여할 수 있는가 하는 문제이다. 이는 동물에게 권리를 인정하자는 동물권 논의와 맥락을 같이한다. 이를테면 인공지능을 법적 인격으로 보아 인공지능에게 자신을 보호할 수 있는 권리를 부여하는 것이다. 그렇게 되면 우리 인간은 인공지능을 단순한 수단으로 보아서는 안 되고 우리와 평등한 인격체로 취급해야 한다. 사실 그동안 SF소설이나 영화 등에서는 이 문제가 주로 논의되었다. 필자는 탈인간중심주의에서 가장 중요한 부분은 우리 인간처럼 탈인간적인 존재, 특히 인공지능을 취급해야 한다는 것으로 본다. 따라서 인공지능이 그 자신을 보호할 수 있도록 인공지능에게 법적 인격을 부여하는 것에 기본적으로 동의한다. 이제 우리 인간만이 유일하게 존엄한 존재라

---

112 이에 관한 상세한 논의는 양천수, 위의 논문, 45~76면 참고.

는 인간중심적인 사고에서 벗어나야 할 때가 도래하고 있는 게 아닐까?[113]

6. 인공지능과 저작물에 대한 법정책의 방향

(1) 문제점

다음으로 인공지능에 저작권을 인정할 수 있는지 살펴본다.[114] 이제 인공지능이 독자적인 저작활동을 하는 것은 현실이 되었다. 오늘날 인공지능은 신문기사나 소설, 영화 시나리오뿐만 아니라 음악 및 미술 작품을 창작할 수 있다. 인공지능이 독자적으로 저작물을 생산하고 있는 것이다. 이에 인공지능에 저작권을 인정할 수 있을지가 논란이 된다. 이는 지식재산권법 영역에서 화두가 된다. 가능성의 차원에서 보면 이미 인공지능이 독자적인 저작활동을 하고 있으므로 인공지능에게 저작권을 인정하는 것은 어렵지 않다. 문제는 필요성의 차원에서 나타난다. 인공지능에게 저작권을 인정할 필요가 과연 있을까? 이는 왜 우리가 저작권 제도를 마련하고 있는가의 문제와 연결된다. 이 자리에서 이 문제를 상세하게 논하는 것은 어렵다. 따라서 아래에서는 이 문제를 어떻게 해결하는 것이 바람직한지 간략하게 언급한다.

(2) 인공지능 저작권의 원칙적 인정 불필요성

우선 원칙적으로 인공지능에 저작권을 굳이 인정할 필요는 없어 보인다. 현재 수준의 인공지능이 완전한 자율성을 획득한 강한 인공지능이 아닌 이상 인공지능을 독자적인 권리주체로 설정할 필요는 없기 때문이다. 오히려 현재의 인공지능은 대부분 인간을 위한 도구 또는 수단으로 이용되므로 해당 인공지능을 운용하는 인간 주체에게 인공지능이 산출한 저작물에 대한 저작권을 인정하는 것으로 충분해 보인다.

---

113 이 문제를 다루는 흥미로운 책으로는 이감문해력연구소 기획, 김환석 외 21인 지음, 『21세기 사상의 최전선: 전 지구적 공존을 위한 사유의 대전환』(이성과감성, 2020) 참고.
114 이 문제에 관해서는 신창환, "인공지능 결과물과 저작권", 『Law & technology』 제12권 제6호 (2016), 3~15면; 김도경, "인공지능 시대에 저작권 보호와 공정한 이용의 재고찰", 『경영법률』 제31집 제3호(2021), 221~266면 참고.

(3) 인공지능 저작물 관련자의 저작권 배분 방향

그런데 이 경우에는 다음과 같은 문제가 발생한다. 인공지능이 저작물을 창작하는 과정에는 여러 이해관계인들이 관여한다. 그 때문에 그중 누구에게 저작권을 부여해야 하는지, 그게 아니면 모든 이들에게 공동으로 저작권을 부여해야 하는지 등이 문제된다. 현재로서는 인공지능이 저작물을 생산하는 과정에 관여한 이들에게는 공동으로 저작권을 인정하는 것이 적절해 보인다. 다만 이때 지분 비율을 어떻게 정해야 하는지가 문제된다. 원칙적으로는 각 당사자들이 자율적인 협의로 결정하는 것이 타당해 보인다. 그러나 현실적으로 협의가 어려울 때가 많으므로 이때는 법이 기준점을 획정하는 것이 필요할 것이다.

(4) 인공지능 저작물 표시 의무

한편 인공지능이 만든 저작물을 인간이 도용하는 문제, 즉 인간에 의한 인공지능 저작물의 침해를 막을 필요가 있는 경우에는 제한적이나마 인공지능에 저작권을 인정하는 것이 필요하지 않을까 생각한다. 그게 아니면 인공지능이 생산한 저작물에는 인공지능이 저작한 것임을 의무적으로 표시하는 제도를 신설하는 것도 고려할 수 있다.

VI. 맺으며

1. 결론 요약

오늘날 인공지능이 산출하는 창작물이 증가하면서 이를 기술적·예술적·경제적·법적 차원에서 검토할 필요가 있다.

인공지능은 크게 강한 인공지능과 약한 인공지능으로 구별된다. 현재 도달한 기술 수준으로는 약한 인공지능만이 구현된다. 앞으로 강한 인공지능이 실현될 수 있는지는 현재로서는 예측하기 쉽지 않다.

인공지능과 로봇은 혼용되는 경우가 많지만 엄밀하게 보면 양자는 구별하는 게 적절하다. 다만 오늘날 사용되는 로봇은 인공지능이 탑재된 지능형 로봇인 경우가 많기에 현실적으로 양자를 같은 의미로 사용해도 무리는 없다.

오랫동안 저작물과 같은 창작물은 인간만이 만들어낼 수 있는 것으로 인식되었다. 이에 발맞추어 현행 저작권법이 규정하는 저작물도 인간 중심적으로 개념화되어 있다. 그렇지만 신경망 학습을 모방한 딥러닝이 구현되면서 이제 인공지능도 인간과 비슷한 수준의 창작물을 산출할 수 있게 되었다.

여러 기술 중에서도 딥페이크 기술이 비약적으로 발전하면서 인공지능의 저작물 창작이 가능해졌다. 그중에서도 특히 GAN이 개발되면서 인공지능은 인간과 유사한 수준에서 음악, 미술 작품 등과 같은 저작물을 창작할 수 있게 되었다.

인공지능은 음악, 미술, 메타버스 영역에서 다양한 저작물을 창작한다. 그중 음악 영역에서 인공지능 창작물이 많은 관심을 모은다. 세계적인 기업들이 음악 저작물과 관련된 인공지능 연구에 많은 투자를 한다. 그 이유는 SNS나 유튜브 등의 영향으로 1인 창작자가 늘어나면서 인공지능이 창작한 경제적인 음악에 대한 관심과 수요가 늘어나고 있기 때문이다.

음악 영역에서 인공지능은 스스로 작곡을 하기도 하고 가수로서 노래를 부른다. 뿐만 아니라 이미 고인이 된 가수를 재현하기도 한다. 미술 영역에서 인공지능은 스스로 그림을 그리거나 인간 작가와 협업하여 새로운 작품을 만들기도 한다. 메타버스에서는 아이돌 가수들의 아바타를 창작하여 활동하게끔 한다.

인공지능에 의한 저작물 창작이 빈번해지면서 이에 대한 침해도 늘어난다. 이에 인공지능 저작물에 대한 침해를 어떻게 억제해야 하는지가 문제된다. 크게 세 가지 방안을 고려할 수 있다. 기술적 방안, 윤리적 방안, 법적 방안이 그것이다.

법적 방안으로는 인공지능이 산출한 저작물을 저작권의 대상으로 포섭하는 것을 모색할 수 있다. 저작권이 침해되는 경우 인정되는 금지청구나 손해배상 청구, 형벌 부과를 인공지능이 창작한 저작물에도 인정하는 것이다.

그러나 인공지능이 창작한 저작물을 저작권법의 보호 대상으로 보아야 하는지, 인공지능을 저작권의 주체로 보아야 하는지는 별도로 고민해야 하는 문제이다. 이론적으로 보면 인공지능 역시 저작권의 주체, 즉 법적 인격체로 규정할 수 있다. 그러나 과연 그럴 필요가 있는지에는 의문이 제기된다.

현재로서는 원칙적으로 인공지능을 저작권의 주체로 볼 필요성은 크지 않다. 오히려 인공지능이 창작한 저작물에 대한 권리를 어떻게 인간 이해관계자들에게 배분할 것인지가 더 큰 문제가 된다.

다만 인공지능이 창작한 저작물이 인간 주체 등에 의해 침해되는 것을 막을 수 있도록 인공지능 저작물 표시 의무 제도를 도입하는 것은 고려할 수 있다.

2. 정책 제언

현재 전 세계적으로 인공지능 저작물에 많은 관심과 투자가 이루어진다. 이에 우리나라에서도 다양한 스타트업이 인공지능 저작물 기술을 발전시키기 위해 노력한다. 이러한 상황에서 국가는 민간 영역에서 다양한 스타트업이나 기업들이 인공지능 저작물 기술을 원활하게 개발 및 발전시킬 수 있도록 지원할 필요가 있다.

이에 관한 중요한 문제로 데이터를 언급할 수 있다. 인공지능 저작물 기술이 개발 및 향상되려면 인공지능에 학습용 데이터가 충분히 제공되어야 한다. 이러한 데이터 가운데는 개인정보 역시 포함된다. 그런데 현행 데이터법제 아래에서는 스타트업들이 인공지능 저작물 기술을 개발하는 데 필요한 학습용 데이터, 예를 들어 얼굴이나 음성 등에 관한 데이터를 수집 및 이용하는 데 곤란을 겪는다. 이러한 문제를 풀어갈 수 있도록 국가가 지원하거나 관련 데이터법제를 개선할 필요가 있다.

최근 급속하게 발전하는 딥페이크 기술은 인공지능 저작물에 관해 큰 도움이 되지만 동시에 우리 사회에 커다란 위협이 된다. 따라서 딥페이크 기술의 오남용을 억제할 수 있는 기술적·법적 조치를 강구하고 이를 제도화할 수 있어야 한다.

인공지능이 창작하는 저작물과 관련한 저작권 문제를 이해관계자들의 요청에 맞게 해결할 수 있도록 관련 법제, 특히 저작권법을 개선할 필요가 있다. 더불어 인공지능 저작물 표시 의무를 제도화하는 것도 고려할 필요가 있다.

제10장

인공지능의 위험과
윤리적 대응

양천수

I. 들어가며

　　오늘날 인공지능 기술을 포함한 지능정보기술은 다양한 사회적 공리를 창출한다. 이를 통해 우리에게 여러 혜택을 제공한다. 눈부시게 발전하는 인공지능 기술 덕분에 우리는 자신에게 최적화된 서비스를 제공받을 수 있다. 하지만 세상의 모든 것이 흔히 그렇듯이 인공지능 기술은 우리에게 새로운 사회적·법적 문제를 야기한다. 이로 인해 우리는 어떻게 하면 인공지능이 던지는 새로운 문제에 적절하게 대응할 수 있는지를 고민해야 한다.

　　인공지능이 성공적으로 구현되고 사용되려면 하드웨어와 소프트웨어, 개인정보를 포괄하는 빅데이터 및 이에 대한 사회적 수용이 요청된다. 하드웨어는 우리가 흔히 아는 반도체 기술을, 소프트웨어는 알고리즘을 중심으로 하는 프로그래밍 기술을 말한다. 인공지능에 대한 이론은 이미 1950년대에 대부분 완성되었지만 그 당시에는 이를 뒷받침해줄 수 있는 하드웨어와 빅데이터가 존재하지 않아 인공지능이 구현되기 어려웠다. 그중에서 특히 알고리즘과 빅데이터에 관해 오늘날 문제가 제기된다. 인공지능이 원활하게 가동되기 위해서는 우리의 개인정보를 포함하는 빅데이터가 필요한데 이로 인해 개인정보 침해라는 문제가 야기될 수 있다. 또한 인공지능을 가동하는 데 핵심적인 축이 되는 알고리즘은 부정확성이나 불투명성, 편향성이라는 문제를 야기한다. 이로 인해 특히 수학을 기반으로 하는 알고리즘에 관해 '대량살상수학무기'(WMD: Weapons of Math Destruction)라는 우려와 비판이 제기되기도 한다.[1] 인공지능에 내재된 알고리즘이 사회의 거의 모든 영역에서 편향을, 차별을, 포함과 배제를 강화한다는 것이다.

　　인공지능이 우리 사회에 수용되기 위해서는 사회적 수용에 필요한 조건을 충족해야 한다. 이는 객관적인 측면과 주관적인 측면으로 구별할 수 있다. 첫째, 객관적인 측면에서는 인공지능이 창출하는 사회적 공리가 인공지능이 야기하는 문제보다 더욱 커야 한다. 이를 위해서는 두 가지 요건을 충족해야 한다. 우선 인공지능이 창출하는 사회적 공리를 사회의 모든 구성원이 누릴 수 있어야 한다. 나아가 인공지능이 야기하는 사회적·법적 문제를 사회의 규범체계가 적절하게 해결할 수 있어야 한다. 다음으로 둘째, 사회 구성원들이 주관적인 차원에서 인공지능에 공감을 할 수 있어야 한다. 이를 위해서는 인공지능에 관해 바람직한 상징적 의미가 형성되고 소통되어야 한다. 달리 말하면 인공지능에 관해 설득력 있는 '상징정치'가 이루어져야 한다.[2]

　　이 글은 이러한 조건 중에서 인공지능이 유발하는 사회적·법적 문제를 해결하는 방안에 초점을 맞추고자 한다. 그중에서도 윤리라는 규범으로 인공지능 문제를 해결하고자 하는 시도를 검토한다. 인공지능이 유발하는 가장 어려운 규범적 문제 중 한 가지는 '알고리즘의 편향성' 문제라 할 수 있다. 편향성 문제는 오늘날 매우 중요한 규범적 원칙으로 자리매김하는 차별금지 원칙을 위반한다는 점에서 중대한 문제로 볼 수 있다. 이에는 두 가지 방안을 모색할 수 있다. 첫째는 가장 대표적인 규제수단인 법을 이용해 대응하는 방안이다. 둘째는 윤리라는 연성 규제수단으로 대응하는 방안이다. 이 중에서 법으로 대응하는

1 캐시 오닐, 김정혜 (역), 『대량살상 수학무기』(흐름출판, 2017) 참고.
2 상징정치에 관해서는 大貫惠美子, 『人殺しの花: 政治空間における象徴的コミュニケーションの不透明性』(岩波書店, 2020) 참고.

방안은 다시 두 가지 방안, 즉 일반적 차별금지법을 제정해 대응하는 방안과 개별적인 영역에서 차별금지를 하는 방안으로 구별할 수 있다. 현재 우리 법체계는 후자의 방안을 채택하고 있다. 첫 번째 방안도 사회적으로 논의가 진행되고 있지만 아직은 제도화되지 않았다. 이러한 이유에서 우리 법제는 인공지능 편향성 문제는 개별법을 통해 대응하고 있다고 말할 수 있다. 다만 인공지능, 특히 알고리즘이 야기하는 문제가 매우 광범위하다는 점에서 이러한 방안이 과연 적절한지 아니면 인공지능의 편향성 문제를 일반적으로 규율하는 일반법 또는 기본법을 제정해야 하는 것은 아닌지 의문이 들 수 있다. 물론 이에는 다시 다음과 같은 근원적인 의문을 제기할 수 있다. 현재 상황에서 인공지능 편향성 문제를 법으로 규제하는 것이 적절한지의 의문이 그것이다. 이는 인공지능이 유발하는 규범적 문제를 현재로서는 윤리의 차원에서 규제하는 것이 더욱 바람직하지 않은가의 문제제기로 연결된다.

이러한 문제 상황에서 이 글은 인공지능이 유발하는 규범적 문제를 윤리로 대응하고자 하는 논의를 살펴본다. 인공지능 윤리의 현황을 점검하는 것이다. 이를 위해 이 글은 가장 대표적인 인공지능 윤리 가이드라인이라 할 수 있는 「유네스코 AI 윤리 권고안(초안)」과 최근 발표된 「국가 인공지능(AI) 윤리 기준」을 검토하고 개선방향을 논의하고자 한다.

II. 인공지능의 위험 사례

먼저 오늘날 인공지능이 어떤 위험을 지니는지 살펴본다. 인공지능은 데이터, 알고리즘, 사회적 이용의 측면에서 다양한 위험을 창출한다. 그러면 이러한 위험들이 실제로 어떻게 나타나는지 구체적인 사례들을 검토한다.

1. 개인 데이터 남용

인공지능은 엄청난 양의 개인 데이터가 필요하다. 이로 인해 인공지능을 활용하고자 하는 이들, 특히 이를 영업에 사용하고자 하는 사업자들은 어떻게

든 개인 데이터를 획득하고자 애를 쓴다. 물론 우리나라나 유럽연합의 경우에
는 엄격한 사전동의 방식의 개인정보 자기결정권을 채택하고 있기에 개인 데이
터의 탈법적 수집이나 남용이 어느 정도 억제되는 편이다. 그렇지만 우리처럼
엄격한 개인정보 자기결정권을 수용하지 않는 미국에서는 탐욕에 눈이 먼 사업
자들이 개인 데이터, 특히 사회적 약자의 개인 데이터를 약탈적으로 수집하고
남용하는 사례가 다수 발생한다.[3] 예를 들어 개인 데이터를 수집하기 위해 진정
성이 없는 광고를 올리고 이러한 광고로 개인 데이터를 무차별적으로 수집한
후 이를 필요로 하는 사업자들에게 판매하는 것이다.[4] '데이터 경제'라는 이름
아래 탈법적으로 개인 데이터를 수집한 후 이를 매도하는 것이다. 이렇게 판매
된 개인 데이터는 각 데이터 주체, 특히 사회적 약자에 속하는 데이터 주체를
경제적으로 약탈하는 데 사용된다.

2. 부정확한 알고리즘 사용

인공지능에서는 알고리즘이 핵심적인 역할을 한다. 인공지능이 제대로 작
동하려면 알고리즘이 정확하고 공정하게 사용되어야 한다. 만약 알고리즘 설계
가 잘못되면 인공지능이 산출하는 결과 역시 부정확할 수밖에 없다. 이에 대한
예로 2010년 전후로 미국 워싱턴 DC 교육청이 사용한 '임팩트'(IMPACT)라는 교
사 평가 기법을 들 수 있다.[5] 교육개혁의 일환으로 무능한 교사를 선별하기 위
해 도입된 임팩트에서는 '가치부가모형'(value-added model)이라는 알고리즘을
사용하였다. 가치부가모형은 가능한 한 정성적인 평가지표는 배제한 채 오직
정량적인 평가지표만으로 교사들을 평가하였다. 하지만 이로 인해 교장과 학부
모들 사이에서 높은 평판을 받고 있던 교사를 무능한 교사로 평가하여 해고되
게끔 하는 결과를 빚고 말았다. 물론 이에 대해서는 두 가지 판단을 할 수 있
다. 첫째는 해당 교사가 받고 있던 높은 평판이 잘못된 것일 수 있다는 점이다.

---

3 우리나라나 유럽연합과는 달리 미국은 사후승인(opt-out) 방식의 개인정보 보호체계를 갖고 있
  다. 이에 관해서는 이상경, "미국의 개인정보보호 입법체계와 현황에 관한 일고", 『세계헌법연구』
  제18권 제2호(2012), 195~214면 참고.
4 캐시 오닐, 앞의 책, 139~140면.
5 이에 관한 상세한 소개는 캐시 오닐, 앞의 책, 16면 아래 참고.

이는 학생 교육 능력과는 무관한 평판일 수 있다는 것이다. 둘째는 가치부가모형이라는 알고리즘이 잘못 설계되어 정확하지 않은 결과가 빚어졌고 이로 인해 해당 교사가 억울하게 해고되었다는 것이다. 평가 결과에 의문을 품던 해당 교사는 문제를 제기하였고 조사 결과 임팩트가 사용한 알고리즘이 정확하지 않게 설계되었다는 점이 확인되었다. 가치부가모형이라는 알고리즘이 애초에 잘못 설계되는 바람에 이로 교사를 평가하는 과정에서 정확하지 않은 결과가 도출된 것이다. 그 때문에 특정 교사의 직업적 생명이 결정되고 말았다.

또다른 예로 알고리즘이 오작동하여 주식시장을 혼란에 빠트리는 사례를 언급할 수 있다. 오늘날 주식시장에서는 주식을 매매하는 데 인공지능이 적극 사용된다. 이를테면 주식 알고리즘은 인간은 따라 하기 힘든 판단능력과 속도로 주식거래에 참여한다. 이를 통해 금융회사는 막대한 이익을 챙기지만 간혹 인공지능이 오작동하여 주식시장에 혼란을 야기한다. 다수의 주식 알고리즘이 동시에 주식가격을 터무니없게 설정함으로써 주식시장이 비합리적으로 움직이게 하는 것이다. 말하자면 업무상 과실로 주가조작을 하는 것이다. 이로 인해 주식시장에 참여하는 평범한 (개미라고 불리는) 주식거래자들이 피해를 입는다.[6]

3. 편향된 알고리즘이 유발하는 문제들

(1) 대량살상 수학무기

인공지능에 활용되는 알고리즘은 인공지능에 입력(투입)되는 대량의 데이터, 즉 빅데이터를 분석하고 이를 통해 새로운 패턴이나 가치 등을 창출하는 데 기여한다. 금융거래에서 손쉽게 볼 수 있듯이 빅데이터를 분석함으로써 미래를 예측하는 데도 활용된다. 그렇지만 이 과정에서 알고리즘은 입력되는 데이터나 알고리즘 자체의 한계 등으로 인해 편향성을 갖는 경우가 많다. 그리고 이러한 편향성은 사회적으로 크나큰 문제를 야기한다. 그 때문에 수학자이자 빅데이터 전문가인 캐시 오닐(Cathy O'Neil)은 이러한 문제를 야기하는 알고리즘을 '대량살상 수학무기'(Weapons of Math Destruction: WMD)라고 명명한다.

---

6 이에 관한 상세한 내용은 크리스토퍼 스타이너, 박지유 (옮김), 『알고리즘으로 세상을 지배하라』 (에이콘, 2016), 7면 아래 참고.

캐시 오닐은 특정한 알고리즘이 대량살상 수학무기, 즉 WMD로 지칭되려 면 세 가지 요건을 충족해야 한다고 말한다. 불투명성, 확장성, 피해가 그것이 다.[7] 먼저 WMD는 불투명하다. 이는 다음과 같은 의미를 지닌다. 첫째, WMD는 해당 알고리즘이 어떻게 작동하는지를 명확하게 설명하지 않는다는 것이다. 둘 째, 이로 인해 WMD는 편향성, 즉 특정한 판단 대상들을 합리적 이유 없이 차 별한다는 것이다.

다음으로 WMD는 특정한 영역에서만 제한적으로 사용되는 알고리즘의 지 위를 넘어 다른 영역까지 확장될 수 있다. 이를테면 무능한 교사를 평가하기 위 해 개발된 알고리즘이 신용불량의 위험이 높은 사람을 평가하거나 범죄를 다시 저지를 위험성이 높은 사람을 평가하는 알고리즘으로 확장되는 경우를 말한다.

나아가 이처럼 적용 영역이 확장됨으로써 WMD는 사회 곳곳에서 막대한 피해를 야기한다. 이때 말하는 피해는 주로 알고리즘의 편향성에서 비롯하는 경우가 많다. 알고리즘의 편향성으로 말미암아 특정한 판단 대상들이 합리적인 이유 없이 차별을 받아 사회적 피해가 야기되는 것이다. 그런데 더 큰 문제는 이렇게 사회적 피해가 야기되는 경우에 이를 강화하는 악순환이 발생한다는 것 이다. 알고리즘의 편향성으로 유발된 사회적 피해 결과가 다시 알고리즘에 부 정적으로 환류되어, 다시 말해 그 자체가 유용한 데이터가 되어《편향⇒사회 적 차별⇒사회적 피해》라는 악순환의 고리가 고착되고 심화되는 것이다. 말을 바꾸면 알고리즘의 편향성으로 유발된 사회적 차별이 시간이 지나면서 확증편 향 되는 것이다. 이로 인해 알고리즘 편향성이 유발한 '포함/배제'라는 구별은 더욱 심화된다. 캐시 오닐은 이렇게 알고리즘이 WMD로 작용하는 경우에 관해 다양한 사례를 제시하는데 그중 몇 가지를 아래에서 소개한다.

(2) 대학평가 모델

먼저 대학평가 모델을 언급할 수 있다. 오늘날 언론 등이 대학을 평가하여 순위를 매기는 일은 일상적인 현상으로 자리매김하였다. 그런데 이러한 대학평 가가 대학이 지닌 역량을 제대로 평가하는지에는 오래 전부터 의문이 제기되었

---

7 캐시 오닐, 앞의 책, 60~61면.

다. 오늘날 일상이 된 대학평가는 1983년으로 거슬러 올라간다.[8] 지금은 대학평가로 전 세계적으로 유명해진 미국의 시사 잡지 『유에스 뉴스 & 월드 리포트』 (US News & World Report)가 치열한 언론사 간의 경쟁에서 살아남기 위해 대학평가를 시작한 것이다.

문제는 『유에스 뉴스 & 월드 리포트』를 위시하는 대학평가 기관이 대학을 평가하기 위해 사용하는 데이터에서 찾을 수 있다. 무엇이 과연 대학의 진정한 역량을 평가하는 데 적합하고 유용한 데이터인지가 명확하지 않기에 대학평가 기관은 이른바 '대리 데이터'를 사용하여 대학을 평가한다. 이에 관해 두 가지 문제가 제기된다. 첫째, 대리 데이터는 대학의 역량을 정확하게 평가하는 데 한계를 지닌다는 점이다. 말 그대로 '대리' 데이터이기 때문이다. 'SAT 점수'나 '학생 대 교수 비율', '입학 경쟁률'과 같은 대리 데이터는 대학의 역량을 '간접적'으로 평가할 수 있지만 대학의 진정한 역량을 '직접적'으로 평가하는 데는 한계가 있다는 것이다. 둘째, 이러한 대리 데이터는 이미 기존에 명문대학으로 자리매김한 대학을 기준으로 하여 선별된 것이라는 점이다.[9] 이미 명문대학으로 자리 잡은 대학들에게 유리하게 대리 데이터들이 편향되어 있는 것이다. 그 점에서 대리 데이터는 대학을 평가하는 데 부정확할 뿐만 아니라 편향성마저 지닌다. 기존에 존재하는 대학 간 서열을 정당한 것으로 인정함으로써 합리적 이유 없이 다른 대학들을 차별하고 있는 것이다.

이처럼 정확하지 않을 뿐만 아니라 편향성을 지닌 대리 데이터로 대학을 평가하면서 다음과 같은 문제가 발생한다. "순위가 전국적인 표준으로 확장됨에 따라 부정적인 피드백 루프가 활성화되기 시작했다. 문제는 대학 순위가 자기 강화적인 특징을 갖는다는 점이었다."[10]

(3) 범죄 예측 프로그램

다음으로 범죄 예측 프로그램을 들 수 있다. 예산 압박에 시달리는 미국 각 주 및 시의 경찰 당국은 가능한 한 효율적으로 범죄를 억제하기 위해 범죄

---

8 캐시 오닐, 앞의 책, 95면 아래.
9 캐시 오닐, 앞의 책, 109면.
10 캐시 오닐, 앞의 책, 97~98면.

예측 프로그램과 같은 알고리즘을 적극 이용한다. 이미 2013년에 미국 펜실베이니아 주에 자리한 소도시 레딩(Reading)의 경찰서는 캘리포니아 주 산타크루즈에 자리한 빅데이터 스타트업 '프레드폴'(PredPol)이 개발한 범죄 예측 프로그램을 도입하여 사용하고 있다. 프레드폴 프로그램은 레딩시의 범죄 통계 데이터를 토대로 하여 범죄 발생 가능성이 가장 높은 지역을 시간대별로 예측한다.[11] 레딩시 경찰은 이 프로그램을 도입한지 1년 만에 강도 사건이 23%나 감소했다고 발표하였다. 이렇게 범죄 예측 프로그램이 일견 성공을 거두자 미국 각 경찰은 프레드폴과 같은 범죄 예측 프로그램을 적극 도입하여 사용한다. 예를 들어 뉴욕시는 프레드폴과 비슷한 '컴스탯'(CompStat)이라는 범죄 예측 프로그램을, 필라델피아 경찰은 '헌치랩'(HunchLab)을 사용한다. 뉴욕시가 사용하는 컴스탯은 MS사와 공동으로 구축하였다. 컴스탯은 범죄경력과 자동차 번호, 911 전화내역, 6,000여 대의 CCTV에서 수집한 데이터를 바탕으로 하여 개발된 '영역감지시스템'(Domain Awareness System: DAS)을 이용한다.[12] 이를 이용하여 범죄를 예측하고 실시간 대응체계를 마련한다. 이를 활용하여 수사기간을 단축하고 업무 효율성을 제고하였다.[13] 범죄 예측 프로그램이 거둔 성과를 캐시 오닐은 다음과 같이 말한다.[14]

"프레드폴이 개발한 예측 프로그램은 오늘날 예산에 쪼들리는 미국 전역 경찰서에서 크게 환영받고 있다. 애틀란타, LA 등 다양한 지역의 경찰 당국이 범죄 예측 프로그램이 시간대별로 범죄 발생 가능성이 높다고 예측한 지역들에 경찰 인력을 집중적으로 배치한 덕분에 범죄율이 감소했다고 발표했다."

문제는 이러한 범죄 예측 프로그램이 범죄를 정확하고 공정하게 예측하지

---

11 캐시 오닐, 앞의 책, 149면.
12 DAS에 관해서는 E. S. Levine/Jessica Tisch/Anthony Tasso/Michael Joy, "The New York City Police Department's Domain Awareness System", in: Interfaces (Published online in Articles in Advance 18 Jan 2017) (http://dx.doi.org/10.1287/inte.2016.0860) 참고.
13 김지혜, "범죄 예방 및 대응에서 AI의 역할", 『AI Trend Watch』(정보통신정책연구원) 2020-13호 (2020), 6면.
14 캐시 오닐, 앞의 책, 149면.

못한다는 점이다. 대학을 평가할 때와 마찬가지로 범죄 예측 프로그램은 대리 데이터를 활용한다. 범죄에 관한 다양한 데이터를 분석함으로써 확률적·통계적으로 범죄를 예측하는 것이다. 이로 인해 범죄 예측 프로그램은 특정한, 가령 경제적으로 빈곤한 지역이나 유색인종 등에게서 범죄 발생 확률이 더 높게 나타난다고 예측하는 편향성을 보인다. 이에 따라 특정한 지역에 산다는 것만으로, 특정한 인종에 속한다는 것만으로 범죄자로 의심받고 취급받는 문제가 발생한다. 그리고 이는 악순환을 거쳐 스스로 편향성을 강화한다.[15]

실제로 뉴욕시가 이용하는 컴스탯에 관해 개인의 사생활 침해 등과 같은 인권침해 논란이 발생하여 DAS에 관한 가이드라인을 제정하기도 하였다.[16]

(4) 채용 프로그램의 문제: 디지털 골상학

인재를 채용하는 영역 역시 범죄 예측과 더불어 알고리즘의 편향성이 문제되는 영역이다. 캐시 오닐에 따르면 미국에서 직원 채용 프로그램이 적극 사용되면서 여러 문제를 야기한다. 직원 채용 프로그램 역시 다양한 대리 데이터를 활용함으로써 효율성이라는 이름 아래 차별을 유발하는 것이다.[17] 예를 들어 미국의 특정 종합유통업체는 인적자원관리 회사 '크로노스'(Kronos)가 개발한 직원 채용 프로그램을 이용하여 채용을 할 때 인성적성검사를 실시하는데, 이 과정에서 미국 밴더빌트 대학교를 다니다가 정신건강 문제로 휴학을 하고 이후 회복한 지원자를 인성적성검사만으로 탈락시키기도 하였다. 지원자의 주장에 의하면 이미 정신건강을 회복했는데도 해당 종합유통업체가 사용한 직원 채용 프로그램은 지원자를 채용하기에 부적합한 인재로 평가한 것이다.[18]

문제는 이러한 직원 채용 프로그램 역시 해당 지원자와 직접 관련이 있는 데이터가 아닌 대리 데이터를 이용하여 확률적·통계적으로 지원자를 평가한다

---

15 상세한 분석은 캐시 오닐, 앞의 책, 153면 아래 참고.
16 김지혜, 앞의 보고서, 6면. 범죄 예측 프로그램의 문제를 분석하는 연구로는 이병규, "AI의 예측능력과 재범예측알고리즘의 헌법 문제: State v. Loomis 판결을 중심으로", 『공법학연구』 제21권 제2호(2020), 169~191면; 최정일, "빅 데이터 분석을 기반으로 하는 첨단과학기법의 현황과 한계: 범죄예방과 수사의 측면에서", 『법학연구』 제20권 제1호(2020), 57~77면 등 참고.
17 캐시 오닐, 앞의 책, 201면 아래.
18 캐시 오닐, 앞의 책, 181면 아래.

는 점이다. 요컨대 '간접적인 데이터'만으로 '효율성'이라는 이름 아래 다수의 지원자를 신속하게 평가하는 것이다. 이 과정에서 자연스럽게 정확하지 않은 평가뿐만 아니라 편향적인 평가 역시 이루어진다. 범죄 예측 프로그램과 마찬가지로 특정한 지역에 살거나 특정한 인종에 속하는 경우 직원 채용 프로그램 역시 편향적인 판단을 하는 것이다. 이렇게 상당수의 직원 채용 알고리즘이 지원자의 직무 능력이 아닌 출신 지역이나 인종, 국적 등과 같은 요소로 편향적인 판단을 한다는 점에서 캐시 오닐은 이를 '디지털 골상학'으로 규정하기도 한다.[19] 19세기에 유행했던 사이비 과학인 골상학을 디지털 알고리즘이 다시 구현하고 있다는 것이다.

구글과 더불어 세계적인 플랫폼 기업인 아마존 역시 이와 유사한 문제를 일으켰다.[20] 다만 실제로 진행된 채용에서 문제가 된 것은 아니고 개발 중인 인공지능 채용 시스템에서 특정 집단에 편향적인 평가를 하는 문제가 발생하였다. 인공지능 채용 시스템이 여성 지원자를 차별하는 판단을 한 것이다. 이러한 문제가 발생한 이유는 아마존의 인공지능 채용 시스템에 제공한 데이터에서 찾을 수 있다. 아마존은 이미 채용된 직원들의 이력서를 데이터로 제공하였는데 이때 데이터에 존재하는 편향성이 그대로 인공지능의 알고리즘에 반영된 것이다. 현실 세계에 존재하는 편향성이 인공지능의 판단에 영향을 미친 것이다.

(5) 일정의 노예

캐시 오닐은 일정 관리 알고리즘이 어떻게 저임금 노동자들을 일정의 노예로 만드는지 흥미롭게 분석한다. 그 예로 한국인들이 사랑하는 '스타벅스' 사례를 언급한다.[21] 스타벅스가 직원을 효율적으로 배치하기 위해 일정 관리 알고리즘을 사용하면서 스타벅스 직원들은 저임금에 시달리면서 일정의 노예가 된다. 이른바 '클로프닝'(clopening)이 이들을 지배한다.[22] 이로 인해 다수의 스타벅스

---

19 캐시 오닐, 앞의 책, 206~207면 참고.
20 박소정, ""이력서에 '여성' 들어가면 감점" … 아마존 AI 채용, 도입 취소", 『조선일보』(2018. 10. 11)(https://www.chosun.com/site/data/html_dir/2018/10/11/2018101101250.html).
21 캐시 오닐, 앞의 책, 212면 아래.
22 '클로프닝'은 'closing'과 'opening'을 합성한 신조어로 퇴근하자마자 출근해야 하는 상황을 뜻한다. 캐시 오닐, 앞의 책, 208면.

직원들은 자신의 삶을 빼앗긴다. 일정 관리 알고리즘이 내리는 예측 불가능한 명령을 따라야 하기 때문이다.

이러한 문제는 최근 우리나라에서도 이슈가 된다. 코로나 19로 사회적 거리두기가 진행되면서 각종 앱을 이용한 주문 및 배송이 급속하게 증대하였는데 이로 인해 앱에 종속되는 배송 노동자들의 일상이 논란이 된다.[23] 인공지능에 기반을 둔 배송앱은 배송 노동자들에게 배송에 관해 지시를 내린다. 이때 특히 배송 시간이 문제가 된다. 인공지능 알고리즘이 계산한 배송 시간과 실제 배송 시간 사이에 큰 차이가 발생하는 경우가 많기 때문이다. 배송 노동자들은 지시된 배송 시간을 맞추기 위해 도로교통 법규를 위반하는 배송을 해야 한다. 무리한 일정을 거절하면 배송이 주어지지 않는다. 인간 배송 노동자들이 인공지능 알고리즘이 계산한 일정의 노예가 되는 것이다.

(6) 알고리즘 편향과 보험

알고리즘의 편향성은 보험에도 영향을 미친다.[24] 보험가입자를 차별하는 것이다. 이를테면 특정한 보험에 가입하려는 보험가입자가 보험사고를 자주 일으키는 집단에 속한다고 판단되면 이들에게는 가격이 비싼 보험 상품을 판매하는 것이다. 같은 보험 상품을 판매하는 경우에도 보험사고를 잘 일으키지 않는 '안전한 보험가입자'로 판단되는 경우에는 이들에게는 상대적으로 저렴하게 보험 상품을 판매하는 것이다. 캐시 오닐은 이를 다음과 같이 말한다.[25]

"2015년 미국의 비영리단체 컨슈머 리포트Consumer Reports는 자동차 보험료의 차이를 규명하기 위해 전국 차원의 광범위한 조사를 진행했다. 이를 위해 전국 3만3419개 우편번호별로 가상의 소비자를 만들어 미국의 모든 주요 보험사들에 견적서를 요청하고, 그들이 보내준 20억 장 이상의 견적서를 분석했다. 결과부터 말하면 보험사들의 보험료 산정 정책은 매우 불공정할뿐더러, (…) 신용평가 점수

---

23 김민제·선담은, "가라면 가? 25분 거리를 15분 안에 가라는 'AI 사장님'", 『한겨레』(2020. 10. 30)(http://www.hani.co.kr/arti/society/labor/967865.html#csidx9f9e41d83405407bb0f5477240b4627).
24 캐시 오닐, 앞의 책, 268면 아래.
25 캐시 오닐, 앞의 책, 273면.

에 깊이 의존했다."

이렇게 보험가입자를 평가하고 선별할 때 보험사는 보험 관련 데이터에 기반을 둔 알고리즘을 사용한다. 하지만 이때도 알고리즘은 대리 데이터를 사용하고 이로 인해 보험가입자를 평가할 때 공정한 판단이 아닌 편향된 판단을 한다. 이러한 편향된 판단이 보험 상품 가격에도 영향을 미치는 것이다.

(7) 마이크로 타기팅 선거운동

알고리즘은 정치 영역, 특히 선거운동에서도 사용된다.[26] 이때 알고리즘의 편향성은 의도적으로 강화되어 사용된다. '마이크로 타기팅'(micro targeting)이라는 이름으로 말이다.[27] 여기서 마이크로 타기팅이란 선거운동을 할 때 유권자들을 의도적으로 구별하는 것을 말한다. 정치적으로 자신들에게 유리한 유권자들을 편향적으로 구별하여 이들에게 맞춤형 선거운동을 하는 것이다. 실제로 오바마 대통령 재선캠프의 데이터과학자 레이드 가니는 데이터 분석 전문가를 채용해 마이크로 타기팅을 적극 활용하는 선거운동을 하였다.[28] 이는 꽤 성공을 거두어 오바마가 재선하는 데 기여하였다.

마이크로 타기팅은 요즘 광고업계에서 즐겨 사용하는 '커스터마이징'(cus-tomizing) 광고와 유사하다. 각 유권자의 정치적 성향을 고려하여 이에 걸맞은 정치 광고를 내보내는 등과 같은 선별적·편향적 선거운동을 하는 것이다. 이러한 이유에서 정치 영역이나 광고 영역에서는 알고리즘의 편향성이 '마이크로 타기팅'이나 '커스터마이징'이라는 이름 아래 강화된다.

(8) 커스터마이징 광고와 차별

마이크로 타기팅은 개별 유권자가 원하는 정치적 상품을 제공한다는 점에서 개별적인 차원에서는 큰 문제가 되지 않는다. 이에 반해 아마존이나 유튜브, 페이스북 등에서 즐겨 사용하는 커스터마이징 광고는 개별 소비자에게 이익만

---

26 캐시 오닐, 앞의 책, 298면 아래.
27 캐시 오닐, 앞의 책, 313면.
28 캐시 오닐, 앞의 책, 313면 아래.

을 제공하는 것은 아니다. 이를테면 부자인 사람에게는 그에 적합한 부동산이나 여행 상품을 추천하면서 상대적으로 가난한 사람에게는 이러한 광고를 제공하지 않는 게 오히려 그 사람을 차별하는 것이 될 수 있기 때문이다.[29] 각 소비자에게 개별화된 광고는 소비자가 지닌 욕망을 비합리적으로 차별하는 문제를 야기할 수 있다. 소비자가 다원적으로 품을 수 있는 욕망을 억압하고 배제하는 문제가 될 수 있는 것이다.

(9) 프로파일링과 인격권 침해

개별 유권자가 소비자를 커스터마이징하려면 해당 정보주체를 각 영역에서 프로파일링할 수 있어야 한다. 그런데 이렇게 빅데이터와 알고리즘을 이용하여 개별 정보주체를 프로파일링하는 것은 해당 주체의 인격권을 침해하는 것이 될 수 있다. 프로파일링되는 정보주체의 입장에서 보면, 원하지 않는데도 자신의 사적인 영역 모든 것이 인공지능 사업자와 같은 상대방에게 노출되는 것으로 볼 수 있기 때문이다.

4. 알고리즘과 감시국가 문제

앞에서 알고리즘의 편향성 문제 가운데 하나로 범죄 예측 프로그램의 편향성을 언급하였다. 그런데 이렇게 알고리즘이 범죄 예측, 더 나아가 형사사법과 결합되면 자칫 '빅브라더'(big brother)와 같은 감시국가를 초래할 수 있다.[30] 이때 알고리즘은 감시국가 및 감시사회를 실현하는 유용한 도구가 된다. 이를 독일의 범죄학자인 징엘른슈타인(Tobias Singelnstein)과 슈톨레(Peer Stolle)는 다음과 같이 인상 깊게 서술한다.[31]

"이러한 통제기술의 입장에서는 현대적 정보처리기술이 특별한 의미를 갖는다. 정보처리기술은 한편으로는 최대한 질서에 순응하여 행동하고 눈에 뜨이는 행동

---

29 이에 관해서는 구정우, 『인권도 차별이 되나요?』(북스톤, 2019) 참고.
30 양천수, 『빅데이터와 인권』(영남대학교 출판부, 2016) 참고.
31 토비아스 징엘슈타인·피어 슈톨레, 윤재왕 (역), 『안전사회: 21세기의 사회통제』(한국형사정책연구원, 2012), 80면.

을 하지 않도록 함으로써 행위통제를 위해 투입된다. 다른 한편 정보처리기술은 위험을 통제하고 회피하는 데 기여한다. 이 기술을 통해 사람과 사실에 대해 포괄적인 데이터를 수집하고 평가하는 것이 가능하게 되고, 이들 데이터는 다시 예방적 개입이 필요한지 여부에 대한 예측결정을 하기 위한 토대가 된다. 모든 형태의 삶의 표현과 관련된 데이터를 조사, 처리, 저장하고 이러한 목적을 위해 설치된 데이터뱅크들을 상호 연결함으로써 이제는 모든 사람과 모든 상황을 탐지할 수 있는 총체적 능력을 갖추게 되었다."

5. 인공지능의 사회적 이용에 따른 위험 사례

그밖에 인공지능을 사회적으로 이용하면서 발생한 위험 사례들을 간략하게 소개한다. 가장 대표적인 경우로 자율주행차의 교통사고를 들 수 있다.[32] 현재 자율주행차 개발에서 선두 위치에 있는 테슬라나 구글 모두 자율주행차를 시험하면서 교통사고를 내기도 하였다. 물론 아직은 자율주행차가 실현되었다고 말할 수 없기에 지금까지 발생한 사고들은 자율주행차가 일으킨 사고로 말하기에는 어렵다. 그러나 앞으로 자율주행차가 실현된다 하더라도 오작동으로 교통사고가 발생할 가능성이 있다는 점을 염두에 둘 필요는 있다.

인공지능이 기계학습을 하는 과정에서 혐오표현을 하거나 범죄와 유사한 행위를 저지른 경우도 발생하였다. 인공지능이 가짜뉴스를 생산해 퍼트리거나 '딥페이크'(deep fake)를 자행하는 경우도 들 수 있다.[33]

인공지능이 사회 각 영역에서 성공적으로 사용되면서 인간의 일자리가 점점 줄어드는 현상도 거론할 필요가 있다. 은행 업무를 예로 보면 은행 업무의 자동화가 가속화되면서 오프라인 은행 점포가 점점 줄어드는 현상을 들 수 있다. 반도체 생산과 같은 첨단 제조업 영역에서 자동화가 진척되면서 신규 일자리가 그다지 늘지 않는 것도 언급할 필요가 있다. 인공지능이 기존의 인간 일자

---

32 이에 관해서는 김규옥·조선아, "자율주행차 사고유형으로부터의 시사점: 미국 캘리포니아 자율주행차 사고자료를 토대로", 『교통 기술과 정책』 제17권 제2호(2020), 34~42면 참고.
33 이에 관해서는 홍태석, "딥페이크 이용 아동성착취물 제작자의 형사책임: 일본의 판례 및 논의 검토를 통하여", 『디지털 포렌식 연구』 제14권 제2호(2020), 139~151면 참고.

리를 대체하고 있는 것이다.

Ⅲ. 인공지능 위험의 통제 방안

1. 고려 사항

인공지능 위험을 법이나 윤리와 같은 규범으로 통제할 때는 몇 가지 고려해야 하는 사항이 있다. 혁신과 안전, 포용이 그것이다. 이는 문재인 정부가 강조한 '혁신적 포용국가'(innovative inclusive state)와 맥락을 같이 한다.[34] 이외에 인공지능 위험의 대응 개념인 안전 역시 고려해야 한다.

먼저 인공지능이 주도하는 '혁신'(innovation)을 고려해야 한다. 인공지능 위험을 통제할 때는 가능한 한 인공지능이 주축이 되는 혁신을 저해하지 않도록 해야 한다. 다음으로 인공지능 위험에 대한 '안전'(safety)을 고려해야 한다. 인공지능 위험이 실현되어 사람들의 권리나 사회적 공리 등을 훼손하지 않도록 해야 한다. 나아가 '포용'(inclusion)을 고려해야 한다. 인공지능이 주도하는 혁신에서 배제되는 사람들이 없도록 해야 하고 혹시라도 배제되는 이들이 있는 경우에는 이들이 사회적 영역으로 포용될 수 있도록 해야 한다.

2. 법을 통한 통제

인공지능 위험을 통제하는 가장 대표적인 수단으로 법적 규제를 생각할 수 있다. 법적 규제는 강제적이고 고정적이며 사후적인 규제라는 성격을 지닌다. 이러한 법적 규제는 단기적인 측면에서 실효성을 확보하는 데 유리하다. 그렇지만 다음과 같은 문제도 지닌다. 법적 규제가 야기하는 '규제의 역설'이 그것이다. 이로 인해 법적 규제는 인공지능이 주도하는 혁신을 저해하는 중대한 장애물이 될 수 있다.

---

34 포용국가에 관해서는 Anis A. Dani/Arjan de Haan, *Inclusive States: Social Policy and Structural Inequalities* (World Bank, 2008) 참고.

3. 윤리를 통한 통제

법적 규제 이외에 인공지능 위험을 통제하는 규범적 수단으로 윤리를 고려할 수 있다. 윤리적 규제는 자율적이며 유동적이고 사전적인 규제라는 특징을 지닌다. 이러한 윤리적 규제는 다음과 같은 장점을 지닌다. '연성 규제'(soft regulation)로서 수범자의 자율규제를 유도한다는 것이다. 이를 통해 혁신에 친화적인 인공지능 위험 통제를 도모할 수 있다.

IV. 유네스코 인공지능 윤리 권고안

지난 2020년에 최초 버전이 나온 「유네스코 AI 윤리 권고안(초안)」(이하 '초안'으로 약칭함)은 그동안 'AI 윤리'에 관해 전개된 논의 상황에 비추어볼 때 상당히 의미 있는 결과물로 평가할 수 있다.[35] 이 초안을 일별해 보면 다음과 같은 인상을 받는다. 초안은 지금까지 축적된 논의 성과를 종합적으로 그러면서도 섬세하게 집적하고 있다는 점이다. 철학적·윤리적으로 쟁점이 될 수 있는 부분을 섬세하게 고려하면서 그리고 이 초안이 유엔 차원에서 제시하는 일종의 '프레임워크'(기본 작업)라는 점을 감안하면서 실제로 실행 가능한 요청들을 담아내고 있다. 뿐만 아니라 그동안 유엔(유네스코)이 윤리 및 인권영역 등에서 논의하고 도출한 규범적 내용 역시 집약적으로 담고 있다. 이러한 예로 생태주의적 사고, 젠더 평등, 다양성 및 포용, 윤리경영 및 인권경영, 적응적·진화적 사고, 이해관계자 중심주의, 세대 간의 정의, 교육에 대한 강조 등을 언급할 수 있다.[36] 그 점에서 이 초안이야말로 AI 윤리에 관해 그동안 축적된 여러 논의를 섬세하면서도 체계적으로 종합한 뛰어난 지적 산물이라고 평가할 수 있다. 이를 아래에서 개관하면서 그중 몇 가지를 중점적으로 검토한다.

---

[35] 이 초안이 수정된 버전은 (https://unesdoc.unesco.org/ark:/48223/pf0000376713)에서 확인할 수 있다(방문일자: 2021년 4월 22일). 이 글은 2020년에 제시된 초안을 분석 대상으로 하여 논의를 전개한다.

[36] 이 중에서 인권경영에 관해서는 양천수, "인권경영을 둘러싼 이론적 쟁점", 『법철학연구』 제17권 제1호(2014), 159~188면 참고.

1. 구성

(1) 개요

초안은 다음과 같이 구성된다. 서문, 적용 범위, 목적 및 목표, 가치 및 원칙, 정책 과제 영역, 모니터링 및 평가, 현재 권고안의 활용, 현 권고안의 홍보-장려, 최종 조항이 그것이다. 이 중에서 특히 중요한 것으로 가치와 원칙 그리고 정책 과제를 꼽을 수 있다.

(2) 가치

초안은 인공지능 윤리가 추구해야 하는 가치로 다음을 언급한다. 인간의 존엄성, 인권 및 근본적 자유, 소외된 사람이 없도록, 조화로운 삶, 신뢰 가능성, 환경 보호가 그것이다.

(3) 원칙

초안은 원칙을 두 가지로 구별한다. 그룹 1과 그룹 2가 그것이다.

먼저 그룹 1로 다음과 같은 원칙을 제시한다. 인간과 인간의 번영을 위해, 비례성, 인간의 관리 감독 및 결정, 지속 가능성, 다양성 및 포용성, 개인정보보호, 인식 및 교육, 다중-이해관계자 및 적응형 거버넌스가 그것이다.

다음 그룹 2로 다음과 같은 원칙을 제시한다. 공정성, 투명성 및 설명 가능성, 안전 및 보안, 책임(responsibility) 및 책무성(accountability)이 그것이다.

(4) 과제 목표 및 정책 과제

초안은 5개의 과제 목표와 11개의 정책 과제를 제시한다.

과제 목표 Ⅰ은 윤리적 책무를 규정한다. 과제 목표 Ⅰ 아래에 정책 과제 1을 제시한다. 이는 다양성 및 포용성 증진을 과제로 설정한다.

과제 목표 Ⅱ는 영향 평가를 규정한다. 과제 목표 Ⅱ는 3개의 정책 과제를 제시한다. 정책 과제 2는 시장 변화에 대한 대응을, 정책 과제 3은 AI의 사회적 및 경제적 영향에 대한 대응을, 정책 과제 4는 문화와 환경에 미치는 영향을 과제로 설정한다.

과제 목표 Ⅲ은 AI 윤리 역량 구축을 규정한다. 과제 목표 Ⅲ은 2개의 정책

과제를 제시한다. 정책 과제 5는 AI 윤리 교육 및 인식의 증진을, 정책 과제 6
은 AI 윤리 연구 장려를 과제로 설정한다.

과제 목표 Ⅳ는 (경제)개발 및 국제협력을 규정한다. 과제 목표 Ⅳ는 2개의
정책 과제를 제시한다. 정책 과제 7은 (경제)개발 분야에서 AI의 윤리적 활용 증
진을, 정책 과제 8은 AI 윤리에 대한 국제협력 증진을 과제로 설정한다.

과제 목표 Ⅴ는 AI 윤리를 위한 거버넌스를 규정한다. 과제 목표 Ⅴ는 3개
의 정책 과제를 제시한다. 정책 과제 9는 AI 윤리를 위한 거버넌스 메커니즘 확
립을, 정책 과제 10은 AI 체계의 신뢰성 보장을, 정책 과제 11은 책임성, 책무성
및 사생활 보호를 과제로 설정한다.

2. 분석

이러한 초안에서 주목할 만한 점을 선별해 분석하면 다음과 같다.

(1) 가치와 원칙 구별

이론적인 면에서 볼 때 눈에 띄는 점은 초안이 가치와 원칙을 구별한다는
점이다. 가치와 원칙의 관계를 어떻게 설정할 것인지에 관해서는 철학이나 윤
리학, 법철학 등에서 다양한 논의가 이루어진다. 이에 관해 초안은 꽤 설득력
있게, 아마도 실행 가능한 AI 윤리 원칙을 확립하기 위해 가치와 원칙을 개념적
으로 구별한다. 그러면서 인간의 존엄성이나 조화로운 삶처럼 추상도가 높은
개념들은 가치로 설정하고 이보다 그 의미 내용이 좀 더 명확한 개념들은 원칙
으로 설정한다. 물론 개별 원칙들을 일별하면 이러한 구별 방향이 언제나 일관
되게 적용되는 것인지에는 의문이 들 수 있다.

(2) 원칙의 유형화

AI 윤리 원칙을 두 가지로 유형화하는 것도 눈에 띈다. 첫 번째 유형은 "인
간-AI 체계의 상호작용과 관련된 특성을 반영하는" 원칙이다. 두 번째 유형은
"AI 체계 자체의 속성과 관련된 특성을 반영하는" 원칙이다. 첫 번째 유형의 원
칙이 AI의 사회적 의미와 영향을 규율하는 원칙이라면, 두 번째 유형의 원칙은

AI 자체의 기술적 속성을 규율하는 원칙이라고 바꾸어 말할 수 있다. 이러한 유형화는 AI 윤리 원칙이 상징적·선언적인 의미만 갖는 것으로 그치는 것이 아니라 실제로 적용 가능한 원칙이 될 수 있도록 하는 데 유용하다고 판단된다.

(3) 인간중심적 사고와 생태주의적 사고의 결합

초안은 여타의 AI 윤리처럼 인간중심적 사고를 원칙으로 삼는다. AI는 자족적인 존재가 아니라 인간을 위해 존재하는 도구라는 것이다. 그러면서도 초안은 인간중심적 사고가 야기할 수 있는 문제를 해소하고자 "조화로운 삶"과 "환경 보호"를 가치로 포섭한다. 이 점에서 초안은 단순히 인간중심적 사고에만 머무는 것이 아니라 인간과 자연 환경의 조화를 중시하는 생태주의적 사고 역시 수용한다고 말할 수 있다.

(4) 책임주체로서 AI 행위자

법학자의 관점에서 볼 때 가장 눈에 띄는 점은 초안이 "AI 체계"와 "AI 행위자"를 구별한다는 점이다. 그러면서 AI 윤리의 책임자는 AI 체계가 아닌 AI 행위자가 되어야 한다고 강조한다. 더불어 "새로운 규제 프레임워크를 개발할 경우 정부는 사람 또는 법인에게 책임성과 책무성을 부여해야 한다는 점을 염두에 두어야 한다. AI 체계에게 책임을 물게 하거나 AI 체계에게 법적 지위를 부여해서는 안 된다."고 정한다(정책과제 11 중에서 94번). 이는 상당히 의미가 있으면서도 논란을 야기할 것으로 보인다. 왜냐하면 AI에게 법적 책임을 물을 수 있는가에 관해 다양한 논의가 전개되는 상황에서 초안은 이를 명백하게 부정하기 때문이다. 물론 필자는 초안의 태도에 동의한다.[37]

나아가 책임주체를 AI 행위자로 강조하는 초안의 태도에서 AI 윤리의 실질적인 수범자는 AI 체계 자체가 아니라 AI 행위자라는 점을 시사한다.

(5) 다양한 이해관계자를 고려하는 거버넌스

초안은 AI 윤리 거버넌스에 관해서도 의미 있는 제안을 한다. 두 가지를

---

[37] 이 문제에 관해서는 조성은 외, 『인공지능시대 법제 대응과 사회적 수용성』(정보통신정책연구원, 2018) 참고.

언급할 수 있다. 첫째, 기업의 사회적 책임에 관한 논의에서 발전한 '이해관계
자 중심주의'를 수용하고 있다는 것이다. 이에 따라 거버넌스를 구축할 때 다양
한 이해관계자들을 고려할 것을 강조한다. 둘째, 적응적·진화적 사고를 수용하
고 있다는 것이다. 미국의 법사회학자 노넷과 셀즈닉이 제시한 '응답적 법'(re-
sponsive law)으로 거슬러 올라가는 적응적·진화적 사고는 거버넌스가 사회변화
에 적극 대응해야 한다고 강조한다.[38]

(6) 절차주의적·혁신적 사고

이의 연장선상에서 초안은 자연스럽게 절차주의적 사고와 혁신적 사고를
받아들인다.[39] 이를테면 정책과제 11 중에서 96번은 다음과 같이 말한다.

> "회원국은 AI 생태계의 모든 행위자(시민사회, 법집행, 보험사, 투자자, 제조업
> 체, 엔지니어, 변호사, 사용자의 대표 등을 포함)가 새로운 규범을 제정하는 과정
> 에 참여하도록 해야 한다. 이러한 규범은 모범수칙과 법으로 진화할 수 있다. 또
> 한 회원국은 규제 샌드박스(Regulatory Sandbox)와 같은 메커니즘의 사용을 장려
> 하여 급격한 신기술 개발에 발맞추어 법 및 정책 개발을 가속화하고 법이 공식적
> 으로 채택되기 전에 안전한 환경에서 테스트될 수 있도록 보장해야 한다."

(7) 실질적인 윤리 원칙

초안을 전체적으로 분석하면 AI 개발자 등에게 직접적으로 부과되는 원칙
은 비교적 간소한 편임을 알 수 있다. 두 번째 유형의 원칙이 여기에 해당한다.
이에 따르면 AI 개발자 등은 공정성, 투명성 및 설명 가능성, 안전 및 보안, 책
임 및 책무성을 준수할 수 있도록 AI 체계를 개발하고 운용해야 한다. 그동안
제시된 AI 윤리 원칙 등과 비교할 때 초안이 제시하는 원칙은 꽤 간결하고 그
때문에 실제로 적용될 가능성도 높다고 판단된다.

---

[38] 응답적 법에 관해서는 양천수, "새로운 법진화론의 가능성", 『법철학연구』 제15권 제2호(2012),
163~202면 참고.
[39] 이에 관해서는 양천수, "제4차 산업혁명과 규제형식의 진화", 『경제규제와 법』 제12권 제2호
(2019), 154~172면 참고.

3. 평가

초안은 AI 윤리에 관해 화려한 수사는 지양하고 실제로 실행 가능한 원칙을 간결하게 제시한다. 오히려 AI를 운용하는 AI 행위자에게 다양한 윤리적 의무를 부과하는 것에 비중을 둔다. 이를 통해 AI 개발이 규제라는 장벽에 부딪히지 않도록 고려한다. 이러한 초안의 태도는 필자가 AI 윤리에 관해 주장하는 바와 기본적으로 일치한다. 필자 역시 AI 윤리는 현재의 기술발전 상황을 고려하여 실제로 적용될 수 있는 것을 중심으로 간결하게 마련되어야 한다고 주장한 바 있기 때문이다.[40] 따라서 현재로서는 초안에서 무엇을 더 보완해야 할지 뚜렷하게 보이지는 않는 편이다. 다만 다음과 같은 점은 비판적으로 고려할 수 있다.

(1) 가치와 원칙의 구별

초안은 '가치'와 '원칙'을 구별한다. 여기에 나름 설득력을 부여할 수 있다. 그렇지만 가치와 원칙의 관계에 관해서는 철학, 윤리학 및 법철학 등에서 다양한 견해가 제시된다. 과연 이렇게 양자를 명확하게 구별할 수 있는지, 이렇게 구별하는 게 바람직한지 의문이 제기될 수 있다. 따라서 필자는 가치와 원칙을 구별하지 말고 모두 원칙으로 통합해서 규율하는 것이 더 낫다고 판단한다. 가치와 원칙을 가령 '일반 원칙' 및 '개별 원칙'과 같은 방식으로 규율하는 게 더 적절하지 않을까 생각한다.

(2) 개인정보보호

원칙 그룹 1에서 제31번은 개인정보보호를 규율한다. 그런데 개인정보보호만을 강조한 나머지 이에 대한 예외는 규율하지 않는다. 인공지능을 개발하고 운용하기 위해서는 빅데이터가 필요하다는 점을 고려할 때 한편으로는 개인정보보호를 강조할 필요가 있지만, 다른 한편으로는 이에 대한 합리적 예외 역시 마련할 필요가 있다.

---

40 이를 보여주는 양천수, "인공지능과 윤리: 법철학의 관점에서", 『법학논총』(조선대) 제27집 제1호 (2020), 73~114면; 선지원 외, 『지능정보기술 발전에 따른 법제·윤리 개선방향 연구』(정보통신기획평가원, 2019) 등 참고.

(3) 다양성 및 포용성

정책과제 1은 다양성 및 포용성 증진을 강조한다. 이러한 일환에서 인공지능에 대한 국제적 논의와 협력 등을 강조한다. 그러나 이와 함께 강조해야 할 부분은 인공지능에 대한 지식재산권을 존중할 필요가 있다는 것이다. 인공지능 기술에 대한 독점을 이유로 하여 인공지능 개발에 많은 노력을 기울여 획득한 지식재산에 대한 권리를 형해화하는 것도 막아야 한다.[41]

제45번은 "문화적 및 사회적 정형화"를 공개 및 방지해야 한다고 말한다. 다양성을 강조하는 유엔의 견지에서 보면 이는 당연한 주장으로 평가된다. 그렇지만 각 국가가 지닌 문화적 독자성도 존중할 필요가 있다. 이는 "국가는 전통문화의 계승·발전과 민족문화의 창달에 노력하여야 한다."고 규정하는 헌법 제9조와 충돌할 수 있다. 따라서 이를 완화할 필요가 있다.

(4) AI의 사회적 및 경제적 영향에 대한 대응

제54번은 AI 기술의 독점과 이에 관한 불평등을 방지하기 위한 메커니즘을 개발할 것을 강조한다. 그렇지만 앞에서 언급하였듯이 이를 이유로 하여 AI 기술에 대한 지식재산권을 형해화하는 것은 막아야 한다. 이에 관한 내용을 추가할 필요가 있다.

제57번은 AI 체계에 대한 인증체계 도입을 권고한다. 그렇지만 현재 인공지능 기술이 발전하는 상황을 고려할 때 이러한 내용을 윤리에 담는 것은 강한 규제로 보일 수 있다. 설사 이 규정을 유지한다 하더라도 대략적인 내용만을 담는 것이 더욱 적절하다. 이를 상세하게 규율하는 것은 지양해야 한다. 그게 아니면 인공지능 윤리와 AI 체계에 대한 인증체계를 결합하는 방식을 고려할 수 있다. AI 체계에 대한 인증체계를 강제하는 것이 아니라 사전적·자율적으로 실시하게끔 하는 것이다.

제58번은 "AI 윤리 책임자·담당관"을 규율한다. 그러나 이 역시 강한 규제 또는 중복 규제가 될 수 있다. 우리 법제도에 이미 존재하는 준법감시인 또는 윤리경영 담당자와 통합하는 것을 모색할 수 있다. 여하간 이러한 내용을 담는

---

41 이에 관해서는 정책과제 3번 참고.

것은 현재로서는 AI 관련 기업에 큰 부담이 될 수 있다.

(5) 책임성 등

제94번은 AI 체계에게 법적 지위를 부여해서는 안 된다고 말한다. 그렇지만 경우에 따라서는, 이를테면 AI가 저작한 저작물이라는 것을 명시하기 위해 AI에게 법적 지위를 인정할 필요가 있다. 제94번의 취지는 이해가 되지만 이에 대한 적절한 예외를 설정할 필요가 있다.

제95번은 AI 체계의 위험에 대한 영향평가 제도 도입을 권고한다. 그러나 이미 인증제도 도입을 권고하면서 더불어 영향평가 제도 도입을 장려하는 것은 중복 규제이자 강한 규제로 보일 수 있다.[42] AI의 위험을 평가한다는 것은 현재로서는 막연하면서도 자의적일 수 있다는 점을 고려할 때 이는 유보할 필요가 있다. 제95번의 내용은 규제 혁신을 강조하는 제96번과 모순될 수 있다.

V. 국가 인공지능(AI) 윤리 기준

지난 2020년 11월에 과학기술정보통신부가 주축이 되어 발표한 「국가 인공지능(AI) 윤리 기준」은 우리 정부가 공식적으로 제시한 인공지능 윤리라는 점에서 의미가 있다. 이 기준은 처음에는 '초안' 형태로 제시되었고(이하 '초안'으로 약칭한다), 이후 공론장에서 다양한 의견을 수렴하고 반영하는 반성적 절차를 거치면서 수정안으로 개선 및 발표되었다(이하 '수정안'으로 약칭한다). 아래에서는 초안과 수정안의 주요 내용을 개괄적으로 검토한다.

1. 초안

(1) 기본 구조

초안은 다음과 같이 구성된다. 최상위의 목표 또는 비전으로 '인간성'(AI For Humanity)을 제시한다. 이어서 4대 속성, 3대 기본원칙, 15개 실행원칙으로

---

[42] 다만 인증제도와 영향평가 제도를 결합하는 것은 고려할 수 있다. 영향평가를 인증의 요건으로 설정하는 것이다.

체계화된다. 4대 속성은 4단(端)으로, 3대 기본원칙은 3강(綱)으로, 15개 실행원칙은 15륜(倫)으로 지칭되기도 한다. 인공지능 윤리를 동양철학의 유교윤리와 연결한 것이다.[43]

(2) 4대 속성

4단으로도 지칭되는 4대 속성으로 다음이 제시된다. 인권 보장, 공공선 증진, 인간 능력의 향상, 기술 윤리적 좋음이 그것이다.

(3) 3대 기본원칙과 15개 실행원칙

3강으로도 지칭되는 3대 기본원칙으로 인간의 존엄성 원칙, 사회의 공공성 원칙, AI의 목적성 원칙이 제시된다. 이는 철학적으로 자유주의, 공동체주의, 공리주의를 반영한 것이다. 각 기본원칙에는 5개의 실행원칙이 배치된다.

먼저 인간의 존엄성 원칙에는 행복추구 원칙, 인권보장 원칙, 개인정보보호 원칙, 다양성 존중 원칙, 해악금지 원칙이 실행원칙으로 배치된다.

다음으로 사회의 공공선 원칙에는 공공성 원칙, 개방성 원칙, 연대성 원칙, 포용성 원칙, 데이터 관리 원칙이 실행원칙으로 배치된다.

나아가 AI의 목적성 원칙에는 책임성 원칙, 통제성 원칙, 안전성 원칙, 투명성 원칙, 견고성 원칙이 실행원칙으로 배치된다.

(4) 분석 및 평가

4대 속성(4端), 3대 기본 원칙(3綱), 15대 실행원칙(15倫)으로 구조화된 초안은 그동안 윤리학 영역 등에서 축적된 성과를 체계적으로 잘 반영한다. 더불어 그동안 발표된 세계 각국의 AI 윤리 역시 종합하고 있는 것으로 평가된다. 이 점에서 초안에 긍정적인 평가를 할 수 있다.

다만 기본 구조에 약간의 의문이 있다. 굳이 4대 속성이 필요할까 하는 점이다. 3대 기본원칙과 15대 실행원칙만으로도 윤리기준이 무엇을 추구하는지가 분명히 드러난다. 4대 속성, 3대 기본 원칙, 15대 실행원칙은 선거공약이나 각종 발전계획에서 많이 사용되는 도식적인 구조로도 보인다. 좀 더 간명하게 만

---

[43] 그러나 이에는 여러 비판이 제기되었다.

들 필요가 있다. 더불어 요즘 세대, 특히 인공지능 개발자들에게는 생소한 4端이나 3綱, 15倫과 같은 개념을 사용할 필요가 있을지 의문이 든다.

구체적으로 다음과 같은 점을 지적할 수 있다. 첫째, 인간의 존엄 원칙의 실행원칙에 관해 언급할 필요가 있다. 행복추구 원칙의 경우 행복이라는 개념이 너무 포괄적이고 모호해서 헌법학에서도 행복추구권이 독자적인 기본권이 될 수 있는지에 논란이 있다.[44] 이 점에서 행복추구 원칙을 실행원칙으로 규정하는 게 적절한지 의문이 든다. 또한 인권보장 원칙과 해악금지 원칙은 동전의 양면에 해당하는 것으로 같은 내용을 규율한다. 타자의 인권을 충실히 보장하면 해악이 발생하지 않는다. '해악의 원칙'(harm principle)을 제시한 밀(John Stuart Mill)에 따르면 해악금지란 타인의 권리를 침해하지 말라는 의미를 지닌다.[45] 그 점에서 해악금지 원칙과 인권보장 원칙을 병존시킬 필요가 있을지 의문이 든다. 오히려 해악금지 원칙을 살리고 싶다면 사회의 공공선 원칙의 실행원칙으로 배치하는 게 더 적절해 보인다.

둘째, 사회의 공공선 원칙의 실행원칙인 연대성 원칙과 포용성 원칙을 별도로 규정하는 것에도 의문이 있다.[46] 양자의 내용은 거의 같은 것이 아닌가 한다. 연대의 핵심은 나와 타자를 단절시키지 않고 서로가 서로를 포용하는 것이라고 볼 수 있기 때문이다. 요즘 포용국가 논의로 포용성이 화두가 되는데 우리나라에서 언급되는 포용성은 종전에 있던 사회복지국가의 연대성과 차이가 없어 보인다. 우리가 말하는 포용성은 포용국가(inclusive state)가 본래 의미하는 난민과 같은 타자를 포용한다는 의미와는 차이가 있어 보이기 때문이다.[47]

셋째, 국제협력원칙이나 원칙 간의 충돌이 발생하였을 경우 이를 해결할 수 있는 (헌법학에서 개발된) 실제적 조화 원칙 등을 신설할 필요가 있다.

넷째, 윤리기준의 성격을 명확하게 할 필요가 있다. 윤리기준이 상징적인

---

44 이 문제에 관해서는 허영, 『한국헌법론』 전정17판(박영사, 2021) 참고.

45 존 스튜어트 밀, 서병훈 (옮김), 『자유론』(책세상, 2018) 참고.

46 물론 엄밀하게 말하면 연대성 원칙과 포용성 원칙은 맥락을 달리한다. 가령 연대성 원칙은 특정한 공동체를 전제로 하는 해당 공동체 구성원들 사이에서 문제가 되는 원칙이라면, 포용성 원칙은 특정한 공동체에 포함되는 구성원들과 배제되는 비구성원들 사이에서 문제가 되는 원칙이라 말할 수 있다.

47 이에 관해서는 양천수 (편), 『코로나 시대의 법과 철학』(박영사, 2021), 제10장 참고.

원칙으로 자리매김하는 데 만족하는지 그게 아니면 구체적인 영역에서 실행 가능한 원칙을 목표로 하는지를 명확하게 할 필요가 있다. 만약 후자를 지향한다면 이번에 제시되는 윤리기준은 추상적인 원칙이 많아 더욱 다듬어야 할 필요가 있다. 추상적인 것은 최소화할 필요가 있다. 그렇게 하지 않으면 인공지능 개발자에게 혼선을 야기할 수 있다. 만약 상징적인 원칙을 지향한다면 이 점을 분명하게 할 필요가 있어 보인다.

2. 수정안

(1) 기본 구조

수정안은 초안에 대한 다양한 의견을 수렴하고 반영하면서 더욱 간명해졌다. 인간성(AI For Humanity)을 가장 높은 목표로 설정하는 것은 동일하다. 다만 4대 속성을 없애고 대신 3대 기본원칙 및 10대 핵심 요건으로 구조를 단순화했다.

(2) 3대 기본원칙

3대 기본원칙으로 인간 존엄성 원칙, 사회의 공공선 원칙, 기술의 합목적성 원칙이 제시된다. 초안의 3대 기본원칙이 그대로 유지되었다.

(3) 10대 요건

3대 기본원칙을 실행하는 10대 요건으로 인권보장, 프라이버시 보호, 다양성 존중, 침해금지, 공공성, 연대성, 데이터 관리, 책임성, 안정성, 투명성이 제시된다. 초안의 15대 실행원칙이 수정안에서는 10대 요건으로 정리되었다.

(4) 평가

「국가 인공지능(AI) 윤리 기준」은 현재까지 도달한 윤리·철학·인공지능의 성과를 집약하고 있다고 평가할 수 있다(이하 '윤리 기준'으로 약칭함). 이는 크게 네 가지 측면에서 살펴볼 수 있다. 이론적 측면, 실천적 측면, 상징적 측면, 절차적 측면이 그것이다. 먼저 이론적 측면에서 보면 윤리 기준은 당대 도달한 이론적 수준과 성과를 집약하고 있다. 다음으로 실천적 측면에서 보면 윤리 기준은 실무 현장에서 사용할 수 있는 윤리 원칙 및 요건을 중심으로 설계되어 있다. 나아가 상징적 측면에서 보면 윤리 기준은 국가가 인공지능 위험 문제에 관해 정면에서 관심을 보이고 있음을 상징적으로 표현한다. 인공지능 윤리 기준을 과연 국가가 제정할 필요가 있는지에 의문이 제기되기도 하지만 인공지능의 위험이 사회 전체적으로 미치는 영향을 고려할 때, 특히 국가의 기본권 보호의무와 관련하여 이는 의미가 없지 않다. 마지막으로 절차적인 측면에서 보면 윤리 기준을 제정하는 과정 자체는 반성적 절차를 충실하게 이행한 모범적인 사례라 말할 수 있다.

Ⅵ. 맺으며

맺음말로 인공지능 윤리가 짊어져야 하는 과제가 무엇인지 언급한다. 인공지능 윤리에 관해 앞으로 수행해야 하는 과제는 현재의 기준을 더욱 구체화한 가이드라인을 제정하는 것이다. 현재 제시된 윤리 기준은 실천적인 측면에서 유용하기는 하지만 여전히 추상적인 부분을 담고 있다. 따라서 이는 실무적으로 적용할 수 있도록 더욱 구체화해야 한다. 이 과정에서 다음을 고려해야 한다. 우선 공적 영역과 사적 영역을 구별하여 인공지능 윤리를 구체화해야 할 필요가 있다. 그러나 이러한 구별만으로는 매우 전문화된 현대사회의 각 영역에 걸맞은 인공지능 윤리를 만들 수 없다. 따라서 기능적으로 분화된 사회의 각 영역에 적합하게 인공지능 윤리를 구체화해야 할 필요가 있다.

제11장

지능정보기술의
위험과 법적 대응

양천수

I. 들어가며

　제4차 산업혁명으로 이전에는 경험하지 못했던 새로운 사회 패러다임이 출현한다. 그중에는 '지능정보사회'(intelligent information society)도 언급할 수 있다. 여기서 지능정보사회란 고도로 발전한 지능정보기술로 인공지능과 같은 탈인간적인 지능적 존재가 등장하는 사회라고 말할 수 있다.[1] 지능정보기술이 단순히 대상으로만 머물러 있는 것이 아니라 독자적인 사회적·법적 존재로 자리매김하는 사회가 바로 지능정보사회인 것이다. 인공지능과 같은 지능정보기술이 중심이 되는 지능정보사회는 우리에게 새로운 사회적 공리를 다양하게 선사한다. 이를 통해 우리의 삶은 더욱 윤택해진다. 그러나 빛과 어둠이 매번 공존하듯이 지능정보기술은 동시에 새로운 위험 역시 다양하게 창출한다. 이로 인해 새로운 사회적 갈등이 발생한다. 최근 우리 사회에서 이슈였던 챗봇 '이루다' 사건이 이를 잘 예증한다. 이에 지능정보기술이 야기하는 새로운 위험에 법과 같은 규범적 제도가 어떻게 대응해야 하는지가 문제된다. 이러한 상황에서 이

---

1 양천수, 『제4차 산업혁명과 법』(박영사, 2017), 6면.

글은 법이론적 사유를 원용하여 지능정보기술이 창출하는 다양한 위험을 분석하고 법과 같은 규범적 제도가 이에 어떻게 대응해야 하는지 살펴본다. 그중에서도 알고리즘의 오작동이나 편향성과 같은 위험에 어떻게 대응하는 것이 바람직한지에 논의를 집중하고자 한다.

Ⅱ. 지능정보기술의 의의와 위험

1. 지능정보기술의 의의

지능정보기술 및 지능정보기술이 구현하는 지능정보사회를 규율하는 법으로 2020년 6월 9일 「국가정보화 기본법」이 전부 개정된 「지능정보화 기본법」을 들 수 있다. 이에 따르면 지능정보사회에서는 지능정보화가 중심적인 자리를 차지한다.[2] 그리고 지능정보화에서는 지능정보기술이 핵심을 이룬다. 지능정보기술에 힘입어 지능정보화가 가능해지고 이를 통해 지능정보사회가 구현된다. 이에 현재 정부는 지능정보기술에 많은 관심과 자원을 쏟고 있다. 그만큼 지능정보기술이 우리 사회에 다양한 사회적 공리와 성장동력을 가져오리라 예상되기 때문이다.

지능정보기술은 무엇을 뜻하는가? 「지능정보화 기본법」제2조 제4호에 따르면 지능정보기술은 다음 중 어느 하나에 속하는 기술 또는 그 결합 및 활용기술을 뜻한다. 이에 의하면 첫째, "전자적 방법으로 학습·추론·판단 등을 구현하는 기술", 둘째, "데이터(부호, 문자, 음성, 음향 및 영상 등으로 표현된 모든 종류의 자료 또는 지식을 말한다)를 전자적 방법으로 수집·분석·가공 등 처리하는 기술", 셋째, "물건 상호간 또는 사람과 물건 사이에 데이터를 처리하거나 물건을 이용·제어 또는 관리할 수 있도록 하는 기술", 넷째, "「클라우드컴퓨팅 발전 및 이용자 보호에 관한 법률」제2조 제2호에 따른 클라우드컴퓨팅기술", 다섯째, "무선 또는 유·무선이 결합된 초연결지능정보통신기반 기술", 여섯째, "그

---

2 「지능정보화 기본법」은 「국가정보화 기본법」을 전부 개정한 법률이다. 「지능정보화 기본법」의 모태가 되는 「지능정보사회 기본법」에 관해서는 이원태 외, 『지능정보사회의 규범체계 정립을 위한 법·제도 연구』(정보통신정책연구원, 2016); 심우민, "지능정보사회 입법동향과 과제", 『연세 공공거버넌스와 법』제8권 제1호(2017), 75~118면 참고.

밖에 대통령령으로 정하는 기술"을 말한다.

흔히 지능정보기술의 대표적인 예로 '인공지능'(AI: Artificial Intelligence)을 꼽는다. 그렇지만 「지능정보화 기본법」이 정의하는 지능정보기술의 개념을 보면, 지능정보기술은 인공지능보다 그 외연이 넓다는 점을 확인할 수 있다. 이를테면 알고리즘을 활용한 빅데이터 분석 기술 역시 지능정보기술에 포섭된다.[3] 그렇다 하더라도 역시 지능정보기술에서 가장 핵심적인 지위를 차지하는 것은 인공지능 기술이라고 보아야 한다. 이러한 인공지능 기술이 현대 지능정보사회에서 새로운 사회적 공리와 가치를 창출하는 것이다. 이를 통해 우리에게 이전에는 경험하지 못했던 새로운 혜택을 제공한다. 눈부시게 발전하는 인공지능 기술 덕분에 우리는 자신에게 최적화된, 이른바 '커스터마이징'(customizing)된 서비스를 제공받을 수 있다.

그러나 세상의 모든 것이 그렇듯이 지능정보기술은 우리에게 새로운 위험 역시 가져다준다. 양날의 칼처럼 사회에 혜택과 동시에 위험을 창출한다. 더욱이 지능정보사회에서는 지능정보기술이 사회의 거의 모든 영역에서 이용되기에 이에 따른 위험과 갈등이 사회 전역에 출현한다.

2. 지능정보기술의 위험

(1) 지능정보기술의 구조 분석

지능정보기술, 그중에서도 인공지능 기술이 오늘날 어떤 위험을 야기하는지를 분석하려면 먼저 인공지능 기술이 무엇으로 구성되고 어떤 방식으로 우리 사회에서 구현되는지 살펴볼 필요가 있다. 인공지능 기술이 성공적으로 구현되고 사용되려면 하드웨어와 소프트웨어, 개인정보를 포괄하는 빅데이터 및 인공지능의 사회적 이용이 요청된다. 이때 '하드웨어'(hardware)는 우리가 흔히 아는 반도체 기술을 말한다. '소프트웨어'(software)는 알고리즘을 중심으로 하는 프로그래밍 기술을 말한다. 오늘날에는 머신러닝과 딥러닝 기법이 핵심적인 소프트웨어로서 인공지능 혁명을 견인하고 있다. 이처럼 인공지능 기술이 가동하려면

---

3 빅데이터에 관해서는 빅토르 마이어 쇤버거·케네스 쿠키어, 이지연 (옮김), 『빅데이터가 만드는 세상』(21세기북스, 2013) 참고.

고도로 발전한 하드웨어, 소프트웨어, 빅데이터가 필요하다. 인공지능에 대한 이론은 이미 1950년대에 대부분 완성되었지만 그 당시에는 이를 뒷받침할 수 있는 하드웨어와 빅데이터가 존재하지 않아 인공지능이 구현되지 않았다.[4] 한편 이러한 인공지능이 사회적인 차원에서 이용되려면 반도체 이외에 또다른 하드웨어가 필요한 경우가 많다. 로봇과 같은 하드웨어가 그것이다. 흔히 인공지능과 로봇은 같은 의미로 사용되는 경우가 많지만 양자는 구별하는 것이 적절하다. 체계이론의 관점에서 보면 인공지능이 인간의 심리체계를 인공적으로 구현한 것이라면 로봇은 인간의 생명체계를 인공적으로 구현한 것으로 볼 수 있기 때문이다.[5]

이 가운데서 가장 중요한 지위를 차지하는 동시에 오늘날 중대한 위협이 되는 것은 인공지능을 가동하는 데 필수적인 '알고리즘'(algorithm)이다. 알고리즘은 보통 특정한 문제를 해결하는 데 사용되는 절차의 집합으로 정의된다. 이러한 알고리즘은 이미 오래 전부터 인공지능과 무관하게 수학 영역에서 발전해 왔다. 알고리즘이라는 용어 자체가 9세기에 활동했던 페르시아의 수학자 알콰리즈미(Al-Khwarizmi)에서 유래한다는 점이 이를 예증한다.[6] 알고리즘은 달리 말해 문제를 풀어가는 데 필요한 추론규칙의 집합으로 볼 수 있을 것이다. 이렇게 보면 실정법학에서 사용하는 법리(법도그마틱) 역시 알고리즘의 일종으로 볼 수 있다.[7] 법리 역시 법적 분쟁을 해결하는 데 사용되는 추론규칙의 체계적 집합에 해당하기 때문이다. 이러한 알고리즘은 인공지능을 움직이는 데 필수적인 프로그램의 핵심적 요소가 된다. 알고리즘으로 구성되는 프로그램을 통해 인공지능이 작동할 수 있는 것이다.

---

4 인공지능에 관한 간략한 역사는 마쓰오 유타카, 박기원 (옮김), 『인공지능과 딥러닝: 인공지능이 불러올 산업구조의 변화와 핵심』(동아엠엔비, 2016), 65면 아래 참고.
5 양천수, 앞의 책, 125~126면 참고.
6 크리스토퍼 스타이너, 박지유 (옮김), 『알고리즘으로 세상을 지배하라』(에이콘, 2016), 89면.
7 법리에 관해서는 권영준, 『민법학의 기본원리』(박영사, 2020), 28면 아래. 법도그마틱에 관해서는 김영환, "법도그마틱의 개념과 그 실천적 기능", 『법학논총』 제13권(1996), 59~80면 참고.

(2) 지능정보기술의 위험

1) 빅데이터와 개인정보 침해 위험

문제는 인공지능을 구성하는 각 요소들이 모두 위험을 안고 있다는 것이다. 그중에서 특히 빅데이터와 알고리즘에 관해 오늘날 문제가 제기된다. 인공지능이 원활하게 작동하기 위해서는 우리의 개인정보를 포함하는 엄청난 양의 데이터, 즉 빅데이터가 필요하다. 그런데 빅데이터를 수집하고 이용하는 과정에서 우리가 원치 않은 데이터 이용, 즉 개인정보 침해라는 문제가 발생할 수 있다. 물론 엄격한 사전동의 방식의 개인정보 자기결정권을 채택하는 우리의 「개인정보 보호법」 아래에서는 상대적으로 이러한 문제가 발생하지 않는다.[8] 오히려 빅데이터 형성 및 이용을 위해 개인정보 자기결정권을 완화해야 한다는 요청이 지속적으로 제기되었고 이로 인해 최근 「개인정보 보호법」을 포함하는 이른바 '데이터 3법'이 개정되었다.[9] 반대로 우리와 같은 방식의 개인정보 자기결정권을 채택하지 않는 미국에서는 빅데이터 형성 및 이용을 강조하는 탓에 개인정보가 침해되고 남용되는 사례가 급증한다. 그 때문에 유럽연합이나 우리처럼 사전동의 방식의 개인정보 자기결정권을 도입해야 한다는 주장이 제시되기도 한다.[10]

2) 알고리즘의 부정확성 위험

사전동의 방식의 엄격한 개인정보 자기결정권을 제도화한 우리 「개인정보 보호법」 아래에서는 빅데이터로 인한 개인정보 침해 위험이 상대적으로 크지 않을 수 있다. 이 때문에 인공지능에 필수적으로 적용되는 알고리즘이 야기하는 위험이 더욱 크게 부각된다. 알고리즘은 크게 두 가지 위험을 창출한다. 첫

---

8 개인정보 자기결정권에 관해서는 권영준, "개인정보 자기결정권과 동의 제도에 대한 고찰", 『법학논총』 제36집 제1호(2016), 673~734면; 정다영, "빅데이터 시대의 개인정보 자기결정권", 『IT와 법연구』 제14집(2017), 151~209면 참고.

9 데이터 3법은 「개인정보 보호법」, 「정보통신망 이용촉진 및 정보보호 등에 관한 법률」(정보통신망법), 「신용정보의 이용 및 보호에 관한 법률」(신용정보법)을 말한다. 이들 데이터 3법은 오랜 논란 끝에 2020년 2월 4일 데이터 이용을 활성화하는 방향으로 개정되었다. 이에 관해서는 김서안, "데이터 3법 개정의 의미와 추후 과제", 『융합보안 논문지』 제20권 제2호(2020), 59~68면 참고.

10 캐시 오닐, 김정혜 (옮김), 『대량살상 수학무기』(흐름출판, 2017), 352면.

번째 위험으로 알고리즘이 정확하지 않아 발생하는 위험을 들 수 있다. 알고리즘이 정확하지 않은 정보를 제공하는 것이다. 가짜뉴스를 제공하거나 정확하지 않은 주식 가격을 제공하는 것 등을 언급할 수 있다. 이에는 세 가지 이유를 제시할 수 있다. 첫째는 의도적으로 알고리즘이 정확하지 않게 작동하도록 하는 것이다. 지능정보기술 개발자나 이용자가 고의로 범죄에 이용하기 위해 알고리즘을 부정확하게 작동시킬 수 있다. 둘째는 과실 등에 의해 알고리즘 설계나 작동이 잘못된 경우이다. 셋째는 알고리즘에 정확하지 않은 데이터가 제공되는 경우이다.

3) 알고리즘의 편향성 위험

알고리즘에 관한 두 번째 위험은 최근 크게 부각되는 문제로 알고리즘이 '편향성'(bias)을 갖는 경우이다.[11] 물론 이론적으로 보면 특정한 체계에 의해 이루어지는 모든 인지 활동은 '구별'(Unterscheidung)을 전제로 한다.[12] 구별이 없으면 인지 활동도 이루어질 수 없다. 이는 특정한 개념이 어떻게 형성되는지를 보더라도 확인된다. 개념은 구별을 전제로 한다. 특정한 기준 아래 구별을 실행함으로써 개념이 형성된다. 달리 말해 개념은 개념에 포함되는 것과 개념에서 배제되는 것을 구별함으로써 성립한다. 특정한 구별 기준을 중심으로 하여 '배제'(exclusion)와 '포함'(inclusion)을 실행함으로써 개념이 성립한다. 이를테면 '인공지능'이라는 개념은 인공지능에 포함되는 것과 인공지능으로부터 배제되는 것을 구별함으로써 그 의미가 형성된다. 이는 알고리즘에서도 마찬가지이다. 알고리즘은 '이진법'이라는 구별을 사용한다. 그러므로 엄밀하게 말하면 알고리즘은 차이를 이용하여 작동한다고 말할 수 있다. 알고리즘이 작동한다는 것은 특정한 차이를 생산한다는 것을 뜻한다. 이렇게 보면 알고리즘에서 편향성의 출발점이 되는 차이를 없애는 것은 불가능하다.

---

11 이에 관해서는 김건우, "차별에서 공정성으로: 인공지능의 차별 완화와 공정성 제고를 위한 제도적 방안", 『법학연구』 제61집(2019), 109~143면; 이부하, "알고리즘(Algorithm)에 대한 법적 문제와 법적 규율", 『과학기술과 법』 제9권 제2호(2018), 211~229면 등 참고.

12 니클라스 루만, 윤재왕 (옮김), 『체계이론 입문』(새물결, 2014), 86면 아래 참고. 루만의 구별이론에 이론적 기초가 되는 형식법칙(Laws of Form)에 관해서는 George Spencer-Brown, *Laws of Form* (Leipzig, 2009) 참고.

따라서 알고리즘에서 문제되는 편향성은 일체의 차이를 뜻한다고 볼 수는 없다. 그 대신 이때 말하는 편향성은 근거가 없는 차별, 헌법학의 용어로 바꾸어 말하면 합리적이지 않은 차별이라고 말할 수 있다. 예를 들어 단지 인종적인 차이만으로 유색인과 백인에 대한 신용평가를 달리 하는 경우나 여성이라는 이유만으로 면접에서 탈락시키는 것을 언급할 수 있다. 따라서 알고리즘의 편향성 문제는 알고리즘이 합리적 근거 없이 특정한 대상을 차별하는 것을 뜻한다고 보아야 한다.

알고리즘의 편향성은 다음과 같은 문제를 유발한다. 이를테면 알고리즘의 평가 대상을 합리적 근거 없이 포함시키거나 배제한다. 이때 배제라는 결과가 특히 중요하다. 이러한 배제 결과 때문에 알고리즘의 편향으로 차별되는 대상들은 특정한 사회적 영역에 참여할 기회를 박탈당한다. 사회적 참여에서 배제되는 것이다. 지능정보기술에 적용되는 알고리즘은 통상 수학으로 구현된다. 그 때문에 이렇게 수학을 기반으로 하는 알고리즘은 '대량살상수학무기'(WMD: Weapons of Math Destruction)로 규정되며 우려와 비판의 대상이 되기도 한다.[13] 인공지능에 내재된 알고리즘이 사회의 거의 모든 영역에서 편향을, 차별을, 포함과 배제를 강화한다는 것이다.

4) 지능정보기술의 사회적 이용에 따른 위험

인공지능을 포함한 지능정보기술의 위험은 인공지능이 사회 각 영역에서 사용되면서 본격적으로 구체화되고 심화된다. 이러한 위험으로 다음을 언급할 수 있다.

먼저 인공지능이 정확하지 않게 작동함으로써 다음과 같은 위험이 창출된다. 가짜 뉴스 생산 및 유통 등을 언급할 수 있다. 이로 인해 사회에서 진행되는 소통이 왜곡된다. 이를 통해 사회를 지탱하는 데 중요한 역할을 하는 사회적 체계의 기능이 마비되기도 한다. 예를 들어 정확하지 않은 정보를 제공함으로써 주식시장과 같은 금융시장이 교란되기도 한다.[14]

알고리즘의 편향성 문제 역시 사회적으로 큰 문제를 야기한다. 이러한 편

---

13 캐시 오닐, 앞의 책 참고.
14 이러한 예로 크리스토퍼 스타이너, 앞의 책, 7면 아래 참고.

향성으로 현대사회에 여전히 존재하는 비합리적인 '포함/배제' 문제가 비약적으로 강화된다.[15] 이러한 문제는 사회의 거의 모든 영역에서 발생할 수 있다. 교육, 대학 평가, 형사사법, 채용, 금융거래, 정치 영역에서 비합리적인 편향성에 기반을 둔 '포함/배제'가 심화될 수 있다. 오늘날 지능정보기술이 우리에게 던지는 가장 심각한 위협이자 문제점이라 할 수 있다.

지능정보기술이 오작동하여 인간의 생명과 안전을 직접 위협하는 경우도 존재한다. 예를 들어 자율주행차처럼 인공지능 기술과 자동차가 결합되어 실제 도로를 운행하는 경우 이러한 문제가 발생할 수 있다. 이러한 경우에는 대부분 인공지능이 오작동하여 문제가 발생한다. 알고리즘의 부정확성 문제 등으로 교통사고를 일으켜 자율주행차 탑승자나 보행자 등이 사고를 당하는 것이다.[16] 이외에도 의료 인공지능이 오진을 하거나 잘못된 처방을 내려 환자의 생명이나 안전을 위협하는 경우를 거론할 수 있다.

지금까지 언급한 예들은 지능정보기술이 제대로 작동하지 못하여 위험이 발생하는 경우이다. 반대로 지능정보기술이 원활하게 작동함으로써 오히려 인간에게 위험을 창출하는 경우도 생각할 수 있다. 지능정보기술이 인간을 대신함으로써 인간의 일자리가 위협받는 경우를 들 수 있다.[17] 인간의 노동시장이 지능정보기술의 노동시장으로 대체되는 것이다. 이렇게 보면 지능정보기술이 제대로 작동하든 제대로 작동하지 못하든 이는 우리 인류에게 크나큰 위험이 되는 것처럼 보인다.

Ⅲ. 지능정보기술에 대한 법적 통제 방식과 한계

1. 쟁점

지능정보기술에 대한 법적 통제 문제에 관해서는 세 가지 쟁점을 살펴볼

---

15 이러한 '포함/배제'의 문제에 관해서는 정성훈, "법의 침식과 현대성의 위기: 루만(N. Luhmann)의 체계이론을 통한 진단", 『법철학연구』 제12권 제2호(2009), 331~356면; 양천수, "현대 안전사회와 법적 통제: 형사법을 예로 하여", 『안암법학』 제49호(2016), 81~127면 참고.
16 이에 관해서는 맹준영, 『자율주행자동차와 법적책임』(박영사, 2020) 참고.
17 제리 카플란, 신동숙 (옮김), 『인간은 필요 없다』(한스 미디어, 2016) 참고.

필요가 있다. 첫째, 이러한 문제를 법이라는 규범체계로 다루어야 하는지를 판단해야 한다. 둘째, 기존의 법체계가 이러한 문제를 해결할 수 있는 역량을 충분히 갖추고 있는지 검토해야 한다. 셋째, 기존의 법체계가 이러한 문제를 해결하는 데 한계가 있다면 어떻게 새롭게 규제방안을 마련해야 하는지 살펴보아야 한다. 그중에서 첫 번째 문제는 손쉽게 해결할 수 있다. 왜냐하면 이에 관한 여러 논의가 보여주듯이 지능정보기술이 우리 사회에 수용되기 위해서는 지능정보기술이 야기하는 위험이나 갈등을 법적 규제와 같은 규범적 수단으로 적절하게 처리 및 통제할 수 있어야 하기 때문이다.[18] 따라서 아래에서는 두 번째 문제와 세 번째 문제에 논의를 집중하고자 한다.

2. 법적 통제 방식 유형화

본격적인 논의를 진행하기에 앞서 지능정보기술이라는 새로운 현상을 법체계가 어떤 방식으로 통제할 수 있는지 살펴본다. 이는 지능정보기술에 대한 법적 통제 방식을 어떻게 유형화할 수 있는지의 문제로 바꾸어 볼 수 있다. 일반화의 오류를 감수하면서 정리하면 이는 다음과 같이 유형화할 수 있다.

(1) 자율적 통제와 타율적 통제

먼저 자율적 통제와 타율적 통제로 구별할 수 있다. 지능정보기술이 야기하는 위험을 자율적 또는 타율적으로 통제할 수 있는 것이다. 이는 법, 특히 민법학에서 익숙한 자율성이라는 기준을 중심으로 하여 법적 통제 방식을 구별한 것이다. 전자는 지능정보기술이 유발하는 위험이나 갈등을 지능정보기술 개발자나 사업자, 이용자 등이 자율적으로 해결하도록 하는 방식이다. 이에 관한 가장 좋은 방식은 문제가 발생하지 않도록 지능정보기술을 완벽하게 설계하고 운용하는 것이다. 예를 들어 지능정보기술에 적용되는 알고리즘이 편향성을 갖지 않도록 설계, 운용 및 조정하는 것을 들 수 있다. 요즘 이슈가 되는 인공지능 윤리가 대표적인 자율적 통제 방안에 해당한다.[19] 윤리라는 행위자의 내면을 지

---

18 이에 관해서는 우선 이시직, "4차 산업혁명 시대, 지능정보기술의 사회적 영향과 법적 과제", 『연세 공공거버넌스와 법』 제8권 제1호(2017), 47~74면 참고.
19 인공지능 윤리에 관해서는 인공지능과 가치 연구회, 『인공지능윤리: 다원적 접근』(박영사, 2021);

향하는 '연성규범'(soft norm)을 활용하여 개발자나 사업자 등이 지능정보기술에 문제가 없도록 자율적으로 기술적·관리적 조치를 취하게 하는 것이다. 이에 대해 후자는 법과 같은 강제적인 통제수단을 마련하여 지능정보기술 개발자나 사업자, 이용자 등이 타율적으로 지능정보기술이 유발하는 위험 및 문제 등을 해결하도록 하는 방안을 말한다. 이 글에서 주로 다루는 통제 방식이 바로 이러한 타율적 통제 방식에 속한다.

(2) 행위 중심적 통제와 결과 중심적 통제

다음으로 행위 중심적 통제와 결과 중심적 통제를 구별할 수 있다. 이는 형법학에서 많이 사용되는 '행위반가치'(행위불법: Handlungsunrecht)와 '결과반가치' (결과불법: Erfolgsunrecht)'라는 구별을 원용한 것이다.[20] 행위 중심적 통제는 지능정보기술이 수행하는 행위 또는 결정 그 자체가 위법한지에 초점을 맞추어 통제를 하는 방식을 말한다. 예를 들어 알고리즘이 편향적인 판단을 하는 경우 그 자체를 일종의 차별금지 위반으로 문제 삼아 통제하는 것을 들 수 있다. 또한 지능정보기술이 투명성이나 설명 가능성이라는 요청을 이행하지 않는 경우 이를 통제하는 방식도 이러한 행위 중심적 통제에 포함시킬 수 있다.[21] 이에 반해 결과 중심적 통제는 지능정보기술이 작동하여 산출한 결과가 법규범에 합치하지 않는 경우 통제를 하는 방식을 말한다. 예를 들어 알고리즘의 편향성으로 인해 특정한 행위 주체의 권리가 침해당한 경우 이러한 권리침해를 불법행위 등으로 문제 삼는 것을 들 수 있다. 또한 자율주행차가 자율주행 도중 교통사고를 일으켜 보행자의 권리를 침해한 경우 법적 통제를 가하는 것도 결과 중심적 통제의 예로 파악할 수 있다. 행위 중심적 통제와 결과 중심적 통제라는 구별은 특히 알고리즘 편향성 문제를 어떤 방식으로 규율하는지에 관해 유익한 시사점을 제공한다.

선지원, "유럽 HLEG 인공지능 윤리 가이드라인과 지능정보 사회 이용자보호 정책의 비교", 『디지털 윤리』 제3권 제1호(2019), 59~71면; 양천수, "인공지능과 윤리: 법철학의 관점에서", 『법학논총』(조선대) 제27집 제1호(2020), 73~114면 참고.

20 이에 관해서는 심재우, "형법에 있어서 결과불법과 행위불법", 『법학논집』 제20집(1982), 127~170면 참고.

21 투명성이나 설명 가능성은 인공지능 윤리에서 중요한 원칙으로 자리매김한다. 이에 관해서는 심우민, "알고리즘 투명성에 대한 규범적 접근방식", 『디지털 윤리』 제2권 제1호(2018), 1~12면 참고.

(3) 사전적-현재적-사후적 통제

나아가 사전적 통제, 현재적 통제 및 사후적 통제를 구별할 수 있다. 이는 '시간성'을 통제 방식에 적용한 것이다.[22] 사전적 통제는 지능정보기술이 문제를 유발하기 전에, 가령 법규범에 위반되는 행위 또는 결정을 하거나 위법한 결과를 산출하기 이전에 지능정보기술의 위험을 통제하는 방식을 말한다. 이에 대한 예로 인공지능 윤리와 같은 연성규범으로 지능정보기술을 규제하는 것을 들수 있다. 또한 영향평가와 같은 규제수단을 사전에 거치도록 하는 것도 사전적통제 방식의 예로 꼽을 수 있다. 지능정보기술을 설계하는 단계부터 완전성을 추구하는 것, 즉 지능정보기술에 '설계주의'를 적용하는 것도 사전적이면서 자율적인 통제 방식으로 말할 수 있다.[23]

현재적 통제는 지능정보기술이 현재 특정한 행위 또는 판단으로 법규범을위반하고 있거나 위법한 결과를 산출하는 경우 이를 통제하는 방식을 말한다. 요컨대 현재 진행되는 규범위반을 즉각적으로 통제하는 것이 현재적 통제이다. 행정법에서 흔히 사용하는 경찰법적 통제가 가장 대표적인 현재적 통제에 해당한다. 또는 지능정보기술이 작동할 때 투명성 요청에 따라 투명하게 작동하게끔 하는 것도 현재적 통제에 포함시킬 수 있다.

사후적 통제는 지능정보기술이 작동하는 과정에서 위법한 결과를 산출한경우, 다시 말해 특정한 결과를 야기한 시점 이후에 이를 통제하는 방식을 말한다. 이는 전통적인 법에서, 그중에서도 책임법이 즐겨 사용하는 통제 방식이다. 이를테면 민법의 불법행위책임이나 형법의 형사책임은 모두 특정한 불법행위나범죄행위가 발생한 이후에 책임법적 통제를 가한다. 이러한 사후적 통제는 지능정보기술이 야기하는 위법한 결과에도 적용할 수 있다. 가령 의료 인공지능

---

22 이는 법에서 시간을 어떻게 취급해야 하는지의 문제, 즉 '법과 시간'의 관계를 어떻게 해명해야하는지의 문제와 관련을 맺는다. 이 문제는 실정법학에서는 주로 '시효'(Verjährung)와 관련하여논의가 이루어진다. 이 문제에 관해서는 우선 이동진, "시제사법 서설", 윤진수교수정년기념논문집 간행위원회 (엮음), 『(윤진수교수정년기념) 민법논고: 이론과 실무』(박영사, 2020) 참고. 법과시간에 관한 고전적 문헌으로는 Gerhard Husserl, *Recht und Zeit: Fünf rechtsphilosophische Essays* (Frankfurt/M., 1955) 참고.

23 설계주의에 관해서는 成原慧, "アーキテクャの自由の再構築", 松尾陽 (編), 『アーキテクャと法』(弘文堂, 2016) 및 이 책 제4장 참고.

이 환자를 치료하는 과정에서 오진을 하고 이로 인해 환자의 생명이나 신체 등이 훼손되는 경우 사후적 통제를 적용할 수 있다. 이때 민법의 불법행위책임을 적용하거나 제조물 책임법의 제조물책임 법리를 적용할 수도 있다.[24] 만약 지능정보기술에 이러한 사후적 통제만을 적용하는 경우에는 기존의 법체계가 마련한 규제 장치만으로 충분할 수 있다.

(4) 결과비난 통제와 반성적 통제

마지막으로 결과비난 통제와 반성적 통제를 구별할 수 있다. 결과비난 통제는 법규범이 흔히 사용하는 통제 방식이다. 가령 수범자가 법규범을 위반한 경우 그 위반에 불이익한 제재를 가하는 통제 방식을 떠올릴 수 있다. 앞에서 사후적 통제 방식으로 언급한 책임법적 통제가 대표적인 결과비난 통제에 해당한다. 법규범을 위반하는 불법행위를 야기하거나 범죄를 저지른 경우에 손해배상책임이나 형벌을 부과하는 것은 수범자가 저지른 위법행위를 비난하는 데 초점을 둔다.[25] 이 점에서 결과비난 통제는 형벌이론에서 말하는 응보이론과 합치한다.[26] 반대로 반성적 통제는 법규범을 위반한 수범자가 이후 법규범을 제대로 준수하도록 통제하는 것을 말한다. 요컨대 수범자가 반성하게끔 통제 수단을 적용한다는 점에서 반성적 통제라 말할 수 있다. 이는 형벌이론에서 말하는 특별예방이론과 합치한다.[27] 이러한 예로 투명성 통제를 들 수 있다. 특정한 알고리즘이 불투명하게 작동하는 경우 투명성을 강조하는 법적 통제를 가하여 이후에 알고리즘이 투명해지도록 재조정하는 것을 언급할 수 있다.

---

24 이에 관해서는 이종구, "자율주행자동차와 제조물 책임에 관한 연구: 최근 자동차관리법 일부 개정에 즈음하여", 『법학논총』(국민대) 제32권 제3호(2020), 55~96면; 이경미, "인공지능의 소프트웨어 오류로 인한 민사책임", 『가천법학』 제13권 제1호(2020), 183~210면 참고.
25 물론 민법의 손해배상책임은 불법행위 등으로 발생한 손해를 원상으로 회복하는 데 일차적인 초점을 둔다. 그렇지만 손해배상책임은 가해자를 비난하는 기능도 일부 수행한다는 점을 부정하기 어렵다. 현재 부분적으로 도입되는 징벌적 손해배상제도가 이를 예증한다. 징벌적 손해배상에 관해서는 고세일, "대륙법에서 징벌적 손해배상 논의: 민법의 관점에서", 『법조』 제63권 제1호(2014), 142~190면 참고.
26 응보이론을 포함하는 형벌이론에 관해서는 빈프리트 하세머, 배종대·윤재왕 (옮김), 『범죄와 형벌: 올바른 형법을 위한 변론』(나남, 2011) 참고.
27 특별예방이론에 관해서는 프란츠 폰 리스트, 심재우·윤재왕 (옮김), 『마르부르크 강령: 형법의 목적사상』(강, 2012) 참고.

3. 지능정보기술의 위험에 대한 현행 법체계의 통제 역량과 한계

위에서 살펴본 지능정보기술의 위험 유형을 활용하여 현행 법체계가 지능정보기술이 야기하는 위험과 갈등을 만족스럽게 통제할 수 있는지, 달리 말해 현행 법체계가 이를 통제할 수 있는 역량을 갖추고 있는지, 만약 그렇지 않다면 그 한계가 무엇인지 살펴본다.

(1) 개인정보 침해 위험에 대한 통제 역량

지능정보기술은 대량의 정보 및 데이터를 필요로 한다. 그중에는 개인정보와 같이 민감한 데이터 역시 포함된다. 그 때문에 지능정보기술은 언제나 개인정보를 침해할 위험을 안고 있다.[28] 그러나 개인정보 수집 및 이용에 관해 '사후승인'(opt out) 방식을 취하는 미국과는 달리 우리는 유럽연합의 태도를 수용하여 명확한 '사전동의'(opt in) 방식의 개인정보 규제체계를 갖추고 있다. 이를 위해 「개인정보 보호법」은 개인정보 자기결정권을 제도화한다(제15조 제1항). 따라서 지능정보기술 개발자나 사업자 등은 개인정보를 수집 및 이용하기 위해서는 정보주체의 명확한 사전동의를 받아야 한다. 이렇게 보면 우리 법체계는 지능정보기술에 의한 개인정보 침해 위험에 관해서는 상대적으로 법적 통제를 충실히 하고 있다고 평가할 수 있다. 오히려 이로 인해 빅데이터 수집 및 이용이나 지능정보기술 개발이 난관에 부딪힌다는 비판이 제기되었다. 그 때문에 개인정보 수집 및 이용 등을 좀 더 원활하게 할 수 있도록 최근 「개인정보 보호법」을 개정하기도 하였다.

(2) 알고리즘의 부정확 및 편향에 따른 위험 통제 역량과 한계

지능정보기술에 탑재한 알고리즘이 부정확하게 또는 편향적으로 작동함으로써 산출되는 위험을 현행 법체계는 충분히 통제할 수 있는 역량을 갖추고 있는가? 이는 두 가지 측면에서 살펴보아야 한다.[29]

---

28 물론 정확하게 말하면 개인정보가 아닌 개인정보 자기결정권이 침해된다고 보아야 한다. 다만 이 글에서는 논의의 편의를 위해 '개인정보 침해'라는 표현을 사용하고자 한다.

29 이 문제에 관해서는 양종모, "인공지능 알고리즘의 편향성, 불투명성이 법적 의사결정에 미치는 영향 및 규율 방안", 『법조』 제66권 제3호(2017), 60~105면; 이제희, "알고리즘의 취급에 대한 법적 논의", 『공법학연구』 제19권 제3호(2018), 307~331면; 선지원, "인공지능 알고리즘 규율에 대

1) 결과에 대한 통제 역량 및 한계

첫째, 알고리즘이 부정확하게 또는 편향적으로 작동하여 법에 위반되는 결과를 산출하는 경우 현행 법체계는 이를 충분히 통제할 수 있는가? 현재로서는 이는 충분히 통제할 수 있다고 말할 수 있다. 알고리즘이 부정확하게 또는 편향적으로 작동하여 위법한 결과를 산출하는 경우에는 민법의 불법행위나 제조물 책임법의 결함 또는 형법의 범죄로 보아 통제할 수 있다.[30] 요컨대 이를 책임법의 문제로 보아 손해배상책임이나 형벌을 부과할 수 있다. 이때 인공지능과 같은 지능정보기술에 독자적인 법인격을 인정해야 하는지는 그다지 중요하지 않다.[31] 지능정보기술에 독자적인 법인격을 인정하지 않아도 알고리즘이 야기하는 문제는 현행 법체계가 갖춘 책임법적 통제수단을 이용하여 적절하게 통제할 수 있기 때문이다.

다만 책임법적 통제 방법에는 다음과 같은 문제가 있다. 알고리즘이 부정확하게 또는 편향적으로 작동하여 위법한 결과를 산출한 경우 이를 불법행위책임으로 문제 삼으려면 알고리즘이 부정확하게 또는 편향적으로 작동한 것이 맞는지, 이를 원인으로 하여 위법한 결과가 발생한 것인지, 피해자에게 위법한 결과가 손해로서 실제로 발생한 것인지 등을 피해자가 증명할 수 있어야 한다. 그러나 제조물 책임 소송이나 의료사고 소송과 같은 현대형 소송이 보여주는 것처럼 실제 민사소송에서 이를 피해자가 증명하는 것은 쉽지 않다.[32] 이로 인해 현실적으로는 피해자가 제대로 구제를 받지 못할 가능성이 있다. 반대로 이를 과실에 의한 범죄로 보아 형사책임을 묻는 경우에는 오히려 지능정보기술 개발자나 사업자 등에게 크나큰 부담이 될 수 있다. 형사책임에 대한 부담이 지능정

한 소고: 독일의 경험을 중심으로", 『경제규제와 법』 제12권 제1호(2019), 26~43면; 김성용·정관영, "인공지능의 개인정보 자동화 처리가 야기하는 차별 문제에 관한 연구", 『서울대학교 법학』 제60권 제2호(2019), 311~362면; 김건우, 앞의 논문, 109~143면; 주현경·정채연, "범죄예측 및 형사사법절차에서 알고리즘 편향성 문제와 인공지능의 활용을 위한 규범 설계", 『법학논총』(조선대) 제27집 제1호(2020), 115~162면 등 참고.

30 이를 제조물책임의 법리로 해결하려는 경우로는 이제희, 위의 논문, 307~331면 참고.
31 이 문제에 관해서는 조성은 외, 『인공지능시대 법제 대응과 사회적 수용성』(정보통신정책연구원, 2018) 참고.
32 이 문제에 관해서는 박태신, "현대형 소송에 대한 고찰", 『인권과 정의』 제322호(2003), 61~68면 참고.

보기술을 개발하거나 더욱 완전하게 하는 데 또는 지능정보기술로 새로운 사업을 모색하는 데 장애가 될 수 있다. 이러한 점을 고려하면 책임법적 통제수단으로 인공지능이 야기한 위법한 결과를 통제하는 것은 피해자나 가해자 모두에게 적절하지 않은 방법이 될 수 있다.

2) 작동 자체에 대한 통제 역량 및 한계

둘째, 알고리즘이 정확하지 않거나 편향적으로 작동하는 경우 현행 법체계는 작동 그 자체를 통제할 역량을 갖추고 있는가? 이미 언급한 것처럼 이 문제가 바로 진정한 의미의 (알고리즘의 오작동을 포함하는) 알고리즘 편향성에 대한 통제 문제라 할 수 있다. 편향성 문제는 오늘날 매우 중요한 규범적 원칙으로 자리매김하는 차별금지 원칙을 위반한다는 점에서 중대한 문제로 볼 수 있다. 이 문제에 대응하는 방안으로는 두 가지 방안, 즉 일반적 차별금지법을 제정해 대응하는 방안과 개별적인 영역에서 차별금지를 하는 방안을 거론할 수 있다.[33] 현재 우리 법체계는 후자의 방안을 채택하고 있다. 첫 번째 방안은 현재 사회적으로 논의되고 있고 이슈도 되고 있지만 아직은 제도화되지 않았다. 이를 알고리즘 오작동 및 편향성에 대한 통제 문제에 적용하면 다음과 같이 말할 수 있다. 현재 우리 법체계는 알고리즘 오작동 문제나 편향성 문제를 개별적인 영역에서 개별법으로 통제하고 있다는 것이다. 다만 이 경우에도 차별금지 위반을 근거로 하여 통제를 하는 것이지 알고리즘의 편향성 자체를 직접적인 이유로 하여 통제하는 것은 아니다.

이러한 근거에서 볼 때 현행 법체계는 알고리즘의 오작동이나 편향성 자체를 통제하는 데 한계가 있다고 말할 수 있다. 이에 알고리즘이 야기하는 문제가 매우 광범위하다는 점에서 개별적인 영역에서 개별적인 방안으로 통제하는 것이 과연 적절한지, 아니면 인공지능의 편향성 문제를 일반적으로 규율하는 일반법 또는 기본법을 제정해야 하는 것은 아닌지 의문이 들 수 있다. 요컨대 알고리즘 편향성 자체를 통제하는 일반법을 마련해야 하는 것은 아닌지 문제된다. 물론 이에는 다시 다음과 같은 근원적인 의문을 제기할 수 있다. 현재 상황

---

33 일반적 차별금지법 문제에 관해서는 이재희, "사적 차별에 대한 입법적 해결 방안으로서 일반적 차별금지법 제정에 대한 검토", 『법조』 제62권 제9호(2013), 103~154면 참고.

에서 인공지능 편향성 문제를 법으로 직접 규제하는 것이 적절한지의 의문이 그것이다. 이는 인공지능 윤리의 차원에서, 다시 말해 연성규범으로 규제하는 것이 현재로서는 바람직하지 않은가의 문제제기로 연결된다.

(3) 지능정보기술의 사회적 이용에 따른 위험 통제 역량

지능정보기술은 사회적으로 이용되면서 여러 위험을 야기한다. 예를 들어 자율주행차는 아마도 확률적으로는 낮은 수준이기는 하지만 교통사고를 일으켜 인간의 생명이나 신체, 재산에 손해를 야기할 수 있다. 의료 인공지능은 오진으로 환자에게 피해를 일으킬 수 있다. 인공지능 로봇이 인간의 노동력을 효율적으로 대체함으로써 실업이 사회적 문제로 대두할 수 있다. 그중 지능정보기술의 결함이나 오작동 등으로 인간에게 피해를 야기하는 경우는 기존의 책임법적 통제수단으로 대부분 통제할 수 있다. 바꾸어 말해 민법의 불법행위책임이나 제조물책임, 형사책임 등으로 통제할 수 있다. 그 점에서 이에 대한 새로운 법적 규제 장치를 마련할 필요는 크지 않다. 다만 지능정보기술로 인간의 일자리가 점점 사라지는 문제는 기존의 노동법체계나 사회보장법체계로 충분히 해결하기 어렵다. 이를 해결하기 위해서는 새로운 패러다임과 규제체계가 요청된다.[34]

Ⅳ. 지능정보기술의 위험에 대응하기 위한 최근의 입법 현황

지금까지 지능정보기술이 어떤 위험을 안고 있는지, 현행 법체계는 이를 적절하게 통제할 수 있는 역량을 갖추고 있는지를 살펴보았다. 이를 통해 현행 법체계는 지능정보기술의 위험, 그중에서도 알고리즘 편향성 위험을 만족스럽게 통제하지 못하고 있다는 한계를 발견하였다. 다만 현재 정부도 이러한 문제를 의식하고 있다. 이에 최근 지능정보기술이 야기하는 문제에 대응하기 위해 여러 입법적 수단을 강구한다. 아래에서는 최근 이루어진 몇몇 입법적 대응을 살펴본다.

---

34 이에 관해서는 권혁·김희성·성대규, 『4차 산업혁명과 일자리 정책의 미래』(집문당, 2018) 참고.

1. 지능정보화 기본법

가장 먼저 「지능정보화 기본법」을 거론할 수 있다. 이는 「국가정보화 기본법」을 전면 개정한 법으로 2020년 12월부터 시행되었다. 지능정보사회에 본격적으로 대비하기 위해 마련된 이 법은 "지능정보화 관련 정책의 수립·추진에 필요한 사항을 규정함으로써 지능정보사회의 구현에 이바지하고 국가경쟁력을 확보하며 국민의 삶의 질을 높이는 것을 목적"으로 한다(제1조). 지능정보기술에 정면으로 대응하는 법이라는 점에서 그 의미가 있다. 그렇지만 「지능정보화 기본법」은 지능정보기술을 규제하는 법이라기보다는 진흥하는 진흥법에 속한다. 그 때문에 지능정보기술의 위험을 규제하는 규정은 그다지 포함하지 않는다. 이러한 상황에서 지능정보기술의 위험을 규율하는 규정으로 제60조를 언급할 수 있다. "안정성 보호조치"라는 표제어를 가진 제60조는 제1항에서 "과학기술정보통신부장관은 행정안전부장관 등 관계 기관의 장과 협의하여 지능정보기술 및 지능정보서비스의 안전성을 확보하기 위하여 다음 각 호와 같은 필요한 최소한도의 보호조치의 내용과 방법을 정하여 고시할 수 있다."고 정하면서 제1호에서는 "지능정보기술과 지능정보서비스의 오작동 방지에 관한 사항"을 그리고 제5호에서는 "기타 지능정보기술 및 지능정보서비스의 안전성 확보를 위해 필요한 사항"을 규정한다. 여기서 알 수 있듯이 제60조는 지능정보기술, 가령 알고리즘이 정확하지 않게 작동하는 위험을 규제한다.

그러나 구체적인 내용은 고시로 위임한다는 점에서 법 그 자체는 확정된 내용을 담지는 않는다. 또한 지능정보기술 및 지능정보서비스의 편향성을 명확하게 규율하지도 않는다. 더불어 좀 더 근원적인 문제로 지능정보사회를 다소 인간중심적으로 규정한다는 점이다. 가령 법 제2조 제6호에 따르면 지능정보사회란 "지능정보화를 통하여 산업·경제, 사회·문화, 행정 등 모든 분야에서 가치를 창출하고 발전을 이끌어가는 사회"를 뜻한다. 그리고 법 제2조 제5호에 따르면 지능정보화란 "정보의 생산·유통 또는 활용을 기반으로 지능정보기술이나 그 밖의 다른 기술을 적용·융합하여 사회 각 분야의 활동을 가능하게 하거나 그러한 활동을 효율화·고도화하는 것"을 말한다. 이러한 개념 정의를 보면 지능정보사회가 여전히 지능정보화를 수단 혹은 대상으로 여긴다는 점을 파악할 수 있다. 이는 '목적'을 규정하는 법 제1조에서 더욱 분명하게 드러난다. 앞에서 인용한 것처럼 "지능정보사회의 구현에 이바지하고 국가경쟁력을 확보하며 국민의 삶의 질을 높이는 것"이 「지능정보화 기본법」의 목적이기 때문이다. 여기서 분명하게 드러나듯이 "국민의 삶의 질을 높이는 것"이 「지능정보화 기본법」의 규범 목적으로 설정된다. 국민이라는 인간의 삶 자체가 법의 중심을 이루는 것이다.[35]

2. 정보통신망법

최근 개정된 데이터 3법 가운데 한 법률인 「정보통신망 이용촉진 및 정보보호 등에 관한 법률」(이하「정보통신망법」으로 약칭한다)은 지능정보기술의 위험성에 대비하기 위해 새로운 규정을 추가하였다. 제4조가 그것이다. "정보통신망 이용촉진 및 정보보호등에 관한 시책의 마련"이라는 표제어를 갖춘 제4조는 제1항에서 "과학기술정보통신부장관 또는 방송통신위원회는 정보통신망의 이용촉진 및 안정적 관리·운영과 이용자 보호 등을 통하여 정보사회의 기반을 조성하기 위한 시책을 마련하여야 한다."고 규정하고 제2항에서는 "제1항에 따른 시책에는 다음 각 호의 사항이 포함되어야 한다."고 정한다. 이때 주목해야 할 부분은 제7호의2이다. 제7호의2는 "정보통신망을 통하여 유통되는 정보 중 인공지능 기술을 이용하여 만든 거짓의 음향·화상 또는 영상 등의 정보를 식별하는 기술의 개발·보급"을 규정한다. 요컨대 딥페이크에 대비하는 기술의 개발 및 보급을 규정한다. 그러나 제4조는 '시책 마련'에 관한 규정으로 구체적인 내용을 담고 있지는 않다. 그리고 지능정보기술에서 가장 문제되는 알고리즘의 편향성 문제를 포함하지는 않는다.

---

35 물론 지능정보사회 역시 여전히 인간을 중심으로 해야 한다는 관점에서 보면 이러한 「지능정보화 기본법」의 태도가 문제되는 것은 아니다. 그러나 지능정보기술을 수단으로만 여기는 것은 앞으로 본격적으로 펼쳐질 지능정보사회에서 문제가 될 수 있다는 점은 언급하겠다.

3. 신용정보법

데이터 3법 중에서 지능정보기술에 관해 가장 유의미한 규정을 도입한 법은 「신용정보의 이용 및 보호에 관한 법률」(이하 「신용정보법」으로 약칭함)이라 할수 있다.[36] "신용정보 관련 산업을 건전하게 육성하고 신용정보의 효율적 이용과 체계적 관리를 도모하며 신용정보의 오용·남용으로부터 사생활의 비밀 등을 적절히 보호함으로써 건전한 신용질서를 확립하고 국민경제의 발전에 이바지함을 목적"(제1조)으로 하는 「신용정보법」은 데이터 3법 중에서 지능정보기술을 가장 정면에서 규율한다. 이를 보여주는 것이 최근 개정으로 새롭게 추가된 제36조의2이다. "자동화평가 결과에 대한 설명 및 이의제기 등"이라는 표제어를 갖춘 제36조의2는 다음과 같은 내용을 규율한다.

먼저 제1항에 따르면 개인인 신용정보주체는 개인신용평가회사 및 대통령령으로 정하는 신용정보제공·이용자에 대하여 개인신용평가 등에 관해 자동화평가를 하는지 여부를 설명하여 줄 것을 요구할 수 있다(제1항 제1호 가목). 이때자동화평가를 하는 경우에는 자동화평가의 결과(제2호 가목), 자동화평가의 주요 기준(제2호 나목), 자동화평가에 이용된 기초정보의 개요(제2호 다목) 등을 설명하여 줄 것을 요구할 수 있다.

나아가 제2항에 따르면 개인인 신용정보주체는 개인신용평가회사등에 대하여 자동화평가에 이용된 기초정보의 내용이 정확하지 않거나 최신의 정보가아니라고 판단되는 경우에는 기초정보를 정정하거나 삭제할 것을 요구하는 행위(제2항 제2호 가목), 자동화평가 결과를 다시 산출할 것을 요구하는 행위(제2항제2호 나목)를 할 수 있다.

「신용정보법」은 이렇게 "자동화평가 결과에 대한 설명 및 이의제기 등"을권리로 보장함으로써 지능정보기술에 의해 자동화된 평가를 하는 경우 발생할수 있는 오작동이나 편향을 통제하고자 한다. 그렇지만 유럽연합의 GDPR이 규정하는 프로파일링 거부권은 인정하지 않는다.[37] 그 점에서 우리의 「신용정보

---

36 이에 관해서는 김세중, "데이터 3법의 개정 내용과 그 시사점: 신용정보법을 중심으로", 『전자금융과 금융보안』 제20호(2020), 13~39면 참고.
37 GDPR은 「일반데이터보호규칙」(GDPR: General Data Protection Regulation)을 말한다. 이에 관해

법」은 지능정보기술에 대한 통제보다 이용을 더 강조한다고 평가할 수 있다.

V. 지능정보기술의 위험에 대한 법적 대응 방안

1. 문제점

지능정보기술이 야기하는 위험을 데이터의 측면, 알고리즘의 측면, 사회적 사용의 측면으로 구별하여 보면 데이터의 측면이나 사회적 사용의 측면에는 나름 적절하게 법적 통제가 마련되어 있음을 알 수 있다. 우리나라의 경우를 보면 데이터의 측면에는 사전동의 방식을 원칙으로 하는 개인정보 자기결정권이, 사회적 사용의 측면에는 기존의 법체계가 갖춘 책임법이 어느 정도 적절하게 대응할 수 있다. 문제는 알고리즘의 측면에서 찾을 수 있다. 알고리즘의 부정확성이나 편향성에 우리 법체계는 적절하게 대응하지 못하고 있다. 최근 전면 개정된 「지능정보화 기본법」이나 「정보통신망법」 역시 이에 대응할 수 있는 법적 규제를 충분히 확보하지 못하고 있다. 「신용정보법」만이 그나마 이 문제에 대응하고 있는 편이다.

그러나 이는 우리만의 문제는 아니다. 유럽연합이나 독일, 영국, 미국 등도 지능정보기술이 야기하는 위험을 법적 규제로 충분히 커버하고 있지는 않다.[38] 이렇게 보면 지능정보기술의 위험에는 다소 느슨한 규제로 대응하는 것이 더욱 올바른 방향일지도 모른다. 현재 급속하게 발전하고 있는 지능정보기술이 법적 규제라는 장벽에 부딪히지 않도록 말이다. 지능정보기술에는 강력한 법적 규제를 투입하는 것보다 윤리와 같은 연성규범을 투입하는 것이, 지능정보기술 개발자나 사업자 등이 자율적으로 그 위험을 규제하고 관리하도록 하는 것이 더욱 바람직할 수도 있다. 이러한 상황에서 아래에서는 지능정보기술이 야기하는

서는 Paul Voigt/Axel von dem Bussche, *The EU General Data Protection Regulation (GDPR): A Practical Guide* (Springer, 2017) 참고. GDPR 제22조는 전적으로 프로파일링을 포함하는 자동화된 결정만으로 데이터 주체를 판단하는 것을 거부할 수 있는 권리를 데이터 주체에게 보장한다 (제22조).

38 이에 관해서는 권은정 외, 『지능화 혁명 시대의 위험 통제 및 기술 수용을 위한 법제도 체계 전환에 관한 연구』(정보통신정책연구원, 2020) 참고.

위험이나 갈등 등을 적절하게 통제하기 위해서는 우리 법제가 어떻게 이에 대응해야 하는지 살펴본다.

2. 규제원칙

우선 지능정보기술을 적절하게 규제하는 데 필요한 규제원칙은 무엇인지 검토한다.

(1) 지능정보기술 이용과 통제의 실제적 조화

첫째, 지능정보기술이 지닌 사회적 유용성을 고려할 때 통제 중심의 시각에서만 지능정보기술에 접근하는 것은 바람직하지 않다. 지능정보기술은 현재 급속하게 발전하고 있다는 점, 지능정보기술은 새로운 경제성장의 원천이 된다는 점 등을 고려할 때 한편으로 법체계는 지능정보기술이 원활하게 개발되고 발전할 수 있도록 지원해야 한다. 다른 한편으로 법체계는 지능정보기술의 성격에 적합한 규제체계 및 수단을 사용해 지능정보기술이 가지는 위험을 적절하게 관리해야 한다. 그 점에서 지능정보기술에 대해 법체계는 지능정보기술의 이용 진흥과 위험 통제 사이에서 '실제적 조화'를 구현할 수 있도록 해야 한다.[39]

(2) 자율적 통제 우선

둘째, 지능정보기술에는 강제력에 기반을 둔 타율적 통제보다는 윤리와 같은 연성규범에 바탕을 둔 자율적 통제를 우선적으로 적용할 필요가 있다. 왜 현 시점에서 유럽연합이나 미국 등이 '인공지능 윤리'와 같은 연성규범으로 지능정보기술을 규제하는 데 관심을 기울이는지 눈여겨 볼 필요가 있다. 현재 지능정보기술 개발 및 사업화 등으로 국가 간, 대륙 간의 경쟁이 치열하게 전개되고 있는 점을 감안하면 지능정보기술에 대한 통제보다는 개발 및 이용에 더욱 주안점을 둘 필요가 있어 보인다. 그렇다고 지능정보기술에 대한 규제를 완전히 포기할 수도 있다. 그렇다면 윤리와 같은 연성규범을 이용한 자율적 통제를 강조하는 것이 필요해 보인다.

---

39 '실제적 조화'(praktische Konkordanz)에 관해서는 Konrad Hesse, *Grundzüge des Verfassungsrechts der Bundesrepublik Deutschland*, Neudruck der 20. Auflage (Heidelberg, 1999), S. 28.

(3) 행위 중심적 통제 우선

셋째, 지능정보기술에는 행위 중심적 통제를 우선할 필요가 있다. 앞에서 살펴본 것처럼 법적 통제는 다양하게 구별할 수 있는데, 그중 행위 중심적 통제와 결과 중심적 통제라는 구별도 언급할 수 있다. 결과 중심적 통제는 전통적인 책임법적 통제방식에 상응한다. 그러나 지능정보기술에 결과 중심적 통제방식, 즉 책임법적 통제방식을 우선적으로 적용하는 것은 바람직하지 않다. 이는 지능정보기술 개발자·사업자 및 그 상대방 모두에게 바람직하지 않다.[40] 따라서 지능정보기술에는 행위 중심적 통제방식을 우선적으로 적용할 필요가 있다. 개정된 「신용정보법」이 새롭게 도입한 "자동화평가 결과에 대한 설명 및 이의제기 등"이 그 예가 된다. 지능정보기술이 정확하지 않은 작동이나 편향된 작동을 할 때 작동 그 자체를 통제하는 방식으로 지능정보기술을 규제할 필요가 있다.

(4) 사전적·현재적 통제 우선

넷째, 지능정보기술에는 사전적·현재적 통제를 우선할 필요가 있다. 시간이라는 측면에서 통제방식을 구별하면 사전적 통제, 현재적 통제 및 사후적 통제를 구별할 수 있다. 이때 사후적 통제는 책임법적 통제 및 결과 중심적 통제와 연결된다. 이러한 통제방식은 지능정보기술을 규제하는 데 적절하지 않다는 점은 위에서 언급하였다. 이를 반대로 추론하면 지능정보기술에는 사전적 통제나 현재적 통제를 우선시 할 필요가 있다는 결론이 도출된다. 말하자면 지능정보기술이 안고 있는 위험이 현실화되지 않도록 이에 예방적으로 접근할 필요가 있는 것이다. 이러한 예로 윤리와 같은 자율규제 방식을 적용하거나 영향평가 제도를 통해 사전에 위험을 적절하게 관리하도록 하는 것을 꼽을 수 있다. 또한 현재적 통제의 예로 지능정보기술이 작동하는 방식을 투명하게 하는 방안을 언급할 수 있다. 지능정보기술에 대한 설명 및 이의에 대한 권리를 보장하는 것이 이러한 방안에 속할 것이다.

---

[40] 이에 관해서는 앞의 Ⅲ. 2. 참고.

(5) 반성적 통제 우선

다섯째, 지능정보기술에는 반성적 통제를 우선할 필요가 있다.[41] 지능정보기술에 규제나 통제를 가하는 이유는 지능정보기술이 유발한 위법한 결과를 비난하는 데 있기보다는 지능정보기술이 더욱 정확하고 공정하게 작동하도록 하는 데 있을 것이다. 지능정보기술, 특히 알고리즘이 제대로 작동할 수 있도록 이에 규범적 규제를 가하는 것이다. 이러한 점을 고려하면 지능정보기술에는 전통적인 책임법적 통제처럼 위법한 결과를 야기한 행위자 또는 체계에 비난을 가하는 것을 중시하는 통제방식은 적절하지 않다. 이보다 법적 규제를 가함으로써 지능정보기술 개발자나 사업자 등이 반성적으로 지능정보기술을 더욱 완전하고 공정하게 개선하도록 하는 것이 바람직하다. 이를테면 알고리즘이 편향적으로 작동하는 것을 발견했을 때 개발자나 사업자 등이 이를 개선할 수 있도록 법적 규제를 가하는 것이다. 지능정보기술에 사전영향평가를 법으로 강제하거나 지능정보기술의 결정 대상이 되는 사람이 이의를 제기했을 때 이를 곧바로 수용하고 환류할 수 있도록 법으로 규제하는 방안을 꼽을 수 있다.

3. 개인정보 침해 위험과 데이터 거버넌스

이러한 규제원칙을 바탕으로 하여 지능정보기술이 야기하는 위험에 구체적으로 어떻게 대응할 수 있는지 각각의 규제 방안을 살펴본다. 우선 지능정보기술이 야기하는 개인정보 침해 위험에는 이에 적절한 데이터 거버넌스를 구축함으로써 대응할 수 있다. 이때 데이터 거버넌스란 간략하게 말하면 데이터를 관리 또는 규율하는 체계로 이해할 수 있다. 다만 데이터 거버넌스를 구체적으로 어떻게 파악할 것인지는 이에 전제가 되는 '거버넌스'(governance)를 어떻게 이해할 것인지와 밀접한 관련을 맺는다.[42] 거버넌스는 보통 정부를 뜻하는 '거

---

41 반성적 통제에 관해서는 Gunther Teubner, "Reflexives Recht: Entwicklungsmodelle des Rechts in vergleichender Perspektive", in: *ARSP* (1982), S. 18 ff.
42 거버넌스에 관해서는 이명석, "거버넌스의 개념화: 사회적 조정으로서의 거버넌스", 『한국행정학보』제36권 제4호(2002), 321~338면; 정용남, "ICT 거버넌스와 조정에 관한 연구", 『한국행정연구』제26권 제3호(2017), 167~218면 등 참조.

번먼트'(government)에 대립하는 개념으로 제시되었다. 폐쇄적인 관료제로 구성되는 거번먼트와는 달리 거버넌스는 외부와 네트워크로 연결되는 열린 조직을 추구한다. 그 때문에 상명하달 형식의 수직적인 소통이 주류를 이루는 거번먼트와는 달리 거버넌스에서는 상호이해와 참여, 협력을 기반으로 하는 수평적 소통이 중심이 된다. 요컨대 전통적인 거번먼트가 팽팽하고 경직된 조직과 수직적 소통에 바탕을 둔다면 거버넌스는 느슨하고 탄력적인 조직과 수평적 소통에 바탕을 둔다.

이러한 데이터 거버넌스에서 가장 중요하면서도 어려운 문제는 데이터 보호와 이용 사이에 발생하는 긴장과 갈등을 조화롭게 해소하는 것이다. 최근까지는 개인정보 보호가 부각되면서 데이터 이용보다는 보호가 더욱 중요한 비중을 차지하였다. 이에 발맞추어 우리 「개인정보 보호법」도 사전동의 방식의 엄격한 개인정보 자기결정권을 제도화함으로써 개인정보 보호를 우선적인 과제로 설정한다. 다만 앞에서도 언급한 것처럼 데이터 보호를 강조함으로써 지능정보기술을 구현하는 데 필요한 데이터 수집 및 이용이 장애를 겪을 때가 많다. 이에 최근에는 반대로 데이터 이용을 더욱 강화해야 한다는 주장이 힘을 얻는다. 이 같은 까닭에서 데이터 보호와 이용 사이의 긴장과 갈등을 적절하게 해소하는 것이 데이터 거버넌스의 본질적인 과제로 부각된다.

4. 알고리즘 위험에 대한 규제 방안

(1) 윤리

최근 '인공지능과 윤리'에 대한 관심이 전 세계적으로 증대하는 사실이 보여주는 것처럼 윤리는 지능정보기술이 안고 있는 위험을 사전에 자율적으로 그리고 반성적으로 통제하는 데 적절한 규제수단이 된다. 지능정보기술 영역처럼 매우 복합적이고 급변하는 영역에는 법적 규제, 그것도 결과 및 비난 중심의 책임법적 통제수단은 '사회에 응답하는 규제'가 되기 어렵다.[43] 지능정보기술을 더욱 완전하고 공정하며 투명하게 개선하기 위해서는 결국 개발자를 중심으로 하

---

43 '사회에 응답하는 규제'에 관해서는 P. Nonet/P. Selznick, *Law & Society in Transition: Toward Responsive Law*, second printing (New Brunswick/London, 2005) 참고.

는 주체들이 자율적으로 이에 매진하도록 하는 것이 가장 좋다. 그 점에서 윤리라는 연성규범을 적극 활용할 필요가 있다.

(2) 지능정보기술인증

물론 지능정보기술에 대한 관리 및 통제를 전적으로 개발자 등에게 맡기는 것은 적절하지 않을 수 있다. '시장의 실패'가 보여주듯이 민간 영역의 자율성을 완전하게 신뢰하는 것은 실패로 끝날 가능성이 없지 않다. 따라서 자율적인 규제와 타율적인 규제를 적절하게 혼합할 필요가 있다. 이에 대한 방안으로 지능정보기술 개발자 등이 자율적으로 윤리규범을 정립 및 시행하도록 법으로 강제하는 것을 들 수 있다. 또는 「정보통신망법」이 규정하는 정보보호인증(ISMS) 제도처럼 지능정보기술인증 제도를 도입하는 것을 고려할 수 있다.[44] 예를 들어 지능정보기술의 위험성을 적절하게 관리하는 데 필요한 요건을 인증요건으로 제시한 후 이를 자율적으로 충족하는 경우 인증을 부여하는 제도를 생각할 수 있다. 그리고 이렇게 인증을 받은 경우 인센티브를 제공하는 것을 모색할 수 있다.

(3) 사전영향평가

사전영향평가를 도입하는 것도 적극 고려할 수 있다.[45] 지능정보기술 개발자 등이 해당 지능정보기술이 어떤 위험을 안고 있는지, 알고리즘이 정확하고 공정하며 투명하게 작동하는지를 사전에 점검하고 그 영향을 평가하도록 하는 것이다. 이는 다음과 같이 구현할 수 있다. 첫째는 사전영향평가를 법으로 강제하는 것이다. 사전영향평가를 실시하지 않을 경우 법으로 불이익을 가하는 모델을 생각할 수 있다. 둘째는 사전영향평가를 장려하는 모델이다. 사전영향평가를 실시하는 경우 특정한 인센티브를 제공하는 것이다. 한편 이러한 사전영향평가는 지능정보기술인증 제도와 결합하여 실시할 수도 있다. 인증 요건으로 사전영향평가를 규정하는 것이다.

---

44 이에 관해서는 홍성욱·박재표, "정보보호 및 개인정보보호 관리체계(ISMS-P) 인증제도의 효과적인 운영방안", 『한국산학기술학회논문지』 제21권 제1호(2020), 634~640면 참고.

45 이에 관해서는 Dillon Reisman/Jason Schultz/Kate Crawford/Meredith Whittaker, *Algorithmic Impact Assessment: A practical framework for public agency accountability* (AI Now Institute, 2018) 참고.

(4) 설명 및 이의에 대한 권리 보장

지능정보기술, 특히 알고리즘의 투명성을 보장하는 좋은 방안으로 GDPR이나 「신용정보법」처럼 설명 및 이의에 대한 권리를 보장하는 것을 생각할 수 있다. 가령 지능정보기술 사업자가 어떤 데이터를 사용하여 어떤 알고리즘으로 어떻게 운용하는지를 설명하게 하고, 이 과정에서 부정확성이나 편향성을 발견하는 경우에는 이에 이의를 할 수 있는 권리를 보장하는 것이다.

(5) 지능정보기술 개선의무

지능정보기술에 부정확성이나 편향성과 같은 문제가 발견되었을 경우 이를 반드시 개선하도록 하는 규제 장치, 즉 지능정보기술 개선의무를 법으로 규정할 필요가 있다. 특정한 지능정보기술이 사용하는 알고리즘에 편향성이 발견되어 그 상대방이 이의를 제기하였는데도 개발자나 사용자 등이 이를 수용하여 지능정보기술을 개선하지 않는다면 부정확성이나 편향성에 관한 문제를 해결하기 어렵다. 지능정보기술의 위험에 관해 '반성적 환류'가 제대로 이루어지지 않는 것이다. 이를 막고 지능정보기술의 기술적 수준을 더욱 완전하게 하려면 지능정보기술 개선의무를 법으로 도입할 필요가 있다.

(6) 일반적 디지털차별금지법 도입 여부

지능정보기술의 편향성으로 발생하는 차별 문제를 해결하기 위해 마치 일반적 차별금지법을 도입하는 것처럼 일반적 디지털차별금지법을 새롭게 입법할 필요가 있을까? 그러나 지금까지 행한 논증에 비추어 볼 때 이는 부정하는 것이 적절하다. 일반적 차별금지법 도입에 여전히 논쟁이 치열하게 전개되는 현상이 시사하듯이, 일반적 디지털차별금지법은 여러 부작용을 낳을 수 있다. 현재로서는 지능정보기술의 개발 및 이용을 더욱 장려할 필요가 있다는 점에서 포괄적인 일반법으로 지능정보기술의 편향성 문제를 규율하기보다는 개별적인 차원에서 여기에 접근하는 것이 바람직하다. 공정을 강조하는 독일에서도 아직 이러한 입법이 이루어지지 않았다는 점을 감안할 필요가 있다.[46]

---

46 독일의 논의에 관해서는 〈https://www.faz.net/aktuell/wirtschaft/unternehmen/maas－fordert－digital

5. 지능정보기술의 사회적 사용 위험에 대한 규제 방안

앞에서 살펴본 것처럼 현행 법제도는 지능정보기술을 사회적으로 사용하는 과정에서 발생하는 위험에 어느 정도 대응할 수 있는 역량을 갖추고 있다. 따라서 현행 법제도가 가진 규제 방안을 본질적으로 개혁해야 할 필요는 적어 보인다. 다만 지능정보기술이 사회적으로 이용되는 과정에서 발생하는 책임 문제는 위험책임의 성격을 갖는 경우가 많으므로 이에 적절하게 대응할 수 있도록 위험책임 도그마틱을 더욱 섬세하게 발전시킬 필요가 있다. 예를 들어 자율주행자동차가 일으킨 교통사고를 위험책임 문제로 규율하는 경우 이러한 위험책임을 일차적으로 누구에게 귀속시킬 것인지 검토해야 한다. 이때 무엇보다도 책임에 대한 부담을 사회적으로 공평하게 분산시키는 방안을 모색할 필요가 있다.

VI. 맺으며

정부가 강조하는 혁신성장에서 핵심을 이루는 두 축은 지능정보기술과 데이터이다. 인공지능으로 대변되는 지능정보기술은 우리에게 새로운 세계, 가치, 공리를 안겨줄 것이다. 그렇지만 인공지능 챗봇 '이루다' 이슈가 보여주는 것처럼 지능정보기술은 다양한 위험도 지닌다. 특히 블랙박스처럼 작동하는 알고리즘 문제를 법이 어떻게 다룰 것인지는 법체계 및 법학에 제기되는 새로운 도전이다. 이 글은 사전적·자율적·반성적 통제를 우선한다는 태도를 기본으로 하여 이 문제를 다루었다. 그렇지만 이 글이 놓치고 있는 지능정보기술의 문제 역시 여럿 있을 것이다. 이는 필자가 지속적으로 관찰해야 하는 쟁점이 될 것이다.

---

es—antidiskriminierung—gesetz—15088974.html) 참고.

제12장

인공지능 규제와
영향평가

양천수

Ⅰ. 들어가며

오늘날 제4차 산업혁명이 진행되면서 인공지능이 사회적 관심과 이슈의 초점이 된다. 어떻게 하면 인공지능 기술을 발전시킬 수 있는지, 인공지능 산업을 육성할 수 있는지에 많은 논의가 이루어진다. 더불어 인공지능이 야기하는 위험에 어떻게 대응하는 게 적절한지, 어떤 규제원칙과 규제방안을 설계해야 하는지에 논의가 진행된다.[1]

이러한 상황에서 영향평가(impact assessment)는 인공지능의 위험을 적절하게 규제하는 방안으로 자주 언급된다. 윤리의 차원에서 인공지능을 규율하고자 하는 '인공지능 윤리'나 인공지능에 대한 법적 규제 논의에서도 영향평가는 선호되는 규제방안으로 주목된다. 여기서 다음과 같은 의문을 던질 수 있다. 왜 영향평가가 인공지능이 야기하는 위험을 규율하는 방안으로 선호될까? 이는 인공지능 규제 영역에서만 그런 것일까 아니면 다른 규제 영역에서도 이러한 경향을 발견할 수 있을까? 만약 그렇다면 영향평가는 규제이론의 견지에서 볼 때

---

1 이에 관해서는 양천수, 『인공지능 혁명과 법』(박영사, 2021) 참고.

어떤 의미가 있는 것일까? 이 글은 이러한 문제의식에서 인공지능 영향평가가 규제이론의 측면에서 볼 때 어떤 의미를 지니는지 살펴본다. 더불어 인공지능 영향평가에는 어떤 내용을 담아야 하는지 검토한다. 일단 결론부터 말하면 이 글은 영향평가, 특히 사전영향평가가 인공지능 위험에 대한 규제원칙을 충실하게 구현하는 규제방안이라고 주장하고자 한다.

Ⅱ. 영향평가의 의의

1. 개념

영향평가는 일단 특정한 규제대상이 안고 있는 위험 및 이러한 위험이 사회 전반에 미치는 영향을 총체적으로 평가하는 것으로 정의할 수 있다. 이러한 개념 정의를 인공지능에 적용하면 인공지능 영향평가(AI impact assessment)란 인공지능이 가진 위험과 그 위험이 사회 전반에 미치는 영향을 총체적으로 평가하는 것이라고 규정할 수 있다.

시간성의 측면에서 보면 영향평가는 사전영향평가와 사후영향평가로 구별할 수 있다. 인공지능 영향평가를 예로 들면 사전영향평가가 인공지능이 가진 위험 및 그 사회적 영향을 사전에, 즉 인공지능이 가동하기 이전에 평가하는 것이라면, 사후영향평가는 인공지능이 작동한 이후에 그 위험 및 사회적 영향을 평가하는 것이라 할 수 있다. 영향평가는 현실적으로는 이 중에서 사전영향평가의 형태로 주로 시행된다.[2]

2. 유형

최근 인공지능 영향평가가 활발하게 논의되지만 우리 법체계는 이미 다양한 영향평가를 제도화하고 있다. 이러한 예로 기술영향평가, 환경영향평가, 성별영향평가, 개인정보 영향평가, 규제영향평가, 인권영향평가 등을 들 수 있다.

---

2 사후영향평가는 주로 입법평가에서 사용된다. 이를 보여주는 예로 최유·권채리, 『「난민법」에 대한 사후적 입법평가』(한국법제연구원, 2017) 참고.

(1) 기술영향평가

인공지능 영향평가와 유사한 영향평가로 기술영향평가를 들 수 있다.[3] 기술영향평가는 「과학기술기본법」에 따라 실시된다. 「과학기술기본법」 제14조 제1항에 따르면 "정부는 새로운 과학기술의 발전이 경제·사회·문화·윤리·환경 등에 미치는 영향을 사전에 평가하고 그 결과를 정책에 반영"해야 한다. 여기서 알 수 있듯이 기술영향평가는 "과학기술의 발전이 경제·사회·문화·윤리·환경 등에 미치는 영향을 사전에 평가"하는 것을 뜻한다. 사전영향평가 방식으로 기술영향평가를 규정하는 것이다.

(2) 환경영향평가

환경영향평가는 「환경영향평가법」에 의해 제도화되어 시행된다.[4] 「환경영향평가법」은 "환경에 영향을 미치는 계획 또는 사업을 수립·시행할 때에 해당 계획과 사업이 환경에 미치는 영향을 미리 예측·평가하고 환경보전방안 등을 마련하도록 하여 친환경적이고 지속가능한 발전과 건강하고 쾌적한 국민생활을 도모함을 목적"으로 한다. 이에 의하면 환경영향평가란 "환경에 영향을 미치는 계획을 수립할 때에 환경보전계획과의 부합 여부 확인 및 대안의 설정·분석 등을 통하여 환경적 측면에서 해당 계획의 적정성 및 입지의 타당성 등을 검토하여 국토의 지속가능한 발전을 도모하는 것"을 말한다(제2조 제1호).

(3) 성별영향평가

성별영향평가는 「성별영향평가법」에 의해 시행된다.[5] 「성별영향평가법」은 "국가 및 지방자치단체의 정책에 대한 성별영향평가에 관하여 기본적인 사항을 정하여 정책의 수립과 시행에서 성평등을 실현하는 것을 목적"으로 한다(제1조). 이에 따르면 성별영향평가란 "중앙행정기관의 장 및 지방자치단체의 장이 정책을 수립하거나 시행하는 과정에서 그 정책이 성평등에 미칠 영향을 평가하

---

3 기술영향평가에 관해서는 김병윤, "기술영향평가 개념에 대한 탐색: 역사적 접근", 『기술혁신학회지』 제6권 제3호(2003), 306~327면 참고.
4 환경영향평가에 관해서는 김동욱, 『환경영향평가』(그루, 2004) 참고.
5 성별영향평가에 관해서는 이향숙, 『사전영향평가 제도의 설계와 활용에 관한 연구: 성별영향분석평가 제도를 중심으로』(충남대학교 행정학 박사학위 논문, 2018) 참고.

여 정책이 성평등의 실현에 기여할 수 있도록 하는 것"을 말한다(제2조 제1호).

(4) 개인정보 영향평가

개인정보 영향평가는 「개인정보 보호법」 제33조에 따라 시행된다.[6] 「개인정보 보호법」 제33조 제1항에 의하면 "공공기관의 장은 대통령령으로 정하는 기준에 해당하는 개인정보파일의 운용으로 인하여 정보주체의 개인정보 침해가 우려되는 경우에는 그 위험요인의 분석과 개선 사항 도출을 위한 평가를 하고 그 결과를 보호위원회에 제출하여야 한다. 이 경우 공공기관의 장은 영향평가를 보호위원회가 지정하는 기관 중에서 의뢰하여야 한다." 이때 말하는 평가, 즉 개인정보파일을 운용함으로써 정보주체의 개인정보 침해가 우려되는 경우에 그 위험요인을 분석하고 개선 사항을 도출하기 위한 평가가 개인정보 영향평가이다. 환경영향평가나 성별영향평가는 독자적인 법률에 따라 시행되는 반면, 개인정보 영향평가는 「개인정보 보호법」 제33조 제1항을 근거로 하여 이를 구체화하는 「개인정보 영향평가에 관한 고시」에 의해 시행된다.

(5) 규제영향평가

규제영향평가는 「행정규제기본법」 제7조가 제도화한 영향평가이다.[7] 다만 「행정규제기본법」은 이를 "규제영향분석"으로 개념화한다. 이에 따르면 규제영향분석이란 "규제로 인하여 국민의 일상생활과 사회·경제·행정 등에 미치는 여러 가지 영향을 객관적이고 과학적인 방법을 사용하여 미리 예측·분석함으로써 규제의 타당성을 판단하는 기준을 제시하는 것"을 말한다(제2조 제1항 제5호).

(6) 인권영향평가

이외에도 인권영향평가가 논의된다.[8] 이는 아직 법으로 제도화되지 않았지

---

6 개인정보 영향평가에 관해서는 장호익, 『개인정보 영향평가에 관한 법제연구』(숭실대 IT정책경영학 박사학위 논문, 2011) 참고.
7 규제영향평가에 관해서는 서성아 외, 『규제영향평가 효과성 제고를 위한 정부규제의 비용·편익 이슈 분석』(한국행정연구원, 2019) 참고.
8 인권영향평가에 관해서는 최유, "인권영향평가에 관한 연구", 『입법평가연구』 제9호(2015), 423~456면 참고.

만 지방자치단체 가운데는 조례에 근거를 두어 실시하는 경우도 있다. 예를 들어 광주광역시는 「광주광역시 인권 보장 및 증진에 관한 조례」 제20조에서 제20조의3에 근거를 두어 새롭게 제정 또는 개정되는 조례를 대상으로 인권영향평가를 실시한다.

(7) 기존 영향평가와 인공지능 영향평가 비교

이처럼 영향평가는 이미 다양한 영역에서 제도화되어 사용된다. 그 이유는 영향평가가 기존의 규제방식과는 차이가 있는 규제방식으로 여러 장점이 있기 때문이다. 그렇지만 이미 법률로 제도화된 환경영향평가나 성별영향평가, 개인정보 영향평가 등과 비교할 때 인공지능 영향평가는 구조적인 면에서 차이가 있다. 환경영향평가나 성별영향평가, 개인정보 영향평가는 특정한 사업이나 정책, 규제, 개인정보 이용 등이 환경이나 성별, 개인정보에 미치는 영향을 사전에 평가하는 제도이다. 이에 반해 인공지능 영향평가는 인공지능이 사회에 미치는 위험 및 영향을 사전에 평가하는 제도이다. 그 점에서 정반대의 구조를 취한다. 환경영향평가와 성별영향평가, 개인정보 영향평가가 환경이나 성별, 개인정보에 미치는 영향을 평가하는 것이라면, 인공지능 영향평가는 인공지능이 우리 사회 전체에 미치는 영향을 평가하는 것이기 때문이다. 요컨대 전자에서는 환경, 성별, 개인정보에 미치는 영향을 평가하는 것이 문제된다면 후자에서는 인공지능이 사회에 미치는 영향을 평가하는 것이 문제가 된다.

물론 기존의 영향평가 가운데는 인공지능 영향평가와 유사한 구조를 가지는 경우도 있다. 기술영향평가나 규제영향평가가 그러한 예에 해당한다. 인공지능 영향평가와 마찬가지로 기술영향평가나 규제영향평가는 특정한 기술이나 규제가 우리 사회 전반에 미치는 영향을 평가한다.

이렇게 보면 영향평가는 상반된 구조로 제도화된다고 말할 수 있다. 문제가 되는 규제나 기술 등이 우리 사회 전반에 미치는 영향을 평가하는 영향평가와 사회 전반에 미치는 영향 가운데 환경, 성별, 개인정보, 인권 등에 집중하여 실시하는 영향평가가 그것이다. 바로 이 점에서 '기술영향평가/규제영향평가/인공지능 영향평가'는 '환경영향평가/성별영향평가/개인정보 영향평가/인권영향평가'와 결합될 수 있다. 예를 들어 인공지능이 환경이나 성별, 개인정보에 미치는 영향을 고려하면 인공지능 환경영향평가나 인공지능 성별영향평가라는 방식으로 운용될 수 있다.[9] 그게 아니면 인공지능 인권영향평가라는 형식으로 운용할 수도 있다. 인공지능이 인권에 어떤 영향을 미치는지를 사전에 평가하는 것이다.

물론 인공지능 영향평가를 포함하는 영향평가를 어떤 방식으로 운용할 것인가는 그 자체 독자적인 문제가 된다. 가령 인공지능 영향평가를 다른 영향평가와 결합하여 실시하는 게 장점이 있지만 단점 역시 존재한다. 이를테면 인공지능 영향평가를 이러한 방식으로 운용하면 이 제도의 독자성이 퇴색될 수 있다. 따라서 인공지능 영향평가의 제도적 상징성을 부각시킬 수 있도록 이를 독자적으로 실시하는 방안이 유용할 수도 있다. 인공지능이 야기하는 위험을 사전에 평가하는 독자적인 제도로 운용하는 것이다. 이때 말하는 위험은 개인을 포함하는 사회 전체에 미치는 위험을 뜻하는 것으로 여기에는 인권이나 개인정보와 같은 개인적 이익과 성별영향, 다양성, 환경, 지속가능성 등과 같은 공익이 모두 포함된다고 새기는 것이 바람직하다. 인공지능 영향평가를 어떤 방식으로 운용하는 것이 바람직한지는 아래에서 다시 검토한다.

Ⅲ. 인공지능 영향평가에 대한 비교법적 검토

인공지능 영향평가는 인공지능의 위험을 통제하고 관리하는 데 선구적인 관심을 보이는 유럽연합이나 미국에서 인공지능에 대한 적절한 규제방식으로 논의된다. 물론 아직은 인공지능 영향평가가 실정법적 규제로 제도화되는 데는 시간이 걸리는 것으로 보인다. 대신 자율규제의 차원에서 그리고 '인공지능 윤리'라는 맥락에서 인공지능 영향평가가 논의되는 경우가 많다. 이러한 근거에서 인공지능 영향평가는 '자체평가'의 일환으로 소개되기도 한다.

---

9 실제로 개인정보 영향평가는 인공지능 영향평가의 한 부분을 구성하는 경우가 많다.

1. 신뢰할 수 있는 인공지능 평가 목록(ALTAI)

2020년 7월 17일에 최종본이 나온 『자체평가를 위한 신뢰할 수 있는 인공지능 평가 목록』(The Assessment List for Trustworthy Artificial Intelligence (ALTAI) for self assessment)(이하 'ALTAI'로 약칭함)은 여러모로 주목할 만하다.[10] 유럽연합 집행위원회에 의해 구성된 '인공지능에 관한 독립적 고위 전문가 그룹'(Independent High-Level Expert Group on Artificial Intelligence)이 제시한 ALTAI는 인공지능 영향평가가 무엇을 내용으로 삼아야 하는지에 유익한 정보를 제공한다. 인공지능에 대한 자체평가를 대상으로 하는 ALTAI는 다음과 같은 사항을 평가기준에 포함한다. 첫째, 인간의 대리와 감독, 둘째, 기술적 견고성과 안전성, 셋째, 프라이버시 및 데이터 거버넌스, 넷째, 투명성, 다섯째, 다양성, 차별금지 및 공정성, 여섯째, 사회적·환경적 웰빙, 일곱째, 책임이 그것이다.

이때 첫째, 인간의 대리와 감독은 인간의 대리와 자율성, 인간의 감독을 구체적인 평가기준으로 한다. 둘째, 기술적 견고성과 안전성은 인공지능에 대한 공격의 회복력과 보안, 일반 안전, 정확성, 대체 계획 및 재현성을 구체적인 평가기준으로 한다. 셋째, 프라이버시 및 데이터 거버넌스는 프라이버시, 데이터 거버넌스를 구체적인 평가기준으로 한다. 넷째, 투명성은 추적성, 설명 가능성, 소통을 구체적인 평가기준으로 한다. 다섯째, 다양성, 차별금지 및 공정성은 불공정한 편견 회피, 접근성과 범용 설계, 이해관계자 참여를 구체적인 평가기준으로 한다. 여섯째, 사회적·환경적 웰빙은 환경적 웰빙, 업무와 기술에 미치는 영향, 사회 전체 또는 민주주의에 미치는 영향을 구체적인 평가기준으로 한다. 일곱째, 책임은 감사 가능성, 위험 관리를 구체적인 평가기준으로 한다.

그런데 ALTAI에 관해 주의해야 할 점이 있다. ALTAI는 인공지능 위험에 대한 자체평가를 목표로 한다는 것이다. 이로 인해 ALTAI가 제시하는 구체적인 평가기준은 인공지능 윤리로 제시되는 규범적 내용과 겹치는 부분이 많다. 그러나 자체평가와 영향평가를 개념적으로 구별할 수 있다는 점을 고려하면 ALTAI가 제안하는 평가기준을 곧바로 인공지능 영향평가의 규범적 내용으로

---

10 이는 https://ec.europa.eu/digital-single-market/en/news/assessment-list-trustworthy-artificial-intelligence-altai-self-assessment에서 확인할 수 있다.

수용하는 것은 바람직하지 않다.[11] 물론 부분적으로 인공지능 윤리를 인공지능 영향평가의 기준으로 활용할 수도 있다. 그렇지만 자체평가와 영향평가가 추구하는 목표가 반드시 같지는 않다는 점을 염두에 둘 필요가 있다.

2. 알고리즘 영향평가

그다음 주목할 만한 것으로 2018년 4월 미국의 'AI Now Institute'가 발간한 『알고리즘 영향평가: 공공기관의 책임을 위한 실천 프레임워크』(Algorithmic Impact Assessment: A practical framework for public agency accountability』(이하 'AIA'로 약칭함)를 들 수 있다.[12] 라이스먼(Dillon Reisman), 슐츠(Jason Schultz), 크로포드(Kate Crawford), 휘터커(Meredith Whittaker)가 공동으로 집필한 이 리포트는 공공기관이 알고리즘 영향평가를 어떻게 해야 하는지를 제시한다. 자체평가 방법과 기준을 언급하는 ALTAI와는 달리 AIA는 영향평가의 방법과 기준을 제안한다. 더불어 AIA는 유럽연합이 제시한 ALTAI와 비교할 때 알고리즘 영향평가를 하는 데 필요한 실체적 기준보다는 절차적 기준과 방법을 제시하는 것에 더 중점을 둔다. AIA는 영향평가가 환경보호와 인권, 데이터 보호, 프라이버시 영역에서 사용되는 것처럼 알고리즘 영역에서도 사용될 수 있다고 본다.[13] 이때 AIA가 평가대상으로 삼는 것은 '자동화된 결정 시스템'(automated decision system)이다.[14] 자동화된 결정 시스템이 사회에 미치는 영향을 평가하고자 하는 것이다. 아울러 AIA는 평가기준으로 공정, 정의, 적법절차와 다양한 영향 등을 언급한다.[15] ALTAI와 비교할 때 AIA는 실체적 기준보다는 절차적인 방법을 제시하는데 더욱 집중한다는 점에서 인공지능 영향평가의 절차를 구축하는 데 도움이된다. 특히 자동화된 결정 시스템의 영향을 평가할 때 외부 연구자나 감사자의접근을 허용하는 AIA의 태도는 주목할 만하다.[16]

---

11 이에 관해서는 아래 Ⅳ. 3. (2) 참고.
12 이는 https://ainowinstitute.org/aiareport2018.pdf에서 확인할 수 있다. AI Now Institute는 뉴욕대학교에 자리한 학제 간 연구소이다.
13 Dillon Reisman/Jason Schultz/Kate Crawford/Meredith Whittaker, *Algorithmic Impact Assessment: A practical framework for public agency accountability* (AI Now Institute, 2018), p.5.
14 *ibid.*, p.11.
15 *ibid.*, p.15.

3. 유네스코 인공지능 윤리 권고

인공지능 영향평가에 의미 있는 국제규범으로 유네스코가 2021년 11월 총회에서 공표한 「인공지능 윤리 권고」(Recommendation on the Ethics of Artificial Intelligence)를 들 수 있다.[17] 「인공지능 윤리 권고」(이하 '권고'로 약칭함)는 크게 세 가지 규범적 내용을 제시한다.[18] 가치, 원칙, 정책·협력이 그것이다.

이 중 가장 높은 위치에 자리하는 것은 가치이다. 가치는 인공지능 윤리가 추구하는 가치가 무엇이어야 하는지 보여준다. 권고는 가치로서 '인권, 기본적 자유, 인간 존엄성의 존중·보호·증진/환경 및 생태계의 번영/다양성 및 포용성/조화롭고 공정하며 상호연결된 사회에서 삶'을 제시한다.

원칙은 가치를 구체화한 규범적 내용이다. 권고는 원칙으로 10가지를 제안한다. '과잉금지 및 위해금지/안전 및 보안/공정성 및 차별금지/지속가능성/프라이버시 및 정보보호/인간의 감독 및 결정/투명성 및 설명 가능성/책임 및 책무/인식 및 리터러시/다자적·적응형 거버넌스 및 협업'이 그것이다.

정책·협력은 인공지능 윤리의 가치와 원칙을 실현하는 데 필요한 정책과 회원국 사이의 협력을 제시한다. '윤리영향평가/윤리적 거버넌스 및 감독의무/데이터 정책/개발 및 국제협력/환경 및 생태계/성/문화/교육 및 연구/정보통신/경제 및 노동/건강 및 사회복지'가 그것이다.

이때 주목해야 할 부분은 권고가 첫 번째 정책·협력 과제로 윤리영향평가를 제시한다는 것이다. 여기서 말하는 윤리영향평가(ethical impact assessment)는 인공지능 윤리로 규범화된 영향평가를 뜻한다. 말을 바꾸면 인공지능 윤리가 사회 전반에 미치는 영향을 평가하라는 것이 아니라, 인공지능이 미치는 영향에 대한 평가를 인공지능 윤리로 수용하라는 것이다. 이러한 영향평가가 정책·협력의 첫 번째 과제로 제시되었다는 점에서 인공지능 영향평가의 규범적 중요성을 추측할 수 있다.

---

16 *ibid.*, p.18.
17 원문은 https://unesdoc.unesco.org/ark:/48223/pf0000380455에서 확인할 수 있다.
18 「인공지능 윤리 권고」에 대한 소개로는 양천수, "인공지능 윤리의 현황과 과제", 『인권이론과 실천』 제29호(2021), 67~101면 및 이 책 제10장 참고.

4. 시사점

유럽연합의 ALTAI나 미국의 AIA에서 다음과 같은 시사점을 얻을 수 있다.[19] 먼저 인공지능 영향평가는 인공지능 윤리와 부분적으로 결합되어 사용될 수 있다는 것이다. 다시 말해 인공지능 윤리가 연성규범으로서 인공지능의 위험 및 영향을 사전에 평가하는 데 실체적·절차적 기준으로 일부 활용될 수 있다는 것이다. 다음으로 이미 제도화되어 활용되는 영향평가, 가령 환경영향평가나 성별영향평가, 개인정보 영향평가 및 아직 제도화되지는 않았지만 인권 영역에서 활발하게 논의되는 인권영향평가 등이 인공지능 영향평가와 결합되어 사용될 수 있다는 점이다. 나아가 영향평가를 할 때 외부자의 참여를 적극 유도한다는 점이다. 이렇게 외부자의 참여와 감시를 허용하면 인공지능 영향평가의 공정성과 투명성을 제고하는 데 도움이 된다. 이는 시민들이 인공지능에 가지는 주관적·사회적 불안을 억제하는 데 도움을 준다.

Ⅳ. 인공지능 영향평가의 제도화와 내용

1. 영향평가의 규제이론적 의미

앞에서 언급한 것처럼 최근 영향평가는 다양한 영역에서 사용된다. 그 이유는 무엇일까? 규제이론의 측면에서 볼 때 영향평가는 여러 장점이 있기 때문이다. 특정한 대상이나 행위에 투입되는 규제는 크게 다음과 같이 구별할 수 있다. 자율성을 기준으로 하여 '자율적 규제/타율적 규제', '행위/결과'를 기준으로 하여 '행위 중심적 규제/결과 중심적 규제', 시간성을 기준으로 하여 '사전적 규제/사후적 규제', '비난/반성'을 기준으로 하여 '비난중심적 규제/반성적 규제'가 그것이다.[20] 법에서 전통적으로 사용하는 규제는 이 가운데 ≪타율적 규제-결

19 이외에도 2021년 4월에 유럽연합 집행위원회가 제안한 '인공지능 규제법안' 제19조 등은 영향평가와는 구별되는 '적합성 평가'(conformity assessment)를 규정한다. 이에 관해서는 https://eur-lex.europa.eu/legal-content/EN/TXT/?uri=CELEX%3A52021PC0206 참고. 유럽연합의 인공지능 규제법안에 관해서는 박혜성·김법연·권헌영, "인공지능 규제에 대한 연구: 유럽연합의 입법안을 중심으로", 『공법연구』 제49집 제3호(2021), 349~374면 참고.
20 이에 관해서는 양천수, "지능정보기술의 위험과 법적 대응 방안: 알고리즘에 대한 대응을 중심으

과 중심적 규제－사후적 규제－비난중심적 규제≫라는 조합으로 구성 및 실행
된다. 민법의 대표적인 규제 수단인 손해배상 청구권이나 형법의 제재 수단인
형벌이 이를 잘 예증한다. 그러나 이 같은 규제방식은 결국 비난에 초점을 맞춘
다는 점에서 문제가 없지 않다. 물론 비난이라는 규범적 의미가 필요한 경우도
있다. 형사법 영역이 대표적인 경우이다. 범죄행위에 대한 비난이야말로 형사책
임의 핵심 근거가 되기 때문이다.[21] 그렇지만 우리가 진정 바라는 것은 규제가
필요하지 않은 세계이자 상황이다. 이러한 상황을 구현하는 데 비난중심적 규
제가 적합하지 않다면 다른 방식의 규제, 즉 반성적 규제를 모색할 필요가 있
다. 그리고 반성적 규제는 많은 경우 자율적－행위중심적－사전적 규제방식을
필요로 한다. 바로 이 점에서 영향평가, 특히 사전영향평가가 선호된다. 사전영
향평가야말로 자율적－사전적－반성적 규제방식을 구현하는 대표적인 규제에
해당하기 때문이다.[22]

2. 인공지능 영향평가의 규제이론적 의미

인공지능 영향평가는 영향평가를 인공지능 영역에 적용한 것이다. 영향평
가는 주로 사전영향평가의 형식으로 이루어지기에 인공지능 영향평가는 다음과
같이 풀어 말할 수 있다. 인공지능이 유발하는 위험을 사전에, 즉 인공지능이
본격적으로 작동하기 전에 그 위험을 평가하여 인공지능 개선에 반성적으로 원
용하는 규제방안이 인공지능 영향평가이다. 이러한 인공지능 영향평가는 다음
과 같이 구현될 수 있다. 인공지능 개발자나 사업자 등이 해당 인공지능이 어떤
위험을 안고 있는지, 예를 들어 데이터를 수집하고 활용하는 데 정보주체의 개

로 하여", 『법학연구』(충북대) 제32권 제1호(2021), 351~384면 참고.

21 이는 다음과 같은 독일 연방대법원 형사판결에서 전형적으로 찾아볼 수 있다. BGHSt 2, 194(200):
"형벌은 책임을 전제로 한다. 책임은 비난가능성이다. (…) 책임비난에 대한 내적 근거는 인간은
스스로 책임을 질 수 있는 윤리적 결정을 자유롭게 할 수 있다는 점 그리고 바로 이 때문에 법에
합치하는 결정을 할 수 있는 능력을 갖추고 있다는 점에서 찾을 수 있다."

22 다만 영향평가는 '영향'(impact)이라는 결과를 고려하기에 순수한 행위중심적 규제라고 말하기는
어렵다. 하지만 사전에 실시되는 영향평가는 실제로 발생한 결과를 평가하기보다는 발생할 것으
로 예측되는 결과를 평가한다는 점에서 전형적인 결과중심적 규제와는 차이가 있다. 이미 발생
한 결과라는 과거를 지향하는 것이 아니라, 앞으로 발생할지 모르는 결과라는 미래를 지향하는
것이다.

인정보에 대한 침해 위험을 최소화하고 있는지, 인공지능에 적용되는 알고리즘
이 객관적이고 공정하며 편향되지 않게 작동하는지, 인공지능이 사회 여러 영
역에 사용될 때 인권이나 환경, 다양성, 지속가능성 등을 침해할 위험을 최소화
하는지 등을 사전에 점검하고 평가하도록 하는 것이다.

사전영향평가를 토대로 한 인공지능 영향평가는 제재 및 처벌을 중시하는
전통적인 규제방식과 비교할 때 크게 두 가지 장점이 있다. 우선 인공지능 영향
평가는 인공지능에 대한 규제원칙에 합치하는 규제방식으로 볼 수 있다. 어떤
규제원칙에 따라 인공지능을 규제할 것인가에는 여러 대답을 할 수 있다. 그중
필자는 인공지능이 혁신성장의 핵심 기술로서 현재 개발 중인 상황에 있다는
점을 고려하여 '자율성 통제 우선/행위(작동) 중심적 통제 우선/사전적·현재적
통제 우선/반성적 통제 우선'을 인공지능 규제원칙으로 설정해야 한다고 주장
한다.[23] 인공지능은 가능한 한 자율적으로, 인공지능 작동 그 자체에 초점을 맞
추어, 가능한 한 사전에 규제해야 하고 이때 규제도 반성적으로, 즉 규제를 통
해 인공지능이 위험을 더욱 예방하는 방식으로 이루어져야 한다는 것이다.

나아가 인공지능 영향평가는 특정한 주체에 의해 이루어지는 행위를 규제
대상으로 삼는 전통적인 규제방식과는 달리, 규제대상이 야기하는 위험을 총체
적으로 평가하는 규제방식에 해당한다.[24] 오늘날 특정한 제도나 존재가 지닌 위
험은 손쉽게 사회 전체적으로 확산될 수 있다는 점에서 인공지능 영향평가는
복잡하게 연결된 현대사회에서 인공지능이 산출하는 위험에 적절하게 대응하는
규제방식이라 말할 수 있다.

3. 인공지능 영향평가의 제도화에 관한 쟁점

(1) 객관적·주관적·사회적 위험

인공지능 영향평가는 인공지능이 사회 전반에 미치는 위험을 사전에 평가

---

[23] 이에 관해서는 양천수, "지능정보기술의 위험과 법적 대응 방안: 알고리즘에 대한 대응을 중심으
로 하여", 『법학연구』(충북대) 제32권 제1호(2021), 351면 아래 및 이 책 제11장 참고.

[24] 이를 지적하는 양천수, "인권경영을 둘러싼 이론적 쟁점", 『법철학연구』 제17권 제1호(2014),
159~188면 참고.

한다. 이때 위험은 다음과 같이 구별할 수 있다. 한편으로 인공지능이 생산하는 위험을 기준으로 하면 인공지능에 사용되는 개인정보에 관한 위험, 알고리즘에 관한 위험, 인공지능의 사회적 사용에 관한 위험이 그것이다.[25] 인공지능 규범 역시 이에 대응하여 제정되는 경우가 많다.

그런데 이 글에서 주목하고픈 것은 다른 방식의 위험 구별이다. 인공지능의 위험이 영향을 미치는 대상, 즉 인공지능과 구별되는 환경을 기준으로 하면 위험은 '객관적 위험/주관적 위험/사회적 위험'으로 구별할 수 있다.[26] 이는 인공지능 영향평가를 제도화하는 데 중요하다.

우선 객관적 위험은 객관적인 방법으로, 가령 수학적인 확률이나 통계 등의 방법으로 측정할 수 있는 위험을 뜻한다. 예를 들어 자율주행차가 알고리즘의 오작동으로 교통사고를 일으킬 수 있는 위험을 정량적으로 측정하여 도출한 값을 들 수 있다.

다음으로 주관적 위험은 인공지능과 관련을 맺는 각 개인적 주체가 주관적으로 느끼는 위험을 말한다. 이를테면 객관적인 근거 없이 자율주행차나 인공지능에 인간 주체가 막연하게 느끼는 불안을 주관적 위험으로 볼 수 있다.

마지막으로 사회적 위험은 사회적 차원에서, 더욱 정확하게 말하면 사회적 소통 속에서 대중이 느끼는 위험을 말한다. 사회적 위험은 주관적 위험을 출발점으로 하지만 양자는 다음과 같은 점에서 차이가 있다. 주관적 위험은 각 개별 주체에 따라 달라질 수 있지만, 사회적 위험은 각 주체들 사이에서 일정한 공감대를 형성한다는 점이다. 주관적 위험보다는 일반화된 위험이 사회적 위험이라 할 수 있다. '상호주관성'(Intersubjektivität)이라는 개념을 원용하면 사회적 위험은 상호주관적 위험으로 달리 말할 수 있다.[27] 또는 독일의 사회학자 루만(Niklas Luhmann)의 초기 체계이론적 개념으로 바꾸어 말하면 주관적 위험

---

25 이에 관해서는 권은정 외, 『지능화 혁명 시대의 위험 통제 및 기술 수용을 위한 법제도 체계 전환에 관한 연구』(정보통신정책연구원, 2020) 참고.

26 이러한 위험 구별에 관해서는 양천수, "위험·재난 및 안전 개념에 대한 법이론적 고찰", 『공법학연구』제16권 제2호(2015), 187~216면; 전영실 외, 『국민안전 보장을 위한 형사정책 실효성 검증 및 효율성 제고 방안 연구(I)-하』(한국형사정책연구원, 2016) 등 참고.

27 상호주관성 개념에 관해서는 Jürgen Habermas, *Theorie des kommunikativen Handelns*, Bd. I (Frankfurt/M., 1981) 참고.

은 인격체계가 느끼는 위험, 사회적 위험은 사회적 체계에서 구성된 위험으로 구별할 수 있다.[28]

이러한 구별은 다음과 같은 점에서 의미가 있다. 객관적 위험과 주관적·상호주관적 위험은 일치하기도 하지만 서로 차이를 보이는 경우도 많다. 객관적 위험은 낮은데도 주관적 위험이나 상호주관적 위험은 크게 감지되는 경우도 많다. 이는 다수의 행동경제학 연구가 잘 보여준다.[29] 따라서 인공지능의 위험을 사전에 평가하고 억제하기 위해서는 객관적 위험뿐만 아니라 주관적·상호주관적 위험 역시 시야에 넣어야 한다. 이를 위해서는 인공지능 영향평가를 실행할 때 외부인이 이 절차에 참여할 수 있어야 한다. 인공지능 영향평가가 투명하게 공개되어야 한다. 그렇게 해야 비로소 인공지능에 대한 주관적 위험이나 사회적 위험 역시 적절하게 관리될 수 있다.[30] 이 점에서 알고리즘 영향평가를 실시할 때 외부인의 참여를 강조하는 AIA 태도는 시사하는 바가 크다.

(2) 인공지능 윤리와 영향평가의 결합과 분리

인공지능 영향평가를 제도화할 때 영향평가에 사용되는 실체적 기준을 어떻게 마련해야 할지 문제가 된다. 이에 관한 한 가지 해법으로 최근 많은 논의가 진행되는 인공지능 윤리의 기준들을 인공지능 영향평가의 실체적 기준으로 원용하는 것을 생각해 볼 수 있다. 이는 유럽연합이 제시한 ALTAI가 잘 보여준다. 가령 인공지능 윤리로 제안되는 인간의 존엄이나 행복, 차별금지, 다양성과 공정, 투명성과 설명 가능성, 책임 등을 인공지능 영향평가에 적용되는 평가기준으로 원용할 수 있다.

그러나 이때 주의해야 할 점이 있다. 인공지능 위험을 평가하는 방법에는 두 가지가 있다는 것이다. '자체평가'(self assessment)와 '영향평가'(impact assess-

---

28 인격체계와 사회적 체계를 구별하는 경우로는 니클라스 루만, 윤재왕 (옮김), 『절차를 통한 정당화』(새물결, 2022), 393면 아래 참고.
29 이를 보여주는 대니얼 카너먼, 이창신 (옮김), 『생각에 관한 생각: 우리의 행동을 지배하는 생각의 반란』(김영사, 2018) 참고.
30 이는 인공지능 영향평가 절차 자체가 인공지능 위험을 객관적으로 감소시킨다는 기능보다는 인공지능 위험 억제에 대한 상징적·표현적 기능을 수행한다는 점과 관련을 맺는다. 복잡한 현대사회에서 특정한 절차가 도구적·목적적 기능뿐만 아니라 표현적 기능을 수행한다고 지적하는 경우로 니클라스 루만, 앞의 책, 353면 아래 참고.

ment)가 그것이다. 전자에 관한 규범이 유럽연합의 ALTAI라면 후자에 관한 규범이 미국의 AIA이다. 양자는 내용 면에서 겹치기도 하지만 구별되는 영역이 분명 존재한다. 가령 자체평가 규범은 인공지능 개발자 등이 이를 사전에 그리고 자율적으로 점검하고 준수해야 하는 것이라면, 영향평가 규범은 인공지능이 사회에 미치는 영향에 관한 것이다. 영향평가 규범은 인공지능이라는 일종의 기계적 체계와 사회라는 환경의 구별, 달리 말해 '체계/환경'이라는 구별을 전제로 한다. 따라서 영향평가에 대한 실체적 기준을 설정할 때는 인공지능과는 구별되는 환경에 관한 것, 즉 사회 전반에 관한 것이 우선적으로 고려되어야 한다. 이러한 예로 인권, 개인정보, 편향성, 환경 등을 거론할 수 있다.[31]

이렇게 보면 인공지능 윤리로 제시되는 규범을 영향평가의 실체적 기준으로 원용하는 것은 가능하지만 이때 다음을 주의해야 한다. 인공지능 자체에 관한 윤리기준, 예를 들어 인공지능의 기술적 안정성이나 투명성, 설명 가능성 등은 영향평가 기준으로 사용하기 적절하지 않다는 것이다. 영향평가를 위한 실체적 기준은 그 개념에 적합하게 인공지능이 사회 전반에 미치는 영향이 구체적으로 무엇인지에 초점을 맞추어야 한다.

(3) 인공지능 영향평가의 투명화

인공지능 영향평가가 성공적으로 구현될 수 있으려면 가능한 한 이를 자율적으로 실행하는 것이 바람직하다. 말하자면 자체평가 방식으로 그리고 사전에 영향평가를 수행하는 것이다. 그렇게 해야만 영향평가가 목표로 하는 규제목표, 즉 인공지능 위험 예방을 실현할 수 있다. 하지만 그렇다고 해서 영향평가를 인공지능 개발자나 사업자 등이 폐쇄적으로 실시하는 것은 바람직하지 않다. 그

---

31 유네스코의 「인공지능 윤리 권고」 역시 이 점을 강조한다. 권고는 인공지능 윤리영향평가에 관해 다음과 같이 말한다. "Member States should introduce frameworks for impact assessments, such as ethical impact assessment, to identify and assess benefits, concerns and risks of AI systems, as well as appropriate risk prevention, mitigation and monitoring measures, among other assurance mechanisms. **Such impact assessments should identify impacts on human rights and fundamental freedoms, in particular but not limited to the rights of marginalized and vulnerable people or people in vulnerable situations, labour rights, the environment and ecosystems and ethical and social implications, and facilitate citizen participation in line with the values and principles set forth in this Recommendation.**"(강조는 인용자)

렇게 하면 인공지능에 대한 주관적·사회적 위험, 달리 말해 주관적·사회적 불안을 증대시킬 수 있다. 아무리 인공지능의 위험성을 객관적으로 평가한다 하더라도 영향평가가 내부적·폐쇄적으로 이루어지면 인공지능에 관한 주관적·사회적 위험을 억제하기 어렵다. 따라서 AIA가 시사하는 것처럼 인공지능 영향평가를 수행할 때는 외부에 있는 연구자나 감사인, 일반 시민들이 참여할 수 있는 여지를 마련해야 한다. 영향평가 과정을 투명하게 공개해야 한다. 그렇게 해야 비로소 인공지능에 대한 주관적·사회적 위험을 적절하게 관리할 수 있다.

(4) 공적 인공지능과 사적 인공지능의 구별

인공지능 영향평가는 공적 영역에서 사용되는 인공지능과 사적 영역에서 사용되는 인공지능을 구별하여 실행할 필요가 있다.[32] 공적 영역과 사적 영역은 각 영역을 규율하는 규범원리의 측면에서 차이가 나기 때문이다. 예를 들어 사적 영역은 사적 자치가 지배하기에 각 당사자의 자율성과 이익을 더욱 중시할 필요가 있다. 사적 당사자의 견지에서 보면 인공지능은 귀중한 지식재산에 해당하기에 이를 투명하게 공개하도록 강제하는 것은 적절하지 않을 수 있다. 반면 공적 영역은 민주주의와 법치주의가 적용되는 영역이어서 공정성과 투명성이 엄격하게 요청된다. 이로 인해 투명성, 공정성, 차별금지 등과 같은 규범적 가치가 공적 영역에서 사용되는 인공지능에 강조된다.

이러한 근거에서 영향평가를 실시할 때는 공적 인공지능과 사적 인공지능을 구별하여 취급할 필요가 있다. 예를 들어 인공지능 영향평가를 제도화하는 방식을 구별하는 것을 들 수 있다. 공정성과 투명성 등이 강조되는 공적 영역에서 사용되는 인공지능에 대한 영향평가는 법으로 강제하는 방식이 적절하다. 반면 사적 영역에서 사용되는 인공지능에는 영향평가를 법으로 강제하는 것보다 인센티브를 제공하는 방식과 결합하여 자율적으로 실시하도록 하는 것이 바람직하다. 영향평가를 인증제도의 형식으로 운용하는 것도 고려할 수 있다.

---

[32] 인공지능 윤리를 설정할 때 이 점을 강조하는 경우로는 양천수, "인공지능과 윤리: 법철학의 관점에서", 『법학논총』(조선대) 제27집 제1호(2020), 73~114면 참고.

4. 인공지능 영향평가의 실체적 기준 구상

(1) 출발점으로서 사회에 미치는 영향과 구체화

인공지능 영향평가에 필요한 실체적 기준은 어떻게 구상해야 하는가? 이미 언급한 것처럼 자체평가와는 달리 영향평가는 인공지능과 구별되는 사회에 미치는 영향을 평가하는 것을 목표로 한다. 따라서 인공지능 자체에 관한 기준, 가령 인공지능의 안전성이나 투명성, 설명 가능성 등은 영향평가 기준으로 삼기에 적절하지 않다.

한편 '사회에 미치는 영향'이라는 기준은 너무 막연해서 이를 섬세하게 구체화할 필요가 있다. 이때 무엇을 기준으로 하여 이를 구체화할 것인지 문제가 된다. 예를 들어 체계이론적 사유를 수용하여 사회를 정치체계나 경제체계, 법체계와 같은 다양한 기능체계로 구별한 후 이러한 기능체계의 기능 수행에 미치는 영향을 평가기준으로 설정할 수도 있다.[33] 이를테면 인공지능이 경제체계의 기능 수행에 부정적인 영향을 미치는지 등을 평가기준으로 고려해 볼 수 있다.

그러나 정치나 경제, 법과 같은 사회적 기능체계에 미치는 영향이라는 기준도 막연하기는 마찬가지이다. 이 같은 근거에서 이익, 그중에서도 개인적 이익, 그 가운데서도 개인적 권리, 즉 인권을 인공지능이 사회에 미치는 영향을 구체화한 기준으로 삼기에 가장 적절하다. 예를 들어 인공지능이 개인적 인권에 어떤 영향을 미치는지를 영향평가의 실체적 기준으로 설정하는 것이다. 우리 법체계의 기초가 되는 근대법 자체가 개인의 권리를 중심으로 하여 설계되었다는 점이 이에 대한 설득력 있는 근거가 된다.[34]

물론 개인적 권리로 환원될 수 없는 이익, 즉 공익도 분명 존재하기에 개인적 권리로만 인공지능 영향평가의 실체적 기준을 설정하는 것은 바람직하지 않다. 따라서 현대사회에서 우리가 중요하게 취급하는 공익, 가령 환경이나 다

---

33 형법학 영역에서 사회적 유해성을 이렇게 설정하는 경우로는 Knut Amelung, *Rechtsgüterschutz und Schutz der Gesellschaft* (Frankfurt/M., 1972) 참고.

34 근대법의 이론적 기초에 관해서는 양천수, "책임과 정의의 상호연관성: 법철학적 시론", 『원광법학』 제24권 제2호(2008), 81~107면 참고.

양성, 지속가능성 등도 평가기준에 추가할 필요가 있다. 이를 고려하면 인공지능 영향평가의 실체적 기준은 《개인적 권리＋공익》이라는 조합으로 다음과 같이 구상할 수 있다.

(2) 인간 존재에 의한 인공지능의 지배가능성

먼저 기본 전제로서 인공지능이 인간 존재에 의해 지배될 수 있다는 점이 기준으로 설정되어야 한다. 언뜻 보면 이는 인공지능 자체에 대한 기준으로 보일 수 있다. 그러나 이는 인공지능과 사람의 관계에 관한 문제이기에 인공지능 영향평가에서 도외시할 수 없다. 인공지능에 대한 인간의 지배가능성이 허물어지면 인공지능 영향평가 자체가 의미를 상실할 것이기 때문이다.

현재까지 개발된 인공지능은 약한 인공지능 수준에 머물러 있다. 아직 완전한 자율성을 획득하지 못하고 있다. 따라서 인공지능을 안전하게 관리하기 위해서는 인공지능이 인간 존재에 의해 지배될 수 있어야 한다. 인간의 합리적인 지배를 벗어난 인공지능은 예기치 못한 위험을 유발할 수 있기 때문이다.

(3) 인간의 존엄성 존중

다음으로 인간의 존엄성 존중을 실체적 기준으로 설정해야 한다. 인공지능, 특히 알고리즘은 인간의 존엄성을 존중하면서 작동해야 한다. 물론 인간의 존엄성은 매우 추상적이면서 다양하게 해석될 수 있는 개념이기에 이는 실제 현실적 기준으로 작용하기는 어렵다.[35] 상징적 의미가 있는데 지나지 않는다고 폄하될 수 있다. 그렇지만 인간과 인공지능의 관계에서 기본적으로 인간의 우선성을 포기할 수 없기에 인공지능 개발자나 사업자 등은 이를 염두에 두어야 한다. 더군다나 인공지능 영향평가 기준으로 인간의 존엄성 존중을 설정하면 인공지능에 대한 주관적·사회적 위험을 줄이는 데 이바지하는 긍정적인 상징적 기능을 수행할 수 있다.

---

[35] 이 문제에 관해서는 이계일, "인간의 존엄은 형량가능한가?", 『원광법학』 제26권 제1호(2010), 157~199면 참고.

(4) 차별금지

인공지능의 편향성 통제를 포괄하는 차별금지도 중요한 평가기준이 된다. 인공지능에 적용되는 알고리즘은 합리적인 근거 없이 편향적으로 작동하지 않아야 한다. 특정한 사회집단이나 성별 등을 합리적 근거 없이 차별하거나 우대해서는 안 된다. 반대로 인공지능은 사회의 다원성 및 다양성을 존중하고 촉진해야 한다. 이는 인공지능 영향평가를 할 때 가장 중요하게 눈여겨보아야 할 부분이다.

(5) 개인정보 보호

현재 개인정보 영향평가가 제도화된 것처럼 인공지능 영향평가에도 개인정보 보호를 실체적 기준으로 포함해야 한다. 인공지능이 제대로 작동하려면 다양한 개인정보가 필요하다. 이 과정에서 개인정보가 노출되거나 악용되는 문제가 발생할 수 있다. 따라서 인공지능 개발자나 사업자 등은 각 정보주체의 개인정보를 보호할 수 있는 물리적·기술적·관리적 조치를 취해야 한다. 더불어 이러한 조치를 실효적으로 실행할 수 있는 데이터 거버넌스를 구축해야 한다.

(6) 인권 및 환경보호

이외에도 인공지능 영향평가에는 인권 및 환경보호 등을 실체적 기준으로 설정해야 한다. 이는 특히 인공지능이 사회 각 영역에서 사용될 때 중요한 기준이 된다. 인공지능이 사회 영역에서 사용될 때 인권을 존중하는가, 환경에 친화적인가 등이 평가기준으로 고려되어야 한다.

(7) 책임성

인공지능이 책임성을 준수하는지도 평가기준에 추가해야 한다. 이때 말하는 책임은 전통적인 결과 중심의 책임(responsibility)이라기보다는 행위 자체의 반성적 개선을 중시하는 책임(accountability)을 뜻한다.[36] 이는 다음과 같은 기준으로 구체화된다. 우선 인공지능 영향평가를 담당하는 감사 거버넌스를 갖추고

---

36 책임 개념의 다양한 의미에 관해서는 이영록, "책임의 의미와 성격에 관한 역사적 탐색", 『일감법학』 제42호(2019), 195~221면 참고.

있는지가 평가기준으로 설정되어야 한다. 다음으로 인공지능 영향평가를 실시하는 과정에 감사인뿐만 아니라 외부인의 참여를 보장하는지가 기준으로 추가되어야 한다. 마지막으로 영향평가를 통해 도출된 결과를 반성적으로 수용하여 인공지능 자체를 개선할 수 있는 개선 가능성을 갖추고 있는지가 기준으로 마련되어야 한다. 이를 통해 인공지능이 더욱 개선되어 책임성을 제고할 수 있도록 유도할 수 있다.

5. 인공지능 영향평가의 제도화 방안

인공지능 영향평가를 제도화하는 방안으로 크게 세 가지를 거론할 수 있다. 자율적 방안, 강제적 방안, 반자율적 방안이 그것이다.

(1) 자율적 방안

자율적 방안은 인공지능 영향평가를 자율적으로 실시하는 것이다. 영향평가를 인공지능 개발자나 사업자에게 위탁하고 국가나 법은 이에 관여하지 않는 것이다. 인공지능 영향평가를 윤리규범으로 설정하는 방안이 여기에 해당한다. 그러나 '시장의 실패'가 잘 보여주듯이 순수한 자율규제 방안은 현실에서 실패할 가능성이 높다. 따라서 이 방안은 현실적으로는 적절하지 않다.

(2) 강제적 방안

강제적 방안은 법으로 인공지능 영향평가를 강제하는 것이다. 타율적 규제 방식으로 영향평가를 구현하는 것이다. 이렇게 되면 인공지능 개발자나 사업자 등은 이를 법적 의무로 실행해야 한다. 이를 실시하지 않으면 법으로 제재를 받을 수 있다. 이는 단기적·표면적으로는 실효적이지만 장기적으로는 성공을 거두기 어렵다. 무엇보다도 영향평가가 종래의 법적 규제와는 차별화되는 규제방식으로 수범자의 자율적 동기 형성과 준수를 전제로 한다는 점에 주목해야 한다. 물론 이러한 강제적 방안은 공적 영역에서 사용되는 인공지능에 대한 영향평가에는 적용할 수 있다. 사적 영역과는 달리 공적 영역에서 사용되는 인공지능에는 인권보장이나 차별금지, 환경보호 등이 더욱 강조되기 때문이다.

(3) 반자율적 방안

반자율적 방안은 자율적 방안과 강제적 방안을 결합한 것이다. 이에 따르면 기본적으로 인공지능 영향평가는 개발자나 사업자 등이 자율적으로 시행한다. 다만 인공지능 영향평가에 대한 근거를 법에 마련하고 이를 수범자가 자율적으로 실행한 경우 인공지능 영향평가 인증 등과 같은 인센티브를 제공하는 것이다. 이러한 방안은 사적 자치가 강조되는 사적 영역에서 사용되는 인공지능의 영향평가를 할 때 적용하기에 적절하다.

따라서 다음과 같은 결론을 도출할 수 있다. 공적 영역에서 사용되는 인공지능에 대한 영향평가는 법에 근거를 마련하여 강제적으로 실시하는 것이 바람직하다. 이에 반해 사적 영역에서 사용되는 인공지능에 대한 영향평가는 반강제적으로, 특히 인증 등과 같은 인센티브와 결합하여 시행하는 것이 적절하다.

V. 맺으며

현재 세계 각국이 경쟁적으로 개발하고 발전시키기 위해 노력하는 인공지능을 규제하는 것은 쉽지 않다. 지원과 규제라는 서로 대립하는 두 축을 적절하게 조화시키면서 규제원칙과 수단을 선택해야 하기 때문이다. 이로 인해 전통적인 규제방식을 인공지능에 적용하기는 어렵다. 혁신의 시대에 걸맞게 인공지능 규제원칙과 방식도 혁신적이어야 하기 때문이다. 이러한 상황에서 이 글은 기술, 환경, 성별, 개인정보, 규제, 인권 영역에서 제도화 또는 논의되는 영향평가에 어떤 의미가 있는지, 인공지능 영역에 어떻게 적용될 수 있는지 살펴보았다. 이 글이 살펴본 것처럼 영향평가는 인공지능이 가진 복잡성을 적절하게 고려하면서 인공지능의 위험을 통제하는 규제방안이 될 수 있다. 다만 인공지능 영향평가의 실체적 기준을 어떻게 구체화해야 할 것인지는 더욱 논의해야 할 문제이다.

제13장

인공지능 시대의
정의 구성

양천수

Ⅰ. 들어가며

오늘날을 인공지능 시대로 부를 수 있을 정도로 인공지능을 향한 관심이 사회 전체를 지배한다. 어떻게 하면 인공지능 기술을 발전시킬 수 있는지, 인공지능 산업을 육성할 수 있는지에 많은 논의가 이루어진다. 여기서 다음과 같은 의문을 던질 수 있다. 왜 오늘날 우리는 인공지능에 그토록 많은 관심을 보일까? 이에 지난 정부에서 강조했던 '혁신성장'이 한 대답이 될 수 있다. 인공지능이야말로 혁신을 통한 성장에 가장 적합한 예가 되므로 이에 관심을 기울여야 한다는 것이다. 달리 말하면 인공지능이야말로 성장이라는 사회적 공리를 증진하는 데 가장 핵심이 되는 기술이기에 이를 발전시키기 위해, 이를 위해 필요한 제도적 뒷받침을 마련하는 데 사회 전체의 역량을 모아야 한다는 것이다.

여기서 확인할 수 있듯이 이러한 사고방식은 전형적인 공리주의의 그것을 예증한다. 사회의 '공리'(utility)를 증진하는 것, 바꾸어 말해 '최대다수의 최대행복'을 구현하는 것이야말로 정의로 파악했던 공리주의의 정의 관념을 인공지능에 관한 관심과 논의에서 찾아볼 수 있다. 공리주의는 치명적인 약점을 안고 있는데도 공리주의가 추구하는 정의 관념은 손쉽게 사회 공론장의 지배 담론이 되고는 한다. 그만큼 공리주의가 지향하는 정의 관념은 명확하고 단순하며 그 때문에 설득력이 강해 보인다. 더군다나 공리주의의 정의 관념은 제4차 산업혁명 시대를 지배하는 '혁신'과도 잘 어울리는 것처럼 보인다. 우리가 혁신에 열광하는 이유는 혁신이야말로 사회의 공리를 증진하는 데 가장 중요한 계기로 이해하기 때문이다.

그러나 인공지능이 안고 있는 다양한 위험을 고려하면 공리주의의 정의 관념에만 바탕을 두어 인공지능 이슈와 문제에 접근하는 것은 바람직하지 않다. 공리주의의 정의 관념이 가진 문제점이 인공지능을 이용하는 과정에서 극대화될 위험이 존재하기 때문이다. 이러한 상황에서 우리는 지금 진행되는 인공지능 시대에 우리에게 필요한 정의 관념은 무엇이 되어야 하는지 고민할 필요가 있다. 인공지능이 안고 있는 위험을 적절하게 고려하고 예방하는 데 도움이 되는 정의란 무엇인지 살펴볼 필요가 있다.[1] 이에 이 글은 인공지능 시대에 우리가 지향해야 하는 정의 구상이란 무엇인지 살펴본다.

II. 인공지능의 바탕이 되는 기존 정의론과 한계

1. 인공지능의 정의론

왜 오늘날 인공지능이 혁신성장의 아이콘이 되는지에 대한 정의론의 기초를 살펴볼 필요가 있다. 이미 언급한 것처럼 오늘날 펼쳐지는 인공지능 열광에 바탕이 되는 정의론으로 공리주의를 언급할 수 있다. 그러나 여기에만 그치는 것은 아니다. 공리주의 이외에도 고객주의를 정의론의 기초로 지적할 수 있다.

---

[1] 정의 문제는 인공지능에 대한 규제 원칙과 방향을 설정하는 데도 의미가 있다. 인공지능에 대한 규제 원칙과 방향에 설득력이 있으려면 이러한 규제 원칙과 방향이 정의에 적합하게 설계되어야 하기 때문이다. 인공지능에 대한 규제 원칙과 방향에 관해서는 양천수, "지능정보기술의 위험과 법적 대응 방안: 알고리즘에 대한 대응을 중심으로 하여", 『법학연구』(충북대) 제32권 제1호 (2021), 351~384면 및 이 책 제11장 참고.

(1) 공리주의

흔히 인공지능은 혁신성장을 위한 핵심 성장동력으로 언급된다. 거의 모든 시장이 경쟁이 격화되는 이른바 '레드 오션'(red ocean)으로 치닫는 오늘날의 상황에서는 혁신이야말로 경쟁에서 승리할 수 있는 또는 '블루 오션'(blue ocean)을 창출하는 방안으로 인정된다. 혁신으로 남이 넘볼 수 없는 차이를 만들어가는 것이야말로 경쟁력의 원천이 되기 때문이다.[2] 따라서 혁신을 구현하면 경쟁에서 이길 수 있고 이를 통해 경제적 이익이 창출된다. 이는 궁극적으로는 경제성장으로 연결된다. 이때 어떻게 해야 혁신을 이룩할 수 있는지 문제가 되는데 제4차 산업혁명이 진행되는 오늘날에는 인공지능이 혁신의 원천으로 주목받는다. 인공지능을 개발 및 활용함으로써 이전에는 할 수 없었던 새로운 일들이 가능해지기 때문이다. 예를 들어 예전에는 인간의 고유한 영역으로 취급되었던 저작 활동을 이제는 인공지능도 수행한다. 인공지능으로 음악, 미술 작품 등을 창작하는 일이 가능해졌다. 이는 새로운 시장, 새로운 경제성장의 가능성이 열리고 있음을 시사한다.

인공지능과 혁신성장의 관계를 뒷받침하는 이러한 논리 전개에서 공리주의의 사고방식을 쉽게 발견할 수 있다. 공리주의, 그중에서도 양적 공리주의는 현재 진행 중인 인공지능 열풍을 정의론적으로 잘 설명한다. 경제성장이야말로 최대다수의 최대행복을 실현하는 가장 손쉬운 길인데 인공지능이 이러한 경제성장을 가능케 하는 혁신의 원천으로 자리매김하기 때문이다. 요컨대《인공지능 ⇒ 혁신 ⇒ 시장의 경쟁력 ⇒ 경제성장》이라는 논리적 연결고리가 형성된다는 것이다. 그 때문에 인공지능을 규제하는 것보다 인공지능이 더욱 발전할 수 있도록 이를 지원하는 게 정의에 합치하는 정책처럼 취급된다. 이로 인해 규제가 아닌 탈규제가 인공지능 영역에서 강조된다.

(2) 고객주의

공리주의만이 인공지능을 지탱하는 것은 아니다. 후견주의가 오늘날에 맞

2 경쟁력의 원천으로 차이를 강조하는 경우로는 Michael E. Porter, *Competitive Advantage: Creating and sustaining superior performances* (Free Press, 1985), 14면 아래 참고.

게 변형된 고객주의 역시 인공지능 열풍을 이론적으로 뒷받침한다. 이때 말하는 고객주의는 각 개인이 가진 고유한 특성을 최대한 고려하여 재화나 서비스를 제공할 것을 강조하는 이념을 말한다. 이는 이른바 개별화(customizing)에서 확인할 수 있다.[3]

개별화는 아마존이나 구글, 유튜브와 같은 플랫폼 사업자들이 즐겨 사용하는 경영전략이다. 소비자가 개별적으로 가진 특성, 달리 말해 개성을 최대한 고려하여 맞춤형 서비스를 제공하는 전략이 개별화이다. 개별 소비자에게 형식적으로 평등한 서비스가 아닌 합리적으로 차별화된 서비스를 제공하는 것이 개별화 전략이다. 이렇게 보면 개별화는 근대법의 기초가 되는 '형식적 합리화'와는 대비되는 실질화에 부합한다. 모든 소비자를 형식적으로 평등한 주체로 설정하지 않고 개별 소비자가 가진 고유한 특성을 가능한 한 많이 고려하겠다는 것이 개별화이기 때문이다. 개별화에서 각 개인이 가진 차이는 긍정적으로 극대화된다.

이러한 점에서 개별화는 복지국가에서 강조하는 실질적 평등과 겹치는 부분이 있다. 형식적 평등이 아닌 실질적 평등을 구현하려면 국민, 특히 사회적 약자가 가진 고유한 특성을 고려해야 하기 때문이다. 바로 이 점에서 개별화는 복지국가에서 강조하는 후견과 맥이 닿는다. 물론 양자 사이에는 차이가 존재한다. 실질적 평등을 실현하기 위해 복지국가에서 후견적으로 개입하는 주체가 사회적 약자라면, 오늘날 플랫폼 기업이 제공하는 개별화는 사회적 약자를 포함하는 소비자 일반을 대상으로 하기 때문이다.[4]

2. 한계

그러나 공리주의와 고객주의에 바탕을 둔 인공지능 열풍은 분명 빛과 더불어 어둠을 가진다. 이때 어둠은 두 가지로 구별할 수 있다. 인공지능 열풍이

---

3 이러한 개별화를 법에 적용할 수 있는지를 다루는 권영준, "법의 개인화 단상", 『법조』 제70권 제2호(2021), 7~42면 참고.
4 반대로 사회적 약자를 너무 고려한 개별화는 사회적 약자를 합리적 이유 없이 차별하는 것으로 평가되기도 한다. 예를 들어 경제적 상황을 고려하여 부자에게 제공하는 광고를 사회적 약자에게는 제공하지 않는 것을 들 수 있다.

바탕으로 삼는 정의론이 지닌 어둠과 인공지능 자체가 안고 있는 어둠이 그것이다.

(1) 공리주의의 한계

인공지능 열풍이 기초로 삼는 공리주의가 어떤 문제점을 안고 있는지는 잘 알려져 있다. 최대다수의 최대행복이라는 정의의 기준이 명확하고 심플한 만큼 그 한계도 분명하다. 공리주의는 사회의 소수 또는 사회적 약자를 적절하게 고려하지 않고 때에 따라서는 이들을 희생시킨다는 것이다. 물론 오늘날 공리주의의 버전이 다양한 만큼 어떤 공리주의를 채택하는가에 따라 문제는 어느 정도 해소될 수 있다. 가령 순수한 양적 공리주의가 아닌 질적 공리주의나 규칙 공리주의를 선택하면 다수의 공리를 극대화하기 위해 소수를 희생시킨다는 문제는 완화할 수 있다. 하지만 그렇다고 해서 공리주의의 문제를 근원적으로 해소하기는 어렵다. 이는 공리주의라는 철학을 수학으로 계량화한 경제학에서도 찾아볼 수 있다.

경제학은 공리 혹은 효용을 극대화하고자 한다.[5] 효용을 극대화하기 위해 자원을 효율적으로 배분하는 결정이나 행위를 경제적으로 합리적인 것으로 본다. 이때 효용 극대화의 기준이 되는 효율성을 어떻게 개념화·구체화할 것인지 문제된다. 이상적으로는 파레토 효율성이 바람직하지만 현실적으로 칼도-힉스 효율성이 선택되는 경우가 많다. 최대다수 최대행복의 경제학적 버전인 칼도-힉스 효율성에 따르면 사회 전체의 효용을 극대화한다는 명목으로 사회적 소수의 손실이 감수될 수 있다.

사실 현실적으로 볼 때 사회 모든 구성원의 공리를 증진할 수 있는 정책을 펴는 것은 불가능에 가깝다. 사회의 일부 구성원은 공리 증진 과정에서 배제될 수밖에 없다. 문제는 무엇을 기준으로 하여 '포용'(inclusion) 및 '배제'(exclusion)를 실행할 것인가이다.[6] 만약 '포용/배제' 기준을 공정하게 배분 및 적용하면 '포용/배제'의 편향이 발생하지 않을 수 있다. 사회 모든 구성원이 포용과 배제

---

5 영어 'utility'는 철학에서는 '공리', 경제학에서는 '효용'으로 번역한다.
6 영어 'inclusion'은 포함, 포용, 포섭 등으로 번역된다. 여기에서는 포용으로 번역한다.

의 가능성을 평등하게 가진다면 '포용/배제' 자체가 문제되지는 않을 것이다. 문제는 '포용/배제'라는 기준이 적용될 때 한 번 배제된 이들은 지속적으로 배제되는 편향이 발생한다는 것이다. 어떤 계기로 배제되기 시작한 이들은 계속해서 배제되고 이로 인해 사회 전체의 공리를 증진하는 과정에서 이들의 공리는 배제된다.

공리주의는 본질적으로 쾌락과 불쾌라는 공리 계산, 달리 말해 이익형량에서 벗어날 수 없다는 점에서 언제나 포용/배제 문제에 직면할 수밖에 없다. 그런데 공리주의와 결합된 포용/배제는 특정한 사회적 소수자들을 지속해서 배제하는 편향을 가질 위험이 있다는 점에서 한계에 직면한다.

(2) 고객주의의 문제점

개별화로 대표되는 고객주의에 관해서는 두 가지 문제를 지적할 수 있다. 첫째, 고객주의를 실현하려면 각 고객, 즉 소비자가 지닌 개인정보를 남김없이 수집, 분석 및 활용할 수 있어야 한다. 말을 바꾸면 해당 정보주체를 완벽하게 프로파일링할 수 있어야 비로소 맞춤형 서비스가 가능해진다. 그러나 이는 달리 말하면 개별화라는 이름으로 완벽한 데이터 감시가 구현될 수 있음을 보여준다.

둘째, 개별 소비자가 지닌 특성을 남김없이 고려하여 서비스를 제공하는 데 장점만 있는 것은 아니다. 이는 또다른 차별을 야기한다. 예를 들어 부유한 소비자와 가난한 소비자를 구별하여 각 소비자에게 맞춤형 서비스나 광고를 제공하는 것은 고객주의에는 부합할 수 있지만 부유한 소비자와 가난한 소비자를 경제적 이유로 차별대우하는 것으로 평가될 수도 있다. 고객주의라는 이름 아래 사회적 구별이 강화되고 이를 통해 편향 및 '포용/배제'가 고착되는 문제가 발생한다. 이렇게 보면 인공지능 열풍을 뒷받침하는 정의론은 편향과 배제에서 자유롭지 못하다는 점을 발견한다.

Ⅲ. 인공지능 시대의 정의 구상

1. 출발점

이처럼 인공지능 열풍에 바탕이 되는 공리주의와 고객주의에 한계가 있다면 우리는 어떤 정의를 추구해야 할까? 이제는 피할 수 없는 인공지능 시대에 성공적으로 대비하기 위해 우리는 어떤 정의 구상을 추구해야 할까? 일단 명확히 할 점은 공리주의와 고객주의에 한계가 있다고 해서 이를 완전히 포기하는 것은 바람직하지 않다는 것이다. 물론 이를 절대시하는 것은 문제가 있지만 공리주의와 고객주의 역시 분명한 장점이 있다는 점을 염두에 두어야 한다. 예를 들어 공리주의를 대변하는 GDP가 우리 사회에서 차지하는 의미 그리고 맞춤형 서비스가 소비자에게 제공하는 편익 등은 무시할 수 없는 공리주의와 고객주의의 장점이다. 따라서 인공지능 시대의 정의를 모색할 때 공리주의와 고객주의의 장점은 고려할 필요가 있다.

2. 정의론과 고려 사항

(1) 일원적 정의론의 한계

오늘날 정의론은 '자유주의-공동체주의 논쟁' 이후 크게 '공리주의/자유주의/공동체주의'로 구별된다. 이때 자유주의는 자유지상주의와 평등주의적 자유주의로 세분화된다. 물론 이외에도 정의론은 다양하게 구별된다. '형식적 정의/실질적 정의'나 '실체적 정의/절차적 정의'와 같은 구별을 언급할 수 있다. 그런데 기존의 정의론은 다음과 같은 한계에서 자유롭지 못한다. 정의의 기준으로 보통 한 가지만을 제시하는 것이다. 말을 바꾸면 사회에서 발생하는 정의의 문제를 한 가지 기준만으로 해소하려 한다는 것이다. 예를 들어 공리주의는 공리 증진으로, 자유주의는 자유 증진이나 공정 실현으로, 공동체주의는 공동체의 미덕 구현으로 사회의 정의 문제를 해결하려 한다. 요컨대 정의 문제에 일원적·환원주의적으로 대응하는 것이다. 그렇지만 이 같은 접근 방식은 정의 문제가 가진 다양한 맥락과 측면 가운데 한쪽만을 강조한다. 다양한 선택 가능성 중에 한쪽만을 선택하기에 언제나 불완전한 한계를 가질 수밖에 없다. 이로 인해 정의론을 둘러싼 논쟁은 쉽게 해소되기 어렵다. 특히 제4차 산업혁명, 디지털 전환 등 사회 전체가 역동적으로 변하고 복잡성이 엄청나게 증대하는 그래서 미래를 예측하는 게 무척 힘든 인공지능 시대에서는 일원적 정의론이 힘을 발휘하기 어렵다. 따라서 우리는 일원적 정의가 아닌 다른 정의, 즉 다맥락적 정의를 추구해야 한다.

(2) 정의론의 고려 사항

학문체계에서 구상되는 정의론이 사회에서 실현되기 위해서는 사회가 처한 현실이나 특성, 정의론 자체가 가진 한계 등을 적절하게 고려할 수 있어야 한다. 그러면 인공지능 시대에 정의론이 고려해야 하는 것은 무엇일까?

1) 현대사회의 특성

우선 인공지능 시대인 현대사회가 지닌 특성을 고려해야 한다. 현대사회의 특징으로 많은 점을 언급할 수 있겠지만 여기서는 세 가지를 거론하고자 한다. 복잡성, 기능적 분화, 전문화가 그것이다.

현대사회는 복잡성이 그것도 엄청나게 증가하는 사회이다. 복잡성이 증가한다는 것은 무엇을 뜻할까?[7] 이에는 시간적 측면에서 크게 두 가지로 대답할 수 있다. 첫째, 과거라는 측면에서 볼 때 복잡성은 인과관계를 명확하게 확정하기 어렵다는 것을 뜻한다. 특정한 결과에 대한 원인을 찾기 어렵다는 것이다. 왜냐하면 다양한 원인이 상호작용하여 결과를 도출하는 경우가 많기 때문이다. 둘째, 미래라는 측면에서 볼 때 장차 어떤 일이 발생할 것인지를 예측하는 게 무척 어렵다는 것을 뜻한다. 이는 첫 번째 의미와 관련된다. 과거에 발생한 결과의 원인을 명확하게 확정할 수 없기에 앞으로 어떤 일이 발생할 것인지도 예측할 수 없다는 것이다.

현대사회는 기능적 분화가 진행되는 사회이다.[8] 사회 전체가 정치, 경제, 법, 교육, 학문, 종교와 같은 다양한 영역으로 분화된다. 이는 더 이상 단일한

---

7 복잡성에 관해서는 N. Luhmann, *Kontingenz und Recht* (Berlin, 2013), S. 175 ff.
8 이를 지적하는 N. Luhmann, *Grundrechte als Institution*, 4. Aufl. (Berlin, 1999), S. 186 ff.

원리나 기준, 합리성, 가치 등이 전체 사회를 규율하지 못한다는 점을 시사한다. 예를 들어 신의 명령이나 공동체의 가치와 같은 통일된 규범적 기준으로 사회를 규율하는 것은 어렵다. 다양하게 분화된 각 영역은 스스로에 적용되는 원리나 기준, 가령 합리성을 다원적으로 정립한다. 이는 정의에도 해당한다.

현대사회는 전문화가 진행되는 사회이다. 이때 전문화는 기능적 분화와 연결되어 진행된다. 사회가 한편으로는 다양한 영역으로 분화되고 다른 한편으로는 이렇게 분화된 영역이 전문화되는 것이다. 기능적 분화와 전문화가 결합되어 진행되면서 다음과 같은 현상이 발생한다. 기능적으로 분화되고 전문화된 영역이 서로 소통하는 게 점점 더 어려워진다는 것이다. 예를 들어 정치와 경제, 법 사이에 직접적인 소통이 이루어지기 어렵다. 각 영역은 스스로 설정한 기준에 따라서만 다른 영역과 소통을 하고자 하기 때문이다. 이로 인해 정치, 경제, 법 등과 같은 기능 영역 간의 오해와 긴장은 높아진다.

2) 정의론의 고려 사항

나아가 정의 구상은 정의론 자체가 가진 특성을 고려해야 한다. 그 특성이란 무엇일까? 정의론은 일종의 의미론(Semantik)이다. 정의는 통상 언어로 개념화된다. 이러한 정의가 사회 안에서 구현되려면, 달리 말해 사회에서 이루어지는 소통에 살아 있는 의미로 구체화되려면 사회가 처한 상황을 적절하게 고려해야 한다. 말을 바꾸면 현대사회가 처한 상황에 적절하게 응답(response)할 수 있는 의미론이 되어야 한다. 그렇게 되기 위해서는 앞에서 언급한 현대사회의 특징, 즉 복잡성과 기능적 분화 및 전문화를 정의론이 섬세하게 반영해야 한다.

이러한 측면에서 보면 획일적 기준으로 정의를 개념화하는 일원적 정의에 문제가 있음을 발견할 수 있다. 그 아무리 훌륭한 기준이라 할지라도 한 가지 기준만으로 설정된 정의는 현대사회가 가진 엄청난 복잡성이나 다원성을 설득력 있게 고려할 수 없다. 바로 이 같은 이유에서 일원적 기준을 고집하는 정의론은 여전히 현대사회의 문제에 대응하는 데 한계를 보일 수밖에 없다.

3. 인공지능 시대의 정의 구상

(1) 적절한 복잡성으로서 정의

정의론이 사회에 적절하게 응답하는 정의론이 되려면 현대사회의 특징, 그 중에서도 복잡성을 충분히 고려해야 한다. 그렇게 하려면 정의론 자체가 단순해서는 안 되고 사회의 복잡성을 처리할 수 있을 정도로 복잡해야 한다. 예를 들어 이미 고대 그리스의 아리스토텔레스가 정의를 '평균적 정의/배분적 정의'로 구별한 것처럼 사회의 복잡성에 대응할 수 있도록 정의 개념이나 기준을 다원적으로 세분화해야 한다. 법규범 자체가 '공법/사법', 더 나아가 다양한 법영역으로 세분화된 것도 사회의 복잡성에 법규범이 어떤 방식으로 대응했는지에 대한 예를 보여준다. 이러한 맥락에서 루만(Niklas Luhmann)은 정의를 '적절한 복잡성'으로 규정하기도 한다.[9]

(2) 다원화된 정의

엄청나게 증가하는 사회의 복잡성을 적절하게 고려하는 정의론은 무엇일까? 이는 다원화된 정의를 내세우는 정의론이라 할 수 있다. 여기서 다원화된 정의란 다원적으로 분화된 사회의 각 영역에 적합하게 다원적으로 기준이 설정된 정의라고 말할 수 있다. 예를 들어 정치, 경제, 법, 학문, 교육, 예술, 종교 등과 같은 영역에 일원적으로 획일화된 정의 기준을 적용하는 것이 아니라 각 영역의 특성에 적합한 정의 기준을 다원적으로 설정하는 것을 말한다. 이 점에서 보면 다원화된 정의는 왈저(Michael Walzer)가 제시한 정의론과 맥을 같이 한다. 그러나 차이점도 있다. 다원화된 정의의 기준은 미리 결정된 게 아니라 관련자들이 참여하는 절차를 통해 비로소 결정된다는 것이다.

(3) 절차주의적 정의

이 점에서 다원화된 정의는 절차주의적 정의를 통해 구현된다. 여기서 절차주의적 정의는 절차주의적 정의론에 바탕을 둔다. 절차주의적 정의론은 실체적 정의론에 대비되는 것으로, 정의 기준은 실체로서 미리 주어져 있는 게 아니

---

[9] N. Luhmann, *Rechtssystem und Rechtsdogmatik* (Stuttgart usw., 1974), S. 23.

라 절차를 거쳐 구성된다고 본다. 정의 기준은 절차에 의존한다고 보는 것이다. 그 때문에 절차를 어떻게 짜야 하는지가 중요한 문제가 된다. 절차를 어떤 방식으로 구성하는가에 따라 이러한 절차를 거쳐 생산되는 정의 기준도 달라지기 때문이다. 이에 관해서는 하버마스(Jürgen Habermas)가 정립한 합리적 대화이론(rationaler Diskurstheorie)이 유익한 시사점을 제공한다. 이에 따르면 정의 기준을 생산하는 절차는 가능한 한 합리적 대화에 맞게 구성되어야 한다. 이때 합리적 대화에 맞게 절차가 구성된다는 것은 관련되는 모든 이들이 자유롭고 평등하게 절차에 참여하여 정의 기준에 관해 합리적으로 토론할 수 있도록 절차를 구성해야 함을 뜻한다. 여기서 크게 두 가지 요건을 끌어낼 수 있다. 첫째, 관련자들의 자유롭고 평등한 참여를 보장해야 한다. 둘째, 절차에서 합리적 토론이 이루어질 수 있어야 한다.

(4) 포용적 정의

다원화된 정의는 절차주의적 정의를 통해 구현된다. 오늘날 기능적으로 다원화된 영역에 적용되는 정의 기준은 다원적으로 설정될 필요가 있는데 이러한 정의 기준은 각 영역의 관련자들이 자유롭고 평등하게 참여한 상황에서 합리적 토론으로 구체화된다. 그런데 현실에서는 절차주의적 정의를 실현하는 게 쉽지 않다. 왜냐하면 정의 기준을 논의하는 절차에 관련자들이 자유롭고 평등하게 참여하는 것을 보장하는 데 여러 제약이 있기 때문이다. 이는 오늘날에도 여전히 해결하지 못한, 때에 따라서는 더욱 심화되는 '포용/배제'와 관련이 있다.

1) 포용과 배제

예를 들어 코로나 상황에서 강력하게 시행된 사회적 거리두기 정책이 보여주듯이 그 무엇보다 안전이 강조되는 안전사회에서는 안전을 기준으로 하여 강력한 포용과 배제가 진행된다.[10] 가령 안전의 동지는 포용되고 안전의 적은 배제된다. 문제는 이러한 '포용/배제'가 한시적인 게 아니라 사회구조와 결합되어 영속화된다는 것이다. 지난 코로나 상황이 시사하듯이 사회적 약자에 속하는

---

[10] 이를 분석하는 양천수, "현대 안전사회의 헌법학적 문제: 법이론의 관점을 겸하여", 『헌법재판연구』 제7권 제2호(2020), 3~37면 참고.

이들이 사회 각 영역에서 지속적으로 배제되는 경향이 심화된다.

물론 포용/배제 문제는 현대사회만의 전유물은 아니다. 이미 오래전부터 포용/배제 문제는 차별이라는 문제로 존재하였다. 다만 예전과 비교할 때 오늘날 문제가 되는 포용/배제에는 두 가지 차이점이 보인다. 첫째, 예전에는 사회 전체에 대한 포용과 배제가 차별 문제로 취급되었다면 오늘날에는 사회의 다원화된 영역에 대한 포용과 배제 문제가 대두한다. 획일적 차별 문제가 다원적 차별 문제로 변모한 것이다. 둘째, 예전에는 주로 한 국가 안에서 발생하는 차별이 문제가 되었다면 오늘날에는 국가의 경계를 기준으로 한 포용/배제가 문제된다. 난민 문제가 이를 잘 예증한다. 이로 인해 이전에는 국가 안에서 발생하였던 획일적 차별 문제가 오늘날에는 국가와 국가의 경계를 기준으로 하여, 말을 바꾸면 초국가적 차원에서 발생한다. 이뿐만 아니라 다원적 차별이 다시 획일적 차별로 고착되는 문제 역시 발생한다. 예를 들어 경제 영역에서 배제된다고 해서 정치 영역에서 배제되어서는 안 되는데 경제 영역의 배제가 정치 영역의 배제로 연결되는 배제의 고착화 문제가 심화된다.

2) 포용적 정의

이러한 상황에서 우리에게 필요한 정의 기준은 가능한 한 포용은 많게 그리고 배제는 적게 하는 포용적 정의이다. 이는 다원화된 정의와 절차주의적 정의를 실현하는 데 필요한 기본 조건이다. 사회의 다원화된 영역에 관련자들이 자유롭고 평등하게 참여할 기회가 충족되지 못하면 절차주의적 정의도, 더 나아가 다원화된 정의도 구현될 수 없다.

3) 실질적 평등

이러한 포용적 정의가 실현되려면 두 가지 조건이 충족되어야 한다. 우선 실질적 평등이 충족되어야 한다. 실질적 평등은 형식적 평등에 대비되는 개념이다. 각 주체가 가진 실제 능력이나 각 주체가 처한 사회적 상황 또는 관계 등을 고려하여 불합리한 차별이 이루어지는 것을 막겠다는 것이다.

다만 구체적으로 무엇을 기준으로 하여 실질적 평등을 판단하고 구현할 것인지는 쉽지 않다. 이에 관해 다음을 고려할 필요가 있다. 먼저 포용적 정의가 지향하는 실질적 평등에서 실질을 구체화할 때 바로 현대사회의 복잡성을 고려해야 한다는 것이다. 이 점에서 실질적 평등은 복잡성을 고려하는 평등이라는 의미를 가진다. 나아가 실질적 평등을 고려할 때 재화나 이익, 권리의 분배만을 기준으로 하지 말고 각 주체들이 형성하는 관계 자체의 불평등도 고려해야 한다는 것이다. 이 점에서 관계적 평등이론이 주장하는 바는 귀담아들어야 할 필요가 있다. 물론 이러한 '분배적 평등/관계적 평등'이라는 구별에서 관계적 평등이 구체적으로 무엇을 뜻하는지 밝히는 것은 쉽지 않다. 이에 관해서는 '직접적 평등/간접적 평등'이라는 구별에서 말하는 간접적 평등이 한 가지 시사점을 제공할 것이다.

4) 역량

나아가 다원화된 정의 기준을 논의하는 영역 및 절차에 참여하여 합리적 토론에 임할 수 있는 역량(capability)이 충족되어야 한다.[11] 절차주의적 정의를 구현하는 데 필요한 자유롭고 평등한 참여 가운데 실질적 평등이 후자에 연결된다면 역량은 전자, 즉 자유로운 참여에 연결된다. 이때 말하는 자유는 소극적 자유가 아닌 적극적 자유를 뜻하기에 실제로 적극적 자유를 행사하려면 이에 필요한 역량이 뒷받침되어야 한다. 다만 역량은 국가나 법이 직접 개입하여 키울 수 있는 게 아니라 궁극적으로 각 참여자가 키워야 한다는 점에 주목할 필요가 있다. 국가는 법으로 각 참여자들이 스스로 역량을 키우도록 간접적으로 지원할 수 있을 뿐이다.

4. 절차주의적 포용국가

마지막으로 이러한 다원화된 절차주의적·포용적 정의를 실현하기 위해 필요한 국가란 무엇인지 간략하게 검토한다. 이에 필자는 절차주의적 포용국가를 그 대답으로 제안하고자 한다. 이는 절차주의와 포용국가를 결합한 개념이다. 사실 '포용'은 지난 정부가 강조하는 키워드다. 문재인 정부는 '혁신적 포용국

---

11 역량이론에 관해서는 마사 누스바움, 한상연 (옮김), 『역량의 창조: 인간다운 삶에는 무엇이 필요한가?』(돌베개, 2015); 이서형, 『자유주의의 실질화를 위한 자율적 구성 모델』(이화여대 법학박사 학위논문, 2018) 등 참고.

가'(innovative inclusive state)를 정책적 목표로 설정함으로써 한편으로는 혁신성
장을, 다른 한편으로는 포용국가를 내세웠다. 제4차 산업혁명을 주축으로 하는
혁신 과정에서 배제되는 이들이 없도록 혁신과 포용을 동시에 추구하겠다는 것
이다. 이렇게 보면 포용은 내용적인 면에서 볼 때 복지국가의 그것과 큰 차이가
없어 보인다.[12] 하지만 지난 2010년을 전후로 하여 활발하게 논의된 '포용국
가'(inclusive state)는 전통적인 복지국가와는 다른 맥락에서 등장하였다.[13] 기존
의 복지국가는 한 국가의 경계선을 기준으로 하여 국가 구성원의 복지에 주로
관심을 기울였다면, 포용국가는 이를 넘어 국가의 경계 밖에 있는 이들, 즉 국
가공동체로부터 배제된 이들을 국가가 포용할 것을 강조하기 때문이다. 이때
포용국가가 직접적으로 관심을 기울여야 하는 이들은 이주민, 난민, 미등록외국
인 등이었다. 그 점에서 포용국가는 국가주의의 한계를 넘어서는 '초국가주
의'(transnationalism)와 같은 맥락을 이룬다. 요컨대 포용국가는 당시 인문학 영역
에서 등장했던 호모 사케르, 환대, 포용과 배제 등과 같은 맥락에서 제시된 새
로운 국가 패러다임인 셈이다.[14]

　　이러한 맥락을 고려하면 필자는 이미 살펴본 것처럼 포용을 다음과 같이
파악한다. 다원화되고 전문화된 사회의 각 영역에 대한 자유롭고 평등한 참여
를 보장한다는 의미로 포용을 개념화하는 것이다. 다시 말해 오늘날의 상황에
서 포용국가가 추구해야 하는 포용은 기능적으로 분화된 사회 각 영역에 사회
구성원들이 자유롭고 평등하게 참여할 수 있도록 보장하는 것이어야 한다. 이
를 개념화한다면 '절차주의적 포용'(procedural inclusion)으로 규정할 수 있을 것
이다.

　　포용을 이렇게 개념화하면 포용국가는 기존의 복지국가와 차별화되는 독
자적인 의미를 획득할 수 있다. 복지국가가 직접적 급부라는 방식으로 국가 구
성원들의 생존을 배려하고자 했다면, 포용국가는 국가 구성원들이 기능적으로

---

12 성경륭 외, 『(새로운 대한민국의 구상) 포용국가』(21세기북스, 2017) 참고.
13 Anis A. Dani/Arjan de Haan, *Inclusive States: Social Policy and Structural Inequalities* (World Bank, 2008) 참고.
14 조르조 아감벤, 박진우 (옮김), 『호모 사케르: 주권 권력과 벌거벗은 생명』(새물결출판사, 2008); 자크 데리다, 남수인 (옮김), 『환대에 대하여』(동문선, 2004) 참고.

분화된 사회의 각 영역에 자유롭고 평등하게 참여할 수 있는 능력, 즉 '역량'을 키우는 것에 더 주목한다고 말할 수 있기 때문이다. 필자는 이러한 국가를 바로 '절차주의적 포용국가'로 명명하고자 한다. 이렇게 이해된 절차주의적 포용국가는 기존의 복지국가보다는 한 발짝 물러서서 국가 구성원들을 배려하는 국가로 파악된다. 복지국가보다는 후견의 정도가 약한 것이다.

사항색인

저자 소개

손형섭

관정교육재단 국외장학생 2기로, 일본 도쿄대학 법학정치학연구과에서 법학박사를 취득했다.
서울대학교 법과대학 학문후속세대 연구원, 헌법재판소 헌법연구원을 역임했다.
UC 버클리 로스쿨 방문학자로 연구하면서 『4차산업혁명기의 IT·미디어법』(2019)을 썼다.
경성대학교 법학과의 헌법학 교수로 재직하고 있으며, 일본 국립 一橋大学으로부터 객원연구원으로
초빙되었다. 세계헌법학회(IACL), 아시아헌법학회(ACLF), 아시아법학회(ASLI) 등의 학술대회에서 연구
성과를 발표하고 있다.

나리하라 사토시

일본 도쿄대학 대학원 학제정보학부에서 박사과정 수학 후, 도쿄대학 대학원 정보학환(情報学環) 조수,
동 대학원 객원 연구원, 일본 총무성 정보통신정책연구소 주임연구관을 역임했다.
2018년 3월부터 규슈대학 법학연구원·법학부 준교수로 근무하고 있다.
전문분야는 정보법, 법과 아키텍처의 상호작용에 주목하여 표현의 자유, 프라이버시, 인공지능·로봇에
관한 법적 문제이다.

양천수

일주학술문화재단 장학생(11기)으로 독일 유학길에 올라 프랑크푸르트대학교 법과대학에서 법학박사
학위를 취득하였다.
현재 영남대학교 법학전문대학원에서 기초법 전임 교수로 학생들을 가르친다.
급속하게 발전하는 과학기술이 현대사회와 법체계에 어떤 영향을 주는지에 관심이 많다.
이에 관한 책으로 『빅데이터와 인권』(2016), 『제4차 산업혁명과 법』(2017), 『인공지능 혁명과 법』
(2021) 등을 썼다. 이외에도 『삼단논법과 법학방법』(2021), 『단체의 법이론』(2022), 『책임과 법』(2022)
등 다수의 책과 논문을 썼다.

디지털 전환 시대의 법이론 — 위험과 변화 그리고 대응 —

초판발행   2023년 3월 5일

지은이   손형섭·나리하라 사토시·양천수
펴낸이   안종만·안상준

편 집   이승현
기획/마케팅   장규식
표지디자인   Benstory
제 작   고철민·조영환

펴낸곳   (주) **박영사**
          서울특별시 금천구 가산디지털2로 53, 210호(가산동, 한라시그마밸리)
          등록 1959. 3. 11. 제300-1959-1호(倫)
전 화   02)733-6771
f a x   02)736-4818
e-mail   pys@pybook.co.kr
homepage   www.pybook.co.kr
ISBN   979-11-303-4410-2 93360

정 가   28,000원